Pre-suasión

Pre-suasión

Un método revolucionario
para influir y persuadir

Robert Cialdini

Traducción de María Serrano Giménez

conecta

Los libros de Conecta están disponibles para promociones y compras
por parte de empresas, en condiciones especiales para grandes cantidades.
Existe también la posibilidad de crear ediciones especiales, incluidas ediciones con
cubierta personalizada y logotipos corporativos para determinadas ocasiones.

Para más información, póngase en contacto con:
ediccionesespeciales@penguinrandomhouse.com

Título original: *Pre-Suasion*

Primera edición: marzo de 2017
Decimosegunda reimpresión: febrero de 2023

Printed in Spain – Impreso en España

ISBN: 978-84-16029-66-2
Depósito legal: B-2.204-2017

Compuesto en M. I. Maquetación, S. L.

Impreso en Black Print CPI Ibérica
Sant Andreu de la Barca (Barcelona)

CN 2 9 6 6 C

Para Hailey, Dawson y Leia.
Nunca me gustó que me mangonearan
hasta que tuve nietos, quienes me expusieron
a las alegrías que conlleva tenerlos

Índice

TERCERA PARTE
Prácticas ganadoras: la optimización de la pre-suasión

Agradecimientos

Estoy agradecido a un buen número de personas que me ayudaron a hacer realidad este libro. La primera de la lista es Bobette Gorden, que lo vivió conmigo de la primera a la última palabra y me ofreció las incalculables bondades de su poderosa mente, su oído infalible y su buen corazón. Otros —Doug Kenrick, Greg Neidert, Linda Demaine, Jennifer Jordan, Gerry Allen y Charlie Munger— leyeron algún capítulo suelto o una tanda de capítulos, y me hicieron excelentes sugerencias. Hay también otras personas que me aportaron de manera regular sus útiles comentarios acerca de todo el manuscrito. Nigel Wilcockson me ofreció una perspectiva convincente y excelentes comentarios. Andrew White me hizo notar que había partes del texto que podían beneficiarse si las ampliaba con información procedente de internet. Richard Cialdini y Katherine Wanslee Cialdini resistieron las largas lecturas de borradores de algunos capítulos y, aun así, mantuvieron la concentración suficiente para responder con sus observaciones y su apoyo, algo que he apreciado mucho. Anna Ropiecka me ofreció comentarios muy valiosos desde la perspectiva doble de una enorme pensadora y de una hablante de inglés no nativa, lo que me ayudó a aguzar mis reflexiones y reestructurar mi lenguaje.

Finalmente, hay dos profesionales del mundo editorial a quienes debo una mención especial, puesto que merecen no solo mi agradecimiento, sino una recomendación genuina a cualquier futuro autor. Mi agente, Jim Levine, fue providencial y me orientó durante todo el proceso con una profesionalidad, una ética y una visión impecables. Ben Loehnen, mi editor en Simon & Schuster, fue un incombustible abogado defensor de este proyecto y una fuente de exquisitos consejos estilísticos durante su escritura; el producto final es notablemente mejor gracias a su implicación.

Soy un hombre afortunado por haber contado con la ayuda de todas estas personas.

Nota del autor

En 1946 W. H. Auden publicó un poema que incluía un verso con un severo aviso: «No compartirás mesa con estadísticos ni perpetrarás ciencia social alguna». Durante mucho tiempo, hasta quienes se encontraban en cargos de responsabilidad donde se toman decisiones importantes parecían estar de acuerdo con él y mostraban cierta preferencia por hacer sus elecciones basándose en la intuición, la experiencia personal y la anécdota. Aunque fue necesario que se produjera un cambio de nombre en ambos casos (la estadística es ahora «análisis de datos» y la ciencia social, «ciencia del comportamiento»), aquellos días quedaron atrás.

En las principales instituciones sociales —empresariales, gubernamentales, educativas, deportivas, militares— esto se ha visto reemplazado por la era de «la toma de decisiones basada en datos». La nuestra es una época que aprecia la información que arrojan los analistas del *big data* y los científicos conductistas. Carezco de información directa acerca de cómo se produjo dicha transformación en el campo del análisis estadístico, pero he tenido la oportunidad de observar de primera mano el progresivo aumento del estatus de las ciencias de la conducta a lo largo de mis años de experiencia como psicólogo social y como autor de *Influencia*.

La primera edición de este libro, en 1984, no tuvo mucha repercusión. Las ventas fueron tan decepcionantes que mi editor retiró todas las partidas previstas para publicidad y promoción, arguyendo que hacerlo de otro modo sería «tirar el dinero a la basura». A muy pocos lectores les interesaba lo que un psicólogo social tuviera que decir acerca de la influencia social. Eso cambió a los cuatro o cinco años, cuando las ventas del libro empezaron a crecer, hasta alcanzar, finalmente, las cifras de best seller en las que se han mantenido desde entonces. Creo saber qué es lo que cambió para provocar este alza: los tiempos. Para entonces, la idea de tomar decisiones basadas en datos estaba cosechando una gran aceptación, e *Influencia* ofrecía un tipo de datos valiosos —procedentes de investigaciones científicas y de psicología social sobre la persuasión eficaz— que no estaban disponibles con anterioridad o al menos no tan a mano.

Hay otros dos factores adicionales que han desempeñado un papel importante en la popularidad actual de este tipo de análisis sociopsicológico y, por extensión, de *Influencia*. El primero es el surgimiento de la economía conductual, un enfoque sobre la comprensión de las elecciones económicas humanas que ha desafiado y, en algunos ámbitos, barrido, al pensamiento económico clásico. Aunque mantiene su territorio bajo vigilancia, la economía conductual también ha incorporado aspectos del pensamiento de la psicología social (por ejemplo, la frecuente irracionalidad de la conducta humana) y de su metodología (experimentos aleatorios controlados).

Algunos de mis colegas tienen la sensación de que los economistas conductuales les han robado el mérito cuando reclaman como suyos algunos descubrimientos sin reconocer que ya existían otros hallazgos muy similares en el campo de la psicología social. Yo no comparto ese rencor. Aunque sí es cierto que existen algunos solapamientos, no son abrumadores. Es más, si algo ha hecho la economía conductual es elevar la consideración de la psicología social al adoptar algunos de sus rasgos fundamentales y legitimarlos ante las personas encargadas de tomar decisiones. Hubo una época, no hace más de una década, en la que a los psicólogos sociales no se les invitaba a los congresos internacionales sobre política gubernamental o económica. Pero también aquellos días quedaron atrás.

El otro factor que ha contribuido a la actual popularidad de los enfoques de la psicología social es la reciente inclinación de los psicólogos sociales a presentar su trabajo (y la importancia de este) ante el público. Este es un giro al cual me gustaría pensar que *Influencia* ha contribuido en alguna medida. Antes de su publicación, la mayor parte de mis colegas no se sentían seguros, en términos profesionales, escribiendo para el público general. De hecho, si la psicología social fuera una empresa, sería famosa por contar con grandes departamentos de investigación y desarrollo y carecer de una sección de ventas. No hacíamos envíos comerciales, excepto los que nos mandábamos unos a otros en los artículos que publicábamos en unas revistas académicas que sería improbable que llegaran a las manos de cualquier lector general. Este comentario del profesor de derecho James Boyle resume la razón principal: «No sabrás lo que es de verdad la condescendencia hasta que no oigas a un académico pronunciar la palabra "divulgativo"». Hoy eso ha cambiado. Los psicólogos sociales y una miríada de científicos de la conducta de otros ámbitos se comunican como nunca antes con una comunidad amplia a través de blogs, columnas, vídeos y libros de gran tirada. A este respecto, las ciencias de la conducta están viviendo una especie de edad de oro.

Pre-suasión busca ser una aportación a todo este corpus informativo sobre las ciencias de la conducta que el lector general puede encontrar interesante en sí mismo y en el que también encontrará aplicaciones para su vida diaria. *Pre-suasión* explica qué es lo que hacen los comunicadores avezados antes de emitir un mensaje para conseguir una buena aceptación. La novedad de este libro es su marco temporal. Algunas voces del pasado ya han reconocido lo importante que es desarrollar algunas acciones previas para asegurar un éxito posterior. Para reivindicar el valor de la planificación previa, el estratega militar chino de la antigüedad Sun Tzu declaró: «Toda batalla se vence antes de librarse». A los consultores se les enseña a ganarse a la empresa del cliente alcanzando primero el estatus de «consejero de confianza». Dale Carnegie nos asegura: «Se pueden hacer más amigos en dos meses interesándose de verdad por los demás que los que se podrían hacer en dos años tratando de que se interesasen en uno mismo». Un sabio consejo. Pero esto tiene una contrapartida: exige días, semanas o meses de actividad previa.

¿Es posible mejorar la eficacia sin contar con esos dilatados marcos temporales y lograrlo en un solo instante, en el último momento antes de que se emita la comunicación? No es solo que sea posible, es que está demostrado. Los comunicadores pueden aumentar sus posibilidades de éxito simplemente sabiendo qué decir o qué hacer justo antes de su apelación. Al afirmar: «¡Oh, tiempos! ¡Oh, costumbres!», Marco Tulio Cicerón, orador romano que vivió en el siglo I a. C., estaba reconociendo la ascendencia de algunas influencias pertinaces que se dejan sentir sobre la conducta humana. El material incluido en *Pre-suasión* incorpora una fuente de influencia mucho más inmediata y manejable: «¡Oh, el momento!».

Una última nota que tiene que ver, oportunamente, con las notas que hay al final del libro. Estas incluyen no solo las citas de investigaciones académicas relevantes, sino también información adicional con la intención de ampliar en direcciones interesantes el conocimiento del lector acerca de los temas que se tratan en el texto. Según esto, deberían contemplarse, en parte, como lugares en los que se encontrarán «comentarios que dan color».[1]

PRIMERA PARTE

La pre-suasión: el preludio de la atención

1

La pre-suasión: introducción

Como si fuera un agente secreto, durante un tiempo me infiltré en los programas formativos de un amplio espectro de profesiones que se dedican a conseguir nuestro asentimiento. Durante casi tres años estuve grabando las lecciones que se enseñan a los aspirantes a vendedores de automóviles, profesionales del marketing directo, publicistas televisivos, gerentes, recaudadores de fondos para ONG, especialistas en relaciones públicas y profesionales de la contratación corporativa. Mi intención era descubrir qué prácticas funcionaban una y otra vez, así que contestaba a los anuncios que ponían las empresas en busca de aprendices o me las arreglaba de cualquier otra forma para estar presente en sus aulas, cuaderno en mano y dispuesto a empaparme de la sabiduría producto de su larga experiencia en el negocio de la persuasión.

En estos programas, en ocasiones se permitía a los alumnos avanzados acompañar a algún profesional veterano en el desarrollo de sus funciones. Siempre me apuntaba corriendo a esas oportunidades porque quería observar no solo lo que hacían en general estos profesionales para tener éxito en su labor, sino especialmente lo que hacían los mejores. En una de estas prácticas afloró algo que hizo tambalear mis conjeturas. Lo que yo esperaba es que los mejores en una profesión pasaran más tiempo que sus colegas con resultados inferiores desarrollando y elaborando los detalles específicos de sus propuestas: la claridad, la lógica y los elementos deseables que estas contenían. Pero no es eso lo que descubrí.

Pre-suasión

Los profesionales de mayor éxito dedicaban más tiempo a elaborar aquello que hacían y decían antes de presentar una solicitud o una propuesta. Abordaban su misión como si fueran expertos jardineros que saben que ni las mejores semillas arraigarán en una tierra pedregosa ni darán su mejor fruto en una tierra mal preparada. Empleaban la mayor parte de su tiempo en trabajar duro la tierra de la influencia, pensando en su cultivo y dedicándose a él, para asegurarse de que las situaciones a las que iban a enfrentarse habían sido pretratadas y estaban preparadas para la siembra. Por supuesto, también tomaban en consideración y cuidaban aquello que iban a ofrecer específicamente en esas situaciones. Pero en mucha mayor medida que sus colegas menos eficaces, los mejores profesionales no solían confiar en que los méritos legítimos de una oferta por sí solos llevaran a su aceptación; sin embargo, reconocían que el marco psicológico en el que se presenta por primera vez una interpelación puede tener el mismo peso que esta o incluso más.

Aparte, por lo general tampoco estaban en posición de poder modificar los méritos de aquello que tenían que ofrecer. El producto, el programa o el plan que debían recomendar lo habían creado otras personas de la empresa, a menudo con una forma invariable. Su responsabilidad era solo presentarlo de la forma más productiva posible. Para conseguirlo, hacían algo que les dotaba de un tipo singular de atracción persuasiva: antes de presentar su mensaje, se las arreglaban para que su público sintiera ya simpatía por él.

Aquí hay una clave fundamental para todos los que queremos aprender a ser más influyentes. Los mejores maestros del arte de la persuasión llegan a serlo gracias a la pre-suasión: el proceso de preparar a los destinatarios para que ya estén receptivos a un mensaje antes de que este les llegue. Para persuadir bien es, por tanto, necesario pre-suadir bien. Pero ¿cómo?

La respuesta tiene que ver, en parte, con un principio de la comunicación que, aunque es esencial, generalmente no se tiene demasiado en cuenta: aquello que mostramos primero modifica la forma en la que la gente percibe lo que presentamos después. Veamos cómo solo una pequeña diferencia de procedimiento ha conseguido mejorar el balance de la empresa de consultoría de uno de mis colegas que vive en Toronto. Durante años, cada vez que presentaba ofertas para proyectos de gran envergadura, a menudo se encontraba con la resistencia del cliente ante el presupuesto, sobre el que este podía llegar a proponer una reducción del 10 al 15 % en sus tarifas. Mi amigo cuenta lo frustrante que esto resultaba, porque nunca se sintió cómodo inflando el presupuesto inicial para poder cubrir este tipo de posibles recortes en los costes. Y si accedía a estas reducciones, su margen de beneficio se estrechaba tanto que casi no le valía la pena aceptar el negocio. Si no las aceptaba, o bien perdía el trabajo o bien provocaba que los socios ya estuvieran contrariados de entrada porque él no se había mostrado dispuesto a trabajar con ellos por el presupuesto que le ofrecían.

Y entonces, durante una de estas reuniones de presentación de una propuesta, dio accidentalmente con una maniobra que le libró del problema para siempre. No se trataba de esforzarse en especificar o justificar paso a paso cada uno de los gastos que implicaban sus servicios; hacía tiempo que había renunciado a adoptar ese enfoque, pues lo único que conseguía era aumentar el escrutinio sobre la factura. En lugar de ello, después de hacer su presentación y antes de informarles de la tarifa (de 75.000 dólares), bromeó: «Como supondrán no voy a poder cobrarles un millón de dólares por esto». El cliente levantó la vista de la propuesta escrita que estaba estudiando y dijo: «Bueno, ¡sobre eso podemos cerrar un acuerdo!». La reunión prosiguió sin que se hiciera una sola referencia a compensación alguna y terminó con un contrato firmado. Como admite mi colega, esta táctica de mencionar una tarifa poco realista no siempre lleva a conseguir el negocio —hay muchos otros factores implicados— pero casi siempre elimina los peros que puedan presentarse ante los costes.

Aunque él se tropezó con ello de manera inesperada, mi amigo no es el único que ha descubierto el asombroso efecto que tiene lanzar casualmente una cifra alta al aire y, en consecuencia, instalarla en la mente de los demás. Diversas investigaciones han hallado que la cantidad de dinero que la gente decía estar dispuesta a gastarse en una cena era más elevada cuando el restaurante se llamaba Studio 97 en vez de Studio 17, que el precio que estaban dispuestos a pagar por una caja de bombones belgas era mayor después de que se les pidiera que escribiesen dos dígitos elevados de su número de la seguridad social frente a otros que tenían que apuntar números bajos, que los participantes en un estudio sobre rendimiento en el trabajo pronosticaban un mayor esfuerzo y mejores resultados cuando el estudio se llamaba experimento 27 en vez de experimento 9, y que la estimación de los observadores sobre el rendimiento de un atleta aumentaba cuando este llevaba en la camiseta un número alto en vez de uno bajo.

Es más, el potente impacto de aquello que ubicamos en primer lugar no se limita al ejemplo de las grandes cifras iniciales. Otros investigadores demostraron que, justo después de haber dibujado un conjunto de líneas largas en una hoja de papel, un grupo de estudiantes universitarios estimaba la longitud del río Mississippi como mucho mayor que otro grupo que había dibujado líneas cortas. Y, de hecho, el impacto de estos preludios no se limita únicamente al ámbito de lo numérico: en una tienda de vinos, los clientes mostraron más predisposición a adquirir un vino alemán añejo si, antes de hacer su elección, sonaba una canción germana por el hilo musical de la tienda; y, de igual modo, tenían más probabilidades de adquirir un vino francés si escuchaban una canción de este país.[1]

Por tanto, no es solo una experiencia en concreto la que condiciona lo que se hace después. Puede ser del mismo modo la exposición a un número, la longitud de una línea o una pieza musical; y, como veremos en los capítulos siguientes, puede tratarse solo de una sutil llamada de atención hacia toda una variedad de conceptos psicológicos determinados. Pero, dado que este libro trata principalmente de aquello que favorece la persuasión, esos capítulos dan un tratamiento especial a aquellos conceptos que aumentan nuestras posibilidades de obtener un consentimiento sobre algo. Aquí es importante señalar mi elección de la palabra «posibilidades», que refleja una realidad incontestable cuando se opera en el reino del comportamiento humano: cualquier pretensión de manejar alguna certeza en ese territorio es por completo risible. No hay táctica persuasiva alguna que vaya a funcionar con seguridad cada vez que se emplee. Pero lo que sí hay son enfoques que pueden aumentar consistentemente las probabilidades de salirnos con la nuestra. Y eso es suficiente. Un aumento significativo de dichas probabilidades nos basta para lograr una ventaja decisiva.

En casa, será suficiente para dotarnos de los medios para conseguir una mayor aquiescencia a nuestros deseos; incluso ante la más recalcitrante de las audiencias: nuestros hijos. En el mundo empresarial es suficiente para que las organizaciones capaces de implementar estos métodos dispongan de medios para superar a sus rivales, incluidos aquellos que tienen argumentos igual de buenos. También es suficiente para que aquellos que ya saben cómo emplear estos enfoques cuenten con los medios para mejorar su manera de proceder o incluso lleguen a ser los mejores dentro de una organización.

Pensemos, por ejemplo, en uno de estos maestros (llamémosle Jim porque, qué demonios, ese era su nombre), que trabajaba en una de las firmas en cuyo programa de formación me infiltré. La empresa fabricaba alarmas antiincendios domésticas de activación térmica, que eran muy caras, y Jim era el mejor de sus comerciales. Tampoco es que consiguiera cerrar todas y cada una de las ventas, por supuesto, pero las probabilidades de que sus llamadas terminaran con un contrato firmado eran, un mes tras otro, más altas que las de sus compañeros. Tras un primer período de formación en clase, se me asignó que pasara los siguientes días acompañando a diversos comerciales para aprender su enfoque sobre el proceso de venta. Esto siempre incluía una visita al hogar de una familia que hubiera pedido cita para una presentación.

Dada su fama de estrella, estudié atentamente la técnica de Jim. Y una práctica destacaba como elemento central de su éxito. Antes de empezar a vender nada, creaba un contexto de confianza con la familia. Esta es una de esas cualidades que nos lleva a dar nuestro consentimiento cuando se nos hace una petición, suponiendo que dicha confianza se haya establecido antes de hacer la petición. Se han escrito montañas de informes científicos y libros con ese argumento que sugieren formas de ganarse la confianza de los demás, pero Jim conseguía hacerlo de un modo que no había visto en ninguno de ellos. Lo hacía fingiendo ser un poco desastre.

El tipo de procedimiento de venta que se enseñaba a todos los representantes de aquella empresa era bastante estándar en la industria. Tras un poco de conversación casual para favorecer una buena relación, se invitaba a los clientes potenciales (habitualmente, una pareja) a realizar un test de diez minutos sobre sus conocimientos de seguridad antiincendios, que en realidad estaba diseñado para revelarles lo poco que sabían acerca de los verdaderos peligros de un incendio doméstico. Después de completar el test, los representantes iniciaban el discurso de venta activa con una demostración del sistema de alarma y enseñaban a los posibles clientes un libro con materiales que certificaban la superioridad de ese sistema frente a otros. Todos los demás comerciales llevaban el libro consigo al entrar en la casa y lo tenían a mano, listo para usarlo. Pero Jim no. Él esperaba a que la pareja hubiera empezado a rellenar el test, entonces se daba un manotazo en la frente y exclamaba: «¡Vaya! He olvidado una información muy importante en el coche y tengo que ir a por ella. No quiero interrumpirles mientras rellenan el test, ¿les importa si salgo y entro de su casa por mi cuenta?». La respuesta siempre era alguna versión de «Sin problema, adelante». Y a menudo llevaba aparejada que le dieran una llave de la puerta.

Vi a Jim hacer tres presentaciones. Cada vez, su «descuido» se manifestaba de idéntico modo y en el mismo momento. Una tarde, de vuelta a la oficina en coche le pregunté por ello. En dos ocasiones rehusó darme una respuesta directa, molesto porque le estuviera presionando para revelar su secreto de vendedor. Pero cuando insistí, me soltó: «Piénsalo, Bob, ¿a quién dejarías ir y venir por tu casa por su cuenta? Solo a alguien en quien confías, ¿no? Lo que quiero es que, en las mentes de esas familias, se me asocie con la confianza».

El truco es brillante —no del todo ético pero, aun así, brillante— porque encarna uno de los argumentos centrales de este libro: las cosas influyentes de verdad que hacemos y decimos sirven en primer lugar para pre-suadir a nuestro público, y lo hacen modificando las asociaciones que sus miembros establecen con lo que hacemos o decimos después. En el capítulo 7 defenderé que toda la actividad mental surge en forma de patrones de asociaciones que establecemos dentro de una red neuronal vasta e intrincada, y que cualquier tentativa de influir en alguien funcionará solo en la medida en que las asociaciones que se disparen sean favorables al cambio.

La táctica de Jim es ilustrativa de esto. Para convertirse en un comercial de primera no tuvo que modificar las prestaciones del sistema de alarma que vendía ni la lógica, el argumento o el estilo con el que lo presentaba; de hecho, la presentación de Jim no se alejaba en absoluto de las estándares. En vez de ello, solo tenía que vincular en primer lugar su imagen con el concepto de confianza, y el resto de las asociaciones (muy positivas) que el mismo acarrea quedaban vinculadas a su persona y a su asesoría. Hasta este método poco ortodoxo de Jim de conectarse con el concepto de confianza es puramente asociativo. Él no afirmaba ser el tipo de individuo —quizá un buen amigo o un familiar— al que la gente da libre acceso a sus hogares. Solo se las arreglaba para que se le tratara igual que a ese tipo de personas. Debo señalar que el empleo de esta táctica es la única diferencia real que detecté entre las presentaciones de Jim y las de sus compañeros, que cosechaban significativamente menos éxitos. Tal es la potencia de la mera asociación.

Dicho esto, existe cierto número de primeros pasos, aparte del establecimiento de la confianza, que los persuasores pueden dar para que su público se muestre más receptivo al caso que van a presentar. Estos pasos pueden tomar formas diversas y, dependiendo de ello, los científicos conductuales les han dado múltiples nombres. Puede denominarse «enmarcamiento», «anclaje», «primado» o «primera impresión». A todos nos los iremos encontrando a lo largo de estas páginas, donde me referiré a ellos, de manera indistinta, como «aperturas», puesto que consiguen abrir las cosas a la influencia en dos sentidos. En el primero de ellos simplemente dan inicio al proceso; nos ofrecen los puntos de partida, el principio de la atracción persuasiva. Pero es mediante su segunda función con la que allanan el camino de la persuasión eliminando las barreras. Gracias a ella fomentan la apertura mental y —para los persuasores en potencia como Jim— de las puertas cerradas.[2]

La gran igualdad

Hay un chiste que he oído contar a quienes se dedican a la influencia que habla de la dificultad de persuadir a los clientes y orientarlos en la dirección deseada. Trata de una conversación entre el representante de ventas de una empresa de marketing y un cliente potencial que quiere lanzar una marca nueva de espinacas congeladas.

CLIENTE: ¿Tiene experiencia en el marketing de productos alimentarios?

COMERCIAL: Sí, contamos con una amplia trayectoria en ese sector.

CLIENTE: ¿Incluida la venta de alimentos congelados?

COMERCIAL: Sí, así es.

CLIENTE: ¿Y de verduras?

COMERCIAL: Hemos lanzado al mercado unas cuantas a lo largo de los años.

CLIENTE: ¿Espinacas?

COMERCIAL: De hecho, sí, también espinacas.

CLIENTE (*Inclinándose hacia el comercial y con la voz tensa por la expectación*): ¿En hoja entera o… troceadas?

En las conversaciones de negocios, el chiste provoca una risa cómplice y burlona entre los profesionales de la influencia. Por supuesto, cuando los protagonistas de la broma son ellos —cuando pierden un contrato o una venta porque el posible cliente se queda encallado en algún detalle nimio y deja de ver la perspectiva completa de lo que ellos le ofrecen— el chiste no tiene ninguna gracia.

La reacción de desdén hacia el chiste siempre me ha parecido un poco extraña, porque también he visto a estos profesionales caer en el mismo tipo de estrechez de miras, aunque no en las reuniones con los clientes, sino en las sesiones de formación diseñadas para prepararlos de cara a esas reuniones.

No mucho después de que empezara a asistir de incógnito a esas clases para profesionales de la influencia descubrí algo curioso: a los participantes en estas sesiones se les decía casi siempre que la persuasión debía abordarse de forma distinta en su profesión que en otras del mismo ramo. Cuando se trata de influir sobre el comportamiento de la gente, la publicidad funciona de forma distinta al marketing, el marketing de manera diferente a la recaudación de fondos, la recaudación de fondos no es igual a las relaciones públicas, las relaciones públicas se distinguen del *lobbying* y el *lobbying* no es lo mismo que la contratación. Y etcétera, etcétera.

Es más, se insistía en señalar las diferencias incluso dentro de la misma profesión. Vender seguros de vida completos es distinto que vender seguros temporales; vender furgonetas no es igual que vender coches; la venta por catálogo u online es diferente que en una tienda; vender productos es distinto que vender servicios; la venta a personas no es lo mismo que la venta a empresas; la venta al por mayor es distinta que la venta al por menor.

No se trata de que los profesores se equivocaran al distinguir el campo de su competencia de los de sus vecinos profesionales. Pero esta constante referencia a su cualidad única llevaba a un par de errores de juicio. Primero, a menudo caían en distinciones con escasas consecuencias. Lo que es peor, al poner énfasis en aquello que es diferente entre las profesiones dedicadas a la persuasión, no se centraban lo suficiente en otra pregunta extraordinariamente útil: ¿en qué son iguales?

Esta negligencia parecía un fallo grave, porque si pudiera enseñarse a los alumnos qué se ha demostrado como convincente a lo largo y ancho de la gama más amplia de situaciones en las que se pretende ejercer cierta influencia, conseguirían salir victoriosos de todo tipo de circunstancias, desconocidas y familiares. Si pudiera enseñárseles de verdad a comprender y emplear los principios universales que subyacen a una persuasión eficaz, los detalles específicos del cambio que desean generar carecerían de importancia. Podrían desenvolverse con igual facilidad sin importar que sus tentativas de influencia tuvieran que ver con la venta al por mayor o al por menor, los seguros completos o temporales, en hojas enteras o troceadas.[3]

Mi objetivo durante todo el tiempo que pasé sometiendo a escrutinio los programas comerciales de formación, pues, fue descubrir los paralelismos existentes entre todos los enfoques profesionales de la influencia. Durante ese período de casi tres años, la pregunta central que me hacía era: «¿Qué tienen en común todos estos enfoques para funcionar tan bien?». El limitado impacto de la respuesta que encontré me dejó sorprendido. Identifiqué tan solo seis principios psicológicos que se ponen en funcionamiento de forma rutinaria en todos los negocios relacionados con la capacidad de influencia y que llegan a buen puerto. He afirmado en otras ocasiones que los seis —reciprocidad, gusto o simpatía, consenso social, autoridad, escasez y coherencia— representan cuestiones universales psicológicas relacionadas con la persuasión y he tratado todas ellas, una por capítulo, en mi libro anterior, *Influencia*.

La gran diferencia

En una parte de *Pre-suasión* he tratado de volver a entrar en contacto de forma instructiva con estos principios, pero con un importante cambio de orientación. El libro anterior tenía el objetivo de informar a los consumidores sobre cómo resistirse a los intentos de ejercer sobre ellos una influencia indebida o inoportuna. Uno de los factores que me animó a escribir este libro es que, a pesar de que *Influencia* lleva ya múltiples ediciones y ha vendido más ejemplares de los que podía haberme imaginado, pocos grupos de consumidores se han puesto en contacto conmigo para pedirme que amplíe el tema. Sin embargo, mi teléfono no ha parado de sonar con peticiones de otros dos tipos de personas: representantes de empresas que me invitaban a hablar ante sus grupos y lectores que quieren saber cómo pueden ser más influyentes en sus interacciones diarias con sus compañeros de trabajo, amigos, vecinos y familiares. Se hizo evidente que, más que en aprender a inmunizarse de ella, hay numerosos grupos de personas que están en extremo interesados en aprender a emplear la persuasión.

Al contrario que *Influencia*, uno de los objetivos de este libro es ayudarnos a satisfacer ese apetito directamente, pero con un par de restricciones dietéticas. La primera tiene que ver con la ética del éxito persuasivo. Tan solo por el hecho de que podamos usar tácticas psicológicas para lograr el consentimiento ajeno no significa que tengamos derecho a hacerlo. Estos métodos sirven tanto para hacer el bien como para hacer el mal. Pueden emplearse para engañar y, por tanto, utilizar a los demás. Pero también pueden usarse para informar y, por tanto, mejorar la experiencia de los demás. El capítulo 13 ofrece un argumento lógico —más allá del tradicional que señala las consecuencias económicas de tener la reputación dañada— para defender por qué las empresas deben alejarse absolutamente de las prácticas de persuasión carentes de ética: estas darán como resultado la atracción y el mantenimiento de un tipo de empleados que consideran que el engaño es aceptable y, como consecuencia, acabarán mintiendo a la propia organización.

Este libro se somete también a una segunda condición. Aunque la información pueda estar sazonada libremente con anécdotas e historias personales, el meollo de las pruebas debe basarse en demostraciones científicas. En cualquier intento de manejar con éxito un proceso de influencia, los enfoques basados en la ciencia ofrecen verdaderas ventajas. Según la tradicional, la persuasión se ha considerado un arte elusivo; el territorio de esos pocos dotados de una percepción intuitiva sobre cómo darle ese giro a una frase como si nada. Pero en los estudios sobre la persuasión ha ocurrido algo radical a lo largo del último medio siglo que nos permite a los demás beneficiarnos de ello tanto como a los maestros natos.

Los investigadores han desarrollado rigurosos experimentos científicos para dar respuesta a la cuestión de cuáles son el tipo de mensajes que llevan a la gente a asentir, acceder y modificar su conducta. Han documentado el impacto a veces asombroso que implica el cambio de realizar una petición de manera estándar frente a hacer exactamente la misma solicitud de un modo distinto y mejor informado. Aparte del mero impacto del efecto que se obtiene, hay otro aspecto digno de reseñar entre los resultados: el proceso de la persuasión está gobernado por leyes psicológicas, lo que significa que procedimientos similares pueden producir resultados semejantes a lo largo y ancho de una amplia gama de situaciones diversas.

Y si la persuasión está sometida a leyes, quiere decir que —al contrario de la inspiración artística— es algo que puede aprenderse. Sin importar que se posea o no un talento inherente para la influencia, o que se tenga una gran intuición para sus métodos o ninguna, es posible aprender técnicas probadas científicamente que permitirán a cualquiera ser más influyente.[4]

Otra diferencia importante respecto a *Influencia* es la exposición basada en investigaciones no solo de qué es mejor decir para persuadir, sino también de cuándo es mejor pronunciarlo. A partir de esos indicios es posible saber cómo reconocer y monitorizar el surgimiento natural de los momentos oportunos para ejercer nuestra influencia. También es posible (pero más peligroso, desde un punto de vista ético) aprender cómo crear —cómo fabricar— esos momentos. Ya sea operando como detector o como creador de momentos, el individuo que sepa cómo medir adecuadamente el tiempo oportuno para hacer una petición, recomendación o propuesta lo hará de forma excelente.

Es la hora

Ya era hora de que terminara este libro que, en cierto sentido, tiene que ver con saber calcular el momento adecuado; en realidad, llego varios años tarde. Mi intención era escribirlo durante una excedencia que me tomé en la universidad para realizar una estancia en una conocida escuela de negocios. Imaginaba que allí conocería a colegas expertos en la materia que me ayudarían a reflexionar acerca de temas importantes y que tendría también un calendario despejado que me dejaría el tiempo necesario para escribir.

Un mes o así antes de trasladarme allí, estaba negociando con el vicedecano algunos aspectos de mi visita para que fuera más fructífera —que mi oficina se encontrara cerca de la de colegas respetados, contar con la ayuda de una secretaria, un teléfono, derecho a aparcamiento y a usar la biblioteca— cuando recibí una fatídica llamada suya. «Bob —me dijo—, tengo buenas noticias. He podido conseguirle la oficina que quería, tiene un ordenador con más potencia que el que había pedido; no se preocupe por lo de la secretaria, la biblioteca, el aparcamiento o las llamadas a larga distancia, nos encargamos nosotros de todo.» Me sentí agradecido y le hice saber cuánto apreciaba todo lo que había hecho por mí. Después de una pequeña pausa me contestó: «Bien, hay algo que usted podría hacer por mí. Necesitamos a alguien que pueda dar una clase avanzada de marketing para los alumnos de nuestro MBA. Yo estoy desbordado y me sería de gran ayuda si pudiera hacerlo».

Sabía que acceder a su petición era torpedear mis posibilidades de escribir el libro, como había pensado, durante esa estancia porque: (1) nunca había dado clase en una escuela de negocios, lo que significaba que tendría que aprender todo un conjunto de normas docentes nuevas; (2) nunca había dado clase de marketing antes, lo que significaba que tenía que preparar un curso entero y un plan docente con sus sesiones de clase, sus lecturas, sus trabajos y sus exámenes, y (3) nunca había dado clase en un MBA, lo que significaba, por primera vez en mi carrera, que tendría que dedicar gran parte de mis horas no lectivas a resolver las preguntas, comentarios y necesidades de los estudiantes más incansables que se conocen en esta profesión: los alumnos de primero de un MBA.

A pesar de todo, accedí. No veía otra alternativa adecuada, no justo después de haber expresado mi sincera gratitud por todo lo que este creador de momentos acababa de hacer por mí. Si me lo hubiera pedido el día antes o el día después, habría sido capaz de decirle que no y explicarle que quería escribir un libro durante mi estancia. Pero, en el marco del momento privilegiado que él acababa de crear, las circunstancias eran distintas.

Dado todo lo que él acababa de hacer por mí, no existía ninguna alternativa social aceptable más que decir que sí. (Y me alegro mucho de que no necesitara un riñón.) Por tanto, debido a las demandas del momento, la respuesta tenía que ser necesariamente «sí». Y, sí, al acabar mi excedencia, organizada de manera específica para escribir, este libro seguía sin existir. Mis familiares estaban decepcionados, al igual que unos cuantos editores, y yo también acabé desilusionado conmigo mismo.

Sin embargo, veo un par de aspectos positivos a esta cadena de acontecimientos. En primer lugar, desde entonces han ido apareciendo cierta cantidad de nuevas investigaciones instructivas en el campo de las ciencias de la persuasión que he incorporado a este texto. En segundo lugar, la maniobra, extraordinariamente eficaz, del vicedecano ilustra a la perfección otro de los argumentos más importantes de este libro: las prácticas de la pre-suasión crean ventanas de oportunidad que en ningún caso se mantienen siempre abiertas. Estoy seguro de que yo habría podido armarme de valor para declinar su petición si el vicedecano me la hubiera hecho más tarde, en una llamada telefónica posterior.

«Colocar» el momento para preguntar. Afortunadamente, hay muchos factores más allá de los efectos del cannabis que son proclives a aumentar las posibilidades de asentimiento si sabemos acompasar nuestra petición con su presencia. *Doonesbury © 2013. G. B. Trudeau. Reproducido con permiso de Universal Uclick. Todos los derechos reservados.*

Dada la receptividad tan solo temporal que estas acciones de pre-suasión producen habitualmente en los demás, he introducido el concepto de «momentos privilegiados». El significado de la palabra «privilegiado» es inequívoco, se refiere a un estatus preferente, elevado. La palabra «momento», sin embargo, es más compleja, puesto que evoca un par de significados distintos. Uno de ellos connota un lapso de tiempo limitado: en este caso, la ventana de oportunidad que sigue a una apertura pre-suasiva, cuando el poder de la propuesta es mayor. La otra connotación proviene de la física y hace referencia a una fuerza ventajosa única que puede provocar un movimiento inédito. Estas dimensiones indisolubles, temporal por una parte y física por la otra, tienen la capacidad de instigar cambios extraordinarios en una tercera dimensión, la psicológica. Los capítulos que siguen, y que describo brevemente a continuación, muestran cómo.[5]

Parte 1. La pre-suasión: el preludio de la atención

Capítulo 2. Momentos privilegiados

En él se explica el concepto de los momentos privilegiados, unos puntos identificables en el tiempo en los que un individuo se encuentra particularmente receptivo al mensaje de un comunicador. El capítulo también presenta y defiende una tesis fundamental: el factor que con más probabilidad determinará la elección de una persona en una situación no es, a menudo, el que ofrece un consejo más certero o útil, sino el que recibe más atención (y, por tanto, mayor privilegio) en el momento de la decisión.

Capítulo 3. La importancia de la atención... es la importancia

En él se explora y documenta una razón clave por la cual la atención, cuando se canaliza, conduce a la pre-suasión: la tendencia humana a asignar niveles de importancia injustificados a una idea tan pronto como volcamos nuestra atención en ella. El capítulo indaga en los efectos que produce la atención canalizada en tres campos distintos: el trabajo eficaz en el marketing online, las reseñas positivas de los consumidores y las buenas campañas de propaganda de guerra.

Capítulo 4. Si es focal, es causal

En él se añade una segunda razón por la que la atención canalizada conduce a la pre-suasión. Del mismo modo que el enfoque de la atención lleva a percibir de modo distinto la importancia de las cosas, también conduce a distintas percepciones de la causalidad. Si las personas se observan a sí mismas otorgándole una atención especial a algún factor determinado, es más probable que lleguen a entenderlo como una causa. En este capítulo se examinan los resultados del efecto «aquello que es focal se entiende como causal» relacionado con la influencia en ámbitos tales como la elección de los números de la lotería o las confesiones falsas en interrogatorios policiales.

Capítulo 5. Los comandantes de la atención 1: los atractores

Si el aumento de la atención ofrece una ventaja pre-suasiva, ¿hay algunas características de la información que inviten automáticamente a este incremento y que, por tanto, no exijan siquiera un esfuerzo especial por parte del comunicador? El capítulo 5 examina diversos de estos comandantes de la atención: el sexo, la amenaza y lo diferente.

Capítulo 6. Los comandantes de la atención 2: los imanes

Aparte de las ventajas de dirigir la atención a un estímulo particular, la capacidad de mantenerla allí produce también un beneficio considerable. El comunicador capaz de mantener a su público concentrado en los elementos favorables de una argumentación conseguirá aumentar las posibilidades de que esta no se vea desafiada por puntos de vista opuestos, los cuales, en consecuencia, quedarán al margen del entorno de la atención del público. El capítulo 6 abarca algunas clases de información que combinan un poder inicial de atracción con otro permanente: la relevancia personal, lo inconcluso y lo misterioso.

Parte 2. Los procesos: el papel de la asociación

Capítulo 7. La primacía de las asociaciones: asocio, luego pienso

Una vez que se ha canalizado la atención hacia un concepto particular, ¿qué es lo que hace que este lleve a un cambio de respuesta? Toda actividad mental está compuesta por patrones de asociación; y todo intento de influir en los demás, como aquellos que descansan en la pre-suasión, funcionará solo en la medida en que se activen asociaciones favorables al cambio. El capítulo 7 muestra el modo en que pueden usarse tanto el lenguaje como las imágenes para producir resultados deseables, como mejorar el rendimiento laboral, conseguir evaluaciones personales más positivas, y — en un caso especialmente destacable— la liberación de unos rehenes de los talibanes en Afganistán.

Capítulo 8. Geografías persuasivas: los lugares y las pistas adecuados

Existe una geografía de la influencia. Del mismo modo que las palabras y las imágenes pueden motivar determinadas asociaciones favorables al cambio, también pueden hacerlo los lugares. Así, es posible orientarnos a nosotros mismos en la dirección deseada ubicándonos en entornos físicos y psicológicos adecuados que contengan pistas asociadas con nuestros objetivos más relevantes. También es posible que aquellas personas que quieran ejercer su influencia consigan sus objetivos ubicando a los demás en entornos que contengan pistas en su favor. Por ejemplo, las mujeres jóvenes destacan más en los campos de la ciencia y las matemáticas, y en las tareas de liderazgo, cuando se las ubica en espacios que contengan pistas (por ejemplo, fotografías) de mujeres conocidas por haber destacado en estas tareas.

Capítulo 9. Mecánica de la pre-suasión: causas, restricciones y correctivos

Un comunicador consigue pre-suadir dirigiendo desde el inicio la atención de su público hacia conceptos que, asociativamente, se encuentran alineados con la información que va a comunicar. Pero ¿por medio de qué mecanismo? La respuesta tiene que ver con una característica minusvalorada de la actividad mental: sus elementos no se disparan cuando están listos, sino cuando los hemos puesto a punto. El capítulo 9 examina de qué manera opera este mecanismo en un rango de fenómenos tan variados como el funcionamiento de las imágenes publicitarias, cómo se puede pre-suadir a los niños para que se muestren predispuestos a colaborar y cómo se puede pre-suadir a los adictos a los opiáceos para que desarrollen una importante actividad terapéutica a la que no accederían de ningún otro modo.

Parte 3. Prácticas ganadoras: la optimización de la pre-suasión

Capítulo 10. Las seis vías del cambio: amplias avenidas y astutos atajos

¿Hay algunos conceptos específicos sobre los que debería atraerse la atención del público para alcanzar el mayor efecto de pre-suasión?

La atención tendría que canalizarse hacia alguno de los principios universales de la influencia que traté en mi anterior libro, *Influencia*: la reciprocidad, el gusto o simpatía, el consenso social, la autoridad, la escasez y la coherencia. Hay buenas razones para su prevalencia y su éxito, pues estos son los principios que consiguen orientar a la gente en la dirección correcta en el momento en el que están tomando una decisión.

Capítulo 11. La unidad 1: estar juntos

En él se revela un (séptimo y adicional) principio universal de la influencia: la unidad. Existe un tipo determinado de esta última —la identidad— que caracteriza de la mejor manera posible una relación del «nosotros» y que, si se consigue hacer consciente de forma pre-suasiva, conduce a una mayor aceptación, cooperación, simpatía, ayuda, confianza y, como consecuencia, a un mayor consentimiento. El capítulo describe la primera de dos formas distintas de construir relaciones del «nosotros»: dar pistas de que existe una similitud genética asociada con lo familiar y con un lugar.

Capítulo 12. La unidad 2: actuar juntos

Aparte del efecto de unión de aparecer juntos en la misma genealogía o geografía, las relaciones del «nosotros» pueden producirse también como resultado de haber actuado juntos de forma sincrónica o colaborativa. Cuando la gente actúa de maneras comunes, se unen y, cuando esta actividad se prepara pre-suasivamente, produce apoyo y simpatía mutuos. El capítulo 12 ofrece algunos ejemplos en los que se produce un mayor apoyo entre desconocidos, cooperación entre miembros de un equipo, capacidad de sacrificio entre niños de cuatro años, amistad entre escolares, amor entre universitarios y lealtad entre consumidores y marcas.

Capítulo 13. La utilización ética: consideraciones pre-pre-suasivas

Aquellos que deseen emplear un enfoque pre-suasivo deben decidir qué es lo que van a presentar inmediatamente antes de su mensaje. Pero tienen que tomar también una decisión incluso anterior: si, desde un punto de vista ético, deberían o no usar tal enfoque. A menudo, los comunicadores de las organizaciones comerciales priorizan los beneficios por encima de la ética. Por tanto, hay razones de sobra para preocuparse por el posible uso poco ético de las prácticas pre-suasivas descritas en este libro. Sin embargo, el capítulo 13 presenta argumentos en contra de los usos faltos de ética y ofrece datos de estudios que indican que tales tácticas sabotean en realidad los beneficios de las organizaciones mediante tres formas muy poderosas.

Capítulo 14. Post-suasión: los efectos

Los pre-suasores querrán hacer algo más que provocar cambios temporales mediante oscilaciones momentáneas de atención: conseguir que esos cambios sean perdurables. Según esto, el capítulo 14 ofrece pruebas de la ciencia conductual para dos tipos de procedimiento que aumentan la probabilidad de que los cambios que se generan inicialmente arraiguen y perduren mucho más allá de los momentos de pre-suasión.

2

Momentos privilegiados

No hay mucha gente que conozca esto de mí, pero sé leer las manos. O, al menos, sabía hacerlo. De joven aprendí a leerlas como forma de romper el hielo en las fiestas. Sin embargo, al final abandoné esta práctica porque tan pronto como terminaba de hacer una lectura se había formado una fila expectante de candidatos a que leyera las suyas, y esto me impedía el acceso a cualquier tipo de conversación interesante y a la mesa del bufet.

Pero, durante esos pocos años, hice un descubrimiento notable sobre la información que daba a partir de las palmas de la gente: casi siempre era verdad. Mis compañeros en el proceso —en su mayor parte desconocidos— se quedaban asombrados por lo acertado de mi descripción de sus características. «¡Eso es verdad! —decían—. ¿Cómo lo has visto?» Aprendí a fingir una sonrisa de suficiencia para esquivar la pregunta porque, francamente, yo también estaba asombrado.

Ahora ya no, pues hay dos explicaciones que permiten entender por qué acertaba tan a menudo. La primera tiene que ver con mecanismos paranormales que solo unos pocos escogidos pueden llegar a dominar por completo; la segunda se relaciona con procesos totalmente normales que cualquiera puede desarrollar. Por una parte, es plausible que exista una conexión de verdad entre los rasgos de una mano humana y el carácter, la historia y el futuro de su portador. Este tipo de explicación suelen ofrecerla los proveedores de diversos sistemas paranormales. Aparte de los aspectos físicos de la propia palma, estos sistemas pueden aplicarse a cualquier cosa, desde alineaciones de las estrellas al aura o a las protuberancias craneales.

Por supuesto, esas diferencias resultan cruciales para quienes proclaman la superioridad de, pongamos, las protuberancias sobre las auras para desvelar la verdad. Sin embargo, las diferencias de contenido no importan. Lo que se nos asegura en cada uno de estos casos es que un profesional experto, que emplea información privilegiada del sistema, puede leer nuestra personalidad, nuestro pasado y nuestro futuro. Dudo que mis hazañas en el campo de la lectura de manos puedan interpretarse en términos paranormales. Cuando se los somete a un atento escrutinio, estos sistemas se desploman.[1]

Astucias psíquico-gatunas. Tal como aprendí durante mis días como lector de manos, hay veces en las que los métodos paranormales demuestran ser notablemente acertados. © 2013 Bizarro Comics. Distribuido por King Features Syndicate, Inc.

Durante mi período como quiromántico, fui descubriendo indicaciones inconfundibles de que había algo equivocado en los métodos paranormales para caracterizar a las personas. Sentía curiosidad por mi propio éxito como lector de manos y puse a prueba algunos de los elementos del sistema: a veces leía la línea del corazón como si fuera la de la cabeza y cosas así. Ninguna de las alteraciones que introduje en unas prácticas que están estrictamente especificadas provocó ninguna diferencia en mi nivel de éxito. Siguiera o violara el procedimiento para desvelar, por ejemplo, «la presencia de una zona secreta de inseguridad» entre mis sujetos, estos respondían de forma invariable con el mismo gesto de asentimiento culpable.

Una tarde en concreto, me sentía fuera de lugar en una fiesta en una casa en la que no conocía a casi nadie. Como la interacción social con desconocidos es una de mis zonas secretas de inseguridad, empecé a practicar la quiromancia con la gente como forma de integrarme. Llegué a leer incluso dos veces la mano al dueño de la casa, una al principio de la noche y otra cuando volvió, un par de horas y varias copas después, queriendo saber más cosas. A mitad de la primera lectura le eché hacia atrás el dedo gordo y le dije: «¿Sabes?, veo que eres un hombre bastante cabezota». En la segunda, hice el mismo movimiento y le dije: «¿Sabes?, veo que eres un hombre bastante flexible». Después de cada una de estas descripciones opuestas, se quedó pensativo un segundo y admitió que había acertado completamente cómo era en realidad.

¿Qué estaba pasando? ¿Cómo era posible que mis lecturas parecieran acertadas con independencia de lo que (sin razón alguna) afirmara haber visto? Los críticos de lo paranormal ofrecen una explicación estándar: los quirománticos, los astrólogos o los frenólogos (quienes leen las protuberancias craneales) describen características tan generales —testarudez y flexibilidad, por ejemplo— que casi todo el mundo puede identificarse con ellas. Seguro que esta afirmación es verdad, pero no resuelve todo el misterio. Si para la gente es tan fácil detectar sus propias tendencias tanto hacia la testarudez como hacia la flexibilidad, ¿no se cancelarían estos opuestos inmediatamente en cuanto se produjera una mínima reflexión?

Cuando en la fiesta califiqué al dueño de la casa como testarudo, ¿por qué no me contradijo allí mismo con la percepción natural de su flexibilidad? ¿Por qué vio caracterizada únicamente la verdad cuando yo se lo sugerí?

No es magia potagia, sino atención

La respuesta tiene que ver con una tendencia que interviene de forma habitual y que puede alterar las decisiones de una persona. Imaginemos que en una fiesta tomo el pulgar de alguien, lo echo para atrás ligeramente y, a partir de su resistencia y de su curvatura, proclamo que es «un individuo bastante tozudo, alguien que se resiste a toda presión que le empuje en una dirección en la que no quiera ir». Habré centrado su atención hacia el rasgo de la tozudez, encaminándole hacia un canal psicológico que he construido injustamente para confirmar mi juicio.

El modo de funcionamiento sería el siguiente: para comprobar si tengo razón, empezaríamos a rebuscar de forma automática entre nuestros recuerdos todas aquellas veces que hayamos actuado de forma cabezota —y solo esas— y casi con seguridad encontraríamos algún ejemplo disponible, puesto que mostrarse terco cuando se está bajo presión es un defecto habitual. Y si siguiéramos ampliando esta búsqueda sesgada, encontraríamos otras situaciones similares. Con un destello de reconocimiento, levantaríamos el rostro y admitiríamos que estoy en lo cierto.

Ahora imaginemos que, en vez de lo anterior, mi descripción ha sido la de «un individuo bastante flexible, alguien que, al conocer nueva información, tiene la capacidad de tomarla en consideración y ajustar su postura». Entonces habría atraído su atención en la dirección opuesta, empujándole por un canal distinto y amañado para que encontremos ocasiones en su pasado en las que hemos dado la bienvenida al cambio. Como resultado, lo más probable es que levantáramos la vista de esos recuerdos igualmente sesgados y declaráramos que he acertado por completo acerca de la flexibilidad fundamental.

Hay una razón muy humana que explica por qué es tan probable que caigamos en esta trampa. Su obtuso nombre científico es «estrategia del test positivo», pero se reduce a lo siguiente: al decidir si una posibilidad es correcta o no, la gente suele buscar los aciertos más que los errores, confirmaciones de la idea más que sus refutaciones. Es más sencillo registrar la presencia de algo que su ausencia. El gran escritor de novela detectivesca sir Arthur Conan Doyle entendió a la perfección esta tendencia a la hora de articular el extraordinario sistema de pensamiento de Sherlock Holmes. El brillante detective prestaba atención tan implacablemente a aquello que ocurría como a lo que no tenía lugar. Recordemos que en uno de los relatos más populares de Doyle, «Estrella de plata», Holmes descubre que un robo que está investigando es obra de alguien que trabaja allí (y no podía haberlo realizado el desconocido que la policía tenía bajo arresto) porque, durante la comisión del delito, el perro guardián no había ladrado. Sus colegas, menos disciplinados intelectualmente, y satisfechos con basarse sobre todo en la presencia más que en la ausencia de pruebas confirmatorias, nunca están a la altura de sus poderes deductivos.

Por desgracia, yo y casi todo el mundo caemos, a este respecto, en la categoría subholmesiana. En una canción de Jimmy Buffett, un examante tiene que ser informado —¡cinco veces!— de que la ausencia de algo puede indicarnos la presencia significativa de otra cosa: «Si el teléfono no suena, soy yo».[2]

El canal hacia el objetivo

Si nos preguntáramos si nos sentimos insatisfechos en, pongamos, el ámbito social, la tendencia natural a buscar confirmaciones en vez de refutaciones nos llevaría a encontrar más pruebas de insatisfacción que si nos cuestionáramos sobre si nos sentimos satisfechos. Este fue el resultado cuando a los miembros de un grupo de muestra formado por canadienses se les preguntó si se sentían insatisfechos o satisfechos con su vida social. A aquellos a quienes se les consultó sobre si estaban insatisfechos estuvieron más predispuestos a encontrar insatisfacciones a medida que pensaban en ello y, en consecuencia, resultó que la probabilidad de declararse insatisfechos aumentó un 375 %.

Hay múltiples lecciones que extraer de este hallazgo. En primer lugar, si un encuestador quiere saber si estamos descontentos con algo —podría ser tanto un producto como un representante electo o una medida gubernamental— debemos estar atentos. Recelemos también de aquel que nos pregunta si estamos contentos. Este tipo de preguntas unilaterales pueden llevarnos tanto a confundir como a expresar incorrectamente nuestra posición. Mi recomendación es que declinemos participar en las encuestas que empleen esta forma de interrogación sesgada. Son bastante mejores las que emplean preguntas con dos opciones: «¿Qué grado de satisfacción o insatisfacción tiene usted con respecto a esta marca?», «¿Está a favor o en contra de las medidas tomadas por el alcalde?», «¿Hasta qué punto está de acuerdo o en desacuerdo con la política de este país para Oriente Próximo?». Este tipo de preguntas nos invitan a consultar nuestros sentimientos de forma más equilibrada.[3]

Resulta decididamente más preocupante que el encuestador cuyas preguntas sesgadas nos llevan a adoptar una visión personal nada rigurosa sea quien, empleando este mismo mecanismo, nos pregunte algo para sacar partido de nosotros en este momento privilegiado. Los proselitistas de algún culto a menudo inician sus procedimientos de seducción de nuevos feligreses preguntándoles si son infelices (en vez de si son felices). Yo creía que esta frase estaba pensada para seleccionar a los individuos cuyo profundo descontento personal les inclinaría hacia el tipo de cambio radical que exigen los cultos religiosos. Pero ahora estoy convencido de que la pregunta «¿Te sientes infeliz?» es algo más que un mecanismo de filtrado. Es también un método de reclutamiento que truca la baraja haciendo que la gente se centre, en exceso, en sus insatisfacciones. (La verdad es que estos cultos no desean tener entre sus filas a gente insatisfecha; lo que buscan son, básicamente, individuos bien dispuestos cuyo estilo positivo y entusiasta pueda ponerse al servicio de los intereses del culto.) Tal como muestran los resultados del estudio canadiense, cuando se aborda a la gente con una pregunta formulada con la intención de que haga recuento de sus insatisfacciones, esta se vuelve más proclive a describirse a sí misma como infeliz. Y en ese momento arteramente preparado, y justo después de esa admisión, el creador de momentos está adiestrado para asestar su golpe: «Bueno, si no es feliz, querrá cambiar, ¿no?».[4]

Sin duda, las tácticas de captación religiosa pueden ofrecernos anécdotas provocadoras. Pero se sabe que los miembros de estos cultos, captadores incluidos, son proclives a caer en el autoengaño; quizá también se estén engañando a sí mismos con respecto a la eficacia de esta práctica en particular. ¿Cuál es la prueba irrefutable de que la preparación de un momento privilegiado como este conduce a algo más que a formarse una visión de uno mismo alterada de forma temporal e inconsecuente? ¿Podría un pre-suasor emplear ese momento para cambiar la disposición de otra persona a conceder o proveernos de algo con valor real?

Los profesionales de la venta valoran enormemente la información sobre el consumidor. Los defensores de los estudios de marketing afirman que estos sirven para el admirable propósito de ofrecer a los vendedores los datos que necesitan para satisfacer a los futuros compradores; y no están solos en esta elevada consideración de los beneficios de estos datos. Las compañías comerciales más rentables reconocen las ventajas de contar con una buena información acerca de las necesidades y los deseos de sus clientes o potenciales clientes. De hecho, las mejores empresas gastan continuamente grandes sumas de dinero para descubrir estos particulares.

El problema principal que se les presenta a estas organizaciones es que los demás pasamos de participar en sus encuestas, grupos o test de prueba. Aun con alicientes considerables en forma de retribución económica, productos gratis o vales de regalo, el porcentaje de personas que acceden a cooperar puede ser pequeño, lo que produce urticaria a los investigadores de marketing, puesto que no pueden asegurarse de que los datos recogidos reflejen el sentir de la mayoría de su grupo objetivo. ¿Podrían eliminar su problema estos investigadores si pidieran la información al consumidor en el momento inmediatamente posterior a una pregunta unidireccional pre-suasiva?

Consideremos los resultados de un experimento desarrollado por los científicos de la comunicación San Bolkan y Peter Andersen, quienes abordaban a la gente y solicitaban ayuda con una encuesta. Todos hemos experimentado algo similar cuando un encuestador armado con un portafolio nos detiene en el centro comercial o en el supermercado y nos pide unos minutos de nuestro tiempo. Al igual que les ocurre a los típicos encuestadores de centro comercial, el éxito obtenido por estos científicos fue deprimente: solo el 29 % de aquellos a quienes les solicitaron su participación consintieron. Pero Bolkan y Andersen creían que podían aumentar la conformidad sin recurrir a ninguno de los costosos incentivos que los profesionales del marketing se ven a menudo obligados a ofrecer. Comenzaron a parar a una segunda muestra de individuos y empezaron la interacción con una apertura pre-suasiva: «¿Se considera una persona inclinada a ayudar a los demás?». Tras unos breves momentos de reflexión, casi todo el mundo respondía que sí. En ese momento privilegiado —después de que los sujetos hubieran confirmado íntimamente y afirmado de manera pública su naturaleza servicial— los investigadores atacaban y solicitaban que les ayudaran con su encuesta. El 77,3 % accedió.

En el capítulo 10 exploraremos el particular mecanismo psicológico (el anhelo de coherencia) que lleva a la gente a ser el doble de proclive a acceder en estas circunstancias. Pero, por ahora, extraigamos otra conclusión, que es una de las principales tesis de este libro: con frecuencia el factor que con mayor probabilidad determinará las elecciones de una persona en una situación concreta no es aquel que aconseje el proceder más sabio, sino hacia el cual se ha llamado antes su atención (y, por tanto, se ha privilegiado).

Reconocer esto nos permite reflexionar de modo totalmente distinto sobre el proceso de la influencia. Durante la mayor parte de los más de treinta años que llevo estudiando las diversas formas mediante las cuales las personas pueden ser persuadidas para elegir y cambiar, mi pensamiento ha estado gobernado por el modelo científico dominante de la influencia social, que aconseja lo siguiente: si deseas modificar el comportamiento de otra persona, deberás cambiar en primer lugar alguna característica de ella para que se adecue al nuevo comportamiento. Si queremos convencer a alguien de que adquiera algo que no le resulta familiar —por ejemplo, un refresco nuevo—, deberíamos aplicarnos en transformar sus creencias, actitudes o experiencias de modo que estas le hagan desear comprar el producto. Podríamos intentar transformar sus creencias acerca del refresco informándole de que es la nueva bebida de más rápido crecimiento en el mercado; cambiar su actitud conectándola con algún famoso adorado por el público, o transformar su experiencia de la bebida ofreciéndole muestras gratis en el supermercado. A pesar de que hay una gran abundancia de pruebas que muestran que este enfoque funciona, hoy está claro que hay un modelo alternativo de influencia social que ofrece una ruta diferente al éxito en la persuasión.

¿Somos lo bastante atrevidos para tomar en consideración un modelo de influencia revolucionario?

Según este enfoque no tradicional de canalizar la atención, para obtener la acción deseada no es necesario alterar las creencias, actitudes o experiencias de una persona. Tampoco hace falta alterar nada en absoluto, salvo aquello que tiene mayor importancia en la mente de esa persona en el momento de tomar la decisión. En el ejemplo del nuevo refresco podría tratarse del hecho de que, en el pasado, haya estado dispuesta a considerar otras posibilidades. En una ampliación de la investigación de Bolkan y Andersen pueden encontrarse precisamente pruebas sobre este proceso, que demuestra que un profesional de las ventas podría aumentar de manera considerable las posibilidades de encontrar participantes para sus encuestas si empezara con una apertura pre-suasiva: preguntándoles si se consideran dispuestos a ayudar a los demás.

En una investigación paralela, los dos científicos descubrieron que también era posible aumentar la buena disposición a probar un producto desconocido si empezaban con una apertura pre-suasiva similar: esta vez les preguntaban si se consideraban atrevidos. El producto era un nuevo refresco y las personas tenían que dar su correo electrónico para recibir las instrucciones sobre cómo conseguir una muestra gratis. A la mitad les abordaron preguntándoles si querían dar su dirección de correo para este propósito. La mayoría se mostró reticente y solo el 33 % dio sus datos de contacto voluntariamente. A los otros sujetos se les preguntó al inicio: «¿Te consideras alguien atrevido a quien le gusta probar cosas nuevas?». Casi todos contestaron que sí y después de ello el 75,7 % proporcionó su dirección de correo.[5]

Dos detalles de estos hallazgos me parecen especialmente dignos de mención. En primer lugar, de los sujetos a quienes se les preguntó si se consideraban atrevidos, el 97 % (70 de 72) respondió de forma afirmativa. La idea de que casi todo el mundo se caracterice como alguien atrevido es absurda. Aun así, cuando se les lanza la pregunta unívoca sobre si encajan en esta categoría, la gente se apunta casi invariablemente. Tal es el poder de la estrategia del test positivo y de la perspectiva miope que crea. Las pruebas demuestran que este proceso puede aumentar de forma significativa el porcentaje de individuos que se etiquetan como atrevidos, serviciales e incluso infelices. Es más, la perspectiva estrecha, por mucho que sea temporal, no es en absoluto inconsecuente. Durante un momento privilegiado para la persuasión, convierte a estos individuos en enormemente vulnerables a las peticiones que se alinean con ello, tal como atestiguan los datos de los investigadores y de los proselitistas religiosos.

El otro elemento digno de reseñar del experimento del refresco no es que una sencilla pregunta desvíe a tanta gente hacia una elección particular, sino que pueda derivar a tantos de ellos hacia una elección en potencia peligrosa. En los últimos años, si hay algo que los expertos nos han advertido es que debemos estar alerta por si nos abrimos a algún individuo sin escrúpulos que pueda bombardear nuestros ordenadores con spam, infectarlo con virus destructivos o hackearlos para golpearnos con la extendida miseria del robo de identidad. (Por supuesto, para ser justos, debe reconocerse que es poco probable que a los usuarios experimentados y con criterio los engañen algunas de las ofertas electrónicas que reciben. Yo mismo, por ejemplo, me he sentido halagado al descubrir a partir de una serie de insistentes mensajes de internet que hay un montón de prostitutas vírgenes ucranianas que desean conocerme; y que, en caso de que eso no fuera posible, pueden conseguirme un descuento notable en cartuchos de impresora recargables. Dejando esta particular excepción aparte, se nos ha advertido insistentemente que observemos con escepticismo la autenticidad de estos requerimientos.)[6]

Por supuesto, dada toda la publicidad negativa referente a los fraudes electrónicos, tiene mucho sentido que dos tercios del primer grupo de Bolkan y Andersen declinaran la petición de dar sus correos electrónicos. Después de todo, quien les abordaba sin presentación ni invitación previas era un desconocido. Las circunstancias llamaban a la prudencia.

Lo que resulta significativo es que estas circunstancias eran igual de pertinentes para todos aquellos individuos (el 75,6 % en el segundo grupo de Bolkan y Andersen) que, tras haber sido orientados hacia su faceta atrevida por la pregunta unívoca inicial, ignoraban toda precaución y se abalanzaban a toda prisa a una elección que era, en potencia, poco sensata. Su comportamiento, tan desconcertante como pueda resultar de manera superficial, confirma la tesis de este libro acerca de que el factor guía en la toma de una decisión a menudo no es el que nos aconseja el proceder más sensato, sino aquel sobre el que se ha llamado la atención más recientemente. Pero ¿por qué? La pregunta tiene que ver con la crueldad de la atención orientada, que no solo destaca los aspectos prominentes de la situación, sino que también suprime todos los que compiten con ellos, hasta los que son cruciales.[7]

Los debes (y los haberes) de la atención dirigida

En inglés, «prestar atención» se dice *pay attention*, literalmente «pagar» atención, lo que implica que todo el proceso supone un coste. Las investigaciones del funcionamiento cognitivo nos muestran cuál es la factura: cuando se presta atención a algo, el precio que se paga es la pérdida de atención sobre otra cosa. De hecho, dado que parece que la mente humana solo es capaz de mantener una cosa en la conciencia al tiempo, el peaje es una pérdida momentánea de atención a todo lo demás. ¿Nos hemos dado cuenta en alguna ocasión de lo difícil que es experimentar —de manera genuina— dos cosas a la vez? Por ejemplo, sé de sobra que si empiezo a buscar la salida de la autopista mientras escucho un CD en el coche, dejaré de oír la música; y si estoy escuchando la música atentamente es probable que me pase la salida.[8]

A este respecto, el lector de CD de mi coche está estructurado para funcionar como mi cerebro y tan solo me permite poner una pista de música cada vez. Esto es así por una buena razón: sería una estupidez poner más de una de forma simultánea. Únicamente escucharía ruido. Con la cognición humana ocurre igual. Aunque siempre haya múltiples «pistas» de información, seleccionamos de manera consciente solo aquella que queremos registrar en ese momento. Cualquier otro proceder nos dejaría sobresaturados e incapaces de reaccionar a los distintos aspectos de la mezcla de estímulos.

Lo mejor que podemos hacer para manejar múltiples canales de información es atender alternativamente a cada uno de ellos, abriendo y cerrando la puerta de nuestra plena conciencia a ambos por turnos. Esta habilidad nos permite la multitarea, la capacidad de atender a diversas actividades en el mismo espacio temporal: por ejemplo, hablar por teléfono mientras leemos un correo electrónico. Aunque pueda parecer que nos estamos concentrando en más de una cosa a la vez, se trata de una ilusión. Lo único que hacemos es alternar nuestra atención muy deprisa.

Sin embargo, del mismo modo que prestar atención supone un coste, alternarla también tiene su factura: en estos cambios de atención experimentamos, durante aproximadamente medio segundo, un punto muerto mental llamado «parpadeo atencional», en el que dejamos de registrar de manera consciente la nueva información. Por esa razón, me molesta mucho interactuar con un individuo que está intentando hacer otra cosa al mismo tiempo. ¿Alguna vez hemos hablado por teléfono con una persona que notamos que está realizando otra tarea, quizá porque se oye cómo pasa las páginas de un periódico o teclea el ordenador? Lo detesto. Me demuestra que mi interlocutor está dispuesto a perder el contacto con la información que le estoy ofreciendo para tomar contacto con otra. Siempre me parece una forma de degradación. Me indica que mi interacción se considera relativamente poco importante.[9]

¿Estás en modo multitarea mientras hablamos?

Desdeñada. Mujer desdeñada, mujer enfadada. *William Haefeli. The New Yorker Collection/The Cartoon Bank.*

Pero no es solo a mí a quien se pone sobre aviso. También notifica lo mismo a mi interlocutor, porque la gente cree, correctamente, que aquello que eligen atender (o que escogen desatender) refleja a qué le están dando valor en ese momento. Aquí se halla el quid del proceso de influencia: todo aquello que hagamos para favorecer que la gente preste atención a algo —una idea, una persona, un objeto— provocará que esa cosa les parezca más importante de lo que era antes.

Pensemos, por ejemplo, en un mecanismo que empleaba el reconocido psicoterapeuta Milton Erickson cuando trataba con pacientes que, durante el tratamiento, habían desestimado algo que Erickson creía crucial para su progreso; quizá el error de elección sea también una forma de elección personal. En vez de provocar una mayor resistencia alzando la voz, cuando quería volver a plantear su argumento procedía del modo contrario. Fiel a su reputación como magistral creador de momentos, el doctor Erickson esperaba a que un camión empezara a subir la colina que había junto a la ventana de su oficina. Y entonces, acompasando su reintroducción de la perspectiva crucial para que coincidiera con el momento más ruidoso, bajaba la voz. Para oír lo que decía Erickson, los pacientes tenían que inclinarse hacia delante, hacia la información, una señal corporal de atención e interés intensos. Cuando se le preguntaba por esta táctica, Erickson, famoso por orquestar los elementos no verbales de la terapia eficaz, atribuía su éxito a la postura inclinada hacia él que adoptaban los pacientes cuando intentaban escuchar la información que él quería que vieran que era importante.

Aunque es muy instructiva, no tenemos que depender solo de esta anécdota particular para obtener pruebas de que la gente da más importancia a las cosas hacia las cuales ellos mismos creen que han elegido avanzar y, así, numerosas investigaciones demuestran que reducir la distancia ante un objeto hace que parezca que este merece más la pena. Tampoco tenemos que buscar muy lejos para ver cómo esta tendencia automática puede afectar el proceso de influencia. En uno de los estudios, a los compradores potenciales que únicamente se visualizaron a sí mismos acercándose (y no alejándose) a un expositor de un snaks concreto, este resultó gustarles más y estuvieron dispuestos a pagar hasta cuatro veces su precio para hacerse con él.[10]

Además de arreglárnoslas para que los otros se orienten hacia determinados mensajes y productos, hay muchas otras formas de que los comunicadores consigan que su público destine una atención particular y, como consecuencia, una importancia especial a una idea o un objeto. Tal como veremos a continuación, las implicaciones del acto de la pre-suasión son considerables.

3

La importancia de la atención... es la importancia

Por razones que no tienen nada que ver con el tema de este libro, tuve la suerte de encontrarme en Londres durante las extraordinarias celebraciones en conmemoración del cincuenta aniversario de la ascensión al trono de Inglaterra de Isabel II. Aunque la reina había estado viajando durante meses por todo el mundo para asistir a los eventos del jubileo de oro que las naciones de la Commonwealth realizaban en su nombre, las celebraciones alcanzaron su clímax el 4 de junio de 2002, con un programa en el Mall de Londres que atrajo a un millón de personas, entre británicos y extranjeros, para expresar sus buenos deseos. Esta notable adulación sorprendió a muchos miembros de la prensa nacional que habían predicho que el jubileo sería un fracaso y demostraría la irrelevancia en la actualidad de la monarquía británica en general y de Su Alteza Real en particular.

La realidad demostró ser la contraria. En las semanas que precedieron al 4 de junio, acudieron multitudes por todo Reino Unido a las dedicatorias, desfiles, conciertos y actos especiales en honor de la reina, que ella, a su vez, honraba con su presencia. Estaban especialmente cotizadas las invitaciones a las pequeñas fiestas en las que a veces era posible que la reina se dirigiera en persona a los invitados para darles la bienvenida.

Por supuesto, la oportunidad de conocer a Isabel II bajo cualquier circunstancia se consideraría excepcional; pero la posibilidad de hacerlo entre la pompa del jubileo de oro añadía aún más significación a estas ocasiones, de las cuales los medios se hacían eco ampliamente. Uno de estos artículos me llamó en especial la atención. Una joven que avanzaba en la cola de recepción en una de estas pequeñas fiestas escuchó con horror que su teléfono empezaba a sonar en su bolso justo en el momento de saludar a la reina. Conmocionada y petrificada de vergüenza mientras su móvil seguía sonando con insistencia, miró indefensa a la reina a los ojos, que a su vez los tenía puestos en su bolso. Finalmente, la reina Isabel se le acercó y le dijo: «Deberías cogerlo, querida, igual es alguien importante».

Lo que destaca es importante

Si bien la gracia del consejo de Isabel nos ayuda a comprender la razón de su querida posición entre su súbditos, el contenido de ese consejo nos ofrece otro tipo de pistas: todo aquello que atraiga la atención sobre sí mismo puede llevar a los observadores a sobrestimar su importancia. ¿Quién podría estar al otro lado de la línea que pudiera ser más importante en ese momento particular que Su Majestad, la reina, en ocasión del cincuenta aniversario de su reinado? A mí no se me ocurre nadie. Y, aun así, el desconocido que llamaba fue proclamado digno de ese trato… y nada menos que por la reina.

Cualquier crítico argumentaría que la reina Isabel no sobrestimaba ni un poco la potencial importancia del autor de la llamada, que su respuesta tiene que ver con una característica tendencia personal hacia la amabilidad y, en absoluto, con la característica tendencia humana a cometer errores de juicio en ese tipo de situaciones. El crítico estaría equivocado, a mi juicio, porque a pesar de que se diga que las personas de sangre real son a menudo de una raza distinta que el resto de nosotros, no son de una especie diferente. Y numerosos investigadores han documentado esa inclinación humana básica a asignar un peso indebido a aquello que resulta prominente en un momento dado.

Uno de estos investigadores es Daniel Kahneman, quien, por razones personales y profesionales, es un excelente observador del carácter y de las causas del comportamiento humano. En lo personal, ha tenido la oportunidad de observar desde dentro una gran variedad de culturas: pasó la niñez en Francia, estudió en las universidades de Jerusalén (Israel) y de Berkeley (California), sirvió como soldado y asesor personal en Israel y ha sido profesor en Canadá y Estados Unidos. Aún más impresionantes son las credenciales de Kahneman como renombrada autoridad en los asuntos de la psicología humana. Sus puestos docentes siempre han sido prestigiosos y culminaron en un cargo en la Universidad de Princeton que incluía clases simultáneas de psicología y asuntos públicos. Sus numerosos galardones también son prestigiosos, pero ninguno como el Premio Nobel de Economía de 2002, el único de la historia que se ha otorgado a un individuo con formación de psicólogo.

No es de extrañar, por tanto, que cuando Daniel Kahneman habla sobre los asuntos de la psicología humana se le preste una enorme atención. Me acuerdo de un famoso anuncio televisivo de hace muchos años de la firma de servicios financieros E. F. Hutton, que mostraba a un par de ejecutivos en un restaurante atestado que intentan mantener una conversación por encima del ruido de los cubiertos que tintinean, las voces de los camareros y las conversaciones de las mesas vecinas. Uno de los tipos le dice al otro: «Bueno, mi bróker es E. F. Hutton, y E. F. Hutton dice que…». Se hace el silencio en el lugar —los camareros dejan de tomar nota, los ayudantes de limpiar las mesas y los comensales de charlar— y, mientras todo el mundo se gira para poder oír bien el consejo, la voz en off del anunciante dice: «Cuando E. F. Hutton habla, la gente escucha».[1]

He estado en diversos congresos científicos en los que ha intervenido el profesor Kahneman y, cuando Daniel Kahneman habla, la gente escucha. De forma invariable, estoy entre esas personas. Así que tomé muy buena nota de su respuesta a un desafío fascinante que se le presentó no hace mucho tiempo en una web de debate online. Se le pidió que señalara cuál era el concepto científico que, si se apreciara debidamente, podría mejorar en mayor medida la comprensión del mundo. Aunque su respuesta fue un artículo de quinientas palabras en el que describía lo que él llama «la ilusión de la concentración», se resume de manera elegante con el título del ensayo: «Nada en la vida es tan importante como tú crees que es mientras estás pensando en ello».[2]

Las implicaciones de la afirmación de Kahneman se aplican a muchas más cosas que al estatus momentáneo de quien atiende una llamada de teléfono. Tiene mucho que ver con la práctica de la pre-suasión, porque el comunicador que consigue que la atención de su público se concentre en un elemento clave de un mensaje lo precarga de importancia. Esta forma de pre-suasión da cuenta de lo que muchos ven como el papel principal que desempeñan los medios periodísticos a la hora de influir sobre la opinión pública (el llamado «agenda-setting»). El principio central de la teoría del establecimiento de la agenda, o *agenda-setting*, es que los medios rara vez producen los cambios directamente, presentando pruebas aplastantes que desplazan al público a nuevas posiciones. En cambio, tienen muchas más probabilidades de persuadir de manera indirecta al público, dando a unos temas o hechos determinados una cobertura mucho mayor que a otros, lo que lleva a los miembros de la audiencia —en virtud de la mayor atención que prestan a unos temas determinados— a decidir que esas son las cuestiones más importantes que hay que tomar en consideración al adoptar una posición concreta sobre algo. Tal como escribió el científico político Bernard Cohen: «La prensa puede no conseguir su objetivo durante gran parte del tiempo cuando le dice a la gente lo que debe pensar, pero resulta asombrosamente exitosa en su empeño al decirle sobre qué tiene que pensar». Según este punto de vista, en unas elecciones, el partido político que tiene más posibilidades de ganar es el que los votantes consideren que tiene una perspectiva superior acerca de los temas principales de la agenda mediática de ese momento.

Este hecho no debería resultar problemático si pensáramos que los medios resaltan el hecho (o los hechos) que resultan más críticos para la sociedad. Por desgracia, hay muchos otros factores que contribuyen a decidir qué noticias tienen cobertura, tales como si un tema es simple o complicado, emocionante o aburrido, conocido o desconocido para los miembros de la redacción, costoso o no de investigar, e incluso aceptable o no para las inclinaciones políticas del director del telediario.

En el verano de 2000 estalló una bomba casera en la principal estación de tren de Düsseldorf (Alemania) que hirió a varios inmigrantes de Europa del Este. Aunque no se encontraron pruebas, la policía sospechó desde el principio que el responsable era un grupo radical de ultraderecha con una ideología antiinmigración. Un aspecto sensacionalista de esta historia —una de las víctimas perdió en la explosión no solo una pierna, sino también el bebé del que estaba embarazada— espoleó una serie de artículos durante todo el mes siguiente acerca del extremismo de ultraderecha en Alemania. Una serie de encuestas realizadas a la vez demostraron que el porcentaje de alemanes que consideraban que la extrema derecha era el tema más importante al que su país tenía que hacer frente se disparó al 35 %, porcentaje que volvió a desplomarse otra vez hasta casi cero a medida que las noticias sobre el particular fueron desapareciendo en los meses siguientes.

Un efecto similar se produjo en fechas más recientes en Estados Unidos. A medida que se acercaba el décimo aniversario del atentado terrorista del 11 de septiembre de 2001, los medios publicaron una enorme cantidad de historias relacionadas con el 11-S en los días próximos a la fecha del aniversario que después desaparecieron rápidamente en las semanas posteriores. Las encuestas realizadas durante esa época pidieron a los ciudadanos que señalaran dos acontecimientos «especialmente importantes» que hubieran tenido lugar en los últimos setenta años. Dos semanas antes del aniversario, antes de que empezara de verdad la lluvia mediática, cerca del 30 % de los encuestados citaban como respuesta el 11-S. Pero a medida que se acercaba el aniversario y el tratamiento mediático se intensificaba, los encuestados empezaron a señalar el 11-S en números crecientes, hasta llegar a un 65 %. Dos semanas después, sin embargo, una vez la atención informativa había vuelto a los niveles precedentes, de nuevo tan solo un 30 % de los participantes lo ubicaron entre los dos acontecimientos especialmente importantes de los últimos setenta años. Resulta evidente que la cantidad de atención mediática puede marcar la diferencia en cómo se percibe la significación de un tema entre los observadores expuestos al mismo.[3]

¿Por qué tendemos a asumir que aquello en lo que estamos centrando nuestra atención en un momento dado es particularmente importante? Una razón sería que aquello en lo que nos concentramos tiene, por lo general, especial importancia en ese momento. Es razonable que prestemos mayor atención a aquellos factores que resultan más significativos y útiles para nosotros en una situación particular: un ruido extraño en la oscuridad, el olor a humo en un cine, un CEO que se levanta para hablar. Esto también funciona así en las especies no humanas, que han desarrollado prioridades similares. Los macacos Rhesus, por ejemplo, pagan con compensaciones en forma de comida la oportunidad de ver a miembros importantes (de alto estatus) de su colonia; pero exigen, en cambio, una contrapartida para dirigir su atención a otros miembros sin importancia. En todo tipo de especies y por toda clase de razones tiene mucho sentido dirigir la atención hacia aquellas opciones que se sitúan por encima en un rango.

Sin embargo, este sensato sistema de enfocar los limitados recursos de nuestra atención hacia lo que de verdad posee una relevancia especial tiene una imperfección: podemos llegar a creer erróneamente que algo es importante solo porque algún factor irrelevante nos ha llevado a prestarle nuestra limitada atención. Demasiado a menudo, la gente cree que si ha prestado atención a una idea, un acontecimiento o un grupo, este debe de ser lo bastante importante para merecer su consideración. Tal como demuestran los ejemplos alemán y estadounidense del *agenda-setting*, esto no es cierto. En ellos, la cobertura mediática motivada por un elemento sensacionalista o de actualidad captó la atención del público y cambió el lugar sobre el que estaba concentrada. A su vez, esa atención alterada influyó en la opinión de los espectadores sobre temas nacionales.

Tras descubrir el grado de vulnerabilidad del que adolecemos ante la ilusión de la atención, he llegado a entender el verdadero sentido de una sentencia habitual de los agentes de prensa de Hollywood: «La mala publicidad no existe». Siempre he pensado que la frase no tenía sentido, puesto que hay ejemplos memorables de mala publicidad que han acabado con la reputación y los ingresos de una u otra figura de perfil alto. Uno de ellos es el golfista Tiger Woods, que perdió aproximadamente 22 millones de dólares anuales en ingresos procedentes de la publicidad poco después de que se hiciera público el escándalo sexual en el que se vio envuelto en 2009. Pero ahora entiendo que la idea, aunque sea falsa en un sentido, puede ser cierta en otro. Suele decirse que lo que más temen los famosos es ser ignorados, olvidados o quedar al margen de cualquier otro modo de la conciencia cultural. La publicidad potente de cualquier tipo les ahorra el peor de todos los destinos porque les otorga atención, y esta les consagra una supuesta importancia. En especial en el mundo de las artes, donde el valor de uno es casi enteramente subjetivo, una presencia pública elevada contribuye a ese valor. Según ello, la gente paga por ver a los famosos de perfil alto (en sus actuaciones, producciones y apariciones) porque ellos mismos, como individuos, parecen tener importancia. Las colonias de macacos no son el único entorno en el que sus miembros pagan por observar a figuras en apariencia importantes.[4]

De este modo, aquel persuasor que consiga orientar con astucia la atención de los demás hacia el elemento más favorable de una oferta determinada se convertirá en un exitoso pre-suasor. Es decir, actuará de forma eficaz no solo en términos directos de atención —consiguiendo que su público preste completa consideración a dicho elemento—, sino también logrando que se le dé una significación especial a ese elemento incluso antes de haberlo examinado. Y así, cuando le prestan su consideración completa, experimentan un efecto de doble cañón. Es más probable que se convenzan de que dicho atributo es deseable en particular por lo unidireccional de las pruebas hacia las que ha dirigido su atención y también es más probable que contemplen ese atributo como algo especialmente importante.

Estrellas en su ego y en nuestros ojos. La atención canalizada lleva a los famosos y al público a sobrestimar la importancia de las celebridades. *Calvin y Hobbes © Watterson. Reproducido con permiso de Universal Uclick. Todos los derechos reservados.*

Carreteras secundarias de la atención

Resulta estimulante y preocupante (dependiendo de si uno está en el ataque o en la defensa) descubrir que el resultado de los procesos de persuasión puede depender de técnicas de desvío de la atención que son tan insignificantes para pasarles desapercibidas a los propios agentes de ese cambio. Tomemos en consideración tres formas mediante las cuales los comunicadores han empleado este tipo de tácticas sutiles con gran éxito.

GESTIÓN DEL CONTEXTO Y DEL FONDO

Supongamos que hemos abierto una tienda de muebles especializada en sofás. Algunos resultan atractivos para los clientes porque son cómodos y otros porque tienen un buen precio. ¿Hay algo que se nos ocurra que podamos hacer para que los visitantes de nuestra web se fijen más en la característica de la comodidad y, en consecuencia, prefieran priorizar esto último sobre el precio en la compra del sofá?

No hace falta que dediquemos mucho tiempo a buscar una respuesta porque dos profesores de marketing, Naomi Mandel y Eric

Johnson, ya nos proporcionaron una en un conjunto de estudios sobre una web de venta online de sofás. Cuando entrevisté a Mandel y le pregunté por qué había decidido explorar estas cuestiones, me dijo que su elección tenía que ver con dos grandes asuntos sin resolver en el campo del marketing, uno de ellos bastante reciente y el otro de largo recorrido. El nuevo tema del momento era el comercio electrónico. Cuando inició su proyecto de investigación a finales de los noventa, el impacto de las tiendas virtuales como Amazon y eBay solo estaba empezando a sentirse. Pero no se había estudiado sistemáticamente cómo optimizar el éxito dentro de este tipo de intercambio. Y por ello, Johnson y ella eligieron una tienda online como contexto de su estudio.

El otro asunto que había espoleado el interés de Mandel es uno que siempre ha sido motivo de enojo para quienes se dedican al marketing: cómo evitar las pérdidas en favor de un rival de peor calidad cuya única ventaja competitiva es que ofrece precios más bajos. Esta es la razón por la que Mandel eligió confrontar en su estudio líneas de mobiliario de alta calidad con otras inferiores y menos caras. «Es un problema tradicional que en nuestros cursos de marketing plantean todo el tiempo los alumnos que tienen experiencia en ventas —me dijo—. Siempre les aconsejamos que no se dejen atrapar en una guerra de precios frente a un producto inferior, porque perderán. Les decimos que, en vez de ello, conviertan la calidad en su campo de batalla, porque ahí es donde tienen más posibilidades de ganar.»

«Por fortuna para mí —continuó—, los mejores alumnos de estos cursos nunca han quedado satisfechos con ese consejo general. Nos dicen: "Sí, pero ¿cómo se hace eso?". Y en realidad nunca puedo darles una respuesta adecuada, así que ello me proporcionó una buena pregunta que intentar resolver en mi proyecto de investigación.»

Por suerte para nosotros, tras analizar sus resultados, Mandel y Johnson se encontraron en posición de dar una respuesta asombrosamente sencilla a la pregunta «Sí, pero ¿cómo se hace eso?». En un artículo que ha pasado bastante desapercibido desde que se publicara en 2002, describían cómo consiguieron orientar la atención de los visitantes de la web hacia el objetivo de la comodidad simplemente colocando unas nubes esponjosas de fondo en la página de inicio. Esa estrategia llevaba a los visitantes a dar mucha importancia a la comodidad cuando se les preguntaba qué es lo que buscaban en un sofá. Estos mismos también tendían más a buscar en la web información sobre las características de los sofás relacionadas con el confort y, algo reseñable, a elegir uno más cómodo (y más caro) en su compra.

Para estar seguros de que estos resultados tenían que ver con el fondo de la página de inicio y no con una preferencia humana general por la comodidad, Mandel y Johnson invirtieron el procedimiento con otros clientes, cuya atención se dirigía al objetivo de economizar mediante un fondo de céntimos en lugar de nubes. Estos visitantes le otorgaban mayor importancia al precio, buscaban en la web principalmente información sobre los costes y mostraban prefe-

Venta esponjosa. Los visitantes de esta tienda online de muebles que veían este fondo de página decorado con nubes mostraban mayor inclinación a preferir sofás mullidos y confortables. Los que se encontraban un fondo de página decorado con céntimos tendían a adquirir muebles económicos. *Cortesía de Naomi Mandel y Oxford University Press.*

rencia por los sofás baratos. Cabe destacar que, a pesar de haber sido alterados de manera pre-suasiva sus rangos de importancia, búsquedas y preferencias de compra por el fondo de la página, cuando se les preguntaba más tarde, la mayoría se negaba a creer que las nubes o los céntimos les hubieran afectado en modo alguno.

Estudios posteriores han descubierto que los banners pueden producir efectos taimados similares; sí, esos que todos damos por hecho que podemos ignorar sin sufrir su impacto mientras los leemos. Algunas investigaciones minuciosas han demostrado que nos equivocamos a este respecto. Al leer un artículo sobre educación, la exposición reiterada a un banner con el anuncio de una nueva cámara hizo que los lectores se mostraran significativamente más favorables a esta publicidad cuando se les enseñó más tarde. Es revelador que el efecto se manifestase aunque no recordaran haber visto antes el anuncio en el banner, que aparecía en flashes de cinco segundos cerca del texto. Es más, si el banner aparecía con mayor frecuencia mientras leían el artículo, más les gustaba después el anuncio. Este último descubrimiento merece ser explicado en más profundidad porque contradice las numerosas pruebas que afirman que la mayoría de los anuncios sufren un efecto de desgaste cuando nos los encontramos muchas veces y que los observadores se cansan de ellos o pierden la confianza en unos anunciantes que parecen pensar que su mensaje es tan débil que necesitan enviarlo una y otra vez. ¿Por qué estos banners que aparecían hasta veinte veces en tan solo cinco páginas de texto no sufrían ningún desgaste? Porque los lectores no llegaban a procesar conscientemente los anuncios y, por tanto, no había información reconocida que pudiera identificarse como tediosa o poco de fiar.

Estos resultados abren una posibilidad fascinante para los anunciantes online: el factor reconocimiento/recuerdo, que es un indicador que se emplea a menudo para medir el éxito de todo tipo de anuncios, puede estar subestimando en gran medida el poder de los banners. Estos nuevos estudios desvelaron que aquellos que se intercalaban con frecuencia obtenían valoraciones positivas y se mostraban inusualmente resistentes a los efectos de desgaste estándar, aunque no se los reconociera ni se los recordara. De hecho, parece ser que es este tercer resultado (la falta de percepción directa) el que hace que los banners se muestren tan eficaces en los otros dos primeros potentes y tozudos sentidos. Después de muchas décadas empleando el factor reconocimiento/recuerdo como principal indicador del valor de un anuncio, ¿quién, dentro de la comunidad publicitaria, habría podido creer que la ausencia de recuerdo de un mensaje comercial podría ser un plus?

En el seno de estos resultados sobre el fondo de página y los estudios de los banners yace una lección de mayor alcance sobre el proceso de la comunicación: esa información en apariencia desdeñable que se nos muestra de fondo atrapa un tipo valioso de atención que permite desarrollar formas de influencia de potencia casi incalculable.

Sin embargo, esta influencia no es siempre beneficiosa. A este respecto existe una gran cantidad de datos sobre factores influyentes del entorno que, especialmente quienes son padres, deberían tomar en consideración. El ruido ambiental, como el que produce el tráfico pesado o los aviones, es algo a lo que creemos que podemos llegar a acostumbrarnos o incluso bloquear después de un tiempo. Pero está demostrado que el ruido disruptivo nos alcanza y reduce nuestra capacidad de aprendizaje y de desarrollo de tareas cognitivas.

Un estudio halló que las notas de capacidad lectora de los alumnos de una escuela primaria de Nueva York resultaban significativamente más bajas cuando sus aulas estaban situadas cerca de las vías del tren elevado por las que cada cuatro o cinco minutos pasaban los vagones traqueteando. Cuando los investigadores, armados con este descubrimiento, presionaron a los funcionarios del sistema de transporte de Nueva York y a los miembros del consejo educativo para que instalaran materiales que redujeran el ruido tanto en las vías como en las aulas, las notas de los alumnos se elevaron. Se han encontrado resultados similares en los casos de escuelas que se encuentran cerca de las rutas de vuelo de los aviones. Cuando la ciudad alemana de Munich trasladó su aeropuerto, las puntuaciones en memorización y capacidad lectora de los alumnos que se encontraban en el entorno de la nueva ubicación se desplomaron, mientras que las calificaciones de los que se encontraban en el antiguo aeropuerto subieron de manera significativa.

Por tanto, los padres cuyos hogares o las escuelas de sus hijos se encuentran sometidos al ruido intermitente del tráfico, de trenes o aviones deberían reclamar la implementación de medidas antirruido. Los empresarios deberían hacer lo mismo por el bien de sus empleados... y por el de sus propios beneficios. Los docentes deberían considerar, además, el efecto potencialmente negativo de otro tipo de estímulos del entorno (que causan ellos mismos) sobre la capacidad de aprendizaje y los resultados académicos de los niños. Las aulas que tienen las paredes muy decoradas con numerosos pósters, mapas y dibujos reducen las notas de los niños que estudian en ellas materias de ciencias. Está claro que la información del entorno puede tanto guiar como distraer la atención y cualquiera que quiera ejercer su influencia debe manejar con cuidado esa información.[5]

INVITAR A UNA EVALUACIÓN FAVORABLE

Aunque con el fin de aumentar la importancia que se da a un tema o a un detalle en concreto los comunicadores pueden emplear estas técnicas para atraer la atención hacia ellos, hacerlo no siempre es lo más recomendable. El comentario de Bernard Cohen acerca de la cuestión de la cobertura mediática —que no desvela tanto lo que piensa la gente como acerca de qué cosas piensa— resulta aquí pertinente. Cualquiera de estas prácticas para orientar la atención hacia una idea tendrá éxito solo si esta última en sí es meritoria. Si el público percibe que los argumentos y las pruebas en las que se apoya son débiles, por mucha atención que consigamos volcar hacia esa mala idea no conseguiremos que sea en ninguna medida más persuasiva. Al contrario, esta táctica puede ser contraproducente. Después de todo, si en un momento dado el público empieza a dar a una idea más importancia de la que le daba previamente, será más probable que se oponga a ella cuando esta se revele bastante pobre.

De hecho, muchas investigaciones han demostrado que cuanta más consideración damos a algo, más extremas (polarizadas) se vuelven nuestras opiniones sobre ello. Por tanto, las tácticas para capturar la atención no son la panacea para los aspirantes a persuasores.[6]

En todo caso, si tenemos un buen argumento que defender, hay determinados entornos en los que emplear estas tácticas dotará de un atractivo especial a nuestra atracción persuasiva. Uno de estos lugares es un campo lleno de competidores fuertes. Actualmente, en el mundo de los negocios se ha vuelto cada vez más difícil superar a los rivales. Los avances en las tecnologías de desarrollo, técnicas de producción y métodos empresariales son fáciles de copiar y hacen que para una empresa sea difícil distinguir la esencia de lo que ofrece —agua embotellada, gasolina, seguros, vuelos, servicios bancarios, maquinaria industrial— de la que pueden presentar otros agentes que compiten por el mismo mercado. Para lidiar con este problema deben emplearse modos alternativos de crear distinción. Los minoristas pueden establecerse en localizaciones múltiples y convenientes; los mayoristas pueden lanzar grandes ofertas; los fabricantes pueden dar amplias garantías; los proveedores de servicios pueden contar con grandes departamentos de atención al cliente, y todos ellos pueden hacer grandes campañas publicitarias o promocionales para crear o mantener la primacía de la marca. Pero estas acciones tienen un inconveniente: dado que estas fórmulas de diferenciación son caras, sus costes pueden ser demasiado gravosos para la mayoría de las organizaciones.

¿Podríamos resolver este problema encontrando una forma económica de dirigir la atención hacia un producto, servicio o idea particular? Bueno, sí, siempre y cuando el elemento que queramos destacar sea bueno; que tenga, por ejemplo, buenas puntuaciones en las reseñas de los consumidores. Lo fundamental, en este caso, sería conseguir que los observadores centraran su atención en ese detalle ventajoso en vez de en las opciones igualmente buenas de los rivales. Así, las características favorables ganarían en el escrutinio tanto en verificación como en importancia.

Ya hay datos que demuestran que ambos beneficios pueden suponer una ventaja sustancial para una marca si los consumidores dirigen a ella su atención aislada de sus competidores. Aunque los datos proceden de distintos entornos (centros comerciales, campus universitarios y sitios web) y tienen que ver con productos diferentes (cámaras, televisores de gran formato, vídeos y detergentes para la ropa), los resultados señalan la misma conclusión: si accedemos a participar en una encuesta sobre algún producto, por ejemplo, cámaras de 35 milímetros, el encuestador puede hacer que otorguemos una puntuación más alta a cualquier marca fuerte —por ejemplo, Canon— pidiéndonos simplemente que valoremos las cualidades de sus cámaras pero sin solicitarnos que consideremos a la vez los rasgos positivos de alguno de sus principales rivales, como Nikon, Olympus, Pentax o Minolta.

Es más, sin saber por qué, también es probable que aumente nuestra inclinación a adquirir una cámara Canon de 35 milímetros, al igual que el deseo de comprárnosla en ese mismo momento, sin necesidad de buscar información de marcas comparables. En cualquier caso, todas estas ventajas a favor de Canon desaparecerían si se nos pidiera que valoráramos la calidad de dichas cámaras pero, antes de puntuarlas, tuviéramos que pensar también en las opciones que ofrecen Nikon, Olympus, Pentax y Minolta.

Por tanto, para cosechar los beneficios de la atención dirigida, la clave es mantener el foco de la atención en un único punto. Hay estudios sorprendentes que demuestran que el simple proceso de hacer una evaluación unívoca de una sola de varias cadenas de hoteles y restaurantes, un producto de consumo o incluso una organización benéfica puede provocar automáticamente que las personas valoren más la entidad sobre la que enfocan su atención y que estén más predispuestas a darle su apoyo económico.

Una táctica que varias empresas emplean cada vez con más frecuencia es solicitar que se evalúen sus productos y servicios… pero solo los suyos. Como consumidor, los proveedores de productos y servicios me piden de forma habitual que valore y puntúe el resultado de alguna transacción de un tipo u otro. En ocasiones se me solicita mediante una llamada de teléfono o por correo postal, pero por lo general es vía correo electrónico. A veces se trata de evaluar una única experiencia, como la estancia en un hotel, una compra online o un servicio de atención al cliente. Periódicamente, la pregunta «¿Qué tal lo estamos haciendo?» me pide que valore alguna cuestión de mi relación con mi agencia de viajes, mi gestoría o mi operador telefónico. Estas solicitudes parecen de lo más inocentes y aceptables porque en apariencia tienen la intención (y seguro que es así) de recoger información que mejorará la calidad de mi relación comercial con ellos. Pero me sorprendería si mi conformidad no les diera también a los solicitantes, especialmente a los que suelo evaluar con mayor puntuación, una gratificación extra: que mi atención esté concentrada en sus facetas más favorables sin prestar una atención comparable a las cualidades más positivas de sus mejores rivales.

Existen también investigaciones que han extendido estos descubrimientos al modo en que los líderes y los mánagers hacen elecciones estratégicas dentro de sus organizaciones. En uno de estos estudios participó un grupo de individuos a los que se había asignado la responsabilidad de revertir un desplome en las ventas de un fabricante de pinturas. A cada uno se le pidió que evaluara lo acertado de solo una de cuatro soluciones posibles: (1) aumentar el presupuesto para publicidad, lo que haría crecer la conciencia de la marca entre los pintores caseros; (2) bajar los precios, lo que atraería a compradores más sensibles al factor económico; (3) contratar a un mayor número de comerciales, que presionarían para conseguir más espacio en los lineales de las tiendas, o (4) invertir en el desarrollo del producto para mejorar la calidad de modo que la marca pudiera promocionarse como la mejor del mercado. No importó cuál de las cuatro ideas le tocó evaluar a estos individuos: el propio proceso de centrarse en una sola y evaluarla les empujó a recomendarla entre las demás opciones como el mejor remedio que podía adoptar la empresa.

Pero, sin duda, un alto cargo en puestos de responsabilidad no emprendería unas importantes medidas sin haber evaluado completamente todas las alternativas viables y, desde luego, en ningún caso haría esa elección tras haber evaluado una sola de las opciones, ¿verdad? Error. Y esto se debe a dos razones. La primera es que realizar un análisis minucioso de todos los posibles caminos hacia el éxito lleva mucho tiempo y acarrea retrasos que pueden ser largos para identificar, examinar y cartografiar cada una de las rutas; y quienes están en puestos de responsabilidad no han llegado a esas posiciones distinguiéndose como cuellos de botella dentro de sus empresas.

La segunda es que, para cualquier persona que tiene que tomar una decisión, hacer una valoración minuciosa de múltiples opciones es tan difícil y estresante como el esfuerzo de mantener varios objetos en el aire al mismo tiempo para un malabarista. Como resultado (y es comprensible), la tendencia es abreviar o evitar por completo ese arduo proceso seleccionando al primer candidato aceptable que aparece. Esta tendencia tiene un nombre algo extravagante, *satisficing* —término acuñado por el economista y premio Nobel Herbert Simon—; es una contracción de las palabras *satisfy* («satisfacer») y *suffice* («suficientemente»). La combinación refleja los dos objetivos simultáneos que nos guían en el momento de hacer una elección —elegir bien y quitárnosla de en medio—, algo que, según Simon, por lo general implica tomar una decisión que sea lo bastante buena y punto. Aunque en un mundo ideal uno trabajaría y esperaría hasta que apareciera la mejor solución, en nuestro entorno real de sobrecarga mental, recursos limitados y fechas de entrega, la norma es lo meramente satisfactorio.

Pero tampoco deberíamos darles a las medidas que se han elegido de este modo la injusta ventaja de recibir un tipo distinto de evaluación única: la que está basada solo en los aspectos positivos. Es sabido que, en la excitación de una oportunidad inminente, quienes tienen que tomar decisiones suelen actuar de manera equivocada centrándose en lo que una estrategia podría hacer por ellos si funciona o en lo que podría hacerles a ellos si fracasa. Para combatir este exceso de optimismo potencialmente ruinoso, debe dedicarse un tiempo, de manera sistemática, a abordar un par de cuestiones que a menudo no surgen solas: «¿Qué acontecimientos futuros podrían hacer que este plan fracase?» y «¿Qué nos pasaría si esto sucediera?». Los científicos dedicados al estudio de la toma de decisiones que han examinado esta táctica de consideración de lo opuesto han descubierto que, por un lado, es muy fácil de poner en práctica y que, por otro, es notablemente eficaz para eliminar los sesgos en nuestro juicio. Para las organizaciones que se esfuerzan por librarse de este y otros sesgos en la toma de decisiones, los beneficios pueden ser considerables. Un estudio que incluyó a unas mil empresas determinó que aquellas que empleaban procesos para eliminar los sesgos de los juicios tenían entre un 5 y un 7 % más de retorno de beneficios que aquellas que no los empleaban.[7]

CAMBIAR LA TAREA QUE TENEMOS ENTRE MANOS

El 20 de marzo de 2003, el presidente George W. Bush ordenó que el ejército estadounidense invadiera Irak. Tras una serie de rápidas incursiones militares que derrocaron al gobierno de Sadam Husein, la invasión terminó en un esfuerzo militar laborioso, agónico y brutal que tuvo un coste altísimo para Estados Unidos en términos de sangre, dinero, prestigio e influencia global. La justificación inicial de la administración Bush para declarar la guerra —eliminar las «armas de destrucción masiva» de Sadam— quedó desacreditada (las armas nunca llegaron a aparecer) y fue revisándose de manera regular para incorporar nuevos objetivos tales como acabar con las violaciones de los derechos humanos de Sadam, acabar con la ayuda de Irak a Al Qaeda, asegurar el suministro de petróleo o establecer un baluarte de la democracia en Oriente Próximo. No obstante, la administración conseguía desviar la atención de estas razones mutantes y cuestionables a través de un ingenioso programa mediático que tenía el efecto de desplazar la mirada del público de la lógica general de la guerra y centrarla en su ejecución diaria. Esto se consiguió transformando la tarea que los representantes de las agencias de noticias más importantes del mundo se imponían a sí mismos al cubrir el conflicto.

El programa de periodistas «integrados» en una unidad militar de la guerra de Irak, por el que se adscribía a los reporteros directamente a algunas unidades de combate —comían, dormían y viajaban con ellos— en el curso de las operaciones militares fue producto de una decisión conjunta de los funcionarios estadounidenses y de los jefes de los grandes grupos mediáticos. Aunque según la fuente el número exacto varía, en el momento de máximo desarrollo del programa, entre 600 y 700 representantes de los medios tenían el tipo de acceso a las hostilidades que les habían negado quienes tomaban las decisiones en la guerra del Golfo de 1991 y en operaciones militares anteriores en Afganistán. En parte como forma de garantizar mejor la seguridad de todos los implicados y en parte como una estrategia de relaciones públicas, los militares estadounidenses desarrollaron la idea del programa bajo la dirección de los funcionarios de asuntos públicos del Departamento de Defensa de la administración Bush.

Para los directores de los medios, las ventajas del programa eran obvias y excitantes. Si su personal operaba en casi todos los sentidos junto a las tropas, los periodistas estarían en disposición de transmitir a la audiencia la experiencia del combate con niveles de detalle y de actualidad a los que anteriormente no habían tenido acceso. La perspectiva de entretejer vídeo, fotografía y narraciones cautivadoras en primera persona era un sueño hecho realidad para los grupos mediáticos a los que las restricciones informativas de las anteriores campañas militares habían irritado enormemente.

Además de ser una ventana abierta a la realidad de la vida militar, la convivencia permitiría a los reporteros integrados gozar de un acceso especial a los propios soldados y, por tanto, a las circunstancias personales de todos aquellos hombres y mujeres. Los medios también codician estas historias de alto interés humano debido a su gran poder de atracción para el público. Un estudio halló que los periodistas integrados en unidades militares conseguían incluir este tipo de elementos de interés humano en más de un tercio de sus historias, mientras que los reporteros que no lo estaban lo hacían solo en el 1 % de las suyas.

Para los funcionarios estadounidenses, las ventajas del programa, aunque de otro cariz, no eran menos cautivadoras. En primer lugar, bajo el ala de sus protectores armados, se reducían considerablemente los riesgos que corrían los miembros de la prensa en Irak. La posibilidad de tener cientos de reporteros en busca de titulares e historias pululando por una zona de guerra y que finalmente acabaran como rehenes, bajas o en necesidad de ser rescatados era un dolor de cabeza que los militares querían evitar. Por otro lado, las observaciones personales de los periodistas de todo el mundo (casi el 40 % de los puestos integrados los ocupaban miembros de agencias de noticias no estadounidenses) suponían para los militares una valiosa protección contra las posibles informaciones falsas que provenían del gobierno de Sadam. En palabras de Bryan Whitman, vicesecretario de Defensa para asuntos públicos, los periodistas integrados estarían en posición directa de socavar la credibilidad de «lo que pueda estar emitiendo el Ministerio de Defensa iraquí».

Para las fuerzas armadas había además una tercera ventaja, mucho mayor. Dado que la idea de un programa de reporteros integrados resultaba tan atractiva para los directores de los medios, estos terminaban haciendo concesiones que sesgaban la cobertura de manera más favorable hacia el ejército, que tenía derecho a desempeñar un papel en la formación, selección y destitución de los reporteros y a revisar sus artículos antes de su publicación. En un congreso académico que tuvo lugar un año después de la invasión le preguntaron al coronel Rick Long, director de relaciones con los medios de los marines de Estados Unidos, por qué el ejército apoyaba el programa. Su respuesta no podía haber sido más clara: «Con franqueza, nuestro trabajo es ganar la guerra. Parte de ello tiene que ver con la guerra de la información. Así que vamos a intentar dominar este entorno… En términos generales estamos muy contentos con el resultado». El coronel Long y sus colegas tenían todo el derecho a estar satisfechos. Algunos estudios que analizaron los artículos provenientes de Irak en esa época detectaron una oscilación más positiva hacia el ejército en aquellos que estaban escritos por reporteros integrados en unidades militares.

Pero esta disparidad de tono es modesta en comparación con otra diferencia que presentan los artículos de periodistas integrados con respecto a los que no lo estaban. Una diferencia que resultaba más útil para los propósitos de la administración Bush que a la del personal militar en la zona. Los artículos de los reporteros integrados se centraban casi por completo en las tropas: sus actividades diarias, alimentación, vestuario y suministros, la preparación para el combate, las tácticas que empleaban y su valentía en las acciones militares. De hecho, el 93 % de las historias de los periodistas integrados estaban narradas desde la perspectiva de los soldados, frente a menos de la mitad en el caso de sus colegas no integrados. Y dado que, en su mayor parte, los servicios armados habían hecho un buen trabajo alimentando, vistiendo, proporcionando suministros y entrenando a los soldados, quienes, en su mayor parte, actuaban con eficacia y coraje, el ejército tenía un ejemplo de peso para mostrarlo a quienes podían informar sobre ello de primera mano.

Sin embargo, en esta forma de cobertura, más en profundidad pero de perspectiva más estrecha, se perdía algo crucial: los periodistas integrados —cuyos artículos obtuvieron un asombroso porcentaje del 71 % de primeras planas a lo largo del conflicto— no informaron de modo significativo acerca de los asuntos políticos de más amplio espectro, tales como las justificaciones de la guerra (por ejemplo, la ausencia de las armas de destrucción masiva se mencionaba solo en el 2 % de los artículos) o el impacto de la operación sobre la posición y el poder de Estados Unidos en el exterior. ¿Cómo podíamos esperar de ellos otra cosa? Sus ansiosos superiores les habían encargado cubrir lo que en uno de los análisis se denominó «las minucias del conflicto», y esto absorbía todo su tiempo, energía y consideración.

De vuelta en casa, una vez abandonadas sus unidades de combate, muchos de los «integrados» pudieron reflexionar sobre el limitado punto de vista al que su situación les había condicionado. Pero mientras estuvieron sobre el terreno, su incesante atención a los soldados y la vida militar marcó la agenda mediática sobre el conflicto. Tras desarrollar una extensa revisión de los artículos que se publicaron en aquel momento, el sociólogo y analista de medios Andrew Lindner describió el resultado sin rodeos: «El periodismo integrado no solo representó una mayoría del total de artículos disponibles, sino que también dominó la atención pública». Así, con un alto porcentaje de los artículos de guerra publicados en primeras planas que nunca abordaban los porqués de la guerra sino los quiénes y los cómos, el mensaje mediático predominante para el público era evidente: se debería estar prestando atención a la forma en la que se desarrolla la guerra y no a la cuestión de su pertinencia.

Una de las conclusiones que arrojan las investigaciones que hemos cubierto en este capítulo es que aquellos asuntos que obtienen nuestra atención ganan también una importancia implícita. Algunas de estas investigaciones demuestran que cuando la gente no presta atención a un tema, da por hecho que este debe entrañar una importancia relativamente pequeña. Con esas tendencias humanas básicas en mente, debemos pensar en las implicaciones del programa de reporteros integrados para la opinión pública estadounidense sobre la guerra de Irak. Los despachos de los periodistas participantes en el programa incluían un tipo de contenido —vívidos relatos de primera mano de combates e historias de los combatientes de interés humano y cargadas de emoción— que a los medios les encanta lanzar y la audiencia adora recibir. Ese contenido dominaba la atención pública y, por tanto, definía los factores que la gente debía considerar de mayor o menor importancia sobre la invasión, como los que tenían que ver con las acciones individuales y los resultados en el campo de batalla frente a los relacionados con las justificaciones iniciales y los fines geopolíticos. Dado que los detalles de los combates en primera línea representaban uno de las principales puntos fuertes de la guerra mientras que los estratégicos de mayor alcance constituían una de sus principales debilidades, el efecto del programa de periodistas integrados fue otorgarle una importancia central en el escenario al gran éxito, y no al gran fracaso, de la campaña de Irak de la administración Bush. La ilusión atencional así lo aseguraba.

No hay nada que sugiera que esta cobertura mediática característicamente desequilibrada era parte del diseño general del programa por parte de la administración y de los funcionarios militares. Estos parecen haberse movido por un interés relacionado en su mayor parte con algunos propósitos tradicionales de la información bélica, tales como adquirir control sobre las emisiones, la formación y los artículos de los periodistas, además de colocarlos en posición de ser testigos para contradecir la propaganda enemiga. De igual forma, tampoco hay pruebas de que los directores de los medios que ayudaron a consolidar el programa anticiparan lo beneficioso que iba a resultar en el ámbito de las relaciones públicas para la administración Bush. En vez de ello, fue solo en retrospectiva, una vez empezaron a salir a la luz los resultados de los análisis de las noticias en revistas académicas, cuando empezó a alcanzarse esta conclusión. Irónicamente, entonces, el mayor efecto sobre las relaciones públicas del programa de periodistas integrados parece haber sido un efecto colateral, uno que estaba oculto. Un subproducto inesperado de la decisión de que la labor de los periodistas más visibles que estaban cubriendo la guerra tuviera una perspectiva molecular en vez de molar.[8]

El impacto furtivo de atraer la atención de forma selectiva hacia un tipo favorable de información no se limita a la modulación beneficiosa de una tarea asignada. Como hemos visto, las consecuencias persuasivas de moldear la información del entorno e invitar a una evaluación singular pasaron desapercibidas para los propios individuos a quienes se sometió a esos procedimientos. A través de esta influencia encubierta, las técnicas que están diseñadas para canalizar meramente la atención temporal pueden resultar muy eficaces como mecanismos de pre-suasión. Pero hay otra razón que nos conduce a ello.

4

Si es focal, es causal

No es nada extraño que tendamos a asignar una importancia alta a los factores que ya han conseguido nuestra atención. Pero también les otorgamos causalidad. Por tanto, la atención canalizada dota a los elementos sobre los que se enfoca de un peso específico de partida en cualquier deliberación. Les da una cualidad de causa, lo que a su vez los coloca en posición de convertirse en la respuesta a la más esencial de las preguntas humanas: ¿por qué?

Habitualmente prestamos una atención especial a las causas reales de las cosas que nos rodean y, cuando nos descubrimos centrándonos en algún factor, es más probable que lleguemos a pensar en él como una causa. Pensemos en los intercambios monetarios. Dado que en ellos la cantidad de dinero que se ofrece es un factor importante —«te pagaré X cuando hagas Y»— tendemos a inferir que el acicate de la acción es ese pago, cuando en realidad este suele ser otro factor menos visible. Los economistas en particular tienden a sufrir este sesgo porque los aspectos monetarios de las situaciones dominan su atención y sus análisis.

Por tanto, cuando el economista Felix Oberholzer-Gee, de la escuela de negocios de Harvard, se dedicó a abordar a diversas personas que hacían cola para entrar en algún sitio ofreciéndoles dinero para que le dejaran pasar, entendía que, según un modelo basado solo en lo económico, cuanto más dinero ofreciera, más gente accedería a este intercambio. Y eso es exactamente lo que descubrió: le dejaron colarse el 50 % de las personas a quienes les ofreció un dólar; el 65 % de aquellas a las que les ofreció tres dólares, y los porcentajes de aceptación se elevaron hasta el 75 -76 % cuando les propuso cantidades mayores, de cinco y diez dólares.

Según la teoría económica clásica, que consagra el interés financiero como causa primera de todo comportamiento humano, los incentivos de mayor cuantía convencían a los individuos de aceptar el trato porque les beneficiaban económicamente. ¿Cómo podría ponerlo en duda cualquier observador de esta transacción? Los incentivos altos fueron la causa de los efectos obtenidos debido a su vinculación directa con la ganancia económica personal, ¿no es así? No sucede nada que sea sorprendente, ¿verdad? Bueno, es así salvo por un hallazgo adicional que desafía todo este razonamiento: casi nadie cogió el dinero.

«Vaya, qué extraño», debe de haberse dicho Oberholzer-Gee. En efecto, sus datos incluyen numerosas rarezas, al menos para aquellos que suscriben la idea de que el motor último de las acciones humanas es el propio interés económico. Por ejemplo, a pesar de que ofrecer mayores incentivos monetarios elevó el número de las personas que accedieron a concederle el deseo de colarse, no aumentó el número de las que, finalmente, aceptaron el dinero; la oferta de un trato más ventajoso causó que hubiera más gente que sacrificó sus puestos en la fila pero sin aceptar una mayor compensación. Para explicar este hallazgo, Oberholzer-Gee abandonó la consideración de los factores económicos predominantes y se aproximó a una causa oculta: la obligación que siente la gente de ayudar a quien lo necesita.

Esta última proviene de la norma de ayudar, que los científicos conductuales llaman en ocasiones la «norma de la responsabilidad social» y que dicta que deberíamos asistir a aquellos que necesitan nuestra ayuda en proporción de sus necesidades. Varias décadas de investigaciones muestran que, en general, cuanto más necesite alguien nuestra ayuda, nos vemos más obligados a ofrecérsela, más culpables nos sentimos si no se la prestamos y más probable es que se la demos. Al contemplarlo bajo esta óptica, los anteriores hallazgos, que parecían desconcertantes, tienen perfecto sentido. Las ofertas económicas estimulaban la aquiescencia porque alertaban a sus receptores sobre el alcance de la necesidad existente en dicha situación. Esto explica por qué los mayores incentivos económicos aumentaban el consentimiento aunque la mayoría de la gente no estuviera dispuesta a embolsárselos: más dinero era señal de una mayor necesidad por parte del peticionario. («Si este tipo está dispuesto a pagar un montón de dinero para colarse será porque de verdad necesita llegar cuanto antes.»)[1]

Sería ingenuo afirmar que los factores económicos no son unos poderosos determinantes de la acción humana. Aun así, diría que a menudo lo son menos de lo que nos hace creer su gran visibilidad (y, por tanto, su prominencia en nuestra atención). Y, al contrario, hay muchos otros factores —las obligaciones sociales, los valores personales, los estándares morales— que solo por el hecho de no ser observables a primera vista, resultan a menudo más determinantes de lo que parecen. Elementos como el dinero, que tienden a atraer la atención en los intercambios humanos, no solo parecen más importantes, sino también más causales. Y esta supuesta causalidad, especialmente cuando hemos llegado a inferirla a partir de un proceso de canalización de la atención, es un gran activo para ejercer influencia: tanto como para explicar distintos patrones de la conducta humana en un rango que va desde lo insólito hasta lo alarmante.

Probar suerte

Para la primera de estas categorías, veamos el caso más famoso de alteración de productos de todos los tiempos. Durante el otoño de 1982, alguien fue por los supermercados y farmacias del área de Chicago inyectando cianuro en cápsulas dentro de sus envases de Tylenol y dejando más tarde los frascos en las estanterías de los comercios, donde luego las compraron varios clientes. Varias razones explican la prolongada notoriedad del incidente. La primera es que siete habitantes de Chicago murieron por ingerir el veneno, cuatro de ellos miembros de una sola familia que habían tomado pastillas del mismo bote de Tylenol. En segundo lugar, nunca se encontró al asesino, y el crimen quedó en una incómoda falta de conclusión. Pero, en su mayor parte, si el caso sigue vivo hoy no es tanto por estas lamentables razones como por otro par de motivos, esta vez benéficos: llevó a que se aprobaran importantes medidas legales sobre la seguridad de los productos y a implementar cambios en la industria farmacéutica que incorporaron sellos de seguridad y envases que han reducido los riesgos para los consumidores. Además —debido a las rápidas medidas tomadas por el fabricante de Tylenol, Johnson & Johnson, y únicamente centradas en el bienestar del cliente (retiraron 31 millones de cápsulas de todas las tiendas)— el incidente terminó produciendo una forma adecuada de abordar las crisis empresariales que aún se considera un patrón de comportamiento. (Este enfoque indica que las empresas deben actuar sin un momento de duda para informar y proteger al público, aunque eso les suponga un coste sustancial para sus intereses económicos inmediatos.)

Aparte de estas importantes características, hay otro detalle del caso que ha pasado casi completamente desapercibido pero que me parece destacable. Muy al principio, una vez determinado que las muertes estaban vinculadas con los frascos de Tylenol pero antes de que se hubiera establecido el alcance del adulteramiento del producto, Johnson & Johnson emitió una serie de advertencias a todo el país destinadas a prevenir daños mayores. Uno de estos avisos ponía en conocimiento de los consumidores los números de lote de producción a los que pertenecían los frascos afectados: unos números que identificaban el momento y el lugar en que se había manufacturado una remesa particular de cápsulas. Dos de estas cifras recibieron más publicidad que las demás porque fueron las primeras en ser identificadas: los lotes 2.880 y 1.910.

Inmediatamente, y de manera desconcertante, la gente que jugaba a la lotería en Estados Unidos empezó a apostar a esos números en porcentajes sin precedentes. En tres estados, Rhode Island, New Hampshire y Pennsylvania, los funcionarios tuvieron que detener las apuestas sobre esos números porque superaban, declararon, «los niveles máximos de responsabilidad».

Para entender mejor esta sucesión de acontecimientos, analicemos las características de los números. En primer lugar, eran normales y corrientes, no hay nada inherente en ellos que los hiciera dignos de recordar por algo en especial. En segundo lugar, estaban asociados a una desgracia lamentable. Es más, en las cabezas de los ciudadanos estadounidenses estaban íntimamente conectados con una imagen de una muerte por envenenamiento. Y, aun así, miles de esas mentes reaccionaron a algo que tenían esos números y que creían que aumentaba sus expectativas de ganar la lotería. ¿Qué era ese algo? Nuestros análisis previos ofrecen una respuesta: debido a toda la publicidad que los rodeaba, los números se habían convertido en el centro de atención, y ya hemos visto que se considera que aquello que es focal tiene la habilidad de hacer que ocurran cosas.

Resultó que los números de la lotería premiados vinieron a demostrar que todas aquellas mentes que habían creído que aquellos números les darían alguna ventaja sobre el azar estaban equivocadas. Pero dudo mucho que aquellas pérdidas sirvieran para enseñar a aquellas mentes, en general, cómo no cometer errores similares en el futuro. La tendencia a asumir que lo que es focal es causal está demasiado profundamente arraigada, en exceso automatizada y opera sobre demasiados juicios humanos.

ACABAR CON UNA VIDA

Imaginemos que estamos en un bar tomando un café. En la mesa de enfrente hay un hombre y una mujer decidiendo qué película van a ver esa noche. Unos minutos después se deciden por una de las opciones y se van al cine. Cuando se levantan, descubrimos que en la mesa de detrás de ellos está un amigo nuestro. Este nos ve, se sienta con nosotros y hace un comentario sobre la conversación de la pareja: «En ese tipo de discusiones siempre acaba decidiendo uno de los dos, ¿verdad?». Nos reímos y asentimos, porque también nos habíamos dado cuenta de lo mismo: aunque el hombre estaba intentando ser diplomático, era él claramente el que decidió la película. La sensación de reconocimiento y humor desaparece cuando nuestro amigo nos dice: «La mujer parecía muy dulce, pero no ha parado hasta salirse con la suya».

La doctora Shelley Taylor, psicóloga social de la Universidad de California de Los Ángeles (UCLA), sabe por qué es posible que nuestro amigo y nosotros hayamos escuchado la misma conversación pero emitamos juicios distintos sobre quién ha decidido el resultado. Se trata de un pequeño accidente que tiene que ver con la ubicación: desde donde estábamos, observábamos la conversación por encima del hombro de la mujer y esto hacía que el hombre nos resultara más visible, que destacara; mientras que el punto de vista de nuestro amigo era el opuesto. Taylor y sus colegas desarrollaron una serie de experimentos en los que diversos individuos observaban y escuchaban una serie de conversaciones cuidadosamente guionizadas de modo que ninguno de los interlocutores tuviera una contribución mayor que el otro a la discusión. Algunos de ellos la veían desde una perspectiva que les dejaba ver la cara de una de las partes por encima del hombro de la otra, y otros observadores veían ambos rostros de perfil, en iguales condiciones. A todos ellos se les pidió que juzgaran quién había tenido más peso en la discusión, basándose en el tono, el contenido y la dirección. Los resultados eran siempre los mismos: aquel interlocutor cuya cara era más visible se consideraba más causal.

Taylor me contó una historia divertida pero, aun así, esclarecedora sobre cómo llegó a convencerse del poder de este fenómeno por el que aquello que es focal se entiende como causal. Al preparar el estudio, hizo que un par de ayudantes ensayaran una conversación en la que ambos tenían que contribuir en iguales términos. Primero se puso detrás de uno de ellos y después tras el otro y se descubrió criticando a quienquiera que tuviera de frente por «dominar la conversación». Finalmente, después de varias de estas críticas, dos de los colegas de Taylor, que estaban observando a los interlocutores desde un lado, la interrumpieron exasperados y le aseguraron que, a su juicio, ninguno de los dos estaba dominando la conversación. Taylor afirma que entonces supo, sin haber recogido aún datos sobre ello, que su experimento sería un éxito porque el ensayo ya había producido el efecto predicho… en ella misma.

No importa lo que intentaran, los investigadores no podían evitar que los observadores de la conversación dieran por hecho que, en la interacción de la que habían sido testigos, el agente causal era aquel cuyo rostro les era más visible. Les resultaba asombroso verlo resurgir una y otra vez de una forma «prácticamente inmutable» y «automática», aun cuando el tema de conversación tuviera una importancia personal para los observadores; incluso cuando los investigadores distraían a los observadores; e incluso cuando se dejaba pasar un tiempo antes de que los observadores juzgaran a los interlocutores; e incluso cuando sabían de antemano que tendrían que comunicar sus impresiones a otras personas. Es más, este patrón no solo se repetía por igual ya fueran del sexo masculino o femenino los jueces, sino que ocurría también con independencia de que las conversaciones se observaran en directo o en vídeo.[2]

Cuando le pregunté a Taylor por esta última variación, me contó que las grabaciones se hacían por razones de control experimental. Al registrar la misma discusión desde distintos ángulos, podía asegurarse de que todo lo que tenía que ver con la conversación fuera exactamente idéntico cada vez que lo veía. Cuando sus resultados se publicaron por primera vez, el hecho de que en las interacciones grabadas también funcionara el efecto de «lo que es focal se entiende como causal» no se tuvo como una faceta importante del descubrimiento de Taylor. Pero hoy las circunstancias han cambiado, debido a que ahora se usan con frecuencia conversaciones grabadas en vídeo para determinar la inocencia o culpabilidad de los sospechosos en delitos graves. Para entender cómo y por qué es así, es necesario dar un instructivo rodeo y tomar en consideración un componente aterrador que comparten todos los sistemas de justicia criminal desarrollados: la habilidad de los policías para generar en los interrogatorios confesiones falsas de individuos que no han cometido delito alguno.

La extracción de estas confesiones falsas resulta inquietante por un par de razones. La primera es social y tiene que ver con los fallos del sistema legal y la afrenta al concepto de justicia que dichas confesiones fabricadas suponen en cualquier cultura. La segunda es más personal y tiene que ver con la posibilidad de que algún día uno de estos interrogadores (convencido, erróneamente, de nuestra culpa) emplee sus tácticas contra nosotros mismos, para inducirnos a confesar algún delito. Aunque para la mayoría de nosotros esta posibilidad parece remota, puede ser más real de lo que creemos. La idea de que no se puede persuadir a ninguna persona inocente a confesar un crimen, en especial uno de gravedad, es errónea. Y, de hecho, ocurre con una frecuencia perturbadora. Aunque las confesiones obtenidas en la gran mayoría de los interrogatorios policiales son auténticas y se ven corroboradas por otro tipo de pruebas, los académicos del derecho han desvelado un número turbadoramente alto de confesiones falsas sonsacadas. Es más, en ocasiones estas confesiones han demostrado ser después falsas a partir de pruebas tales como rastros físicos (de ADN o huellas dactilares), nueva información (documentación que demuestra que el sospechoso se encontraba a cientos de kilómetros del lugar del crimen) e incluso pruebas de que no se había cometido ningún delito (cuando la supuesta víctima de asesinato aparece sana y salva).[3]

Los mismos académicos del derecho han propuesto una larga lista de factores que pueden ayudar a explicar las falsas confesiones de las personas persuadidas. Hay dos que me resultan particularmente potentes y, como ciudadano normal y corriente, soy capaz de identificarme con la primera. Si las autoridades me pidieran que les acompañara a la comisaría para ayudarles a resolver la sospechosa muerte de uno de mis vecinos —con el que a lo mejor he discutido alguna vez en el pasado— estaría más que dispuesto a ir. Sería lo más responsable y cívico que puedo hacer. Y si, a lo largo del subsiguiente interrogatorio, empezara a parecerme que quizá la policía me considera un sospechoso, es posible que de todas formas continuara hablando con ellos sin pedir un abogado porque, como persona inocente, confiaría en que mis interrogadores podrán reconocer la verdad en lo que les cuento. Es más, no querría confirmar ninguna duda que puedan albergar acerca de mi inocencia escondiéndome detrás de un abogado; al contrario, lo que desearía es salir de esa sesión dejando todas esas dudas disipadas.[4]

Como sospechoso, sin embargo, mis comprensibles inclinaciones —ayudar a la policía y convencerles de que no estoy involucrado—

podrían llevarme a la ruina por la otra razón debido a la cual se producen las confesiones falsas inducidas. En este caso es una razón que puedo entender como estudioso de la influencia social: cuando tomo la decisión de proseguir el interrogatorio por mi cuenta me veré sometido a toda una serie de técnicas que los interrogadores han ido perfeccionando a lo largo de décadas para conseguir confesiones de los sospechosos. Algunas de estas técnicas son muy retorcidas y las investigaciones han demostrado que elevan las probabilidades de obtener confesiones falsas: mentir acerca de la existencia de huellas incriminatorias o de testigos oculares; presionar a los sospechosos para que se imaginen repetidas veces cometiendo el crimen; y colocar en un estado psicológico nebuloso a través de la privación de sueño y de los interrogatorios incesantes y exhaustivos. Los defensores de estas tácticas afirman que están diseñadas para extraer la verdad. Sin embargo, una verdad complicada y colateral a estas técnicas es que a veces tan solo consiguen extraer confesiones que al verificarse resultan ser falsas.[5]

La vida de Peter Reilly, de dieciocho años, cambió para siempre una noche de 1973 cuando, al regresar a casa de una reunión de jóvenes en su iglesia, se encontró a su madre en el suelo, agonizando en un charco de sangre. A pesar de estar a punto de desmayarse por la impresión tuvo la presencia de ánimo de llamar inmediatamente para pedir ayuda. Pero para cuando esta llegó, Barbara Gibbons había muerto. El examen del cadáver reveló que había sido asesinada de una forma salvaje: la habían degollado, fracturado tres costillas y roto los dos fémures.

Con 1,70 de estatura y 55 kilos de peso, y ni una gota de sangre en su cuerpo, su ropa o sus zapatos, Peter Reilly parecía un asesino muy improbable. Y aun así, desde el primer momento, cuando la policía le descubrió mirando ausente por la ventana de la habitación en la que yacía muerta su madre, sospecharon que la había asesinado él. En el pueblo de Connecticut donde vivían, mucha gente se reía de la forma de ser poco convencional de su madre, pero a muchos otros no les hacía gracia y la describían como impredecible, volátil, beligerante y desequilibrada. Parecía que le gustaba irritar a sus conocidos —especialmente a los hombres— denigrándoles, enfrentándose a ellos y desafiándoles. En todos los sentidos, Barbara Gibbons era una mujer con la que era difícil llevarse bien. Así que a la policía no le pareció fuera de toda lógica que a Peter, harto de los enfrentamientos constantes con su madre, «se le fuera la olla» y la matara en un arrebato de ira.

En la escena del crimen, e incluso después, cuando lo detuvieron para interrogarle, Peter rechazó su derecho a un abogado, pensando que si contaba la verdad le creerían y le dejarían libre enseguida. Fue un error de cálculo enorme, pues no estaba preparado, ni legal ni psicológicamente, para el asalto persuasivo al que iba a enfrentarse. Fue interrogado durante dieciséis horas por un equipo de cuatro policías que se fueron rotando, y un técnico de polígrafo que informó a Peter de que, según el detector de mentiras, sí que había matado a su madre. La conversación, registrada en la transcripción del interrogatorio, deja poco margen para dudar de la confianza del técnico que manejaba el polígrafo sobre el asunto:

PETER: ¿En serio eso lee mi cerebro?

TÉCNICO: Totalmente. Totalmente.

PETER: Entonces ¿he sido yo? ¿No puede haberse tratado de otra persona?

TÉCNICO: Imposible. No a partir de estas reacciones.

En realidad, los resultados de las pruebas del polígrafo no son ni mucho menos infalibles, ni siquiera en manos de expertos. De hecho, a causa de su poca fiabilidad, está prohibido presentarlas como pruebas en los tribunales de muchos estados y países.

Entonces, el interrogador jefe mintió a Peter y le dijo que habían obtenido pruebas físicas que demostraban su culpabilidad. También le sugirió cómo podía haberlo hecho aunque no se acordara: se había puesto muy furioso con su madre y había explotado en un ataque asesino durante el cual la masacró y después había reprimido el terrible recuerdo. Era trabajo de ambos, de Peter y suyo, «excavar, excavar y excavar» en el subconsciente del chico hasta que el recuerdo resurgiera.

Y eso fue lo que hicieron: excavar, excavar y excavar, explorando todas las formas de hacer que ese recuerdo regresara, hasta que Peter empezó a acordarse —al principio brumosamente, pero después con más nitidez— de cómo le había seccionado la garganta a su madre y le había pisoteado todo el cuerpo. Al final del interrogatorio, estas imágenes se habían convertido en algo real tanto para los interrogadores como para Peter:

> INTERROGADOR: Pero recuerdas cómo la degollaste con una navaja.
> PETER: No lo sé. Creo que recuerdo haberlo hecho. Es decir, me imagino a mí mismo haciéndolo. Empieza a emerger del fondo de mi mente.
> INTERROGADOR: ¿Y qué hay de sus piernas? ¿Qué visión tenemos ahí? ¿Te acuerdas de ti mismo saltando sobre ellas?
> PETER: Usted lo dice y, entonces, me imagino haciéndolo.
> INTERROGADOR: No te estás imaginando nada. Creo que la verdad está empezando a emerger. Quieres que salga.
> PETER: Lo sé…

El análisis de estas imágenes repetido una y otra vez convenció a Peter de que estas delataban su culpabilidad. Junto a los interrogadores, que le presionaban para romper su «bloqueo mental», el adolescente terminó armando una especie de puzle, a partir de las escenas que convocaba en su mente, y construyó una narración de sus acciones que coincidía con los detalles que le habían dado del asesinato. Finalmente, poco más de veinticuatro horas después del aterrador crimen, aunque inseguro de muchos de los detalles específicos, Peter Reilly confesó haberlo cometido en una declaración escrita y firmada. Esta era idéntica a la explicación que sus interrogadores le habían propuesto y que él había llegado a aceptar como cierta, aunque no creía ninguna parte de ella al inicio del interrogatorio y a pesar de que, como los hechos demostraron después, nada era cierto.

Cuando Peter se despertó en una celda al día siguiente, una vez desaparecida la horrible fatiga y las persuasoras arremetidas de la sala de interrogatorio, ya no creía en su confesión. Pero era demasiado tarde para retractarse de ella de manera convincente. Para prácticamente todos y cada uno de los miembros del sistema de justicia criminal, la confesión siguió siendo una prueba convincente de su culpabilidad: el juez rechazó una moción para retirarla en el juicio de Peter, aduciendo que la había hecho de forma voluntaria; la policía estaba tan satisfecha de que la confesión incriminara a Peter que dejaron de tener en cuenta a otros sospechosos; los fiscales construyeron todo su caso sobre esa prueba, y el jurado que finalmente declaró a Peter culpable de asesinato se basó en gran medida en ella durante sus deliberaciones.

Ninguno de estos individuos creía que pudiera hacerse confesar en falso un crimen a una persona normal sin emplear amenazas, violencia o torturas. Y todos ellos estaban equivocados. Dos años después, cuando murió el fiscal jefe, se encontraron pruebas ocultas en sus archivos que situaban a Peter en un lugar a la hora del crimen que dejaban clara su inocencia y esto llevó a la reapertura de su caso, la retirada de todos los cargos y su salida de prisión.

Sin confesión, no hay absolución. Peter Reilly rodeado de agentes de policía de camino a prisión después de su condena. *Cortesía de Roger Cohn.*

Hay un viejo dicho que afirma que la confesión es buena para el alma. Pero para los sospechosos de un crimen es mala para casi todo lo demás. Quienes confiesan un delito tienen muchas más posibilidades de ser acusados, juzgados, declarados culpables y sentenciados a duras penas. Tal como reconoció el gran jurista estadounidense Daniel Webster en 1830: «No hay ningún refugio de la confesión más que el suicidio, y este es una confesión». Siglo y medio después, el célebre magistrado del Tribunal Supremo estadounidense William Brennan desarrolló un poco más la afirmación de Webster con una observación asombrosa acerca del sistema de justicia penal: «La introducción de una confesión hace que los demás aspectos de un juicio se vuelvan superfluos; y el verdadero juicio tiene lugar, a todos los efectos, cuando se obtiene la confesión».

Existen pruebas escalofriantes de que Brennan tenía razón. Un análisis de 125 casos relacionados con confesiones falsas encontró que los sospechosos que primero habían confesado y después se habían retractado de sus afirmaciones y se habían declarado inocentes habían sido condenados igualmente el 81 % de las veces, y eso que, recordemos, todas eran confesiones falsas. Peter Reilly sufrió la misma suerte que la gran mayoría de los individuos a quienes se persuade para confesar un delito que no han cometido, y esto plantea una pregunta pertinente: ¿por qué deberíamos centrarnos en particular en su confesión en vez de en otros casos más conocidos y desgarradores que han terminado con el mismo resultado, por ejemplo, aquellos en los que se convence a múltiples sospechosos para que afirmen, como grupo, que han perpetrado un crimen que ninguno de ellos había cometido?

Lo destacable es que no se debió a nada que ocurriera durante su interrogatorio, juicio, condena o subsiguientes batallas legales, sino por algo que ocurrió veinte años después, cuando Peter, que había trabajado de manera discontinua como comercial de poca monta, intervenía en una charla en la que se hablaba de las causas y las consecuencias de las confesiones obtenidas mediante malas artes. Esto fue desvelado no por Peter, sino por otro hombre sentado a su lado que tenía el nombre bastante corriente de Arthur Miller. Este, sin embargo, no era un Arthur Miller normal y corriente. Era el mismo Arthur Miller que muchos consideran el mejor dramaturgo estadounidense de todos los tiempos y que escribió el que algunos consideran el gran drama estadounidense de todos los tiempos, *La muerte de un viajante*, y quien —por si esto no basta para llamar nuestra atención— estuvo casado durante cinco años con la mujer que algunos consideran el mayor sex symbol estadounidense de todos los tiempos, Marilyn Monroe.

Gary Tucker / Donald S. Connery.

Después de que Peter lo presentara al público como uno de sus mayores apoyos, Miller explicó que su presencia en la charla era debido a su prolongado interés por «el tema de las confesiones, tanto en mi vida como en mis obras». Durante el período de fervor anticomunista que se desató en Estados Unidos durante los años cincuenta, varios de los amigos y conocidos de Miller fueron convocados para que comparecieran en unas audiencias ante los comités del Congreso. Allí, a partir de unas preguntas muy calculadas, se les empujaba a que confesaran tanto su afiliación al Partido Comunista como su conocimiento (y, por tanto, su obligación de revelar) los nombres de otros miembros del partido que eran figuras relevantes del mundo del espectáculo. El propio Miller recibió una citación de parte del Comité de Actividades Antiamericanas y se le colocó en la lista negra, se le impuso una multa y se le retiró el pasaporte por negarse a contestar todas las preguntas del presidente del comité.

El papel que desempeñan las confesiones en las obras de Miller puede verse en *La brujas de Salem*, la más representada de sus obras. Aunque está ambientada en 1692, durante los juicios de las brujas de Salem, Miller la escribió como una alegoría del tipo de preguntas capciosas que observó en las audiencias del Congreso y que, más adelante, reconoció en el caso de Peter Reilly.

La intervención de Miller en la charla con Reilly fue relativamente breve. Pero incluyó una historia sobre un encuentro que tuvo en Nueva York con una mujer china llamada Nien Cheng. Durante la Revolución Cultural comunista china de los años sesenta y setenta, que estaba diseñada para purgar al país de todo elemento capitalista, Cheng fue sometida a duros interrogatorios preparados para que confesara que era una espía anticomunista. Con lágrimas en los ojos, Nien relató al dramaturgo sus emociones cuando, al salir de prisión, vio un montaje de *Las brujas de Salem* en su país de origen. En aquella época estaba segura de que algunas partes del diálogo tenían que haber sido reescritas por el director chino para que conectaran con el público nacional, porque las preguntas que se formulan a las acusadas en la obra «eran exactamente iguales a las que me habían hecho a mí los revolucionarios culturales». Ningún estadounidense, pensaba, podía haber conocido estas formulaciones, expresiones y secuencias precisas.

Se quedó impresionada al oír la respuesta de Miller, que le dijo que había sacado las preguntas de los documentos de los juicios de las brujas de Salem de 1692, y que eran las mismas que se usaban en las audiencias del Comité de Actividades Antiamericanas. Más tarde, fue la siniestra coincidencia con las preguntas del interrogatorio de Reilly lo que le movió a implicarse en la defensa de Peter.[6]

La historia de Miller desvela una conclusión tenebrosa. Hay determinadas prácticas de notable similitud y eficacia que se han ido desarrollando a lo largo de muchísimos años y que facultan a los investigadores, en todo tipo de lugares y de propósitos, para sacarles a los sospechosos —a veces inocentes— confesiones de culpabilidad. El reconocimiento de este hecho llevó a Miller y a los comentaristas legales a recomendar que todos los interrogatorios relacionados con crímenes graves se grabaran en vídeo. De ese modo, argumentaban estos comentaristas, las personas que vean las grabaciones —fiscales, miembros del jurado, jueces— podrían valorar si la confesión se obtuvo de manera impropia. Y, ciertamente, la grabación de las sesiones de interrogatorio en casos de delitos graves se ha ido adoptando de forma creciente por todo el mundo. En teoría es una buena idea, pero en la práctica presenta un problema: el punto de vista de la cámara de vídeo casi siempre está detrás del interrogador y de cara al sospechoso.

La cuestión legal de si el sospechoso ha confesado libremente o si el interrogador le ha extraído la confesión de forma impropia implica un juicio de causalidad sobre quién es el responsable de la declaración incriminatoria. Como ahora sabemos a partir de los experimentos de la profesora Taylor, si el ángulo de la cámara está dispuesto de modo que grabe el rostro de uno de los interlocutores desde detrás del hombro del otro, esto sesga la valoración crítica hacia el que sea más prominente en lo visual de los dos. Ahora también sabemos —a partir de los experimentos más recientes del psicólogo social Daniel Lassiter— que ese mismo ángulo de cámara que enfoca al sospechoso durante el interrogatorio lleva a los espectadores de la grabación a asignarle un grado superior de responsabilidad en la confesión (y, por tanto, mayor culpa). Más aún, del mismo modo que cuando lo probaron Taylor y sus colegas, Lassiter y sus colegas descubrieron que este resultado demostraba ser tozudamente persistente. En sus estudios ocurría así con independencia de que los espectadores fueran hombres o mujeres, universitarios o adultos elegibles para un jurado de cuarenta o cincuenta y tantos, ya vieran la grabación una vez o dos, tuvieran una inteligencia profunda o no, y se les hubiera informado antes o no acerca del potencial efecto de sesgo del ángulo de la cámara. Y lo que quizá resulta más preocupante, este patrón idéntico aparecía independientemente de si los espectadores eran ciudadanos normales y corrientes, policías o jueces de la corte penal.

Nada podía modificar el efecto prejuicioso del ángulo de la cámara, excepto cambiar este último. El sesgo desaparecía cuando la grabación mostraba el interrogatorio y la confesión de perfil, de modo que el sospechoso y el interrogador tenían la misma centralidad. De hecho, era posible revertir el sesgo mostrando a los espectadores una grabación de la misma interacción pero con la cámara dispuesta por encima del hombro del sospechoso y enfocando la cara del interrogador; entonces, y comparado con los juicios de las vistas de perfil, lo que se percibía es que los interrogadores forzaban la confesión. Aquí, manifiestamente, lo que es focal se entiende como causal.

Por tanto, este es el dilema potencial que se presenta a las personas inocentes —quizá nosotros mismos— a las que se invita a acudir a la comisaría para colaborar con los investigadores en la resolución de un crimen. Desde luego, no hay nada malo en aceptar y ofrecerles esa ayuda; es lo que hacemos los buenos ciudadanos. Pero las cosas se pondrán más complicadas si empezamos a tener la sensación de que la sesión no está diseñada tanto para obtener información de nuestra parte, sino para obtener una confesión de nuestra parte. La recomendación típica de los abogados defensores sería que, en este punto, detengamos la sesión y pidamos un abogado. Sin embargo, esa opción tiene sus riesgos. Al terminar la sesión, quizá no podamos dar a los interrogadores los hechos que necesitan saber para resolver el crimen rápidamente y descartar por completo nuestra implicación, lo que nos permitiría disipar el fantasma de la sospecha allí mismo y en ese momento.

Ser sospechoso de un crimen grave puede ser una experiencia aterradora, desagradable y prolongada que tal vez se alargue aún más si damos la apariencia de que tenemos algo que ocultar. Pero elegir continuar con una sesión que cada vez se parece más a un interrogatorio entraña ciertos peligros. Podemos estar exponiéndonos a unas tácticas que se han ido desarrollando en distintos lugares a lo largo de los siglos para extraer declaraciones incriminatorias de los sospechosos, incluidos los que son inocentes. Y hay razones para ser muy cautelosos porque, allá donde se han empleado, estas son las técnicas que han demostrado ser más eficaces para los interrogadores a la hora de lograr este fin.

Supongamos que, después de valorar todas las opciones, decidimos continuar valientemente con la entrevista en un sincero intento de limpiar nuestro nombre. ¿Hay algo que podamos hacer para aumentar la posibilidad de que, si nos tienden una trampa o nos presionan para que hagamos falsos comentarios incriminatorios, los observadores externos sean capaces de identificar las trampas y la presión como causa de estos?

Sí que existe. Son dos pasos que nos revela la investigación de los profesores Taylor y Lassiter.

En primer lugar, debemos buscar la cámara por la habitación, que suele estar arriba y detrás del policía. En segundo lugar, tenemos que mover la silla y colocarnos de modo que la grabación de la sesión enfoque nuestra cara y la del interrogador en los mismos términos. No hemos de dejar que el efecto de que «lo que es focal se entiende como causal» funcione en nuestra contra en un juicio. De otro modo, tal como creía el juez Brennan, puede que nuestro juicio ya esté sentenciado.[7]

Por cierto, si alguna vez nos encontramos en una de estas situaciones que he descrito y elegimos dar por terminada la sesión y pedir un abogado, ¿hay algo que podamos hacer para minimizar las sospechas policiales de que tenemos algo que esconder? Esta es mi sugerencia: hay que echarme a mí la culpa. Debemos decir que, aunque nos gustaría ofrecer nuestra completa cooperación, una vez leímos un libro que nos instaba a considerar que los interrogatorios policiales no eran seguros, ni siquiera para los individuos inocentes. Adelante, hay que echarme a mí la culpa. Hasta se puede dar mi nombre. ¿Qué va a hacer la policía, detenerme con cargos falsos, llevarme a la comisaría y emplear tácticas maquiavélicas para sacarme una confesión falsa? Nunca conseguirán condenarme, porque buscaré la cámara y moveré mi silla.

Estas pruebas que demuestran que las personas vemos automáticamente aquello que es focal como algo causal me ayudan a entender otros fenómenos que son difíciles de explicar. Por ejemplo, a los líderes se les otorga una posición causal mucho mayor de la que por lo general merecen en los éxitos o fracasos de los equipos, grupos y organizaciones que lideran. Los analistas del rendimiento empresarial han denominado esta tendencia «romance del liderazgo» y han demostrado que hay otros factores (como la calidad de los trabajadores, los sistemas empresariales internos y las condiciones del mercado) que tienen un mayor impacto en los beneficios corporativos que las acciones de los CEO; aun así, al líder se le asigna una responsabilidad desmesurada sobre los resultados de la empresa. Incluso en Estados Unidos, donde los salarios de los trabajadores son bastante altos, un análisis demostró que el empleado medio de una gran empresa cobra la mitad del 1 % del salario del CEO. Si parece difícil explicar esa discrepancia en términos de justicia social o económica, quizá podamos hacerlo en otros términos: la persona que está arriba del todo es más visible, destaca más psicológicamente y, por tanto, se le asigna un papel causal indebido en el curso de los acontecimientos.[8]

En resumen, dado que lo más prominente tiende a verse como más importante y lo que es central en el foco de nuestra atención tiende a considerarse causal, el comunicador que consigue guiar la atención de su audiencia hacia determinadas facetas de un mensaje cosechará una significativa ventaja persuasiva: la buena disposición de los receptores hacia esos factores antes de tomarlos de hecho en consideración. En un sentido real, pues, la atención canalizada puede hacer que los receptores estén pre-suasivamente más abiertos a un mensaje antes de que lleguen a procesarlo. Este es el sueño de cualquier persuasor, porque a menudo el mayor desafío para un comunicador no es presentar un caso meritorio, sino convencer a los receptores para que dediquen sus limitados tiempo y energía a considerar sus posibles méritos. La percepción de la importancia del tema y la causalidad dan respuesta de forma exquisita a este desafío.

Si la atención canalizada ofrece, de hecho, una ventaja pre-suasiva a un comunicador, surge una cuestión relacionada: ¿existen elementos de la información que no requieran el esfuerzo especial de un comunicador para dirigir hacia ellos la atención porque, por su naturaleza, ya la atraen solos sobre sí mismos?

Los comandantes de la atención 1: los atractores

Cuando empecé a enviar el manuscrito de mi libro *Influencia* a algunos posibles editores, su título provisional era *Armas de la influencia*. Uno de ellos me llamó para contarme que su editorial podría estar interesada en contratar el libro, pero con una modificación importante. Para asegurarse de que llamara la atención en las mesas de novedades, me recomendaba cambiar el título por *Armas de seducción social*. «Así —señaló— combinaría sexo y violencia en un solo vistazo.»

Aunque no acepté su sugerencia, entiendo su lógica. Hay determinados señuelos que llaman nuestra atención con fuerza. Los que lo hacen de forma más potente están vinculados a nuestra supervivencia. Los estímulos sexuales y violentos son ejemplos excelentes debido a sus conexiones con nuestras motivaciones fundamentales de, por un lado, reproducirnos y, por el otro, de evitar el daño: la vida y la muerte, literalmente.

El sexo

No es ningún secreto que un estímulo sexual destacado puede desviar la atención humana de otros asuntos (a veces de todos los demás). Los novelistas, los dramaturgos y los guionistas de cine lo saben y lo emplean en sus tramas; pensemos en *Lolita*, de Vladimir Nabokov; *Un tranvía llamado deseo*, de Tennessee Williams, y *Magic Mike*, de Steven Soderbergh. Los especialistas en marketing y publicidad lo saben y lo emplean en sus mensajes comerciales. Los científicos conductuales también conocen esto. Es más, estos nos han enseñado lo fácil que puede ser infiltrar asociaciones sexuales en las cosas para orientar la conducta.

Observemos un pequeño estudio que se desarrolló en Francia. Los investigadores hicieron que una joven atractiva de diecinueve años abordara a dos grupos aleatorios de hombres de mediana edad que iban solos por la calle para pedirles ayuda en una acción que entrañaba cierto grado de riesgo. Señalaba a un grupo de cuatro jóvenes macarras y les decía a los hombres que le habían robado el móvil. «¿Podría usted recuperármelo?», les preguntaba. Es comprensible que un hombre solo fuera reticente a intervenir, dadas las circunstancias. No conocía a la joven y, en vistas de cualquier posible altercado, le superaban en una proporción de cuatro a uno. De hecho, en uno de los grupos, solo el 20 % de los hombres prestó ayuda a la joven. Pero en el otro fueron casi el doble los que se lanzaron a la disputa tal cual se les pedía.

¿Qué es lo que explica esta diferencia? A todos aquellos hombres les había abordado minutos antes otra joven que les preguntaba por una dirección: a algunos de ellos por la calle Martin y a los otros por la calle Valentine. Resultó que el grupo de hombres más valientes coincidía con aquellos a los que se les había preguntado por esta segunda ubicación. Según los investigadores (que habían recogido pruebas de un estudio anterior), al preguntarles a los hombres por la calle Valentine se les incitaba a pensar en una festividad romántica con tintes sexuales: el día de San Valentín. Eran las conexiones sexuales con la palabra «Valentine» lo que disparaba su bravuconería y les empujaba a ganar el favor de la bella damisela sin importar los riesgos.

Aunque los resultados son llamativos en lo que respecta a la facilidad con la que los estímulos sexuales despiertan la estupidez del varón de mediana edad, también dan indicios de una complicación instructiva. El atractivo de la joven que pedía ayuda para recuperar su teléfono no era suficiente en sí mismo para conseguirla. En todo el proceso hay algo crucial que tiene que ponerse primero en su lugar. Los hombres tenían que verse expuestos a un concepto con implicaciones sexuales, el día de San Valentín, antes de que ella pudiera impelerlos a actuar. Era necesaria una apertura que les volviera receptivos a su petición antes siquiera de que se la encontraran. En resumidas cuentas, se requería un acto de pre-suasión.

La complejidad que entrañan los asuntos inguinales no se detiene aquí. Tomemos una estadística que contradice la noción de que incluir insinuaciones sexuales en un anuncio es una forma segura de aumentar las ventas. En la lista elaborada por la revista *Advertising Age* de las mejores cien campañas del siglo xx, solo ocho contenían insinuaciones sexuales en el texto o en las imágenes. ¿Por qué tan pocas? A pesar de que las respuestas al contenido sexual pueden ser fuertes, no son incondicionales. Emplear el sexo para vender un producto solo funciona en aquellos objetos que la gente compra ya por motivos que de algún modo están relacionados con lo sexual. Los cosméticos (barra de labios, tinte para el pelo), aromas para el cuerpo (colonia, perfume) y ropa ajustada (tejanos, bañadores) entran dentro de esta categoría. Los refrescos, los detergentes y los electrodomésticos de cocina, no, a pesar de los empeños ocasionales y errados de los publicistas que no entienden este punto.

El sexo vende de forma selectiva. Aunque ambos anuncios son sexis, solo el primero tiene probabilidades de aumentar las ventas del producto. *Cortesía de Advertising Archives.*

Además, esto encierra una lección de mayor alcance, que va más allá del ámbito de la publicidad. En cualquier situación, la gente tiene más probabilidades de prestar mayor atención y dejarse influenciar por estímulos que encajan con los objetivos que se han marcado para dicho contexto. Solo en el ámbito de los estímulos sexuales, por ejemplo, los estudios han desvelado que los varones y las mujeres heterosexuales y sexualmente estimulados dedicaban más tiempo a la observación de fotografías de miembros del sexo opuesto muy atractivos. Esta inclinación parece natural y apenas digna de mención. Lo sorprendente está en que la tendencia aparecía solo en los casos en que los observadores se encontraban en busca de una relación romántica/sexual. Los individuos que no estaban buscando una pareja nueva no dedicaban más tiempo a mirar las fotografías de las personas más atractivas que a las que tenían un aspecto normal y corriente. De nuevo, el atractivo físico por sí mismo no era suficiente para arrastrar a la gente. Hay algo más —en este caso, el objetivo de encontrar una pareja nueva— que tiene que aparecer primero para que eso ocurra. Por tanto, existe una fuerte conexión entre los objetivos románticos/sexuales de una persona y su tendencia a prestar atención a otras, aunque sean muy atractivas.

Como comentario al margen, esa conexión puede enseñarnos un modo poco reconocido de calibrar las posibilidades de que una relación ya existente sobreviva. En una encuesta se planteó a diversos estudiantes universitarios con pareja una serie de preguntas estándares que normalmente sirven para predecir la estabilidad de las relaciones: cuestiones del estilo de lo enamorados que estaban de su pareja, lo satisfechos que se sentían con su relación, durante cuánto tiempo querían mantenerla y demás. Pero, aparte de esto, la encuesta incluía algunas preguntas nuevas que indagaban en factores atencionales tales como la frecuencia con que les llamaban la atención otras personas atractivas del sexo opuesto. Dos meses después de la encuesta se volvió a contactar con los participantes para preguntarles si su relación seguía intacta o había acabado. Hay que subrayar que el mejor indicador de una ruptura no era cuánto amor sentían por su pareja dos meses antes o lo satisfechos que estaban con su relación en aquel momento o ni siquiera cuánto habrían deseado que durara. El indicador era la frecuencia con que se fijaban en los chicos o chicas guapos que aparecían a su alrededor.

Estos hallazgos arrojan dudas sobre la eterna excusa de aquellos emparejados a quienes se les acusa de que se les va la mirada detrás de cualquier persona atractiva del sexto opuesto —«Eh, estaré a dieta, pero eso no significa que no pueda echar un vistazo a la carta»—, dado que esto puede entrañar daños posteriores. En nuestras relaciones, por tanto, debemos fijarnos en cualquier aumento de la atención que presta nuestra pareja (o nosotros mismos) a otras alternativas atractivas, pues puede ser una señal de que la pareja está en peligro.[1]

La amenaza

La violencia, y su consiguiente amenaza a la seguridad, siempre ha tenido un gran poder para atraer la atención humana. Hay pruebas de ello a nuestra disposición por todos lados, desde nuestra fascinación con los accidentes automovilísticos, que nos hace imposible no mirarlos, hasta las enormes ventas de los videojuegos más horripilantes o lo taquilleras que son las películas violentas, a las que solía llamarse películas «de tiros», pero ahora se han transformado en algo un poco más *gore*: «de explosiones» o «de masacres». Esta tendencia a prestar especial atención a estímulos potencialmente amenazadores parece acompañarnos desde la infancia y a menudo nos empuja a cometer idioteces (de hecho, producidas por el miedo).

Por ejemplo, existen riesgos que corremos por temor, acciones arriesgadas que emprendemos para evitar el daño que puede causarnos algo que en realidad quizá sea menos peligroso que nuestros propios actos, pero en ese momento estamos centrados en ello y, por tanto, llegamos a temerlo en mayor medida. Tras los aterradores sucesos del 11 de septiembre de 2001, en los que cuatro aviones comerciales fueron secuestrados y estrellados por miembros de Al Qaeda, los medios aumentaron la cobertura de historias relacionadas con el 11-S. Como resultado, miles de estadounidenses que planeaban hacer viajes de larga distancia abandonaron las peligrosas rutas aéreas por el automóvil. Pero la proporción de accidentes en los viajes por carretera es mucho mayor que en los trayectos en avión, lo que hace que esa elección sea en proporción más letal. Se estima que aproximadamente unos 1.600 estadounidenses perdieron la vida en accidentes de coche adicionales que no deberían haberse producido como resultado directo de esto, seis veces más que el número de pasajeros que murieron en el único accidente de aviación que tuvo lugar el año siguiente en Estados Unidos.

Por supuesto, es posible que este cambio de viajar en avión a hacerlo por carretera no tuviera que ver con el efecto de los riesgos por temor, sino con el aumento de las molestias que entrañan los nuevos procedimientos de seguridad en los aeropuertos estadounidenses. La probabilidad de esta explicación se reduce al compararla con un estudio que muestra una caída similar de pasajeros en el metro londinense tras los atentados sufridos en este lugar en julio de 2005, aunque no se implementaron incómodos procedimientos de seguridad adicionales. En vez de viajar en metro, los londinenses empezaron a comprar bicicletas para desplazarse. Puesto que en Londres los desplazamientos en bicicleta son a menudo más peligrosos que los trayectos en metro, las lesiones relacionadas con esta clase de accidentes se dispararon a lo largo de los meses siguientes con cientos de víctimas ciclistas adicionales. El riesgo por temor resulta ser de verdad peligroso y ciertamente temible.[2]

Está claro que los profesionales del marketing de determinados productos —desde alarmas domésticas antiincendios, pasando por programas de *backup* informático hasta desodorantes— llenan sus anuncios de información amenazante destinada a capturar nuestra atención. Sin embargo, la mayor parte de los datos que hablan de la eficacia de dicha información provienen de quienes intentan alejarnos de formas de vida poco saludables. Por norma, los mensajes que presentan las consecuencias más temibles de los malos hábitos de salud funcionan mejor que los más moderados o los que presentan las consecuencias positivas de los buenos hábitos. Además, cuanto más prominentes y llamativas sean las apelaciones temibles, mejor funcionan. En más de una decena de países, la inclusión de advertencias e imágenes aterradoras de gran tamaño en los paquetes de tabaco ha producido el doble efecto de convencer a los no fumadores para que sigan siéndolo y a muchos que sí lo son para que desistan de su hábito.

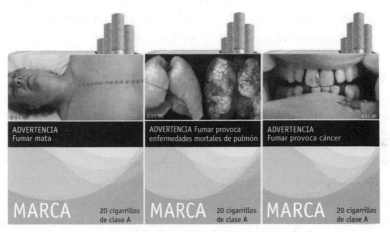

Encender te apagará. Las aterradoras imágenes de los paquetes de tabaco han conseguido reducir el tabaquismo en todo el mundo. *HHS.gov. Departamento de Salud y Servicios Sociales de Estados Unidos.*

Pero hay un tipo concreto de mensajes destinados a infundir temor que parecen ser más capaces de producir cambios en la conducta. Y lo consiguen, irónicamente, rebajando el terror que nos producen. Esto no es un beneficio menor, porque sentir un temor muy elevado a las ominosas consecuencias del cáncer de pulmón (o la diabetes o la hipertensión) puede llevar a las posibles víctimas a negar que tales consecuencias les sobrevengan en persona. «Qué demonios —podría decir un gran fumador—, mi abuelo materno fumó toda su vida y vivió hasta los ochenta años, así que probablemente tengo buenos genes anticáncer.» Y otros pueden refugiarse en tonterías distintas, pero igual de erradas, para ahogar el aumento de ansiedad. Una de las excusas preferidas entre los jóvenes que empiezan a fumar es pensar que para cuando su salud empiece a sufrir las consecuencias de sus acciones, habrá tratamientos médicos disponibles que podrán recibirse con facilidad.

¿Cuál sería, pues, la alquimia persuasiva que permite a un comunicador sembrar en sus receptores una profunda inquietud sobre las consecuencias negativas de sus malos hábitos sin que terminen por negar el problema en un intento de controlar sus miedos, ahora espoleados? El emisor solo tiene que añadir a su escalofriante mensaje información clara acerca de los pasos legítimos y ya disponibles que los receptores pueden dar para modificar sus peligrosos hábitos. De este modo se puede lidiar contra esos temores sin recurrir a cualquier bobada para engañarse a uno mismo que termine frenando emprender una acción, sino a través de un cambio genuino orientado hacia posibilidades que movilizan estos gestos.

Pensemos en cómo un equipo holandés consiguió reorientar el comportamiento de unos individuos que, tras someterse a un test, fueron informados de su especial vulnerabilidad hacia la hipoglucemia (una patología de la glucosa en sangre que también se conoce como «bajo nivel de azúcar en la sangre crónico») y de sus consecuencias, en ocasiones graves, tales como el fallo de algún órgano, convulsiones y depresión. Junto a esta información alarmante también se les facilitó información sobre un taller al que podían asistir para mejorar su dieta y, en consecuencia, sus posibilidades de evitar la enfermedad. La mayoría buscó más información acerca del taller sobre dietas y, en comparación con otros individuos en un estado similar de salud a quienes se interpeló con un mensaje que infundía menos miedo, mostraron una tendencia cuatro veces mayor a inscribirse en el taller. Eso se debe a que pensaron que el taller tendría un impacto favorable sobre su salud y emplearon esa creencia, en vez de la negación del problema, para lidiar con su ansiedad. Por tanto, este enfoque es el mejor que pueden emplear los comunicadores del ámbito de la salud pública para comunicar hechos que son ciertos y a la vez temibles: deben esperar a citarlos en el momento en que exista información sobre sistemas de asistencia accesibles —programas, talleres, webs o teléfonos de ayuda— que puedan incorporar a sus comunicaciones.[3]

En términos generales, ni los estímulos sexuales ni los amenazantes, aunque resultan llamativos, tienen un efecto único ni simple. Teniendo en mente sus complejidades, es posible comprender cómo el empleo de esos estímulos puede ayudarnos a cosechar grandes éxitos en algunas situaciones en las que queramos ejercer nuestra influencia, pero no produce comportamientos contrarios en otras. Cuando algunos colegas de mi equipo y yo nos pusimos a reflexionar sobre este asunto, nos dimos cuenta de que los publicistas a menudo ignoran estas complejidades y, en consecuencia, pueden llegar a producir campañas muy caras que, en realidad, acaban minando las ventas del producto. Cuando uno de los miembros de nuestro equipo de investigación, Vlad Griskevicius, nos instó a adoptar una perspectiva evolucionista, nos dimos cuenta de que los humanos habrían desarrollado en fechas muy tempranas una fuerte tendencia a integrarse en un grupo (donde el número supone fuerza y seguridad) cuando se encontraban en circunstancias amenazantes, y a evitar en lo posible actuar por separado (caso en el que serían vulnerables ante los depredadores o los enemigos). Sin embargo, en una situación con posibilidades sexuales el comportamiento sería el opuesto. En esos casos, una persona querría distanciarse del grupo para ser el principal beneficiario de la consideración romántica.

También nos dimos cuenta de que estas dos motivaciones contrarias, la de encajar y la de destacar, coinciden perfectamente con un par de ganchos comerciales predilectos desde siempre. Uno de ellos, el de la variedad «No te quedes fuera», nos insta a unirnos a la mayoría. El otro, el del tipo «Sé único», nos insta a apartarnos del grupo. Si esto es así, ¿qué mensaje es mejor que lance un publicista a las mentes de sus receptores? Nuestro análisis nos llevó a pensar que el mensaje basado en la popularidad sería el adecuado en cualquier situación en la que los miembros del público hubieran estado expuestos a estímulos atemorizadores —quizá en medio del visionado de una película violenta en televisión—, porque la gente que está concentrada en las amenazas quiere unirse al grupo. Pero enviar ese mensaje en un anuncio a la audiencia de una película romántica en la televisión sería un error, porque la gente cuyo pensamiento está enfocado en lo amoroso quiere apartarse del grupo.

Cuando pusimos a prueba esta idea en un experimento, los resultados me impresionaron. Creamos un anuncio que enfatizaba la popularidad del Museo de Arte Moderno de San Francisco («Más de un millón de visitantes al año») y que alimentó una disposición favorable al museo entre personas que estaban viendo una película violenta en ese momento; no obstante, el mismo anuncio tuvo el efecto de desinflar la atención hacia el museo entre otro grupo de gente que había estado viendo una película romántica. Sin embargo, el mismo anuncio levemente alterado —formulado para enfatizar la distinción en vez de la popularidad de la asistencia al museo («Destácate entre la multitud»)— tuvo el efecto contrario. El anuncio de la distinción tuvo un gran éxito entre individuos que estaban viendo la película romántica, y tuvo en particular poco eco entre los espectadores del film violento.

Aunque el patrón de los datos parece complicado, resulta más sencillo cuando se observa a través del prisma de uno de los argumentos clave de este libro: la eficacia de los mensajes persuasivos —en este caso, sobre dos temas influyentes que se han usado de forma habitual durante siglos— se verá drásticamente afectada por el tipo de apertura que se haya experimentado justo antes. Si mediante esta ponemos a la gente en un estado de ánimo receloso, movidos por el afán de seguridad, aumentará su atracción por la popularidad y se reducirá el deseo de distinción. Pero si la usamos para poner a la gente en un estado de ánimo amoroso, llevados por el deseo de destacar, ocurrirá lo contrario.

Casi todas las emisoras de radio y los canales de televisión tienen a una persona que gestiona la información del «tráfico». Sus responsabilidades no tienen nada que ver con lo que de entrada podría pensarse: coordinar la información sobre el estado de las carreteras locales, los accidentes automovilísticos y los cortes de tráfico. En lugar de esto, este individuo se encarga, la mayor parte de las veces desde un puesto de editor de registro, de ubicar las franjas publicitarias de modo que un anuncio determinado aparezca espaciado adecuadamente en varios momentos del día y no se emita demasiado cerca de la publicidad de un competidor directo. Tal como sabe cualquiera que se dedique a la publicidad, sería un horrible pecado de «gestión del tráfico» si, por ejemplo, el editor colocara un anuncio de furgonetas Ford justo después de uno de camionetas Toyota. Errores como estos provocan amargas quejas por parte de los anunciantes, que saben que estos fallos difuminan su mensaje y suponen un despilfarro de dinero. Estoy seguro, sin embargo, de que ningún publicista ha considerado las consecuencias económicas de mucho mayor alcance potencial que supondría considerar la ubicación de los anuncios de una forma distinta, la cual reconociera que el contenido de la programación del medio —por ejemplo, un programa popular de televisión— hace algo más que exponer al público a los mensajes publicitarios que lo acompañan, sino que también predisponen a esa audiencia, pre-suasivamente, a determinados tipos de mensajes comerciales.

Me apostaría lo que fuera a que si, por ejemplo, los comerciales de medios de Ford desean comprar franjas publicitarias que anuncien la Ford F-150 como «La camioneta más vendida en Estados Unidos desde hace treinta y nueve años» (como hacen algunos anuncios), no piensan en priorizar la ubicación durante la emisión de thrillers, películas de miedo o programas de noticias, ni en evitar las comedias románticas ni las historias de amor. Y, viceversa, apostaría lo que fuera a que si están pensando en comprar franjas publicitarias para los anuncios de la F-150 que promocionan el distintivo FX Appearance Package e incitan a los compradores con un «¡Prepárate para destacar!», no piensan en priorizar su ubicación del modo contrario. Mal por Ford.[4]

Y ahora algo totalmente distinto: cambio, presto

Cada vez que detectamos un cambio a nuestro alrededor, nuestra atención se dirige a él. A este respecto, no estamos solos. Esta reacción está muy extendida en el reino animal. Es tan básica que gracias a ella fue posible dominar el patrón de comportamiento más conocido de, quizá, el grupo de animales más famoso de la historia de la ciencia psicológica: los perros de Pávlov.

Cualquiera que haya recibido una sola clase de psicología conocerá los titulares de la historia. En una serie de innovadores experimentos, el gran científico ruso Iván Pávlov consiguió que los perros empezaran a salivar en presencia de algo —por ejemplo, el sonido de una campanilla— que no tenía nada que ver con esa reacción. Para conseguirlo, hacía sonar la campana justo antes de darles de comer en repetidas ocasiones. En poco tiempo, los perros se ponían a salivar al oír la campana, aun en ausencia de cualquier tipo de comida. Pero casi nadie que haya pasado por una clase de psicología sabe la historia completa, porque pocos profesores de la materia la conocen.

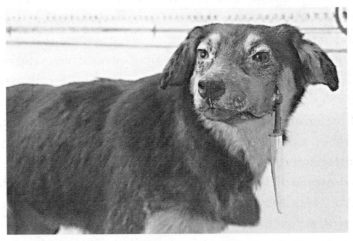

Condicionamiento interruptus. Imagen de uno de los perros de Pávlov con el tubo de recogida de saliva para mostrar que su respuesta de salivación al alimento podía condicionarse (desviarse) con el sonido de una campanilla. Cuando se producía en el laboratorio algún estímulo nuevo que atraía la atención del perro, la respuesta condicionada desaparecía. *Imagen cortesía de Rklawton.*

Después de que muchas pruebas hubieran convencido a Pávlov de la fiabilidad y la fortaleza de su crucial descubrimiento del «reflejo condicionado», quiso enseñárselo a otras personas. Pero cuando invitaba a algún visitante a su instituto para que presenciara una demostración, a menudo fracasaba. Lo mismo pasaba cuando uno de sus asistentes condicionaba a uno de los perros en alguna de las salas de experimentación del instituto y pedía después a Pávlov que observara el resultado. Con demasiada frecuencia, el perro no respondía y dejaba al asistente cabizbajo y a su jefe perplejo.

Finalmente, Pávlov se dio cuenta de que podía explicar los dos fracasos de la misma forma: al entrar en un espacio distinto, tanto él como el visitante se convertían en nuevos estímulos que atrapaban la atención del perro, lo distraían de la campana y de la comida y lo dirigían a las circunstancias alteradas del laboratorio. A pesar de que no fue el primer científico en advertir esta clase de ocurrencia, Pávlov reconoció el propósito mediante el nombre que le dio: «reflejo investigador». Entendió que, para sobrevivir, todo animal necesita ser extremadamente consciente de cualquier cambio inmediato que se produzca en su entorno, y debe investigar y evaluar estas diferencias por los peligros u oportunidades que puedan suponer. Este reflejo es tan potente que se impone a todas las demás operaciones.

El poderoso efecto de un cambio súbito de las circunstancias ambientales sobre la concentración humana puede parecer un acontecimiento mundano que nos afecta a todos. Vamos de una habitación a otra para hacer algo en concreto, pero una vez allí, olvidamos para qué hemos ido. Antes de maldecir nuestros fallidos poderes memorísticos, consideremos la posibilidad de que exista otra razón (científicamente documentada) que explica este lapso de memoria: cruzar el umbral de una puerta hace que nos olvidemos porque el cambio abrupto en el entorno físico redirige nuestra atención al nuevo entorno; y en consecuencia nos distrae de nuestro propósito. Este descubrimiento me gusta porque ofrece una explicación menos preocupante para mis propios olvidos. Me digo a mí mismo: «No te preocupes, Cialdini, no es cosa tuya, ha sido la maldita puerta».

Más de un siglo después de la caracterización de Pávlov, nuestra reacción corporal al cambio ya no se llama «reflejo», sino «respuesta de orientación», y diversos estudios nos han iluminado sobre ella.

No está limitada a los sentidos, como pensaba Pávlov, sino que atañe a todo tipo de ajustes fisiológicos, entre ellos la respiración, el flujo sanguíneo, la hidratación de la piel y el ritmo cardíaco. Uno de los indicadores que ha merecido un reciente escrutinio científico se produce en el cerebro, donde un patrón de actividad eléctrica conocido como «la onda O» (de «onda de orientación») fluye a través de sectores que se asocian con la evaluación. Al registrar el aumento y el descenso de las ondas O en varias personas conectadas a mecanismos de neuroimagen, los neurocientíficos han identificado los tipos de estímulos que producen las notificaciones más poderosas de la atención. Una de estas categorías —asociadas con los cambios— merece nuestra consideración, pues tiene implicaciones intrigantes para la psicología de la influencia.[5]

Hace un tiempo pasé un año como investigador visitante en la facultad de Comunicación y Periodismo Annenberg de la Universidad del Sur de California, donde quería aprender cosas acerca del enfoque de los medios de masas sobre la persuasión. Una razón de peso por la que elegí Annenberg, aparte de la calidad de su profesorado, era el contexto de procedencia de sus alumnos. Muchos de los que estudiaban grados superiores tenían experiencia previa en la industria televisiva o cinematográfica y consideré que serían valiosas fuentes de información sobre la manera de comunicar el impacto en los medios de masas. Una mujer, que había producido algunos anuncios televisivos de gran éxito así como documentales, fue particularmente instructiva.

Ella afirmaba que, en ambos campos, un productor, guionista o director que busque la persuasión debe preocuparse fundamentalmente por los planos y los cortes. Todo lo demás, decía, son solo variaciones y refinamientos de esos elementos básicos. Recuerdo haber pensado: «Bueno, claro que tienes que controlar cuidadosamente los planos, porque son el contenedor de tu mensaje, eso es obvio. Pero dar la misma importancia a los cortes…, que son simples cambios desde algún aspecto del contenido y hasta él, eso es nuevo, es diferente». Y, en consonancia con el argumento de este apartado, lo que atrapó mi interés fue esa diferencia.

Cuando le pregunté por ello, me ofreció una justificación que concuerda con la dinámica pre-suasiva: «Los cortes se usan para dirigir la atención de la gente a los elementos de tu mensaje en los que de verdad quieres que se centren». En otras palabras, los cortes son cruciales para el éxito persuasivo porque pueden manipularse para desplazar el centro de atención al elemento del mensaje que el persuasor crea que es más convincente, lo que conduce toda la escena a ese rasgo concreto. Dicho corte instigará una respuesta de orientación hacia el elemento deseado entre los miembros de la audiencia antes siquiera de que lo hayan experimentado.

No tengo conocimiento de que otros publicistas o productores cinematográficos hayan aprendido a emplear este enfoque de manera sistemática como creadores de momentos. Pero sí sé que los publicistas televisivos, al menos, parecen haber entendido mal su esencia. Las investigaciones confirman que, en vez de emplear los cortes de forma calculada para dirigir la atención tan solo a las facetas más importantes de su material, los publicistas televisivos han destacado por aumentar de forma indiscriminada y teatral la frecuencia general de los cambios de escena en un mismo anuncio en más de un 50 % a lo largo de los últimos años. Como es predecible, los espectadores terminan confundidos sobre qué quiere contar el anuncio e irritados por el hecho de que su atención se lleve de un lado a otro de manera continua y azarosa. Como resultado, aunque los anuncios televisivos con muchos cortes atraen más la atención en general, provocan un recuerdo significativamente menor de las apelaciones persuasivas del anuncio y, por tanto, una persuasión muy inferior. Es fácil entender por qué: la atención de los espectadores no queda fijada a los mejores argumentos del anuncio, sino que se desperdiga por todos sus atributos, relevantes e irrelevantes. Para todos los afectados, se trata de un caso de muerte producida por mil cortes.[6]

Por supuesto, hay muchos canales de comunicación que, a diferencia de los medios radiofónicos y televisivos, transmiten la información persuasiva en una forma acabada e inmutable —periódicos, revistas, libros, folletos, letreros de escaparates, emails y demás—y, en consecuencia, no pueden emplear los cortes para capturar y dirigir de manera estratégica la atención del público. Para equilibrar el poder de la diferencia al emplear estos medios, los persuasores recurren por lo general a una táctica más tradicional. En la interpelación incluyen lo novedoso, es decir, algo diseñado para distinguirse (con apariencia original, poco familiar o sorprendente) que además funciona bien para atraer la atención. De hecho, casi todo lo que un persuasor pueda hacer para distinguir un objeto de sus competidores tiene este efecto. Y mientras el objeto destacado tenga valor, su atractivo superará al de los rivales que lo posean en igual, o incluso mayor, medida. Alguna nueva investigación traza una ruta previamente sin descubrir hacia la diferenciación de este codiciado tipo.

En el capítulo 3 vimos uno de los medios por el que los profesionales del marketing nos obligan a prestar una atención selectiva al valor de sus productos: nos piden, a través de algún tipo de cuestionario, que evaluemos la calidad de lo que ellos ofrecen sin que analicemos al mismo tiempo las ofertas comparables de sus rivales. Pero hay otras formas más sutiles de conseguir ese mismo objetivo. Consideremos los resultados de un estudio desarrollado en la Universidad Northwestern. Los investigadores dieron a los participantes online información sobre dos tipos de sofá que llamaremos «Sueños» y «Titán». Manufacturados por dos empresas de muebles diferentes, ambos eran comparables en todos los aspectos excepto los cojines. Los del modelo Sueños eran más mullidos y confortables que los del Titán, pero menos duraderos.

En esta comparación frente a frente, los potenciales compradores prefirieron los cojines más recios del Titán antes que los más mullidos del Sueños, un 58 % frente a un 42 %. Pero esto cambió cuando los investigadores enviaron la misma información a otra muestra de participantes online junto con información acerca de las características de otros tres modelos de sofá. Los adicionales no eran competidores fuertes y mostraban debilidades en toda una variedad de dimensiones, pero todos tenían cojines resistentes como los del

Titán. En la comparación en el interior de este conjunto, el modelo Sueños superó a todos los demás, y ganó esta vez por un 77 %.

Es un descubrimiento asombroso. De entrada, lo que uno imaginaría es que añadir más competidores a la muestra de opciones tendería a hacer que el número de veces que se seleccionara el modelo Sueños fuera menor, y no mayor, por ninguna otra razón que la escasez de las posibilidades. Aparte, el Titán seguía entre las alternativas disponibles y conservaba todos sus puntos fuertes. ¿Por qué producían los sofás adicionales un giro drástico en favor del modelo Sueños? Después de múltiples estudios sobre el tema, los investigadores están seguros de saber la razón: al añadir tres modelos con cojines resistentes, la comodidad y lo mullido de los cojines del modelo Sueños se convirtieron en cualidades que lo distinguían de las otras cuatro posibilidades; y, como hemos visto, lo que es distintivo atrae nuestra atención, algo que en este caso llevó a una mayor percepción de la importancia de la comodidad de los cojines.

Desafortunadamente, la gran mayoría de los datos científicos acerca de la persuasión siguen siendo poco utilizados por quienes la ponen en práctica, incluso en el caso de descubrimientos tan valiosos como este.[7,8]

Los comandantes de la atención 2: los imanes

Aparte de las ventajas persuasivas que comporta dirigir la atención hacia un estímulo en particular, la capacidad de mantenerla allí fija también entraña beneficios considerables. El comunicador que sepa enfocar la atención de su público hacia los elementos favorables de un argumento aumentará las posibilidades de que este último resista bien los desafíos que puedan suponer los puntos de vista contrarios, que, en consecuencia, habrán quedado fuera del espectro de atención del público.

De hecho, hay determinados tipos de información que aúnan el poder inicial de atracción y el del mantenimiento de la atención. La información sobre uno mismo, por ejemplo, combina ese potente golpe en dos tiempos. Si se tienen dudas sobre ello, podemos llevar a cabo un pequeño experimento con algunos amigos. Hacemos una foto de grupo con una cámara digital y luego la pasamos, con la foto en la pantalla, de mano en mano. Debemos observar el modo en que cada uno ellos mira la foto antes de pasarla. Si estos amigos se parecen a los míos —o a mí, incluso— se mirarán primero, durante más tiempo y también al final a sí mismos.

La relevancia personal

No hay duda de que la información sobre uno mismo es un imán de la atención extremadamente potente. Las ramificaciones que esto supone para la influencia social pre-suasiva son significativas. En el ámbito de la salud personal, cuando los receptores se tropiezan con un mensaje que encuentran relevante, porque ha sido diseñado específicamente para ellos (por ejemplo, haciendo referencia a la edad, el sexo o el historial clínico del receptor), existen más probabilidades de que le presten atención, les parezca interesante, se lo tomen en serio, lo recuerden y lo guarden para volver a consultarlo en el futuro (todo lo cual deriva en una mayor eficacia comunicativa, tal como se ha reflejado en ámbitos tan diversos como la pérdida de peso, la voluntad de hacer ejercicio, el abandono del tabaquismo y los exámenes de prevención del cáncer). La continua aparición de bases de datos electrónicas de gran escala, historiales médicos digitalizados y aparatos de contacto personal, como los teléfonos móviles, han hecho que la emisión de mensajes individualizados a medida sea cada vez más fácil en términos logísticos y económicos. Visto solo en términos de eficacia, cualquier comunicador médico que no haya investigado ya el potencial de tales herramientas debería avergonzarse.

El impacto que tiene esta cualidad de la relevancia personal para fijar nuestro foco de atención atañe también a las interpelaciones comerciales. Imaginemos que somos un consultor especialista en persuasión a quien se ha pedido ayuda para lanzar al mercado un nuevo desodorante antitranspirante cuyo público objetivo es un perfil de padres aficionados a las carreras automovilísticas de la NAS-CAR. Llamémosle Pit Stop. Supongamos aún más, que el producto llega acompañado de unas pruebas científicas convincentes que demuestran su eficacia superior y que la agencia de publicidad tiene la intención de incluir esto en los anuncios. Pero la agencia no tiene claro qué tiene que decir en primer lugar para dirigir la atención del público hacia el convincente argumento del resto del anuncio. Por esa razón se ha dirigido a nosotros, para que les demos nuestra opinión sobre las primeras líneas del texto, que es este:

Después de todos estos años, quizá la gente haya aceptado que los antitranspirantes no van a mejorar más. Tal vez incluso se hayan dado por vencidos con esas feas manchas en la ropa que dejan los días calurosos de duro trabajo. Ya no tendrán que seguir haciéndolo.

¿Qué pequeño cambio, en apariencia menor, podríamos sugerir para aumentar las posibilidades de éxito de la campaña de Pit Stop, hacer que la agencia quede encantada y dar brillo a nuestra reputación de magos de la persuasión? No consistiría en nada más que en sustituir la expresión «la gente» y el tiempo verbal en tercera persona del plural por la interpelación directa en segunda persona: «Quizá hayas aceptado…». De acuerdo con los resultados de un estudio análogo de la Universidad Estatal de Ohio, esta pequeña modificación mejorará la predisposición del público hacia el producto. No obstante, puesto que la función de los señuelos de la relevancia personal es únicamente atraer la atención hacia el mensaje —y no nuestra aprobación automática—, para que este cambio a la segunda persona mejore el rendimiento del anuncio también será necesario fortalecer el argumento sobre las virtudes de Pit Stop. Tal como demostró el estudio de la Universidad Estatal de Ohio, si el resto del anuncio ofrece pruebas débiles sobre la eficacia de Pit Stop, lo que haría este cambio a la introducción personalizada es provocar que el público, que ahora estará más atento, se muestre menos favorable al producto.

Por tanto, he aquí otra lección sobre la pre-suasión: cuando se tiene un argumento ganador, se pueden emplear como apertura señuelos sencillos de relevancia personal (como la interpelación en segunda persona) para predisponer al público para que tome en consideración ese argumento antes incluso de verlo o escucharlo.[1]

Hay otro tipo de contexto en el que las cualidades atractoras de los señuelos de la relevancia personal pueden afectar al éxito persuasivo: las reuniones o encuentros en que los miembros de un grupo deben comunicar su punto de vista en un foro público junto a otras personas que hacen lo mismo. Sobre esto aprendí una lección ejemplar cuando al principio de mi carrera me pidieron que hablara de mis investigaciones en un congreso internacional patrocinado por una gran corporación. Estaba nervioso. Había hablado muy pocas veces delante de un público empresarial y nunca en un entorno internacional. Mi ansiedad se disparó cuando leí que mi charla estaba programada después de un «intermedio artístico» en el que el prestigioso bailarín Edward Villella iba a interpretar una escena de la obra maestra del ballet *Apolo*, de George Balanchine e Igor Stravinski. Ese orden fue el culpable de las dos mayores decepciones que me llevé en aquel congreso. La primera era de esperar: el público quedó embelesado con la actuación —después de todo se trataba de Balanchine, Stravinski, Villella y *Apolo*— y mi presentación palideció en comparación.

Pero hubo un segundo infortunio que no había anticipado. Aunque durante toda la actuación estuve sentado en primera fila, no vi nada de ella. Me la perdí entera y sé perfectamente por qué: estaba centrado en mí mismo y en mi inmediata charla, en todas las asociaciones de ideas, en la expresión, en las transiciones, en las pausas y en los puntos que quería enfatizar. Haberme perdido esa experiencia es una de las cosas de las que siempre me he arrepentido, pues después de todo se trataba de Balanchine, Stravinski, etcétera. Fui víctima de lo que los científicos conductuales llaman el «efecto *next-in-line*» («el siguiente en la fila») y, en consecuencia, desde entonces he averiguado cómo evitarlo e incluso cómo emplearlo en mi propio provecho. Quizá todo el mundo pueda usarlo.

Imaginemos que, como tenemos en mente un plan fantástico, estamos deseando llegar a una reunión de trabajo convocada para abordar un problema recurrente de personal. Digamos también que el grupo se reúne con la suficiente frecuencia para que todo el mundo esté familiarizado con los demás y con el formato básico de la reunión: por turnos, cada uno de los miembros de la mesa debe hacer una intervención donde explique su posición y su recomendación. Finalmente, pongamos que uno de ellos es Alex, un mánager que siempre es la persona más influyente en las reuniones y que suele acabar determinando el rumbo para resolver los problemas que adopta el grupo. Nos resulta fácil decidir nuestra estrategia para la reunión: nos aseguramos de sentarnos al lado de Alex para que se entere bien de todo lo que decimos en nuestra intervención, que hemos escrito con tanto cuidado desde la frase inicial.

Pues eso sería un error. Tanto si nuestra intervención va antes como después de la suya, según el efecto *next-in-line*, a Alex le costará procesar nuestra solución, da igual lo buena que sea. Si nuestra intervención va justo antes de la de Alex, es probable que se pierda los detalles porque estará repasando mentalmente lo que va a decir. Si va justo después, es probable que se pierda esos detalles porque estará repasando para sí lo que acaba de decir. Es lo que me pasó a mí en aquel congreso internacional. El poder de atracción de mi ensimismamiento agudizado en esos momentos menos privilegiados me impidió apreciar los méritos del evento.[2]

¿Cómo navegar por las procelosas aguas de la reunión de forma más experta de lo que nos sugiere nuestra primera inclinación? Mi propuesta es trazar un plan que tenga en cuenta tanto el efecto *next-in-line* como el fenómeno por el que aquello que es focal se entiende como causal. Debemos sentarnos al otro lado de la mesa, delante de Alex, donde: (1) estará lo bastante alejado de su presentación para escuchar la nuestra con atención y (2) dada nuestra prominencia visual, nos considerará totalmente responsables de los planteamientos de nuestras buenas recomendaciones para resolver el problema. Por supuesto, si no se nos ha ocurrido ninguna solución congruente para el problema, quizá prefiramos sentarnos junto a él para que, si está metido en su burbuja de ensimismamiento, no se entere de este hecho.

Aunque la relevancia personal pueda considerarse justamente como el pegamento extrafuerte de la atención, hay otro tipo de información que, aunque menos reconocida, provoca el mismo efecto de atracción. Para explicarlo de forma adecuada tendremos que dar un pequeño rodeo gastronómico por la historia de la psicología que nos llevará a una cervecería al aire libre de la Alemania de mediados de los años veinte.

Lo inacabado

Kurt Lewin es generalmente reconocido como el padre de la psicología social moderna. Antes de emigrar a Estados Unidos impartió clases durante una década en la Universidad de Berlín y, como pionero en la defensa del papel de la mujer en la educación superior, dio a este campo diversas hijas académicas muy notables. Una de ellas, una brillante joven lituana llamada Bluma Zeigarnik, se encontraba entre un grupo de estudiantes y ayudantes de investigación que se reunía de manera regular con Lewin en una cervecería al aire libre para discutir sus ideas. Una noche, la conversación derivó hacia el notable talento de un veterano camarero del lugar. Sin anotar nada era capaz de recordar y distribuir a la perfección la comida y la bebida de enormes mesas de comensales. A medida que la conversación del grupo universitario progresaba, Lewin y Zeigarnik desarrollaron un plan para explorar los límites de la imponente memoria del camarero. Una vez hubo servido a todos los miembros del grupo (de nuevo, de manera impecable), taparon sus platos y sus vasos y le pidieron que volviera a la mesa y recordara lo que había pedido cada uno. Sin embargo, esta vez no fue capaz de hacerlo, ni siquiera estuvo cerca de acertar.

¿A qué se debía esta diferencia? Por supuesto, había pasado un poco más de tiempo pero no parecía que esta fuera la causa probable, pues había sido solo el rato necesario para que los comensales taparan sus platos y vasos con las servilletas. Lewin y Zeigarnik sospechaban que la razón era de otro cariz: en cuanto el camarero distribuía correctamente el último plato frente al postrero comensal de la mesa, la tarea de servir al grupo pasaba de inconclusa a terminada. Y las labores pendientes se recuerdan mejor, pues llaman nuestra atención para que podamos ejecutarlas y despacharlas de manera satisfactoria. Una vez completadas, los recursos de nuestra atención se dirigen a la ejecución de otros objetivos, pero mientras se desarrolla la actividad inicial, debe reservársele un alto nivel de concentración cognitiva.

Para poner a prueba esta lógica, Zeigarnik llevó a cabo una serie de experimentos que ella misma, Lewin y muchos otros han empleado como punto de partida de la investigación que ha llegado a conocerse como el «efecto Zeigarnik». Para mí pueden extraerse dos conclusiones importantes de los descubrimientos de los más de 600 estudios sobre el tema que existen hoy. En primer lugar (y en consonancia con los acontecimientos de la cervecería al aire libre), cuando tenemos el compromiso de cumplimentar una tarea, recordaremos mejor toda clase de elementos relacionados con ella si todavía no hemos podido terminarla, porque nuestra atención se mantendrá centrada en ella. En segundo lugar, si estamos desarrollando dicha tarea y nos interrumpen o nos distraen, sentiremos un incómodo y constante deseo de volver a ella. Esta sensación —que también nos empuja a volver a las historias incompletas, a los problemas irresueltos, a las preguntas sin respuesta y a los objetivos no cumplidos— refleja un anhelo de cierre cognitivo.

Chica interrumpida. Bluma Zeigarnik en Berlín, poco antes de empezar con su trabajo en el efecto Zeigarnik, y cincuenta años después, en Moscú, poco antes de que acabara su extremadamente productiva vida. *Cortesía del doctor Andrei V. Zeigarnik.*

La primera de estas conclusiones —que el hecho de dejar inacabada una actividad hace que recordemos mejor todo lo que la atañe— contribuye a explicar los resultados de algunas investigaciones que de otro modo nunca habría llegado a entender. Existe una serie de estudios en los que diversos individuos veían o escuchaban programas de televisión que incluían anuncios de refrescos, enjuague bucal o analgésicos. Después se comprobaba su recuerdo de estos anuncios. La mayor parte de los recuerdos correspondían a detalles de algunos anuncios que los investigadores habían detenido cinco o seis segundos antes de su final natural. Es más, este mejor recuerdo de los detalles de los anuncios interrumpidos era patente tanto en el momento como dos días después y (especialmente) dos semanas más tarde, lo que demostraba el poder que posee la falta de cierre para atraer nuestra atención.

Quizá aún más desconcertantes a primera vista sean los hallazgos de un experimento sobre la atracción que diversas universitarias sentían hacia varios jóvenes atractivos. Las mujeres participaron en un experimento en el que sabían que se había pedido a una serie de estudiantes varones atractivos (cuyas fotografías y biografías podían ver) que las evaluaran en función de su información de Facebook. Los investigadores querían saber a cuál de estos evaluadores masculinos preferirían las mujeres después. Sorprendentemente, no fueron los tipos que les habían dado mayor puntuación, sino los hombres cuyas evaluaciones aún desconocían.

Hay determinada información adicional que nos permite entender este sorprendente resultado. Durante el experimento, los hombres que reaparecían una y otra vez en las mentes de las mujeres eran aquellos cuyas puntuaciones no habían sido reveladas, lo que confirmaba la hipótesis de los investigadores de que cuando una resolución importante se nos mantiene incógnita «difícilmente podemos pensar en nada más». Y puesto que, como sabemos, prestar atención de manera regular a algo termina por hacerlo más digno de nuestra atención, el hecho de que las mujeres volvieran una y otra vez su atención justo a esos chicos los hacía parecer más atractivos.[3]

¿Y qué pasa con las implicaciones del hecho de que la falta de cierre provoque una sensación incómoda e irritante que la gente hará lo posible por evitar o esquivar? ¿Podemos sacar alguna lección de ese descubrimiento?

Un problema que afecta a la mayor parte de los escritores es la procrastinación. Escribir es difícil; al menos hacerlo bien (los SMS no cuentan). Al respecto, veamos un diálogo entre el novelista británico Somerset Maugham y un joven entrevistador.

—Entonces, señor Maugham, ¿le gusta escribir?

—Me gusta haber escrito.[4]

Y ese es el dilema. Todos los escritores quieren llegar al haber escrito, pero arribar a este lugar no es una tarea sencilla ni falta de problemas. Y esta realidad afecta también a los escritores no profesionales: los autores de informes y de documentos largos destinados a colegas de trabajo o a sus superiores, por ejemplo. Así que es fácil seguir el impulso del desvío de nuestra atención hacia cualquier otra actividad como ordenar nuestro escritorio, consultar las noticias, hacer una llamada o ir a buscar un café. Yo tampoco soy inmune a eso. Sin embargo, tenía una compañera de trabajo que sí parecía serlo.

Siempre me había impresionado la cantidad de cosas que conseguía escribir: una constante riada de comentarios, artículos, capítulos y libros. Cuando le pregunté cómo lo conseguía, me dijo que no tenía ningún secreto y me mostró un artículo de una revista que había guardado hacía años y en el que se daban consejos a los autores sobre cómo aumentar su productividad. En realidad no había ningún secreto en la lista de recomendaciones, que incluía tácticas tales como ponerse un horario específico para escribir todos los días, limitar las distracciones durante ese tiempo y recompensarse con un premio por un buen día de trabajo. (Por lo que se ve, ese es el momento adecuado para tomarse ese café.) Las ideas de esa lista parecían razonables pero tampoco me parecía que fueran de particular ayuda en mi caso, puesto que ya había probado algunas de ellas sin efecto visible. Y entonces, como quien no quiere la cosa, soltó una estrategia de su propia cosecha que desde entonces he empleado con gran provecho.

Mi compañera nunca da por cerrada una sesión de escritura al final de un párrafo o incluso de una idea. Me aseguró que aunque sepa perfectamente lo que quiere decir al final de ese párrafo o de esa idea, nunca se permite escribirlo hasta la vez siguiente. ¡Brillante! Al mantener el elemento final de cada sesión de escritura casi terminado emplea la fuerza motivacional del anhelo de cierre para volver deprisa a su silla, impaciente por ponerse a escribir de nuevo. Así que, después de todo, mi colega sí tenía un secreto para escribir. Algo que no se me había ocurrido, aunque debería —si hubiera caído en ello— porque estaba presente en el corpus de textos sobre el efecto Zeigarnik que tan bien conocía. Es un lapsus que he procurado que no me vuelva a ocurrir, ni en mi escritura ni en otra de mis tareas profesionales de aquel momento: la docencia universitaria. Descubrí que podía mejorar la eficacia de mis clases, pre-suasivamente, si empezaba cada sesión con un tipo especial de historia inacabada, un misterio.

Lo misterioso

Dar clase en la universidad es un trabajo genial de verdad por diversas razones. Pero tiene dificultades inherentes. Atañen no solo a los continuos desafíos de saber abordar bien los temas en las clases, estar siempre actualizado, y desarrollar procedimientos de evaluación que sean fiables y justos, sino también a algo más fundamental y básico: conseguir que los alumnos presten total atención al material de la clase de forma que comprendan bien los conceptos de los que se ha hablado. Es un problema tradicional porque, en primer lugar, la duración media de la clase es de hasta (o incluso más) cuarenta y cinco minutos, un período demasiado largo para mantener la concentración. Aparte, se trata de estudiantes en la plenitud de su atractivo y disposición sexual, o cerca de ellos. ¿Cómo podemos esperar que dejen de prestar atención de forma sistemática a todas las posibilidades románticas circundantes, ataviadas además con un estilo moderno y estimulante, para dirigirla al ajado académico que tienen enfrente y cuyo estilo pasado de moda resulta inexorablemente familiar de una sesión a otra?[5]

Hace no muchos años, mientras estaba centrado en otros temas, me tropecé con una forma eficaz de resolver el problema. Implicaba emplear una combinación del efecto Zeigarnik y de lo que Albert Einstein proclamó «lo más hermoso que podemos experimentar» y, a la vez, «la fuente de todo arte y ciencia verdaderos».

Estaba preparándome para escribir mi primer libro destinado al público general. Antes de empezar, decidí ir a la librería a hacerme con todas las obras que pudiera encontrar escritas por académicos para el público general. Mi estrategia era leer todos aquellos libros, identificar las secciones que creía que funcionaban mejor y peor, fotocopiarlas y ordenarlas en pilas distintas. Y después releería estas partes buscando las características concretas que distinguían cada pila.

En los segmentos que no funcionaban encontré los sospechosos habituales: falta de claridad, prosa poco natural, abuso de jerga y demás. En el grupo que sí lo hacía también encontré en gran medida lo que ya esperaba: las características contrarias a las secciones flojas y, además, una estructura lógica, ejemplos vívidos y humor. Pero me topé asimismo con algo que no había anticipado: los fragmentos que mejor funcionaban empezaban con una historia de misterio. Los autores describían un estado de cosas que parecía desconcertante e invitaban al lector a que continuara para resolver el enigma.

Además, había algo bastante curioso en este descubrimiento que me chocó y que presentaré, descaradamente, en forma de misterio: ¿por qué no me había dado cuenta antes de esta técnica y, sobre todo, de su eficaz funcionamiento en la literatura divulgativa? Después de todo, por entonces era un consumidor ávido de este tipo de textos, llevaba años comprándolos y leyéndolos. ¿Cómo podía habérseme escapado este mecanismo durante todo el tiempo?

La respuesta, creo, tiene que ver con una de las razones por las cuales la técnica es tan eficaz: agarra a los lectores por la solapa y los zambulle en el texto. Cuando saben presentarse bien, los misterios son tan atractivos que el lector no puede mantenerse como un observador externo de los elementos y la estructura narrativa. En presencia de este mecanismo literario particular, uno deja de pensar en los mecanismos literarios; su atención se ve atraída por la historia de misterio a causa de su inherente naturaleza irresuelta.

Cuando empecé a usarlas en mis clases obtuve un montón de pruebas de la fuerza que ejerce el anhelo de cierre provocado por las historias de misterio. Aún tenía tan poca experiencia que un día se me fue la hora y sonó el timbre que ponía fin a la clase antes de que pudiera contar la solución a un enigma que había planteado con anterioridad. En todas las clases que he dado en la universidad ocurre lo mismo: cinco minutos antes del fin de la clase algunos alumnos empiezan a recoger para marcharse. Las señales son visibles, audibles y, consecuentemente, contagiosas: guardan lápices y cuadernos, cierran los ordenadores y las mochilas. Pero en este caso no solo no se produjo ni uno solo de estos preparativos, sino que incluso después de que sonara el timbre no se movió nadie. De hecho, cuando intenté dar por acabada la clase, los alumnos protestaron. No me dejaron marcharme hasta que no les conté la solución al misterio. Recuerdo haber pensado: «Cialdini, has encontrado una mina de oro».

Aparte de que las historias de misterio sean excelentes mecanismos comunicativos para atrapar y mantener la atención del público, encontré también otra razón para usarlas: resultan más instructivas que otras formas de docencia más convencionales que había usado, como describir el material del curso o preguntar sobre él. Si las descripciones exigen comprensión y las preguntas solicitan respuestas, los misterios quieren explicaciones. Cuando empecé a retar a los alumnos para que ofrecieran explicaciones de cuestiones que parecían no tener sentido, las notas de sus exámenes subieron significativamente. ¿Por qué? Porque ese proceso les ofrecía también la mejor oportunidad de entender el material del curso de forma significativa y permanente.[6]

Veamos un ejemplo. Una verdad que pocas veces se reconoce y que a menudo intento transmitir a públicos distintos es que, en contextos de persuasión, los contraargumentos son por lo general más poderosos que los argumentos. Esta superioridad se manifiesta en especial cuando se usan para algo más que para refutar el argumento de un rival demostrando que está equivocado o errado, sino que consiguen probar también que el otro comunicador es una fuente de información poco fiable. Elaborar una contraargumentación que demuestre que el argumento del oponente no es creíble porque quien lo esgrime está mal informado sobre el tema en concreto suele funcionar en lo que atañe a esa cuestión específica. Pero si nuestra contraargumentación mina el argumento del rival demostrando que este está siendo deshonesto, por lo general conseguiremos ganar esa batalla y cualquier otra que disputemos en el futuro con el mismo rival. Siguiendo con el poder de atracción de los enigmas, he descubierto que puedo lograr que el público comprenda con más profundidad estos puntos si los presento en forma de historia de misterio.

Hay, claro, diversas formas de estructurar un argumento basado en una historia de misterio para dar potencia a la contraargumentación. Según mi experiencia, una que funciona bien es la que ofrece este tipo de información en el siguiente orden:

1. *Plantear el misterio.* La mayor parte de la gente está familiarizada con las legendarias campañas publicitarias de tabaco en las que aparecen Joe Camel, el hombre de Marlboro y el eslogan «You've come a long way, baby» [«Has recorrido un largo camino, nena»], de Virginia Slims. Pero la decisión de marketing quizá más eficaz que jamás haya tomado una tabacalera permanece sepultada y casi desconocida en la historia de la industria: después de que se produjera un descenso del 10 % en las ventas durante tres años seguidos a finales de los sesenta, Big Tobacco hizo algo que tuvo el extraordinario efecto de acabar con ese declive y de aumentar el consumo, al tiempo que recortó los gastos publicitarios en un tercio. ¿Qué fue?

2. *Profundizar en el misterio.* La respuesta parece también extraordinaria. El 22 de julio de 1969, durante unas audiencias ante el Congreso de Estados Unidos, los representantes de las principales tabacaleras defendieron férreamente una propuesta para prohibir todos sus anuncios en la radio y la televisión, a pesar de que los estudios de la industria demostraban que estos medios les proveían la ruta más eficaz hacia las nuevas ventas. Como consecuencia de este movimiento sin precedentes, los anuncios de tabaco han estado ausentes de las ondas en Estados Unidos desde 1971.

3. *Insinuar la explicación adecuada mediante la consideración de explicaciones alternativas (mientras se ofrecen pruebas en contra de ellas).* ¿Podría deberse a que la industria estadounidense, consciente de las letales consecuencias del consumo de tabaco gracias al informe de 1964 de Surgeon General, decidió renunciar a algunos de sus beneficios para mejorar el bienestar de sus ciudadanos? Parece improbable, porque los representantes de otras importantes empresas estadounidenses afectadas por la prohibición —la industria radiotelevisiva— presentaron una querella ante el Tribunal Supremo para derogar la ley un mes después de que se promulgara.

Por tanto, era solo la industria tabaquera la que apoyaba la prohibición de sus anuncios. ¿Podía deberse entonces a que fueran los ejecutivos de estas compañías quienes de pronto se mostraban preocupados por la salud del país? Parece difícil de creer. No redujeron sus esfuerzos para aumentar las ventas de tabaco en lo más mínimo. Simplemente cambiaron las rutas para anunciar sus productos, y abandonaron las ondas por los anuncios impresos, los patrocinios deportivos, las promociones y los productos cinematográficos. Por ejemplo, una de estas tabacaleras, Brown & Williamson, contrató espacios de *product placement* en veintidós películas en tan solo un período de cuatro años.

4. *Dar una pista sobre la verdadera explicación.* Así que, según la lógica de los empresarios de la industria tabaquera, las revistas, los diarios, las vallas y las películas estaban permitidas, tan solo las ondas de radio y televisión debían mantenerse fuera de sus esfuerzos en el marketing. ¿Qué es lo que tenían de especial estos medios? En 1967, la Comisión Federal de Telecomunicaciones de Estados Unidos (FCC, por sus siglas en inglés) había declarado que su «doctrina de juego limpio» se aplicaba también al tema de los anuncios de tabaco. Esta exigía que se diera el mismo tiempo publicitario en la radio y la televisión —únicamente en ellas— a todas las visiones que hubiera de un tema importante y controvertido. Si uno de los bandos adquiría una franja publicitaria en alguno de estos medios, debía darse al bando opuesto tiempo gratuito para contraargumentar.

5. *Resolución del misterio.* Esta decisión tuvo un impacto inmediato en el paisaje de la publicidad radiotelevisiva. Por primera vez, fuerzas antitabaco como la Sociedad Estadounidense del Cáncer podían permitirse emitir argumentos en contra de los mensajes de la industria tabaquera. Lo hacían a través de anuncios que se enfrentaban a la veracidad de las imágenes que mostraba la publicidad de las compañías tabaqueras. Si un anuncio de tabaco mostraba personajes sanos, atractivos e independientes, los anuncios opuestos contraargumentaban que, en realidad, su consumo producía mala salud, desmejoraba el atractivo y te volvía más dependiente. Durante los tres años en los que estuvieron emitiéndose, estos

anuncios antitabaco consiguieron que el consumo de tabaco en Estados Unidos disminuyera en casi un 10 %. Al principio las tabacaleras respondieron de forma predecible y aumentaron sus presupuestos para publicidad para afrontar el desafío. Pero, según las reglas de la doctrina del luego limpio, por cada anuncio de tabaco debía darse el mismo tiempo publicitario a un contra-anuncio que le daría otro nuevo bocado de los beneficios de la industria. Cuando entendieron la lógica de la situación, las tabacaleras trabajaron políticamente para prohibir sus propios anuncios, pero solo en las ondas, donde estaba en vigor la doctrina, y así se aseguraron de que las fuerzas antitabaco no dispusieran de más franjas publicitarias gratuitas para exponer sus argumentos. Como consecuencia, el año posterior a la eliminación de los anuncios de tabaco, las tabacaleras contemplaron un aumento significativo en las ventas y a la par un descenso considerable de los gastos publicitarios.

6. *Explicar las implicaciones del fenómeno que se estudia.* Los opositores al tabaco hallaron que podían emplear contraargumentos para minar la eficacia de los anuncios de tabaco. Pero los ejecutivos de las tabacaleras aprendieron (y sacaron provecho de ello) una lección similar: una de las mejores maneras de aumentar la aceptación del público del mensaje propio es reducir la disponibilidad de contraargumentos fuertes en su contra, porque estos son generalmente más potentes que los argumentos.

Llegados a este punto de la secuencia, la explicación es la herramienta pedagógica que nos instruye sobre el impacto superior y la disponibilidad necesaria de los contraargumentos. Como tal, produce un mayor reconocimiento de los hechos básicos (por ejemplo: «Las tabacaleras estadounidenses propusieron y lograron la prohibición de sus propios anuncios en la radio y la televisión») y ofrece respuestas a otras preguntas relacionadas («¿Cuál fue el resultado? Las empresas vieron un aumento en las ventas y un recorte en los gastos publicitarios»). Produce una comprensión acerca de cómo determinados procesos psicológicos asociados con la prepotencia de los contraargumentos produjeron esas dos consecuencias, aparentemente desconcertantes.[7,8]

Hay que señalar que esto ofrece no solo una explicación satisfactoria en términos conceptuales. Debido a su forma, espoleada por la intriga, supone un bonus. Es parte de un enfoque de las presentaciones que está diseñado para atraer la atención de la audiencia hacia los argumentos convincentes de la información, porque para resolver adecuadamente cualquier misterio o historia de detectives, los observadores tienen que estar al tanto de todos los detalles relevantes. Pensémoslo, aquí hay algo que no solo mantiene a los miembros del público centrados en los temas que nos ocupan, sino que también les hace querer prestar atención a los detalles —las particularidades necesarias pero a menudo también aburridas y difíciles de atender— de lo que contamos. ¿Qué más podría querer un comunicador con un argumento potente pero intrincado?

Y, por cierto, hay una respuesta reveladora para la afirmación de Albert Einstein sobre algo que era tan extraordinario que podía etiquetarse como «lo más hermoso que podemos experimentar» y «la fuente de todo arte y ciencia verdaderos». Su opinión: lo misterioso.

Atracción misteriosa. Considerado el cuadro más famoso de todos los tiempos, *La Gioconda* de Leonardo da Vinci ha suscitado preguntas desde su creación. ¿Está sonriendo? Y si es así, ¿qué significa su sonrisa? ¿Y cómo produjo el artista una expresión tan enigmática? A pesar del continuo debate hay algo claro: los misterios sin resolver atraen una proporción significativa de nuestra atención. © *Andrei Iancu/Dreamstime.com*.

SEGUNDA PARTE

Los procesos:
el papel de la asociación

7

La primacía de las asociaciones: asocio, luego pienso

En la familia de las ideas no las hay huérfanas. Cada noción existe dentro de una red de familiaridades conectadas en función de un sistema compartido de asociaciones. La fisiología y la bioquímica de estos enlaces (que abarcan la acción de las neuronas, los axones, las dendritas, las sinapsis, los neurotransmisores, etcétera) han fascinado desde siempre a muchos científicos. No es mi caso; siempre me han interesado menos los mecanismos internos de esos procesos neuronales que sus consecuencias externas, sobre todo aquellas que tienen que ver con la forma en que el diseño preciso de la comunicación verbal puede alterar la capacidad humana para evaluar y actuar.

Pensar es asociar

Aun así, quienes, como yo, están interesados en el componente persuasivo de la comunicación saben que la estructura subyacente de la actividad mental ofrece una revelación crucial: las operaciones mentales parten fundamental e inevitablemente de asociaciones en bruto. Del mismo modo que se pueden considerar a los aminoácidos como los «ladrillos de la vida», las asociaciones son los «ladrillos» del pensamiento.[1]

En diversos cursos de técnicas de influencia es habitual que los expertos enseñen a los participantes a emplear un lenguaje que manipule los pensamientos, las percepciones y las reacciones emocionales de sus interlocutores con el fin de convencerles para que acepten su mensaje. Me temo que todo eso solo es correcto en parte. Convencemos a los demás usando un lenguaje que manipula sus asociaciones mentales para ajustarlas a nuestro mensaje. Sus pensamientos, percepciones y reacciones emocionales proceden de esas asociaciones.

En ningún sitio se expone de forma más cruda lo que implica una comunicación eficaz que en un programa de investigación relativamente reciente diseñado para responder a la pregunta «¿Para qué sirve el lenguaje?». A la cabeza de este grupo de investigación se encuentra el prestigioso psicolingüista Gün Semin, cuya conclusión, a mi entender, vendría a ser la siguiente: el propósito fundamental de todo discurso es dirigir la atención de los receptores hacia un ámbito determinado de la realidad. Una vez se logra eso, serán las asociaciones internas existentes en los receptores sobre dicho ámbito, ahora iluminado por el foco de su atención, las que se encargarán de determinar su reacción.

En lo que concierne a la persuasión, esta afirmación me parece revolucionaria. Ya no debemos concebir el lenguaje como una herramienta de transmisión, como un medio para comunicar la concepción de la realidad de un emisor, sino como un mecanismo de influencia, como un medio para inducir a nuestros interlocutores a que compartan nuestra concepción o, al menos, a que actúen según ella. Cuando damos nuestra opinión de una película, por ejemplo, lo que hacemos no es tanto explicar nuestra posición a los demás como intentar persuadirles de la misma. Logramos ese objetivo empleando un lenguaje que oriente su atención hacia esos ámbitos de la realidad que están cargados con asociaciones en potencia favorables a nuestro punto de vista.

A este respecto, resultan muy interesantes algunos recursos lingüísticos identificados por los investigadores y que están destinados a dirigir la atención hacia uno u otro aspecto de la realidad. Entre ellos se incluyen verbos que resaltan aspectos concretos de una situación, adjetivos que destacan ciertos rasgos ajenos (en lugar de conductas), pronombres personales que subrayan relaciones existentes, metáforas que generan un marco que favorece una interpretación determinada o, sencillamente, palabras y expresiones particulares destinadas a suscitar los pensamientos deseados. Consideraremos en primer lugar el último y más sencillo de estos recursos.

Oír, ver y callar

No hace mucho topé con una organización que se había esforzado como ninguna que me haya encontrado antes en moldear los elementos de su lenguaje interno para garantizar que las asociaciones mentales suscitadas por ellos se alineasen con sus valores corporativos. La compañía, SSM Health (una organización sin ánimo de lucro formada por hospitales, residencias y entidades relacionadas), me invitó a hablar en su congreso anual sobre liderazgo. Acepté, en parte por el gran prestigio de SSM. Sabía que se trataba del primer proveedor de servicios médicos galardonado con el Malcolm Baldridge National Quality Award, un premio otorgado por el Departamento de Comercio y cuya entrega anual presenta tradicionalmente el presidente de Estados Unidos. El galardón distingue a aquellas organizaciones que han demostrado niveles estratosféricos de rendimiento y liderazgo en su campo. Me intrigaba mucho saber qué hacía SSM para lograr ese nivel de excelencia y acepté de buen grado la invitación como una oportunidad para averiguarlo.

Durante el congreso aprendí, por ejemplo, que el eslogan que figura en el sitio web de la compañía —«Los empleados son la clave del éxito»— era mucho más que eso. A pesar de haber sido objeto de un riguroso proceso de escrutinio y de que me traían desde miles de kilómetros, yo no era el principal ponente. En el día de mi intervención, la conferencia inaugural, titulada «Our People Keynote» [«Nuestra gente clave»], corrió a cargo de siete empleados que describieron, uno tras otro, su participación en algún episodio laboral excepcional durante el año anterior. Luego me enteré de que los encargados de abrir las otras dos jornadas del congreso eran también catorce empleados que pronunciaron unos discursos similares bajo el mismo título. Por supuesto, me llamó la atención lo inusual de elevar a veintiún empleados al estatus de ponentes inaugurales, y lo aún más peculiar de convertirlo en una práctica continuada y bien asentada, que se basaba en la ya citada creencia en que los empleados eran el pilar de la excelencia de la organización. Sin embargo, todo aquello dejó de sorprenderme en cuanto tuve ocasión de ver con qué firmeza daban los empleados de SSM su charla (la cual era literalmente «suya»).

Un mes antes, los organizadores del congreso sobre liderazgo me habían llamado para orientarme a la hora de preparar mi discurso. Sin embargo, no hablé con el típico informador o con la pareja de ellos a los que las organizaciones suelen asignar esa tarea, sino que se trataba de seis empleados de SSM. Aunque todos ellos hicieron aportaciones valiosas, el portavoz del grupo era el organizador del congreso, Steve Barney. Este se mostró afable y cercano durante todo el proceso, hasta el último momento, en que su tono se tornó severo para lanzar la siguiente admonición: «Su presentación no puede incluir *bullet points* ["viñetas", pero también, literalmente, "puntos bala"] y tampoco puede hablarnos de cómo "atacar" nuestros problemas de influencia». Cuando protesté, diciendo que eliminar esos aspectos debilitaría el contenido de mi charla, Steve respondió: «Oh, no, los puede mantener, lo que pasa es que tiene que llamarlos de otra manera». Mi inteligente reacción a su comentario fue algo así como un «Eh… ¿Cómo?», por lo que Steve tuvo que elaborar su réplica: «Como organización médica, nuestra misión es sanar y curar, por lo que nunca usamos lenguaje que tenga asociadas connotaciones violentas. A los *bullet points* los llamamos "puntos informativos", y los problemas no los "atacamos", sino que los "enfocamos" de alguna manera».

Durante el congreso le pregunté a uno de los participantes, un médico, sobre esta política interna de no emplear términos violentos. Me respondió dándome aún más ejemplos: «Para hablar de los objetivos de negocio ahora usamos siempre la palabra "meta" en lugar de "diana", y una de esas metas consiste no en "derrotar" a la competencia, sino en "adelantarla" o "dejarla atrás"». Incluso me ofreció una argumentación apasionada a favor: «¿No ve las ventajas que tiene para nosotros asociarnos con conceptos como "meta" o "adelantar" en lugar de "diana" o "derrotar"?». La verdad es que no las veía; me costaba creer que giros léxicos tan sutiles pudieran condicionar la mentalidad y la conducta de los empleados de SSM de forma significativa.[2]

Pero eso era entonces. Ahora soy un converso. Mi reacción a la estricta política lingüística de SSM se transformó de «esto es una estupidez» a «esto es muy inteligente». Mi conversión se produjo tras sumergirme en una atenta revisión de un pasmoso conjunto de descubrimientos en varias investigaciones.

Exposición incidental (pero no accidental) a las palabras

> Aquel que quiere persuadir debe confiar no en el argumento adecuado, sino en las palabras adecuadas.
>
> Joseph Conrad

Permanezcamos dentro del ámbito del lenguaje violento por el momento y consideremos los resultados de un experimento en el que se exponía a los participantes a palabras violentas y luego se medía la agresividad que estas expresiones les generaban. Los sujetos del estudio tenían que completar además una tarea, consistente en crear frases coherentes a partir de treinta grupos de palabras sueltas. A la mitad de ellos, las palabras desordenadas que se les entregaron daban como resultado, cuando estaban como debían, frases con connotaciones agresivas. Por ejemplo, «golpea él les» se convertía en «él les golpea». Por el contrario, a la otra mitad se les daban palabras que en su mayoría producían frases sin connotaciones agresivas. Por ejemplo, «puerta la arreglar» se convertía en «arreglar la puerta». Más adelante, todos los sujetos participaron en otra tarea en la que tenían que dar veinte descargas eléctricas a otro participante y decidir previamente su intensidad. Los resultados del experimento son alarmantes: la exposición previa a lenguaje violento producía un incremento del 48 % en la intensidad seleccionada para la descarga.

A la luz de estos descubrimientos, los requisitos impuestos por SSM en materia de lenguaje no violento son muy sensatos. Como organización sanitaria, debería operar dentro de los principios fundamentales de la ética médica: «Ante todo, no hacer daño». Pero debemos darnos cuenta de que, en tanto organización sanitaria de alto rendimiento, SSM no prohíbe el uso de términos relacionados con logros y consecución de objetivos. Lo que hace es sustituir aquellos que poseen connotaciones amenazadoras («diana», «derrotar») por otros que carecen de ellas («meta», «adelantar»). Esta práctica revela la creencia de los líderes de SSM de que, de la misma manera que el lenguaje violento puede provocar conductas dañinas y por tanto debe ser eliminado, el que posee connotaciones de superación puede elevar el rendimiento y debe, por tanto, preservarse.

Si los dirigentes de SSM piensan así, están en lo cierto. Múltiples estudios prueban que la exposición sutil de los sujetos a términos que connoten logro y autosuperación («ganar», «lograr», «triunfar», «dominar») aumenta su rendimiento a la hora de llevar a cabo una tarea e incluso dobla su disposición a seguir desempeñándola. Pruebas como estas me han hecho cambiar de opinión sobre la eficacia de ciertos pósters que he visto adornando las paredes de algunas oficinas y negocios. Las oficinas de teleoperadores parecen ser lugares especialmente proclives para ello. Estos pósters suelen consistir en una palabra escrita en mayúsculas (SUPERARSE, TRIUNFAR, PERSEVERAR, ALCANZAR) y están diseñados para incitar a los empleados a conseguir grandes logros. A veces, la palabra en cuestión figura sola, otras va acompañada de una imagen relacionada, como la de un corredor cruzando victorioso la línea de meta, mientras que en algunos casos se trata solo de la imagen.

Sea como fuere, siempre había encontrado risible la posibilidad de que aquellos carteles funcionaran. Una vez más, y gracias en esta ocasión a un equipo de científicos canadienses, mi escepticismo se esfumó. Desde entonces, siempre tengo en cuenta un proyecto que dichos investigadores llevaron a cabo para incrementar la productividad de un grupo de recaudadores de fondos que trabajan en un centro de teleoperadores. Al inicio de sus turnos de trabajo, todos los operadores recibían unas instrucciones diseñadas para ayudarles a comunicar mejor el valor de la causa para la que solicitaban una contribución (una universidad local). Algunos de ellos recibieron las instrucciones impresas en un folio normal. A otros se les dio la misma información impresa sobre una foto de una atleta entrando victoriosa en la meta. Se trataba de una imagen que había sido mostrada antes para inducir asociaciones mentales relacionadas con el logro. De manera significativa, transcurridas las tres horas del turno de llamadas, la segunda muestra de operadores, que habían recibido las instrucciones acompañadas de la foto, habían recaudado un 60 % más que los otros. Todo parece indicar, por lo tanto, que una exposición inicial e incidental, ya sea a palabras o imágenes sencillas, puede tener un efecto pre-suasivo sobre conductas posteriores meramente asociadas con esas palabras o imágenes. Exploremos a continuación algunas implicaciones derivadas de esta influencia y empecemos por algunos términos especiales.[3]

Los ganadores animan a ganar. Esta imagen incrementó tanto los pensamientos relacionados con el logro y la superación como la productividad de los individuos expuestos a ella. *John Gichigi/Getty Images.*

Una metáfora es una meta-puerta (al cambio)

> Si quieres cambiar el mundo, cambia la metáfora.
>
> Joseph Campbell

Desde la *Poética* de Aristóteles (c. 350 a. C.) se aconseja a los comunicadores que usen metáforas para transmitir sus mensajes con éxito. Se les explica siempre que una forma eficaz de hacer que un concepto difícil o abstracto se entienda es describirlo en términos asociados a otro que su público sí pueda reconocer y comprender con sencillez. Los corredores de fondo, por ejemplo, a veces se refieren a la sensación que tienen cuando no son capaces de continuar una carrera como si estuvieran «chocando contra un muro». Por supuesto, no hay muro alguno, pero ciertas características propias de una barrera física como esa (bloquea el paso, no puede sortearse fácilmente, no puede negarse) se parecen lo suficiente a las sensaciones corporales de los corredores para que la expresión pueda emplearse con sentido.

Aun así, el empleo de metáforas tiene sus críticos, los cuales afirman que suelen ser engañosas. Señalan que cuando una cosa (por ejemplo, la incapacidad de dar un paso más en una carrera) se entiende en los términos de otra (chocar contra un muro), puede ponerse de manifiesto una genuina coincidencia entre ambas, pero la correspondencia está lejos de ser perfecta. Por ejemplo, la existencia de un muro físico suele obedecer a la acción de una persona que no es quien se topa contra él, mientras que el «muro» contra el que «choca» un corredor normalmente debe su existencia a la acción de este mismo, cuyo entrenamiento (o falta de él) y cuyo ritmo de carrera son responsables del problema. De ese modo, los corredores que emplean la metáfora del muro podrían estar haciendo algo más que elegir un marco diseñado para comunicar las sensaciones asociadas a un desfallecimiento motor. Por razones estratégicas, podrían estar eligiendo un marco diseñado para representar su fracaso como algo externo y ajeno a ellos, del que no son responsables.

Recordemos que el nuevo análisis psicolingüístico sugiere que la función principal del lenguaje no es la de expresar o describir, sino la de influir; algo que logra dirigiendo la atención de los interlocutores hacia parcelas de la realidad ya cargadas antes con una serie de asociaciones mentales favorables al punto de vista que el emisor desea transmitir. De ser así, podemos ver por qué las metáforas, que precisamente incitan al receptor a pensar en una cosa en los términos de sus asociaciones con otra elegida por el emisor, poseen tanto potencial como recurso lingüístico. De hecho, durante más de medio siglo, los investigadores han estado documentando el impacto superior que las metáforas pueden producir cuando se aplican de forma adecuada. Hace poco, sin embargo, el énfasis sobre la transferencia de asociaciones inherente al uso de metáforas ha generado toda una panoplia de reveladores efectos persuasivos.

Supongamos, por ejemplo, que somos un consultor político que ha contratado una candidata a alcaldesa para que la ayudemos a ganar las elecciones de una ciudad cercana, en la que un reciente aumento de las tasas de crimen es un tema importante. Supongamos además que esta candidata y su partido son conocidos por su férrea postura ante el crimen y que apoyan políticas concretas diseñadas para perseguir y condenar a los delincuentes. La candidata quiere que le aconsejemos sobre cómo puede lograr que los votantes crean que su postura ante este problema es la correcta. Si conocemos cómo funcionan los mecanismos de la persuasión metafórica, podremos aconsejarla con rapidez y seguridad: cada vez que se pronuncie en público sobre el tema, conviene que retrate el aumento del crimen como una bestia salvaje que campa a sus anchas por la ciudad y que debe ser detenida. ¿Por qué? Porque para someter a una bestia salvaje es necesario capturarla y enjaularla. En la mente del público, estas asociaciones naturales con el trato que es propio dispensar a las bestias salvajes descontroladas se transferirán de manera automática al trato que debe darse al crimen y a los delincuentes.

Ahora imaginemos que la candidata y su partido son conocidos por tener un enfoque distinto del problema: uno que busca detener el aumento del crimen actuando sobre sus causas sociales, como puedan ser el desempleo, las carencias en educación y la pobreza. En ese caso, y siempre sobre la base de una adecuada comprensión de la persuasión mediante metáforas, nuestro consejo también podrá ser inmediato y convincente: cada vez que la candidata se pronuncie públicamente sobre el tema, conviene que retrate el aumento del crimen como un virus que está infectando la ciudad y que debe ser detenido. ¿Por qué? Porque para controlar un virus es necesario eliminar las condiciones insalubres que han permitido su irrupción y su propagación. Estas asociaciones mentales con la enfermedad deberían enmarcar la manera de pensar de los ciudadanos sobre cuál es la mejor forma de atajar el problema del crimen.

Si otros consultores y consejeros del equipo de campaña de la candidata menosprecian la estrategia metafórica de nuestro plan y la acusan de simplista, podemos pedirles que consideren primero algunos datos relevantes. Un grupo de investigadores de la Universidad de Stanford mostraron a una serie de lectores online, escogidos al azar, una noticia sobre el aumento continuado del índice de criminalidad urbano durante tres años seguidos y en la que este se describía como una «bestia» descontrolada. Otro grupo de lectores, escogidos también al azar, leyó la misma noticia, que incluía las mismas estadísticas, pero con una diferencia: en este texto se describía el incremento de la criminalidad como un «virus» descontrolado. Después, los investigadores solicitaron a los participantes que indicaran qué tipo de solución al problema preferían. El análisis más preciso de los resultados reveló que aquellos que habían leído la noticia en la que se describía el crimen como una bestia recomendaban adoptar políticas duras de persecución y encarcelamiento de los delincuentes, en lugar de otras que favorecieran transformar las condiciones insalubres que operaban como caldo de cultivo. Justo lo contrario de lo que sucedió entre el grupo que leyó la noticia en la que el crimen se comparaba con un virus.

Significativamente, la magnitud de la diferencia de criterio motivada por el cambio de una sola palabra (22 %) era más del doble de la asociada naturalmente al sexo de los lectores (9 %) o a su filiación política (8 %). Cuando realizan sus predicciones sobre las preferencias de los votantes, las campañas políticas tienen en cuenta factores demográficos como el sexo o la ideología política de estos; sin embargo, rara vez consideran el poder predictivo, en potencia superior, del despliegue de metáforas pre-suasivas.

Si el resto de los asesores de campaña forman parte de quienes desprecian los hallazgos de experimentos científicos controlados porque los consideran irrelevantes en escenarios reales, también podemos ofrecerles pruebas extraídas del mundo real. Los comerciales y los vendedores de mayor eficacia comprenden bien el poder de la metáfora. Podemos pedir a esos asesores que consideren el caso de Ben Feldman, quien después de abandonar el instituto, y a pesar de no salir nunca más allá de un radio de cien kilómetros a la redonda de su pequeña ciudad natal, East Liverpool (Ohio), se convirtió en el mayor vendedor de seguros de su época (y probablemente de todos los tiempos). De hecho, en su edad de oro, en los años setenta y ochenta, vendió él solo más seguros de vida que 1.500 de las 1.800 aseguradoras de todo Estados Unidos. En 1992, después de ser ingresado en el hospital debido a una hemorragia cerebral, su empresa, New York Life, decidió celebrar los cincuenta años que Feldman cumplía en la empresa con una campaña que bautizó como «Febrero Feldman»: durante ese mes se invitaba a todos los agentes de la aseguradora a competir para lograr un nuevo récord de ventas. ¿Quién ganó? Ben Feldman. ¿Cómo? Haciendo llamadas desde la cama del hospital, el octogenario vendedor logró cerrar contratos por valor de 15 millones de dólares en veintiocho días.

Parte de su fenomenal éxito se debía a su infatigable capacidad de trabajo y compromiso, pero no todo. Según los cronistas de aquel triunfo, Feldman nunca presionaba para lograr una venta a los potenciales clientes que se mostraban reticentes. En lugar de ello, introducía un toque sutil (y astuto) en su discurso que los guiaba con suavidad hacia esa decisión. El señor Feldman era un maestro de la metáfora. En su descripción del final de la vida, por ejemplo, las personas no «fallecían», sino que «se marchaban» de la vida, una imagen que se beneficiaba de las asociaciones con un incumplimiento de las responsabilidades familiares propias que debía subsanarse. Entonces pasaba rápidamente a presentar la póliza de seguro como la solución (en metafórica consonancia con lo anterior): «Cuando uno se marcha —explicaba—, el dinero de la póliza entra». Al recibir esta lección metafórica sobre la responsabilidad moral de contratar un seguro de vida, muchos clientes reaccionaban entrando de lleno en el juego.

Si bien las metáforas requieren para funcionar que exista un vínculo lingüístico entre dos elementos, una vez esta asociación está fijada, la persuasión metafórica puede activarse de forma no verbal. Por ejemplo, en lenguas como el inglés, el español y muchas otras, los conceptos de «peso» y «gravedad» están relacionados metafóricamente con los de «seriedad», «importancia» y «esfuerzo». Por esa razón: (1) los evaluadores de la solicitud laboral de un candidato tienden a considerarlo una opción más seria para el puesto cuando el portapapeles en que presenta sus credenciales es más pesado; (2) los evaluadores de un informe presentado en un portapapeles más pesado tienden a valorar más su importancia, y (3) cuando estas personas tienen que sostener un objeto pesado (que les exige una mayor energía), también realizan un mayor esfuerzo a la hora de evaluar los pros y los contras de un proyecto de mejoras para la ciudad. Este conjunto de hallazgos hace sospechar que la carrera de los fabricantes por producir *e-readers* cada vez más ligeros puede acabar reduciendo el valor aparente de su contenido, la profundidad intelectual atribuida a su autor y la cantidad de energía que los lectores estarán dispuestos a invertir en su comprensión.

Resultados comparables a estos se han obtenido en otro ámbito de la percepción humana, como es la relación entre la temperatura y la calidez en el trato: las personas que han sostenido un objeto caliente durante unos instantes (como, por ejemplo, una taza de café) se sienten inmediatamente más cercanos y más predispuestos a confiar en las personas que tienen a su alrededor. De ahí que se muestren más generosos y cooperativos en las interacciones sociales que acontecen justo después. Resulta evidente, por lo tanto, que las asociaciones metafóricas potentes pueden activarse de modo pre-suasivo y sin palabras: el tacto puede ser suficiente.[4]

MÁS CUESTIONES CANDENTES

Dado que las asociaciones negativas pueden transferirse con la misma facilidad que las positivas, este significado compartido de forma espontánea puede ser también una pesadilla, y no solo un sueño, para los comunicadores. Hace unos años, un cargo gubernamental de raza blanca tuvo que dimitir después de las numerosas críticas que recibió por usar la palabra inglesa *niggardly* para describir cómo planeaba gestionar el reducido presupuesto de su departamento. A pesar de que significa «de manera austera o avara», la similitud fonética de la palabra con el término racista *nigger* («negrata») suscitó una serie de asociaciones que provocaron a su vez una gran reacción social negativa. Por una razón similar, a los vendedores de coches de segunda mano se les advierte de que deben describirlos como «seminuevos» y no como «usados», ya que esta última palabra posee connotaciones de desgaste y deterioro. Igualmente, a los proveedores de equipos y servicios informáticos se les aconseja que eviten hablar a los clientes de «coste» o «precio» de sus productos, términos asociados a la disminución de recursos, y que utilicen en su lugar otros como «adquisición» o «inversión», más vinculados con el de ganancia. También en los cursos de formación de pilotos y asistentes de vuelo de algunas aerolíneas comerciales se instruye a los alumnos para que eviten términos relacionados con la muerte a la hora de dirigirse a los pasajeros antes o durante el vuelo; así, expresiones potencialmente inquietantes como «su destino final» se reducen a «su destino», y la palabra «terminal» se evita y se sustituye por «puerta de embarque» siempre que sea posible.

No hace falta decir que los profesionales más avispados del marketing no solo quieren evitar que sus productos y servicios se emparejen con elementos que tienen asociaciones negativas; lo que desean es defender y atacar al mismo tiempo, eliminando las conexiones con los factores que cargan con las connotaciones más desfavorables al tiempo que maximizan aquellos vínculos con las más favorables. ¿Cuáles son los elementos que se evalúan a ese respecto con mayor intensidad? En el capítulo 13 profundizaremos largo y tendido sobre cómo las personas respondemos con mucha más pasión a los aspectos negativos de la balanza, por lo que pospondremos este análisis hasta entonces. Con todo, con el fin de reducir cualquier tensión motivada por el efecto Zeigarnik, es de recibo ofrecer aquí un pequeño adelanto: el concepto cargado de antemano con las asociaciones potencialmente más dañinas para cualquier evaluación inmediata o acuerdo futuro es el de «desconfianza», junto a otros próximos como la mentira y el engaño.

Nuestra mayor debilidad: nosotros mismos. En el lado positivo de la balanza, sin embargo, el factor que tiene un impacto más favorable en el ámbito de la evaluación humana es uno que ya hemos encontrado antes: el yo, que obtiene su poder de dos fuerzas. No solo llama y atrapa nuestra atención con una fuerza casi electromagnética (incrementando, por lo tanto, la importancia percibida), sino que también puede otorgar esa atención especial a una entidad que la mayoría de nosotros vinculamos con asociaciones positivas. De este modo, cualquier cosa que esté conectada con el yo (o que se pueda hacer parecer que lo está) cobra una relevancia inmediata a nuestros ojos. Algunas veces, estas conexiones son triviales pero, aun así, pueden servir como trampolín para el éxito persuasivo.

Si dos personas descubren que se llaman igual o que han nacido el mismo día o en el mismo lugar, tienden a caerse mejor, lo que incrementa la disposición a la cooperación y la solidaridad entre ellas. Los clientes potenciales de un curso de aeróbic son más proclives a apuntarse en él si quien será su entrenador personal cumple años el mismo día que ellos. Tampoco somos inmunes a esas conexiones cuando nos comunicamos online: las mujeres jóvenes son el doble de proclives a aceptar como «amigo» a un varón que les contacta en Facebook cuando este asegura haber nacido el mismo día que ellas. En sitios web dedicados a la microfinanciación mediante préstamos de proyectos de pequeños negocios de ciudadanos de países en vías de desarrollo, los prestadores suelen ser más proclives a financiar iniciativas de personas cuyos nombres tienen las mismas iniciales que las suyas. Por último, los investigadores que estudian esta tendencia general a valorar más aquellas entidades ligadas al propio yo (denominada «egoísmo implícito») han averiguado que los sujetos prefieren no solo a las personas, sino también los productos comerciales (galletas, chocolates, tés) cuyos nombres comparten letras con los suyos. Para explotar esta afinidad, en el verano de 2013, la división británica de Coca-Cola reemplazó el nombre de su propia marca por alguno de los 150 nombres más comunes en Reino Unido ¡en más de 100 millones de envases de su producto! ¿Qué podía justificar semejante gasto? Campañas similares llevadas a cabo en Australia y Nueva Zelanda en años anteriores habían logrado incrementar las ventas de forma significativa en estos países. Cuando esta estrategia se probó finalmente en Estados Unidos, produjo el primer aumento de ventas de la marca en una década.

Hasta las propias organizaciones y empresas son susceptibles de sobrevalorar aquello que incluya elementos de su propio nombre o marca. En 2004, para celebrar el cincuenta aniversario del rock and roll, la revista *Rolling Stone* publicó una lista con las 500 mejores canciones de la historia del rock. Según sus editores, las dos primeras eran «Like a Rolling Stone» de Bob Dylan y «(I Can't Get No) Satisfaction» de los Rolling Stones. En el momento de redactar estas líneas, he comparado esa lista con otras diez de las mejores canciones de rock and roll de la historia y en ninguna de ellas figuran como número uno o dos las elegidas por *Rolling Stone*.[5]

Yo también es nosotros y nosotros somos los números uno. Cuando se considera el potencial de persuasión que conlleva el egoísmo implícito, hay un factor importante que hay que tener en cuenta. El «yo» sobrevalorado no siempre es el «yo personal», sino que también puede ser el «yo social», que se configura no por las características de un individuo, sino por las de su grupo. La concepción del yo como una entidad que reside fuera del individuo y dentro de una unidad social relacionada está particularmente arraigada en algunas sociedades no occidentales, cuyos miembros sienten una afinidad especial por las cosas que aparecen conectadas con un yo construido de forma colectiva. Un análisis de los anuncios publicados durante dos años en revistas de Estados Unidos y de Corea del Sur halló que: (1) en el país asiático, los anuncios trataban de ligar los productos y los servicios, sobre todo, con la familia o el grupo social del lector, mientras que en Estados Unidos iban dirigidos principalmente al lector en tanto que individuo, y (2) en términos de impacto medido, los anuncios que apelaban a la pertenencia a grupos eran más eficaces en Corea del Sur, mientras que los que se dirigían al individuo eran más efectivos en Estados Unidos.

El reconocimiento de aquello que valora el público asiático proveyó al gobierno de Corea del Sur de una inteligente táctica de negociación a la hora de tratar con milicianos afganos. Se trata de una estrategia que, si bien es sencilla, ha estado prácticamente ausente en el enfoque usado por los negociadores occidentales en Afganistán y que sigue siendo infrautilizada por parte de los poderes occidentales.

En julio de 2007, los talibanes afganos secuestraron a 21 cooperantes de una organización religiosa surcoreana y mataron a dos de ellos como brutal muestra de su determinación. Las conversaciones que siguieron para liberar a los 19 restantes fueron tan mal que los secuestradores designaron a dos nuevos rehenes para ejecutarlos. Ante el cariz que estaba tomando la situación, el jefe de los servicios de inteligencia surcoreanos, Kim Man-bok, voló a la zona para tratar de salvar la negociación. Traía un plan consigo. Consistía en dotar al equipo de negociación surcoreano de un factor esencial para la identidad grupal de los milicianos: su lengua. Nada más llegar, Kim sustituyó a su negociador jefe, que se había estado comunicando con los secuestradores mediante un traductor afgano, por un representante surcoreano que hablaba bien pastún.

Según Kim, que logró una liberación rápida de los rehenes, «la clave de las negociaciones fue el idioma». No se trató, sin embargo, de que las conversaciones pudieran ser más precisas o lúcidas, sino de algo más primitivo y pre-suasivo. «Cuando nuestros homólogos vieron que nuestro negociador hablaba su lengua, el pastún, se desarrolló una especie de vínculo de intimidad con nosotros y las conversaciones fueron bien».[6]

«Lo fácil» funciona. Aparte del «yo», existe también otro concepto imbuido de connotaciones decididamente positivas y que merece la pena examinarse, ya que los comunicadores desaprove-

chan muchas veces la oportunidad de explotarlas de forma efectiva. Se trata de «lo fácil».

Conseguir algo con facilidad estimula muchas asociaciones positivas, pero lo hace de una forma particular. Cuando comprendemos algo con soltura o fluidez (es decir, podemos representárnoslo o procesarlo de forma rápida y sin esfuerzo), no solo nos gusta más ese algo, sino que tendemos a considerarlo más valioso. Por esta razón, la poesía rimada y de metros regulares no solo cuenta con un mayor favor por parte de los lectores, sino que también se percibe como si poseyera un mayor valor estético (justo lo contrario de lo que los defensores del verso libre y los guardianes de las revistas modernas de poesía parecen creer). Los investigadores del campo de la «poética cognitiva» han descubierto que la fluidez que produce la rima potencia las propiedades persuasivas de un texto. La expresión «prudencia y mesura te darán riqueza» se percibe como más verdadera si se transforma en «prudencia y mesura te darán plata pura». He aquí una pequeña lección para el éxito persuasivo: para colarlo, mejor rimarlo.

Dentro del ámbito general de la atracción física, como observadores nos sentimos más atraídos por aquellas personas cuyos rasgos faciales son sencillos de recordar y cuyos nombres son fáciles de pronunciar. Es significativo que, cuando las personas son capaces de procesar cognitivamente algo con facilidad, experimentan un incremento de la actividad neuronal relacionada con los músculos faciales que movemos cuando sonreímos. Por el contrario, cuando algo es difícil de procesar, los observadores tienden a encontrar desagradable la experiencia y, por extensión, esa cosa en cuestión. Las consecuencias de esto pueden ser impactantes. Un análisis de los nombres de 500 abogados de diez bufetes estadounidenses concluyó que cuanto más difícil era de pronunciar un apellido, más bajo era el escalafón que ocupaba en el despacho la persona que lo llevaba. Este efecto, por cierto, se producía con independencia de que el nombre fuese extranjero: un abogado con un apellido extranjero difícil de pronunciar tenía más posibilidades de ocupar un puesto inferior que otro cuyo apellido, aun siendo también extranjero, fuese más fácil de decir. Un efecto similar se produce con los nombres de medicamentos o aditivos alimentarios: si son difíciles de pronunciar, los consumidores recelan más de ellos y de los potenciales riesgos que puedan entrañar. ¿Por qué, entonces, las farmacéuticas y los fabricantes de productos dietéticos siguen poniendo a sus productos nombres difíciles de pronunciar como Xeljanz o Farxiga? Tal vez deriven del nombre de la familia de las plantas o de las sustancias químicas con las que se elaboran… Si es así, parece un mal negocio.

La falta de fluidez comunicativa puede resultar comercialmente problemática también de otras maneras. Son incontables las ocasiones en las que, estando en un restaurante, tengo que esforzarme por desentrañar un menú porque las descripciones de cada plato están escritas en una letra florida casi ilegible o porque apenas hay luz (o por ambas razones a la vez). Si lo que los restauradores desean realmente es tentarnos, deberían saber que los estudios han revelado que los platos cuyas descripciones son difíciles de descifrar se consideran menos apetecibles, al igual que las afirmaciones que resultan complicadas de leer se perciben, en general, como menos fiables.

Con todo, probablemente los daños comerciales más grandes que producen los profesionales de los negocios por no prestar atención a esta cuestión acaecen en el mercado de valores. Un análisis de 89 empresas elegidas al azar que salieron a bolsa en Nueva York entre 1990 y 2004 halló que, aunque el efecto se redujo con el tiempo, el rendimiento de las compañías con nombres más sencillos de pronunciar fue superior al de aquellas que tenían nombres difíciles. Un análisis comparativo, llevado a cabo también en la bolsa de Nueva York, de los códigos de teletipos bursátiles compuestos por tres letras fáciles de pronunciar (como KAR) y de otros que resultaban más difíciles de decir (como RDO) arrojó resultados similares.[7]

Estas pruebas parecen relegarnos a una posición descorazonadora, como si no fuéramos más que simples peones en muchas situaciones cotidianas, y gran parte de los estudios e investigaciones abordados hasta ahora en este libro parecen indicar que hay razones para esa inquietud. ¿Debemos, pues, resignarnos a ser desplazados de una casilla a otra en el tablero de la vida en función de las asociaciones activadas por cualesquiera palabras, símbolos o imágenes con que topemos? Afortunadamente, no. En la medida en que comprendamos cómo funcionan los procesos asociativos, podemos ejercer un control estratégico y pre-suasivo sobre ellos. En primer lugar, podemos escoger participar en situaciones que activen la clase de asociaciones mentales que deseamos experimentar. Y cuando no contemos con esa posibilidad de elección, podemos anticipar la situación usando pistas que porten asociaciones que trabajen a nuestro favor y nos orienten en la dirección adecuada. A continuación veremos cómo hacer esto.

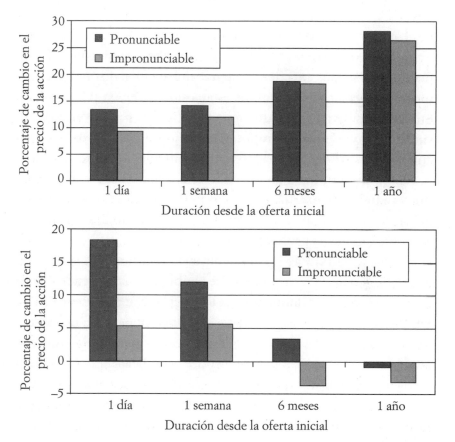

Cuando los nombres son fáciles de pronunciar, los beneficios rápidos son fáciles de anunciar. En las bolsas estadounidenses, el valor inicial de las acciones de una compañía era mayor si su nombre (gráfico superior) o el código del teletipo bursátil (gráfico inferior) era fácil de pronunciar. *Cortesía de Adam Oppenheimer y de la Academia Nacional de las Ciencias de EE. UU.*

8

Geografías persuasivas:
los lugares y las pistas adecuados

Existe una geografía de la influencia.

Cuando empecé a escribir mi primer libro divulgativo, estaba disfrutando de una excedencia en una universidad distinta a la mía. Como mi despacho del campus estaba situado en un piso alto, colocaba mi mesa de modo que mientras escribía podía mirar por la ventana y contemplar el imponente conjunto de edificios situado enfrente, que albergaban diferentes instituciones, centros y departamentos académicos. Flanqueando esta ventana al mundo universitario exterior había unos estantes con materiales que proporcionaban una ventana interior a ese mismo mundo: mis libros, revistas, artículos y archivos profesionales.

En la ciudad trataba de escribir en el apartamento que había alquilado y lo hacía en una mesa que también había colocado delante de una ventana. Aunque no lo había hecho con esa intención, mi despacho casero ofrecía una vista muy diferente a la de mi oficina universitaria. En lugar de las rígidas fortificaciones de la industria académica, veía pasar a la gente, sobre todo peatones camino del trabajo, de la compra o de cualquiera de las miles de cosas cotidianas que se hacen cada día. El entorno de mi mesa de trabajo también difería de manera significativa del otro, en especial en lo que corresponde a la información. Aquí, los periódicos, las revistas, las superficies despejadas y los programas de televisión ocupaban el lugar de las publicaciones científicas, los libros de texto, los archivadores y las conversaciones con colegas.

Escribir en esos dos ambientes separados produjo, sin embargo, un efecto que no había anticipado y del que no me percaté hasta un mes después, cuando reuní todas las páginas del borrador preliminar del libro que había escrito en ese tiempo y las leí del tirón: lo que había escrito en casa era muchísimo mejor que lo redactado en el campus, porque era más apropiado para la clase de público general que tenía en mente para el libro. De hecho, el estilo y la estructura de lo que había redactado en mi despacho universitario lo hacían difícilmente legible para cualquiera que no fuese un colega de profesión.

Sorprendido por este descubrimiento, me pregunté cómo era posible que, a pesar de la clara visión que tenía del mercado al que quería dirigirme, no fuese capaz de dar con el tono adecuado cuando escribía en mi oficina del campus. Solo después entendí que la respuesta era obvia. Cada vez que giraba la cabeza o la levantaba de mi mesa, establecía contacto visual con pistas asociadas al entorno académico y con su vocabulario, gramática y estilo de comunicación especializados.

No importaba lo que yo sabía (en algún lugar de mi cabeza) acerca de las características y las preferencias de mis lectores potenciales. Había pocas pistas en ese entorno que me incitaran a pensar de manera automática y rutinaria en ellos mientras escribía. En el despacho de mi apartamento, sin embargo, esas pistas sí se ajustaban a la tarea. Allí, rodeado de las rápidas asociaciones con las mismas personas para las que de hecho quería escribir, podía sintonizar con ellas mucho mejor.

Con esta revelación como guía, cogí todas las páginas que había escrito en el campus y, tomando una decisión basada en la geografía de la persuasión, las revisé en casa. La tarea mereció la pena. Valga como prueba el cambio que sufrió la frase inicial del libro, que pasó de ser: «Mi subdisciplina académica, la psicología social experimental, tiene como principal objeto de estudio los procesos de influencia social», a: «Ahora puedo admitirlo sin tapujos: toda mi vida he sido un pringado». No era difícil saber qué tenía que hacer a continuación: me dediqué a escribir el resto del libro en casa y dejé las horas del despacho del campus para trabajar en textos destinados al ámbito académico.[1]

Algunas lecciones de esta experiencia van más allá de cómo escribir obras de divulgación científica. Atañen a la cuestión mucho más amplia de cómo cualquiera de nosotros puede organizar su entorno físico con una intención pre-suasiva, de manera que incite determinadas cadenas de asociaciones (rampas) que conduzcan a su vez a los fines deseados.

Muchas consultoras desarrollan para sus clientes corporativos unos sistemas pensados para motivar a los empleados e incrementar la eficacia de estos, generalmente a través de programas de incentivos que premian la consecución de objetivos de rendimiento. Una vez, durante una conversación que mantuve con una directora de proyectos de una de estas consultoras durante un congreso de marketing, le hice una pregunta que suelo lanzar a profesionales experimentados sobre cuál es la clave de su éxito en su campo. En su caso le pregunté qué creía ella que le permitía diseñar programas de motivación de tanto éxito. Después de enumerar varios factores cuyo impacto positivo ella podía entender con facilidad (la experiencia de su equipo en el sector de sus clientes, la información que el equipo del cliente proporcionaba al suyo, el nivel de preparación de ambos), mencionó uno cuya importancia no lograba comprender. En las oficinas del cliente había un espacio de trabajo particular que había sido designado para desarrollar estos programas y que después había funcionado singularmente bien: unas salas situadas en el centro de la planta con las paredes de cristal.

La directora me dijo que se había fijado en este detalle porque al principio esperaba que arrojara el resultado contrario: pensó que el hecho de estar viendo a los empleados de la empresa pululando de aquí para allí todo el rato distraería a los desarrolladores del programa y acabaría haciéndoles perder de vista las cuestiones relevantes. «¿No hubiera pensado usted lo mismo?», me preguntó. Yo le conté mi historia de los dos despachos y le dije que hubo un tiempo en que le hubiera contestado que sí, pero que desde aquella importante experiencia formativa había cambiado de opinión. Ahora pienso que ella consideraba como irrelevantes aspectos del entorno de trabajo que, sin embargo, estaban estrechamente relacionados con el éxito del proyecto. Para desarrollar el mejor programa de incentivos posible, sospechaba que tanto ella como su equipo requerían poder ver de forma continuada a los empleados a los que ese programa iba dirigido. En mi caso había sido así: había necesitado la presencia de cosas que me recordaran a mis lectores potenciales para adaptar mi estilo a sus intereses y registro comunicativo. Por esa razón había decidido escribir mi libro exclusivamente en el espacio que podía proporcionarme ese recordatorio constante.

Aunque a la directora de proyectos le persuadió mi historia, no le agradaba lo que comportaba. Afirmó, con razón, que la capacidad de elección de un entorno de trabajo óptimo no era la misma en su caso que en el mío. Su equipo nunca había estado en posición de controlar el espacio de trabajo asignado por el cliente en sus oficinas. Esa elección competía siempre al cliente. «Además —se quejó—, la mayoría de esos edificios no suelen tener salas de conferencias con paredes de cristal, por lo que saber por qué funcionan bien no me ayuda mucho». Yo entendía su frustración. Para la mayoría de las personas, comprender cómo opera un proceso de influencia en una situación determinada no es suficiente, ya que también quieren saber cómo explotar ese conocimiento. Dejó la conversación algo decepcionada, pero no derrotada, como luego tuve ocasión de saber.

Meses más tarde, me llamó de muy buen humor para contarme el «gran éxito» que tenía una nueva táctica que estaba probando para mejorar el rendimiento de los empleados. La idea había surgido durante una reunión con su equipo en la que ella mencionó mi opinión de que el hecho de tener acceso visual a los empleados de su cliente mientras desarrollaban los programas para motivarles podía mejorar el proceso. El reto de su equipo consistió entonces en encontrar una manera de estar siempre expuestos, si bien no en alto grado, a los empleados, incluso cuando trabajasen en una sala de conferencias con paredes opacas y cerrada. El miembro más joven de su equipo dio con una solución que era fácil de implementar y que demostró desde entonces su gran eficacia. Antes de acudir a cualquier reunión con el cliente, el equipo se descarga ahora del sitio web de la empresa y de otras publicaciones internas fotografías de los empleados susceptibles de ser elegidos para el programa. Después las amplían y las ponen en unos corchos que cuelgan en las paredes de la sala que les cedan, sea cual sea. A los clientes les encanta la idea porque afirman que aprecian ese «toque personalizado» que los consultores aportan a su tarea.

Debemos tomar en consideración que la directora y su equipo estructuran las pistas de su entorno de trabajo antes de empezar a trabajar en él, por lo que se trata de la operación de pre-suasión más manifiesta de las tratadas hasta ahora en ese libro. La única diferencia es que se han elegido a sí mismos, y no a otras personas, como objetivo.

Durante el resto de su informe telefónico, supe también que la directora y su equipo estaban abordando el hallazgo como un proceso de aprendizaje y que perfeccionaban la técnica a medida que avanzaban. Creen haber descubierto que las fotos que muestran a los empleados en acción, en su trabajo, funcionan mejor a la hora de diseñar el programa que las típicas fotos de carnet. Aún más llamativo resulta con qué inteligencia han sabido utilizar un hallazgo psicológico (que los elementos del propio entorno físico condicionan cómo pensamos en él) para lograr el efecto deseado. Y lo más impactante de todo es que no han permitido que el hecho de estar relegados a entornos de trabajo que, de por sí, no ofrecen estímulos ni asociaciones óptimos suponga una desventaja. En lugar de ello, han transformado esa realidad dotando a sus espacios laborales de elementos que activan automáticamente la forma de respuesta más conveniente.[2]

Nada nos impide hacer lo mismo. ¿Por qué no lo probamos? Las recompensas son prometedoras y existen dos opciones atractivas para lograr sincronizar de esta manera las señales del entorno con nuestros objetivos. Podemos seguir el ejemplo del equipo de diseño y alterar los elementos clave que componen la geografía persuasiva de nuestro exterior. O bien podemos alterar aquellos que constituyen nuestra geografía persuasiva interna. Ya hemos visto cómo hacer lo primero, así que veamos cómo llevar a cabo lo segundo.

Lo que ya está en nosotros

Es fácil que algunos aspectos o elementos del mundo exterior redirijan nuestra atención hacia otro interior (alguna actitud, creencia, rasgo, recuerdo o sensación). Como ya se ha señalado anteriormente, esos cambios de foco producen en consecuencia ciertos efectos: en esos momentos es más probable que percibamos la importancia del factor focal, que le asignemos un estatus causal y que emprendamos acciones asociadas a él.

Seguramente, alguna vez hemos asistido a un espectáculo en el que alguien del público comienza a toser con fuerza. Además de la distracción que supone el ruido, hay otra razón por la que los artistas de todos los gremios, ya sean actores, cantantes, músicos o bailarines, odian aunque solo sea una tos: es contagiosa. Aunque existen sólidos argumentos científicos que prueban este hecho, son los artistas quienes dan cuenta de él de forma más viva. El dramaturgo Robert Ardrey ha descrito muy bien cómo se despliega esta ofensiva secuencia en un teatro: «Alguien empieza a toser horriblemente entre el público y la tos empieza a propagarse por toda la sala hasta que el teatro entero es una algarabía de toses y carraspeos, los actores pierden los nervios y el autor busca consuelo en el bar más cercano».

Esta clase de contagio no se reduce a los públicos teatrales. En cierta ocasión, los doscientos asistentes a una cena de gala organizada por un periódico fueron presa de un acceso de tos después de que el problema se iniciase en una de las esquinas de la sala y se propagara con tal intensidad que el personal del recinto tuvo que evacuar a todo el mundo, incluida a la que era entonces fiscal general de Estados Unidos, Janet Reno. A pesar de que se inspeccionó minuciosamente la sala después, no pudo encontrarse ninguna causa física para el ataque de tos generalizado. Cada año se producen en todo el mundo miles de incidentes similares, que implican otros síntomas aparte de la tos. Consideremos algunos ejemplos representativos:

- En Austria, diversos medios de comunicación informaron de que se había visto en distintos lugares un tipo de araña venenosa cuya picadura producía dolor de cabeza y náuseas. Una marea de personas colapsó los hospitales, convencidas de que les había picado. De ellas, las que no habían sufrido picaduras superaron en un 4.000 % a las que sí.

- En un instituto de Tennessee, una profesora informó de que olía a gas en su clase y que sentía mareos y náuseas, a raíz de lo cual varias personas más (entre ellas, alumnos, profesores y personal administrativo) empezaron a experimentar los mismos síntomas. Hasta un centenar de personas del centro acudieron a urgencias aquel día con los síntomas asociados a un escape de gas. Y todavía lo harían 71 más cuando el centro volvió a abrir cinco días después. No se halló fuga alguna ninguno de esos días, ni nunca.

- Los habitantes de dos pequeñas localidades canadienses situadas cerca de una refinería petrolífera se enteraron a través de un estudio epidemiológico que los índices de cáncer en su comunidad superaban la media en un 25 %. El dato produjo entre la población una escalada en la percepción de síntomas asociados con la exposición a productos químicos tóxicos. Sin embargo, la validez de dichas percepciones quedó en entredicho cuando los autores del estudio publicaron una corrección del mismo meses más tarde. La elevada tasa de cáncer atribuida a ambas localidades había sido fruto de un error estadístico.

- En Alemania, durante una conferencia sobre problemas dermatológicos asociados con el picor de piel, los asistentes comenzaron a sentirlo y a rascarse cada vez con más fuerza.

Este último ejemplo es posiblemente el más ilustrativo, ya que es muy similar al conocido fenómeno del «síndrome del estudiante de medicina». Hay estudios que demuestran que entre el 70-80 % de los estudiantes de medicina padece este trastorno, por el cual experimentan los síntomas de alguna de las enfermedades que están estudiando en ese momento y terminan por convencerse de que la han contraído. Las advertencias de sus profesores al respecto no parecen tener ningún efecto y los estudiantes perciben estos síntomas como si fueran alarmantemente reales, incluso si los tienen de manera secuenciada y coincidiendo con la «enfermedad de la semana» en clase. El síndrome tiene una explicación, bien conocida por todos los médicos profesionales. El doctor George Lincoln Walton escribía en 1908:

> Los profesores de medicina reciben consultas de manera continua por parte de estudiantes que temen haber contraído la enfermedad que están estudiando. El conocimiento de que la neumonía produce dolor en un punto determinado provoca una *concentración de la atención en esa zona* [la cursiva es mía], lo que a su vez hace que cualquier sensación localizada ahí cause alarma. El mero conocimiento de la ubicación exacta del apéndice transforma las sensaciones más inocuas de esa zona en síntomas de serio peligro.[3]

¿Qué implicaciones tiene lograr una influencia eficaz (en este caso una «autoinfluencia» eficaz)? En todos nosotros yacen latentes unidades de experiencia de baja frecuencia que pueden cobrar una fuerza y una intensidad repentinas si dirigimos nuestra atención hacia ellas. En todos nosotros se presentan los elementos constitutivos de un ataque de tos y podemos activarlos concentrándonos en la mitad superior de los pulmones, que es donde la tos se origina. Solo debemos probarlo para ver los resultados. Lo mismo es aplicable a los elementos constitutivos del mareo, las náuseas o el dolor de cabeza, que también pueden activarse si nos concentramos, respectivamente, en un punto situado en mitad del cerebro, en la parte superior del estómago o justo encima de los ojos. Pero estas unidades de experiencia que aguardan latentes en nosotros también comportan actitudes ventajosas, rasgos productivos y capacidades útiles que podemos potenciar con solo dirigir nuestra atención hacia ellos.

Exploremos cómo funcionaría esto con nuestra unidad de experiencia más codiciada: la sensación de felicidad. Aunque apreciada por sí misma, también proporciona un beneficio adicional. No solo es una consecuencia de circunstancias vitales favorables, sino que también las crea: contribuye a mejorar la salud física y el bienestar mental, e incluso al éxito en general. Existen buenas razones, por lo tanto, para averiguar cómo aumentar nuestra alegría a través de la autoinfluencia. Pero, para lograrlo, primero tenemos que desentrañar un misterio procedente del campo de estudios sobre la felicidad.[4]

LA PARADOJA DE LA POSITIVIDAD

Supongamos que, tras una exhaustiva revisión, nuestro médico nos da la mala noticia de que padecemos un grave problema de salud que nos afectará de diferentes maneras. Su avance implacable irá deteriorando nuestra capacidad para ver, oír y pensar con claridad. Comer dejará de ser un placer debido a una combinación de pérdida progresiva del sentido del gusto y de problemas digestivos que restringirán nuestra dieta a unos alimentos en su mayoría insípidos. Tendremos que dejar de practicar nuestras actividades favoritas porque perderemos fuerza y energía hasta el punto de que no podremos conducir ni caminar por nosotros mismos. Además, cada vez seremos más vulnerables a muchas otras enfermedades y riesgos, como dolencias cardíacas, infartos, arterioesclerosis, neumonía, artritis y diabetes.

No hace falta ser médico para identificar esta enfermedad progresiva. Es el proceso que conlleva hacerse viejo. Las consecuencias indeseables del envejecimiento pueden variar de unas personas a otras pero, por lo general, los ancianos experimentan una significativa merma de su capacidad física y mental. Sin embargo, no permiten que ese declive mine su felicidad. De hecho (y aquí está la paradoja), la vejez produce el resultado contrario: las personas ancianas se sienten más felices que cuando eran más jóvenes, fuertes y sanas. La existencia de esta paradoja ha intrigado durante décadas a los científicos que investigan sobre nuestra esperanza de vida. Después de considerar varias posibilidades, un grupo de investigadores, dirigidos por la psicóloga Laura Carstensen, dio con una respuesta sorprendente: a la hora de lidiar con todos los aspectos negativos que hay en sus vidas, las personas mayores deciden que no tienen tiempo para ellos, literalmente.

A cierta edad se llega a desear un estado de contención emocional para los años que restan y se dan pasos deliberados en esa dirección, algo que se logra dominando la geografía de la autoinfluencia. Las personas mayores acuden con más frecuencia y de manera más plena a lugares (situados dentro y fuera de sí mismas) asociados con experiencias personales que les levantan el ánimo. En mayor medida que los individuos más jóvenes, reviven recuerdos positivos, tienen pensamientos agradables, localizan y retienen información favorable, buscan y miran rostros felices y se centran en las ventajas de los productos que consumen.

Debemos tener en cuenta, además, que se encaminan hacia estos «parajes soleados» mediante una maniobra mental muy efectiva que ya hemos encontrado antes: centran su atención en estos elementos. De hecho, los ancianos que poseen mayor habilidad para «gestionar su atención» (aquellos capaces de orientarla hacia contenidos positivos y de fijarla en ellos) son los que muestran un mejor humor. Por el contrario, aquellos con menor capacidad no pueden usar un férreo control atencional para evadirse de sus tribulaciones. Estos últimos son los que experimentan un deterioro del humor a medida que envejecen. Apuesto a que son también los responsables del erróneo estereotipo del viejo irascible y gruñón, porque los cascarrabias se hacen notar más que el resto.

Una vez le pregunté a la profesora Carstensen cómo se le ocurrió la hipótesis de que la elección de muchas personas ancianas era concentrarse en los aspectos positivos de la vida durante los años que les quedaban. Me contó que en cierta ocasión había entrevistado a dos hermanas que vivían en una residencia de ancianos y que les había preguntado cómo lidiaban con ciertos acontecimientos negativos, como, por ejemplo, las enfermedades y los fallecimientos que veían a su alrededor con regularidad. Ambas respondieron al unísono: «Oh, no tenemos tiempo para andar preocupándonos por esas cosas». Carstensen recordaba haberse quedado muy sorprendida con la respuesta, pues, estando ya jubiladas, sin empleo, tareas del hogar que atender o responsabilidades familiares, lo único que tenían de sobra en sus vidas era precisamente tiempo. Luego, Carstensen tuvo la intuición que la convertiría en una figura tan influyente en el campo de estudio de la esperanza de vida y las motivaciones vitales: se dio cuenta de que el «tiempo» al que hacían alusión las hermanas no era aquel del que disponían cada día, sino el que les quedaba por vivir. Desde esa perspectiva, dedicar gran parte de él a sucesos tristes no tenía mucho sentido para aquellas damas.[5]

¿Y qué pasa con el resto de nosotros, entonces? ¿Tenemos que esperar a llegar a una edad avanzada para mirar la vida de manera más positiva? Según los estudios llevados a cabo en el ámbito de la psicología positiva, no. Pero debemos cambiar nuestras tácticas si queremos parecernos más a nuestros mayores. Y tenemos la suerte de que alguien ha preparado ya una lista con diferentes formas de lograrlo de manera pre-suasiva.

La doctora Sonja Lyubomirsky no es la primera investigadora en estudiar la felicidad. Aun así, en mi opinión, ha logrado realizar valiosas contribuciones en ese campo analizando más sistemáticamente que nadie una cuestión clave. No se trata de la clase de pregunta conceptual que podría esperarse, del tipo «¿cuáles son los factores asociados con la felicidad?»; sino de un procedimiento: «¿qué actividades específicas podemos desarrollar para incrementar nuestra felicidad?». Sonja Lyubomirsky llegó a Estados Unidos de niña como parte de una familia de inmigrantes rusos que, además de encontrarse en una situación económica muy complicada, tuvieron que lidiar con los problemas añadidos de adaptarse a una cultura ajena, y en ocasiones demasiado exigente. Al mismo tiempo, esta nueva vida trajo consigo muchas otras cosas favorables y gratificantes. Al mirar hacia atrás y recordar aquellos días, Lyubomirsky se preguntó qué acciones podían haber llevado a cabo los miembros de su familia para neutralizar las emociones desalentadoras en favor de las positivas.

«No todo era de color negro —escribió en *Los mitos de la felicidad*, publicado en 2013—, pero si hubiera sabido entonces lo que sé hoy, mi familia habría podido encarar la situación y aprovecharla mejor.» Esa afirmación despertó mi curiosidad acerca de qué era exactamente lo que sabía ahora. La llamé por teléfono y le pregunté qué era lo que podía decirme, con fundamentos científicos, sobre los pasos que puede dar la gente para mejorar sus vidas en el plano emocional. Su respuesta contenía buenas y malas noticias para cualquier persona interesada en asegurarse una mejora en su nivel de felicidad.

Por una parte, determinó una serie de actividades accesibles que incrementan de manera fiable la felicidad personal. Varias de ellas, entre las que se incluyen las tres primeras de la lista, no requieren más que un reenfoque pre-suasivo de la atención:

1. Enumerar todas las bendiciones y cosas por las que nos sentimos agradecidos al empezar cada día y darnos un tiempo para concentrarnos en ellas y ponerlas por escrito.
2. Cultivar el optimismo escogiendo de antemano fijarse siempre en los aspectos positivos de todas las situaciones, acontecimientos y posibilidades futuras.
3. Negar lo negativo limitando deliberadamente el tiempo que invertimos en preocuparnos por los problemas o en establecer comparaciones malsanas con otras personas.

Existe incluso una aplicación para el iPhone llamada Live Happy que ayuda a los usuarios a practicar estas recomendaciones, cuyo uso frecuente se corresponde con un incremento de la felicidad.

Por otra parte, el proceso requiere un trabajo constante y coherente. «Se puede aumentar la felicidad de la misma manera que se puede perder peso —me explicaba la doctora Lyubomirsky—. Pero del mismo modo que para eso hay que cambiar la dieta e ir al gimnasio con regularidad, debemos esforzarnos cada día. Tenemos que mantenernos al pie del cañón.» Este último comentario me pareció que iluminaba el modo en que las personas mayores encuentran la felicidad. No tratan los lugares más hospitalarios de su geografía interior como lo haría un mero visitante o un turista, sino que eligen quedarse mentalmente en esas latitudes. Se trasladan a ellos de manera psicológica por las mismas razones por las que pueden mudarse a Florida o Arizona: por el clima cálido que se encuentran en ellos cada mañana.

Cuando pregunté a la doctora Lyubomirsky por qué, antes de

llegar a la vejez, la gente tenía que esforzarse tanto para ser feliz, me respondió que su equipo no había descubierto la respuesta todavía. Sin embargo, esta podría aparecer ya en el estudio de la profesora Carstensen, quien, como recordamos, había hallado que las personas mayores deciden priorizar ciertos contenidos mentales como un objetivo vital esencial y, por lo tanto, dirigen su atención sistemáticamente hacia lo positivo. También averiguó que los individuos más jóvenes poseen otras metas vitales primarias, entre las que se cuentan formarse y aprender, desarrollarse y luchar por realizarse. La consecución de esos objetivos exige exponerse abiertamente a muchos elementos desagradables: desempeñar tareas exigentes, asumir contradicciones internas, lidiar con personas desconocidas, cometer errores y fracasar. Y cualquier otro enfoque representaría un problema de adaptación.

Tiene sentido, por lo tanto, que a una edad más temprana, o mediana, sea difícil alejar la mente de las tribulaciones. Para alcanzar nuestras metas principales a esas edades, tenemos que ser receptivos a la presencia real de los aspectos negativos, para aprender a lidiar con ellos. El problema surge cuando permitimos que nos superen las emociones que esos aspectos generan y dejamos que nos aíslen en un bucle de negatividad. Es ahí donde la lista de actividades de la doctora Lyubomirsky puede ser de gran utilidad. Incluso si no estamos listos para instalarnos de manera definitiva en los lugares más acogedores de nuestra mente, podemos usar esos ejercicios de orientación de la atención para visitar esos parajes psicológicos con regularidad y darnos un respiro del asedio del invierno.[6]

Los estudios en el campo de la felicidad han probado que el despliegue táctico de ciertas técnicas de control atencional relativamente sencillas de poner en marcha puede ayudarnos a gestionar nuestros estados emocionales. ¿Podemos emplear métodos similares para controlar otros estados deseables, como aquellos que competen a los logros personales y el éxito profesional?

Cuando comencé mis estudios de posgrado formaba parte de una nueva promoción de seis alumnos elegidos para cursar un prestigioso programa de doctorado en psicología social. Un compañero encantador, llamado Alan Chaikin, nos tenía intrigados al resto porque se habían difundido rumores sobre la altísima puntuación que había sacado en el examen de acceso que los estudiantes de todo el mundo tienen que realizar para acceder a la mayoría de los programas del posgrado en Estados Unidos (el GRE, *Graduate Record Examination*). Chaikin era parte del 1 % de notas más altas de todo el mundo en tres secciones del examen: competencia verbal, aptitud matemática y razonamiento analítico. No solo eso, también estaba en el 1 % de notas más altas de todo el mundo entre los estudiantes de psicología en conocimientos sobre esta materia. Algunos de nosotros habíamos logrado una puntuación similar en una o dos de esas secciones, pero muy pocos en tres de ellas y ninguno en las cuatro. Así que todos estábamos preparados para que Alan nos deslumbrara de manera continua con su potente y vasto intelecto. Y, de hecho, lo hizo, pero no de la manera que esperábamos.

Alan era una persona muy inteligente pero, transcurrido un tiempo se hizo manifiesto que, en un sentido general, no lo era más que ninguno de nosotros. No era perceptiblemente mejor a la hora de generar buenas ideas, encontrar fallas en argumentos o realizar comentarios agudos o reveladores. Lo que mejor se le daba era hacer test estandarizados, y en particular el del GRE. Compartí despacho con él durante nuestro primer año y desarrollamos la suficiente confianza para preguntarle cómo había logrado hacerlo tan bien en aquel examen, en comparación con el resto de nosotros. Alan se rio, pero cuando le dije que se lo preguntaba en serio, me contestó sin vacilar que creía que su éxito relativo tenía que ver con dos factores diferenciadores clave.

En primer lugar, era un lector muy rápido. El año anterior al examen había hecho un curso en el que había aprendido a escanear textos a gran velocidad sin omitir datos importantes. Eso le había otorgado una ventaja considerable en el GRE porque, en aquel momento, el test se puntuaba según el número bruto de preguntas que se habían respondido de manera correcta. Alan se dio cuenta de que si aprendía a leer más rápido, podía hacer una primera pasada por todos los puntos contenidos en cada sección del examen e ir respondiendo de inmediato aquellas preguntas más sencillas o cuya respuesta ya conocía. Después de liquidar de este modo las cuestiones fáciles pudo volver atrás y centrarse en las más difíciles. Por lo general, el resto de los estudiantes avanzaba pregunta a pregunta, estancándose en las complicadas y arriesgándose a incurrir en una penalización doble por responder algunas incorrectamente y por agotar el tiempo antes de llegar hasta otras preguntas más fáciles que podrían haber respondido bien. La mayoría de los test estandarizados de este tipo, incluido el GRE, han sido rediseñados desde entonces, de modo que la habilidad de lectura rápida de Alan no representaría ya una ventaja competitiva tan decisiva y, por lo tanto, no beneficiaría a los estudiantes actuales.

Sin embargo, ese no es el caso de su otra táctica, la pre-suasiva. Alan me contó que, antes de hacer un test estandarizado de ese tipo, siempre se «preparaba mentalmente» para él. A continuación me describió una serie de actividades que podrían ser una versión modificada de las que la doctora Lyubomirsky incluía en su lista. Antes de entrar a la sala de examen no empleaba los últimos minutos en lo mismo que yo hacía siempre: en repasar apuntes y tratar de fijar en la mente toda la información que llevada cogida con alfileres. Sabía, me dijo, que centrarse en los temas que no había llegado a dominar solo incrementaba su ansiedad. En lugar de ello, invertía esos momentos cruciales neutralizando de forma consciente sus miedos y, al mismo tiempo, afianzando su seguridad repasando mentalmente sus logros académicos anteriores y enumerando sus genuinos puntos fuertes. Estaba convencido de que gran parte de su habilidad para hacer exámenes tipo test procedía de esa combinación de reducción de angustia y potenciación de la confianza: «Cuando tienes miedo no puedes pensar con claridad —me recordó—; por el contrario, la confianza en tus cualidades te hace mucho más persistente».

Me impresionó que fuese capaz de inducir en sí mismo un estado ideal de la mente semejante, no solo porque supiera dónde enfocar su atención, sino también porque, como gran creador de momentos, era consciente de que debía hacerlo pre-suasivamente, justo antes del examen. Así que Alan sí que era más inteligente que el resto de nosotros de forma significativa, pero lo era en un sentido particular:

poseía un tipo de inteligencia táctica que le permitía convertir un conocimiento general (por ejemplo, que el miedo afecta negativamente el rendimiento en un examen pero que la confianza en uno mismo produce el efecto contrario) en una serie de aplicaciones específicas orientadas a lograr los objetivos deseados. He ahí un tipo útil de inteligencia. Sigamos el ejemplo de Alan y veamos cómo podemos hacer lo mismo, en esta ocasión con el objetivo de lograr que sean los demás, y no nosotros, quienes actúen para lograr ese objetivo.[7]

Lo que ya está en ellos

Imaginemos que somos un superintendente educativo regional y la situación es la siguiente: nuestro distrito compite por la concesión de una considerable subvención estatal que permitiría renovar los anticuados laboratorios de ciencias, los equipos y las aulas de los institutos de toda la región. Para tener alguna posibilidad de ganar la subvención, debemos ser capaces de demostrar que los institutos que están bajo nuestra supervisión han hecho progresos recientes a la hora de preparar estudiantes femeninas para acceder a los programas STEM (de *science*, *technology*, *engineering and mathematics*), que agrupan carreras de ciencias, tecnología, ingeniería y matemáticas. La solicitud tiene que documentar de manera fehaciente que, en comparación con el curso anterior, las alumnas han mejorado sus notas en la sección de matemáticas de un test estandarizado que todos los alumnos de último año del instituto deben realizar.

Nos sentimos preocupados. A pesar de los grandes esfuerzos que hemos hecho en los últimos años (contratando más profesoras de ciencias y matemáticas, y asegurándonos de que la información sobre carreras de ciencias llegue tanto a los alumnos como a las alumnas), las chicas no han incrementado su puntuación en el apartado de matemáticas del test estandarizado. Nos encomendamos a la suerte y nos preparamos para la realización de este crucial test en los institutos de nuestra región de la misma manera que lo hemos hecho en ocasiones anteriores, lo que conlleva los siguientes pasos:

1. Todos los alumnos de último curso hacen el examen a la vez. Como no caben todos en una misma aula en sus institutos, se reparten en dos grandes salas por orden alfabético según su apellido: de la A a la L van a la primera y de la M a la Z, a la segunda.
2. El examen lo vigilan, en cada sala, varios profesores elegidos por sorteo.
3. Durante los diez minutos previos al examen se instruye a los alumnos para que repasen mentalmente y piensen cómo se enfrentarán a cualquier problema difícil que pueda aparecer en el test.
4. Al comienzo del examen, se pide a los alumnos que escriban su nombre, su DNI y su sexo.

Si bien todos estos pasos forman parte del procedimiento común en la realización de test estandarizados multitudinarios, lo cierto es que nos equivocamos siguiendo cualquiera de ellos. ¿Por qué? Por un hecho bien conocido y que hemos oído repetir muchas veces a los orientadores de nuestros centros: existe un estereotipo social por el cual muchas chicas creen que las mujeres no son tan buenas en matemáticas como los hombres.

Hay estudios que han demostrado que casi cualquier cosa que provoque que las mujeres puedan prestar atención a ese estereotipo reduce su rendimiento matemático de varias maneras. Para empezar, aumenta su ansiedad, lo que interfiere con su capacidad para recordar lo que ya saben; distrae su atención del propio test, lo que incrementa la posibilidad de que pasen por alto información esencial, y hace que tiendan a atribuir la dificultad intrínseca de un problema complicado a un déficit propio y no a la complejidad de la solución, lo que hace que tiren la toalla mucho antes.

Todos y cada uno de los cuatro procedimientos previos al examen citados anteriormente tienen grandes probabilidades de intensificar estos problemas de rendimiento entre las alumnas. Por fortuna existe una solución sencilla, basada en la investigación científica, para cada uno de ellos.

1. Distribuir a los alumnos en aulas según a un factor relevante (el sexo) y no uno irrelevante (la primera letra de su apellido). ¿Por qué? Cuando las chicas están haciendo un test de matemáticas en la misma aula que los chicos, es más probable que recuerden el estereotipo que liga matemáticas y sexo. Por eso las estudiantes universitarias que se enfrentan a problemas matemáticos en un aula compartida con alumnos varones sacan peor puntuación que si realizan la misma prueba en un aula compartida solo con otras chicas. De manera significativa, esta disminución de su rendimiento no se produce en el caso de pruebas de capacidad lingüística, ya que no hay ningún estereotipo social que sugiera que la capacidad verbal de las mujeres sea inferior a la de los hombres.

2. No asignar los monitores del examen de forma arbitraria. Debemos hacerlo de forma estratégica, según el sexo y la especialidad de los profesores. Quienes vigilen el examen de las alumnas deben ser también mujeres y profesoras de matemáticas y de ciencias. ¿Por qué? La prueba de que otras mujeres han desafiado con éxito el prejuicio reduce la influencia potencial del mismo. Por esa razón, está demostrado que las estudiantes son capaces de resolver una cantidad notablemente superior de problemas, incluso los más complicados, justo después de estar expuestas a ejemplos de figuras femeninas con carreras exitosas en disciplinas científicas y matemáticas, lo que incluye a las personas encargadas de entregar y vigilar el examen.

3. Eliminar el período de diez minutos previos en el que se anima a los estudiantes a que repasen mentalmente y piensen en cómo responderán a las preguntas en potencia complicadas, ya que hacer que se concentren en el aspecto más intimidatorio del examen perjudicará su rendimiento. En lugar de eso, debemos pedir a las alumnas que escojan una cualidad personal que sea importante para ellas (como cuidar su relación con sus amigos o ayudar a los demás) y que escriban por qué creen que ese rasgo es importante. ¿Por qué? Esta

clase de «autoafirmación» dirige la atención inicial hacia un campo de fuerza interpersonal y reduce los efectos de prejuicios amenazadores. En una clase universitaria de física, las alumnas que se ejercitaron en esa forma de autoafirmación solo un par de veces (al comienzo y a mitad de semestre) lograron resultados mucho mejores (un punto más en la calificación) que el resto en los exámenes intensivos de matemáticas que incluía el curso.

4. No pedir a los alumnos que indiquen su sexo al comienzo del examen, ya que es muy probable que eso también recuerde a las alumnas el citado estereotipo respecto a su capacidad matemática. En lugar de eso, debemos solicitarles que indiquen en qué curso están, que en este caso será siempre el último de bachillerato. ¿Por qué? De nuevo, la razón está en cómo eso puede ayudar a dirigir la atención: el cambio sustituirá la concentración pre-suasiva en una supuesta desventaja académica por la concentración pre-suasiva en un logro académico. Allí donde este procedimiento ha sido probado, las disminución de rendimiento de las estudiantes femeninas ha desaparecido.

De entre todas las demostraciones de cómo puede afectar al rendimiento el control de la atención y el desplazamiento de su foco de un punto a otro de la geografía interior de las personas, hay una que es mi favorita: además del prejuicio de que a las mujeres no se les dan bien las matemáticas, existe también el de que las mujeres asiáticas, por el contrario, sí son buenas en este terreno. En un estudio, antes de comenzar un test de matemáticas, se solicitó a parte de las estudiantes asiático-estadounidenses que iban a realizarla que indicasen su sexo, mientras que a otras se les pidió que apuntaran su etnia. Las primeras obtuvieron peores resultados que una muestra de ellas a las que no se les había pedido que indicaran ninguna característica, mientras que las segundas, las que apuntaron su etnia, obtuvieron mejores resultados que todas las demás.[8]

Hasta cierto punto, algunos de los efectos pre-suasivos que he descrito en este capítulo parecen difíciles de creer: que sentarme a escribir en una mesa concreta y no en otra me haga escribir mejor; que colgar ciertas fotos en la pared de una sala de conferencias antes de una reunión ayude a obtener mejores resultados; que hacer que las estudiantes de una asignatura de física escriban a comienzo del curso algo sobre valores personales en apariencia no relacionados con esa materia mejore su rendimiento académico; o que el mero hecho de pedir a las estudiantes asiático-estadounidenses que indiquen su sexo al comienzo de una prueba de matemáticas perjudique su rendimiento y que pedirles que hagan lo propio con su etnia lo mejore… Los fenómenos implicados en estos casos parecen emerger de forma algo más que automática. De hecho, lo hacen más bien «automágicamente».

Sin embargo, como sucede siempre con los trucos de magia, las apariencias no reflejan los mecanismos de verdad implicados en el truco, las causas reales que operan bajo la superficie. A continuación, examinaremos más de cerca cuáles son esas causas y mecanismos y qué función desempeñan en el marco de la pre-suasión.

Mecánica de la pre-suasión: causas, restricciones y correctivos

La idea básica de la pre-suasión es que, al guiar la atención preliminar de los receptores de manera estratégica, un emisor puede inducirles a que acepten un mensaje antes incluso de que empiecen a registrarlo. La clave radica en lograr que concentren su atención inicialmente en determinados conceptos que se alinean con la información a la que van a ser expuestos. Pero ¿cómo funciona esto? ¿Cuáles son los mecanismos mentales que permiten al encargado de una tienda de vinos vender más tintos alemanes solo con poner música germana en el establecimiento? ¿O aquellos que permiten a un aspirante a un puesto de trabajo causar mejor impresión a los entrevistadores al presentar sus credenciales en un dossier más pesado?

Predispuestos y a la espera

> Estar preparado es todo.
>
> WILLIAM SHAKESPEARE,
> *Hamlet*, acto 5, escena 2

La respuesta tiene que ver con una característica de la actividad mental que suele pasarse por alto: los elementos de esta no solo se disparan cuando están listos, sino también cuando se predisponen. Tras prestar atención a un concepto específico, aquellos conceptos que están muy asociados a él disfrutan también de un momento privilegiado en nuestras mentes, que les permite ejercer una influencia con la que otros conceptos no vinculados de ese modo no pueden competir. Esto es así por dos razones. En primer lugar, una vez que un concepto de apertura (música alemana, peso) recibe nuestra atención, otras ideas secundarias estrechamente asociadas con él (vino alemán, sustancia) se tornan más accesibles en nuestra mente, lo que a su vez incrementa mucho las probabilidades de que les prestemos atención y respondamos a su estímulo. Esa nueva posición privilegiada que ocupan en nuestra conciencia aumenta también su capacidad de colorear nuestra percepción, guiar nuestros pensamientos, afectar a nuestras motivaciones y, como consecuencia, modificar de manera relevante nuestra conducta. En segundo lugar, al mismo tiempo, aquellos conceptos que no están asociados al de apertura se suprimen de la conciencia, haciendo menos probable que dirijamos a ellos nuestra atención y que ejerzan alguna influencia. Más que predispuestos para la acción, estos quedan temporalmente relevados.

Este mecanismo, por el que un concepto abierto de forma secundaria se vuelve más accesible lo cognitivo, parece explicar las consecuencias de un fenómeno controvertido relativamente reciente: la participación en videojuegos. Sabemos por numerosos estudios que jugar a videojuegos violentos incita de manera inmediata conductas antisociales. Estos, por ejemplo, incrementan las posibilidades de que quienes juegan a ellos se dirijan a gritos a quienquiera que les moleste. ¿La razón? Los juegos inoculan pensamientos agresivos en la mente de los jugadores y el resultante y fácil contacto interno con dichas ideas provoca agresividad.

Un efecto similar, si bien invertido, es el que se produce después de jugar a videojuegos «prosociales», en los que los jugadores tienen que proteger, rescatar o ayudar a otros personajes. Los estudios demuestran que, tras jugar a ellos, esas personas están mucho más predispuestas a ayudar a limpiar algo que se ha derramado, ofrecer su tiempo e, incluso, a intervenir en una situación en la que una joven estaba siendo acosada por un exnovio. Esta predisposición positiva es resultado directo del acceso fácil a diversos pensamientos de carácter prosocial que los juegos instalan en la conciencia. En lo que supone un interesante giro añadido, otros estudios aún más recientes demuestran que, en ocasiones, jugar a videojuegos violentos puede reducir la agresividad de conductas posteriores, siempre y cuando los jugadores tengan que cooperar entre sí para destruir a un enemigo común. Los hallazgos adicionales de estas nuevas investigaciones refuerzan la tesis sobre la accesibilidad mental de conceptos asociados: jugar con un enfoque cooperativo, incluso cuando se trata de un videojuego violento, suprime los pensamientos agresivos.[1]

Cuestiones pendientes. Respuestas sorprendentes

Las implicaciones útiles de este mecanismo fundamental de la pre-suasión derivan de investigaciones que responden a tres preguntas adicionales sobre el alcance del proceso.

¿En qué momento se desarrolla? La primera compete a lo temprano de su activación. Ya hemos visto cómo las asociaciones conceptuales estrechas pueden producir asombrosos efectos pre-suasivos. Hemos visto cómo, por ejemplo, los visitantes de un sitio web de venta de muebles en cuya página principal se mostraba un fondo de nubes esponjosas preferían comprar sofás mullidos y confortables, ya que lo esponjoso y lo confortable estaban relacionados en sus experiencias previas. ¿En qué momento del desarrollo de un individuo podemos esperar que un concepto de apertura genere unas condiciones privilegiadas de este tipo? Consideremos los resultados de un estudio diseñado para estimular la predisposición a ayudar en sujetos a los que se enseñaba previamente una serie de fotografías, entre las cuales se mostraba a dos personas juntas y en apariencia unidas. Los autores del experimento predijeron de forma correcta que, dado que la solidaridad o el compañerismo están muy vinculados al concepto de ayuda o amabilidad en las mentes de las personas, los observadores de estas imágenes se volverían especialmente serviciales. De hecho, en comparación con aquellas a las que se enseñaron imágenes de dos sujetos que aparecían separados o solos, las personas que vieron imágenes con una connotación solidaria se mostraron tres

veces más dispuestas a ayudar al investigador a la hora de recoger del suelo algunos objetos que se le habían caído «accidentalmente».

Aunque el comportamiento en cuestión (la predisposición a ayudar a los demás) era aquí diferente, esta demostración de pre-suasión parece coherente con los resultados de otros estudios que ya hemos visto, como el que probaba que dirigir la atención inicial a una imagen de nubes esponjosas genera una preferencia por el mobiliario confortable, o el que demostraba que guiarla hacia una imagen de una atleta ganando una carrera incrementaba el rendimiento laboral de un equipo, etcétera. Con todo, hay dos elementos en el experimento sobre la solidaridad que me impactaron como novedosos e igualmente instructivos.

El primero de ellos casi me deja sin respiración al descubrirlo: los sujetos del estudio cuya predisposición a ayudar se había triplicado tenían dieciocho meses, apenas podían hablar y no digamos ya razonar o reflexionar sobre sus acciones. Aun así, el mecanismo implicado está tan arraigado en la conducta humana que incluso niños de tan corta edad actúan influidos por él.

En segundo lugar, este efecto era espontáneo. La exposición previa a la idea de solidaridad les indujo a acudir rápidamente en ayuda del investigador sin necesidad de que él lo solicitara. (Anticipación: en los capítulos 11 y 12 veremos que las nociones de solidaridad producen un gran impacto automático también en ciertos tipos importantes de respuestas adultas.) En otra serie de investigaciones, la exposición a «signos de solidaridad» incrementó el placer de los sujetos por trabajar a la vez en la misma tarea, lo que conllevó también una mayor persistencia y un mejor rendimiento. De esta manera, cuando la unidad se convierte en focal, todo tipo de conceptos deseables y cercanos al de solidaridad se predisponen para la acción.

¿Hasta qué punto? Existe una segunda pregunta que, si se responde con seguridad, podría ayudarnos a calibrar el alcance de los procesos pre-suasivos. Atañe a la fuerza de las conexiones implicadas: ¿puede cualquier vínculo existente entre dos conceptos, no importa lo distante o tenue que sea, activar un momento privilegiado hacia el segundo una vez viene a la mente el primero? No. Los efectos pre-suasivos

tienen una limitación importante. Prestar atención al primer concepto predispone a la influencia del segundo solo en un grado proporcional al de la fuerza del vínculo existente entre ambos.

Esto lo experimenté en persona hace años, cuando participé en un programa de investigación diseñado para concienciar a la gente sobre la importancia de no tirar basura en espacios públicos. Aunque ensuciar la vía pública no sea el mayor de los crímenes medioambientales, tampoco es una cuestión trivial. Aparte del daño estético que produce en el entorno y de los riesgos de salud pública que entraña al contaminar el agua, e incrementar el riesgo de incendios y de plagas de insectos, esas conductas cuestan anualmente miles de millones de dólares en tareas de limpieza por todo el mundo. Mi equipo de investigación y yo estábamos convencidos de que un método eficaz para lograr que la gente dejase de tirar basura en lugares públicos podía consistir en llamar su atención sobre la norma social que lo prohíbe. Pero también nos preguntamos qué efecto lograríamos si usábamos, como apertura, otras normas sociales vinculadas en diferentes grados con la que rechaza tirar basura al suelo.

Descubrir la respuesta no fue complicado. Una encuesta preliminar reveló tres normas sociales que la gente evaluaba como «similar» a la prohibición de tirar basura, «un poco alejada» y «muy alejada» de ella. Se trataba, respectivamente, de las normas sociales referentes al reciclaje, a apagar las luces para ahorrar energía en casa y a la obligación de votar. El siguiente paso resultó mucho más interesante. Fuimos al aparcamiento de una biblioteca pública y colocamos al azar un folleto en cada parabrisas, de modo que cada coche tuviera uno de los siguientes mensajes: (1) en contra de tirar desperdicios; (2) a favor del reciclaje; (3) un recordatorio de que hay que apagar las luces que no se usan, y (4) sobre la importancia de votar. Como mensaje destinado al grupo de control, incluimos un quinto folleto que no hacía referencia a ninguna norma social, sino que se limitaba a promocionar el museo local de arte. Después nos apostamos para ver si, al regresar a su coche, ver los folletos y leerlos, los dueños los tiraban al suelo o no.

El patrón de comportamiento que observamos no pudo ser más

claro. El mensaje que dirigía la atención de la gente hacia la importancia de no tirar desperdicios fue el que mejor funcionó a la hora de que los sujetos resistieran la tentación de arrojarlo al suelo. Sin embargo, los que dirigían su atención hacia otros conceptos de apertura cada vez más distanciados de esa norma social tuvieron, progresivamente, menores efectos a la hora de impedir que lo hicieran. Estos resultados son tan evidentes como sus implicaciones para una estrategia óptima de pre-suasión: la fuerza de una asociación entre un concepto de apertura y uno relacionado determina la solidez del efecto pre-suasivo. Por lo tanto, quien aspire a promover de forma pre-suasiva una acción o conducta determinadas (pongamos, por ejemplo, «ayudar») tiene que encontrar un concepto previamente asociado de manera sólida y positiva con dicha acción (el de «solidaridad» podría ser una buena opción en ese caso) y lograr dirigir la atención de los sujetos en cuestión hacia ese concepto justo antes de solicitar su ayuda.[2]

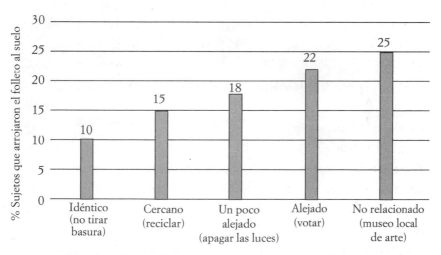

Distancia del mensaje respecto a la norma social de no tirar basura

A mayor proximidad, más limpia la ciudad. Cuanto más fuerte era el vínculo entre el mensaje del folleto y la norma social contraria a tirar basura en lugares públicos, menos desperdicios se arrojaron. *Cortesía de Robert Cialdini y la Asociación de Psicología Americana.*

¿Hasta qué punto se puede fabricar? Pero existe otro enfoque que no requiere encontrar una conexión estrecha ya existente. De hecho, no exige ningún vínculo ya existente en absoluto. En lugar de ello, se trata de crearla desde cero. Los publicistas llevan usando esta táctica más de un siglo: presentan algo que atrae la atención del público (un paisaje bonito, una bella modelo, un famoso) y después lo asocian con el producto mediante la simple presencia simultánea de ambos en el anuncio. Así, los espectadores de estas creaciones publicitarias pueden llegar a experimentar (como, de hecho, sucede) una conexión entre Tiger Woods y Buick, Beyoncé y Pepsi, Brad Pitt y Chanel N° 5 o incluso (de manera algo inquietante, al menos para mí) Bob Dylan y Victoria's Secret. Lo que se espera, por supuesto, es que la atracción que estos famosos ejercen se transfiera al producto en virtud de la conexión recién creada.

Transferencia de atracción. Los publicistas saben que vincular sus productos a personajes famosos incrementa la popularidad de los artículos. *Splash News/Newscom; Francis Dean/Deanpictures/Newscom.*

Huelga ahondar en el uso que la industria publicitaria hace de este recurso. Casi todo el mundo es consciente de lo que los anunciantes pretenden con ello. Pero, aparte del hecho objetivo de que la estrategia funciona de todos modos, la lección que hay que extraer aquí es que la vinculación efectiva entre conceptos no tienen por qué anclarse en una realidad previa. Puede construirse. Basta con que los conceptos se perciban como vinculados directamente de alguna manera para que la posterior presentación de uno de ellos prepare el terreno al segundo con el fin de motivar la acción pertinente. Recordemos el ejemplo de los perros de Pávlov: no existía una conexión natural entre el sonido de la campanilla y la llegada de la comida; de hecho, no había ninguna clase de vínculo hasta que ambos se empezaron a captar de forma conjunta. Una vez que ambos estímulos habían sido percibidos secuenciadamente un número suficiente de veces, el sonido de la campanilla predisponía a los perros de manera espontánea (mediante la salivación) para la acción de comer.

Hay pruebas abrumadoras de que, al igual que los perros de Pávlov, somos tan susceptibles de la influencia de esas asociaciones estratégicamente creadas como ignorantes de ello. Por ejemplo, para gran regocijo de los publicistas, bastó con superponer cinco veces el logotipo de una marca de cerveza belga sobre imágenes de actividades placenteras como navegar, hacer esquí acuático o acurrucarse en pareja para incrementar los sentimientos positivos de los espectadores hacia esta cerveza. De manera similar, la superposición seis veces del logotipo de una marca de enjuague bucal sobre imágenes de bellos parajes naturales indujo en los espectadores sensaciones favorables hacia la marca de manera inmediata y aún más positivas transcurridas tres semanas. La exposición, repetida ocho veces, a imágenes subliminales de rostros alegres (en lugar de enfadados) a treinta personas sedientas justo antes de darles a probar un nuevo refresco les incitó a consumir una mayor cantidad del mismo y les predispuso a pagar hasta tres veces más por él en la tienda. En ninguno de estos estudios, los participantes fueron conscientes de actuar bajo el influjo de esas asociaciones.[3]

PLANES DEL TIPO «SI/CUANDO... ENTONCES...»

Saber que las asociaciones pre-suasivas se pueden fabricar puede reportarnos grandes beneficios personales, aunque no seamos publicistas espabilados ni prestigiosos científicos rusos. De tiempo en tiempo, todos nos fijamos objetivos propios, metas que alcanzar, estándares que igualar e incluso superar. Sin embargo, muy a menudo, nuestros deseos se ven frustrados cuando no logramos cumplirlos. Existe una razón bien estudiada para esa dificultad: aunque generar una intención es muy importante, no basta con eso para hacer que demos todos los pasos necesarios para la consecución de un objetivo. En el campo de la salud, por ejemplo, solo la mitad de las veces traducimos nuestros buenos propósitos en alguna acción positiva encaminada a cumplirlos. Estas desalentadoras tasas de éxito se han atribuido a dos fallos. En primer lugar, junto al olvido del propósito (pongamos, por ejemplo, el de hacer más ejercicio), con frecuencia encontramos la incapacidad para saber reconocer los momentos o circunstancias oportunos para poner en práctica conductas saludables como, por ejemplo, subir por las escaleras en lugar de coger el ascensor. En segundo lugar, a menudo nos desviamos de nuestros objetivos por factores que nos distraen de ellos (como estar demasiado ocupados algunos días).

Afortunadamente, existe una categoría de autoafirmaciones estratégicas que pueden ayudarnos a superar esos obstáculos de forma pre-suasiva. Esta clase de enunciados reciben diferentes nombres en el ámbito académico, pero aquí los llamaré planes del tipo «si/cuando… entonces…». Están diseñados para ayudarnos a lograr un objetivo predisponiéndonos a: (1) percibir ciertas pistas en entornos favorables a la consecución de nuestra meta, y (2) a emprender acciones coherentes con ese objetivo motivadas por las citadas pistas contextuales. Pongamos que el objetivo es adelgazar. Un plan del tipo «si/cuando… entonces…» podría ser: «Si después de una comida de negocios el camarero pregunta si deseo tomar postre, entonces pediré un té de menta». Otras metas pueden alcanzarse de manera efectiva usando también estos planes. Cuando se pidió a varios enfermos de epilepsia que estaban teniendo problemas para cumplir con su plan de administración de la medicación que formularan un propósito del tipo «si/cuando… entonces…» (por ejemplo: «Cuando sean las ocho de la mañana y termine de lavarme los dientes, entonces me toca tomarme la pastilla»), la tasa de cumplimiento de los horarios prescritos subió del 55 al 79 %.

En un caso que supone una demostración particularmente llamativa de este efecto se instó a varios adictos a los opiáceos que estaban hospitalizados y en tratamiento de desintoxicación a que preparasen su currículum para última hora del día, con el fin de facilitarles la búsqueda de empleo una vez salieran del centro. A algunos de ellos se les pidió que formularan un plan del tipo «si/cuando… entonces…», mientras que al grupo de control no se le solicitó que hiciera esto. Uno de estos planes relevantes podía ser algo como: «Si cuando acabe el almuerzo, el comedor se despeja y hay sitio en la mesa, entonces empezaré a escribir mi currículum allí». Al final del día, ni uno de los integrantes del grupo de control había llevado a cabo la tarea, lo que no parece muy sorprendente (a fin de cuentas se trataba de drogadictos en proceso de desintoxicación); pero, por el contrario, un 80 % de los que formularon un plan del tipo «si/cuando… entonces…» sí entregaron un currículum completo.

Es asimismo asombroso hasta qué punto la eficacia de los propósitos del tipo «si/cuando… entonces…» es superior a la de las declaraciones de intenciones sencillas o planes de acción del tipo «voy a intentar perder cinco kilos este mes» o «voy a ver si pierdo peso comiendo menos dulces». Una mera formulación de la intención de lograr un objetivo o incluso de un plan ordinario de acción tiene muchas menos posibilidades de alcanzar el éxito. Existen buenas razones para la superioridad de los planes del tipo «si/cuando… entonces…»: la secuenciación específica de elementos dentro del plan nos ayuda a derrotar a los enemigos tradicionales de la consecución de objetivos. La estructura «si/cuando… entonces…» y sus palabras están diseñadas para ponernos en alerta sobre en qué momento o circunstancia particular debería llevarse a cabo una acción productiva. Nos preparamos, primero, para percibir ese momento o circunstancia favorable y, segundo, para asociarlo de una manera directa y automática con una conducta deseada. Cabe reseñar la naturaleza de este proceso pre-suasivo, diseñado por y para uno mismo. Logramos incentivar nuestra percepción de ciertas señales o pistas que hemos determinado de antemano y nos servimos de los fuertes lazos asociativos que hemos construido previamente entre esas pistas y nuestro objetivo.[4]

Existen ciertos conceptos muy motivadores que un comunicador no necesita preparar desde el inicio para que ejerzan una influencia pre-suasiva sobre su público. Estos ya han sido dispuestos antes para ejercerla. Por analogía, pensemos en casi cualquier programa informático de los que utilizamos. Es probable que incluya vínculos (a fuentes de información deseadas) sobre los que debemos hacer doble clic: una para cargar el vínculo y otra para abrirlo. Pero es probable que el programa contenga también vínculos que se activen con un solo clic, porque ya están cargados, es decir, ya existe un hipervínculo a la información deseada. Esta operación de hipervinculación a una localización se denomina en la jerga de los ingenieros informáticos y creadores de web «precarga» (*prefetching*). Y del mismo modo que los creadores del software de las tecnologías de la información que empleamos pueden instalar accesos rápidos a fuentes de información particulares dentro de la programación de nuestros ordenadores, los diseñadores de nuestras vidas (nuestros padres, profesores, líderes y, finalmente, nosotros mismos) han hecho lo mismo con nuestra programación mental. Estas fuentes de información «precargadas» permanecen en nuestra conciencia en un continuo modo de espera, de manera que basta un solo estímulo (un clic) para ponerlas en funcionamiento.

Este descubrimiento pone de manifiesto la utilidad potencial de los planes formulados con enunciados del tipo «si/cuando… entonces…» a la hora de conseguir nuestras metas principales. Dichas metas existen como fuentes precargadas de información y direcciones que han sido colocadas en modo de espera y que solo aguardan el estímulo de una pista o señal que nos recuerde a ellas para entrar en funcionamiento. Debemos advertir, de nuevo, que la estructura de la formulación «si/cuando… entonces…» deja la especificación de esos estímulos, señales o pistas en nuestras manos, de modo que nos resulte fácil detectarlos en aquel momento o circunstancia que resulte más apropiado para nuestros fines («cuando sean las ocho de la mañana y termine de lavarme los dientes, entonces…». Como resultado, hasta malos hábitos aparentemente incurables pueden mejorarse. Personas que han fracasado incontables veces a la hora de seguir una dieta han logrado rebajar su consumo de calorías y perder más peso tras formular propósitos del tipo «si/cuando… entonces…» como, por ejemplo, «cuando vea chocolate expuesto en un supermercado, recordaré que estoy a dieta». Sería estúpido no aprovechar la ventaja pre-suasiva que pueden proporcionar estas formulaciones, especialmente en el caso de objetivos en cuya consecución estamos muy comprometidos.[5]

Corrección: mentalizarse del truco

Hasta ahora, hemos visto muchos datos que muestran que: (1) lo que está más accesible en nuestra mente tiene más probabilidades de convertirse en acción, y (2) que esta accesibilidad se ve influida por los estímulos y señales informativos de nuestro entorno y las asociaciones en bruto que establecemos con ellos. La sección sobre la formulación de propósitos del tipo «si/cuando… entonces…» y el capítulo dedicado a la geografía de la influencia nos han proporcionado pruebas de los considerables beneficios que podemos extraer de estos procesos elementales, al introducir en nuestro entorno cotidiano estímulos y señales que predispongan a emprender acciones estrechamente vinculadas con nuestros objetivos a gran escala.

Pero ¿es esta especie de alineamiento táctico con mecanismos mentales primitivos nuestra única protección contra sus potenciales desventajas? Después de todo, no es posible anticipar cualquier situación a la que vayamos a enfrentarnos mediante estímulos que quizá nos orienten en la dirección deseada. A menudo nos adentramos en entornos físicos e interacciones sociales por vez primera. Con frecuencia nos persuaden estímulos cuidadosamente predispuestos cuyos componentes no podemos anticipar. En esos casos, ¿somos como hojas arrastradas por el viento, llevadas de aquí para allá por poderosas asociaciones incitadas por los estímulos con los que topamos? La respuesta depende de si somos capaces o no de percibir esa brisa.

Parece razonable que, si se puede influir significativamente sobre nuestras preferencias y elecciones (a veces mediante recursos tan intangibles como la rima del eslogan de una marca, el empleo de un nombre parecido al nuestro, un anuncio con una imagen de un paisaje bonito o un código bursátil fácil de pronunciar), nos gustaría ser capaces de corregir esos sesgos inducidos en nuestras transacciones. Sin duda, en general preferiríamos cambiar el efecto de ese influjo cuando condiciona nuestros juicios y negocios. Y existen noticias alentadoras en este sentido. A menudo, el mero reconocimiento de estas influencias no deseadas puede bastar para neutralizar sus efectos. Ese reconocimiento puede llegar hasta nosotros de varias maneras.

Meros recordatorios

Todos sabemos que cuando estamos de buen humor, las personas y objetos que nos rodean también nos causan de algún modo una mejor impresión. Varios transeúntes a los que se les regaló una resma de papel de alta calidad, con la consiguiente mejora de su humor, tendieron a valorar de forma más positiva sus propios coches y aparatos de televisión. También sabemos que el buen tiempo levanta el ánimo y que, por lo tanto, es susceptible de influir en nuestro juicio de forma similar. Un estudio comprobó que un hombre que piropeaba a mujeres jóvenes y luego les pedía el teléfono para quedar tenía un éxito muy superior si hacía una mañana soleada en vez de una nublada (22,4 y 13,9 % de tasa de éxito, respectivamente).

El buen tiempo no solo afecta a cómo nos sentimos con nosotros mismos y con las personas que nos encontramos, también influye en la perspectiva que tenemos sobre nuestra vida. Los sujetos de un estudio a los que se entrevistó por teléfono afirmaron sentirse más felices con su vida (un 20 % más) en términos generales cuando se les preguntaba en un día soleado, en comparación con un día de lluvia. Por todo ello, la imagen que nos identifica con hojas arrastradas por el viento (y, también, por la lluvia) parece ajustarse muy bien, lamentablemente, a la realidad. Por fortuna, estos hallazgos tienen un lado positivo: las cosas cambiaban de manera considerable cuando a los entrevistados se les recordaba el tiempo que hacía antes de comenzar la encuesta. Si el entrevistador preguntaba al inicio: «Por cierto, ¿qué tiempo hace por allí?», la diferencia entre las respuestas dadas con buen o mal tiempo desaparecía. Bastaba con hacer que los encuestados centraran su atención sobre el tiempo durante un momento para que tomaran conciencia de la potencial influencia de sesgo que ese factor podía ejercer en su respuesta y tratasen de corregirla. Junto a la alentadora prueba que esto ofrece de que no somos meras marionetas a merced de procesos primarios, el resultado de este estudio tiene otra implicación que merece considerarse: una pregunta simple y concisa fue suficiente para eliminar el sesgo.

En su libro *The 776 Stupidest Things Ever Said*, Ross y Katheryn Petras incluyen algunas afirmaciones que merecen claramente estar en esa lista. Un ejemplo: «Y, lo que es más, estoy de acuerdo con todo lo que acabo de decir» (Piet Koornhoff, exembajador de Sudáfrica en Estados Unidos). Otro: «He estado viajando tanto que no me ha dado tiempo a dejarme barba» (Bob Horner, exjugador de la liga de béisbol de Estados Unidos, y exalumno de mi universidad). Pero los autores también incluyen en su colección una cita del director de Hollywood Gregory Ratoff, quien dijo en cierta ocasión: «Deja que te haga una pregunta, para tu información».

Los autores del libro consideran la frase de Ratoff una tontería sin ningún sentido, pero yo no estoy de acuerdo. La formulación de una pregunta por parte de alguien puede reportar una información preciosa a su receptor. Puede incitarle a que evoque en su mente un conocimiento que posee y, si bien no ocupaba hasta ese momento una parcela consciente, al convertirse en focal puede cambiarlo todo: por ejemplo, adquirir la conciencia de que en días soleados no solo llevamos gafas de sol de colores oscuros, sino también otras que nos hacen ver el mundo de colores más rosados. En el ámbito de los mecanismos de autocorrección, por lo tanto, podemos encontrar otra fuente de validación para otro principio fundamental de la pre-suasión: los ajustes inmediatos y a gran escala comienzan de forma frecuente con prácticas que se limitan a redirigir la atención.[6]

Señales de intenciones persuasivas sigilosas: cuando se va demasiado lejos

El *product placement* o posicionamiento de productos —una forma de publicidad indirecta consistente en la introducción taimada de marcas y productos de consumo en películas y programas de televisión— funciona desde hace mucho tiempo. Los estudios de Hollywood llevan negociando de manera oficial el posicionamiento de productos en sus películas casi un siglo. De manera similar, las productoras de televisión cobran desde hace décadas a marcas para que los personajes de las series salgan usando sus productos y servicios. El precio de estas maniobras publicitarias es especialmente alto en el caso de actores famosos o de personajes de ficción muy célebres. En dichos casos se pagan considerables sumas de dinero para inducir las asociaciones deseadas: un personaje conocido se bebe una Coca-Cola, conduce un Lexus o se come un Snickers. El volumen de negocio de esos vínculos prefabricados ha alcanzado los miles de millones de dólares en los últimos años, la mayoría de los anunciantes en los medios de comunicación emplean esa estrategia y surgen múltiples agencias de *product placement* para aprovechar que la práctica se está extendiendo a otras plataformas como la música, los espectáculos en directo y los videojuegos. Así que está claro que, para los publicistas y anunciantes, el posicionamiento de productos y las asociaciones que generan funcionan. Y están en lo cierto, pero quizá no siempre por las razones que creen.

Entre muchos profesionales del *product placement* está extendida la creencia de que cuanto más perceptibles sean las conexiones fabricadas, más efectivas resultan. Esta opinión se origina a partir de la lógica en apariencia imbatible según la cual la prominencia de una información incrementa las posibilidades de que el público le

preste atención y se vea influido por ella. Esta opinión está reforza-
da por las pruebas de que cuanto más visible es la colocación de un
producto, más eficaz resulta, de hecho, en términos de las medidas
estándares que la industria publicitaria emplea para calibrar su éxito: el reconocimiento y el recuerdo de la marca, que sirven para
evaluar la huella que ha dejado la información ofrecida. Tomemos,
por ejemplo, los resultados de un estudio que analizó la visibilidad
del posicionamiento de productos en la popular serie de televisión
Seinfield. Como cabía esperar, los emplazamientos más llamativos
(en los cuales la marca no solo se mostraba en plano, sino que se
mencionaba en voz alta) produjeron los índices más altos de reconocimiento y recuerdo en comparación con otros menos obvios (en
los cuales el nombre de la marca solo se mencionaba o se mostraba).

Sin embargo, además de evaluar el reconocimiento y el recuerdo
de las marcas, los autores de este estudio hicieron algo que ningún
otro investigador había hecho antes: obtuvieron un tercer indicador
de éxito del posicionamiento que contravenía lo aceptado de manera común. Se pidió a los miembros del público que indicaran de una
lista de marcas aquellas que tal vez elegirían en el momento de comprar. ¿Qué sucedió? Resultó que los productos que menos posibilidades tenían de ser adquiridos eran precisamente los que se habían
anunciado de manera más ostensible. Todo parece indicar que lo
conspicuo de esos emplazamientos dirigía la atención de los espectadores hacia las arteras maniobras de los anunciantes para mani-
pular sus preferencias, lo cual terminaba por motivar una corrección
consciente de esa potencial distorsión. Así, frente a las marcas que
se anunciaban de forma más sutil, elegidas por el 47 % de los participantes, las que se mostraban de manera más descarada fueron
elegidas solo por un 27 %.

La gente reconoce que la publicidad puede influir en su juicio,
pero no actúa para corregirlo hasta que se le recuerda la fuente potencial del condicionamiento. En este caso, el recordatorio adoptó la
forma de una exposición excesiva del producto, una versión exage-
rada del truco de establecer vínculos dentro de la ficción en forma de
product placements. Es en especial significativo, además, que el único

elemento operativamente necesario para suscitar la corrección sea un recordatorio. Esto se convierte en evidente cuando descomponemos la palabra «recordar» en las dos partes que la constituyen. Todo lo que hace falta para lograr que la gente actúe según un contenido mental ya existente es lograr que dirijan su atención hacia este inmediatamente antes de la acción deseada. «Recordar» procede del latín *re* («de nuevo») y *cordis* («corazón») y en su origen significa «hacer pasar de nuevo por el corazón» o «tener algo presente otra vez».[7,8]

Algunas veces, los ajustes que hacemos para contrarrestar los efectos de influencia no deseada y no justificada se producen sin mucha premeditación ni retraso. Las recalibraciones que tienen lugar cuando se nos recuerda el tiempo que hace constituyen un buen ejemplo. Otras veces, el mecanismo de corrección funciona de manera mucho más lenta y dolorosa. Este segundo tipo de mecanismo opera mediante el razonamiento deliberativo, que puede emplearse para superar condicionamientos que obedecen a tendencias psicológicas más rudimentarias. Si vamos al supermercado con la idea de comprar productos sanos, nutritivos y no muy caros, podemos neutralizar el influjo de otros artículos anunciados de manera ostentosa empaquetados de forma atractiva y muy accesiblemente colocados en los estantes, sopesando nuestra elección en función de la información de las etiquetas de los artículos relativa al contenido calórico y nutricional y al precio.

Trucar la mente

Por otra parte, comparado con esas respuestas psicológicas naturales (decantarse por opciones familiares, presentadas de manera atractiva y fácilmente accesibles), el análisis exhaustivo requiere más tiempo, energía y motivación. Como consecuencia, su impacto sobre nuestras decisiones se ve limitado por el rigor que reclama. Si no contamos con los recursos necesarios (tiempo, capacidad y voluntad) para sopesar una opción, es poco probable que deliberemos en profundidad sobre ella. Cuando alguno de esos requisitos no se cumple, solemos recurrir a atajos para tomar la decisión. Este procedimiento no tiene por qué producir malos resultados necesariamente, ya que, en muchas situaciones, dichos atajos nos permiten decidir de forma rápida y eficaz. Sin embargo, hay muchas situaciones en las que sí pueden llevarnos donde no era nuestro objetivo (o al menos no donde hubiéramos querido de haberlo pensado bien).

Cuando no tenemos la capacidad de pensar con propiedad (porque estamos cansados, por ejemplo), no podemos confiar en hacer una evaluación equilibrada de todos los pros y los contras, que nos proteja de una elección puramente emocional de la que luego podemos arrepentirnos. En cierta ocasión asistí a un congreso de productores de anuncios para teletienda. Yo daba por hecho que la única razón por la que estos anuncios se emiten en franjas horarias tan intempestivas era que la tarifa que las cadenas cobraban a esas horas era mucho más barata. Pronto descubrí que me equivocaba. Si bien al principio esa fue la principal razón por la que esos publirreportajes se emitían tan tarde, también existía otra: a esas horas esos anuncios funcionaban mejor. Al final de un largo día, los espectadores no tienen la energía mental suficiente para resistir los señuelos emocionales que emplean los anuncios (presentadores atractivos, público entusiasta, ofertas limitadas, etcétera).

Los anuncios de teletienda no son el único contexto en el que la fatiga mental merma considerablemente la capacidad de análisis y su correspondiente capacidad de resistencia frente a los estímulos. Los investigadores del sueño han descubierto en pruebas de campo con unidades militares de artillería que aquellos comandos que han dormido lo suficiente a menudo desafían las órdenes de disparar sobre hospitales u otros objetivos civiles. Sin embargo, transcurrido un tiempo de entre veinticuatro y treinta y seis horas sin dormir, suelen obedecer las órdenes de sus superiores sin cuestionarlas y hay más posibilidades de que estén dispuestos a abrir fuego sobre lo que sea. De modo similar, en los interrogatorios policiales, ni siquiera los sospechosos que son inocentes pueden en ocasiones resistir la presión que se ejerce sobre ellos para que confiesen después de soportar horas de un interrogatorio mentalmente agotador. Por esa razón, aunque los interrogatorios normales duran menos de una hora, los que generan confesiones falsas duran de media dieciséis horas.

Junto a la fatiga, existen numerosas condiciones más que pueden impedir a los sujetos reconocer y corregir tendencias en potencia contrarias a sus intereses. De hecho, esas tendencias poco inteligentes tienen las de ganar cuando una persona va con prisa, está agobiada o sobrepasada, preocupada, indiferente, estresada, distraída o, aparentemente, cuando es muy conspiranoica.

La lista es demasiado larga para que podamos explorarla aquí en su totalidad, así que limitémonos a examinar la primera de esas condiciones. Cuando estamos apresurados, no tenemos tiempo para sopesar todos los factores que intervienen en una decisión. En lugar de ello, lo habitual es que confiemos en uno solo para que nos sirva de atajo a la hora de decidir. Un ejemplo puede ser la creencia de que, cuando estamos decidiendo qué comprar entre varias opciones, conviene adquirir el artículo con el número más alto de características superiores. Aunque podamos ser conscientes de que confiar en este único factor puede conducir a engaño, cuando no tenemos tiempo, no podemos permitirnos el lujo de analizar minuciosamente la cuestión y tomarnos la molestia de sopesar todos los pros y los contras.

Un estudio ha demostrado que las limitaciones temporales afectaban de manera drástica a los participantes a la hora de elegir una cámara de fotos tras leer las valoraciones sobre las opciones. Estas evaluaciones comparaban dos marcas distintas sobre la base de doce características. Una de las marcas era superior en los tres elementos más importantes a la hora de considerar la compra: calidad de la lente, del mecanismo y de las fotografías. La otra cámara tenía valoraciones superiores en otros ocho aspectos, considerados menos importantes (como, por ejemplo, que el precio incluía una correa de hombro para llevarla). Cuando se mostró esta información a varios compradores, a los que se concedía tan solo dos segundos por característica, tan solo el 17 % eligió el modelo superior. La mayoría optó por la cámara que tenía un número mayor de ventajas que, sin embargo, eran menos importantes. Cuando se concedió a otros participantes cinco segundos por característica, el patrón cambió ligeramente, pero todavía solo un 38 % de ellos escogió la opción más sensata. Solo cuando se concedió a un tercer grupo de participantes un tiempo ilimitado para considerar las especificaciones de los modelos se invirtió el patrón y la mayoría (67 %) se decantó por la cámara que tenía un número menor de ventajas pero más importantes.

¿No nos recuerda esta situación de no contar con tiempo suficiente para analizar todos los puntos relevantes de una información a la manera en que tenemos que responder hoy en día al bombardeo de mensajes al que estamos sometidos? Pensemos en ello un segundo. O, mejor dicho, reflexionemos sobre ello sin límite de tiempo. ¿Acaso no es esta la forma en la que operan los medios de comunicación, que emiten un flujo constante de información que no puede ralentizarse o invertirse para darnos la oportunidad de procesarlo y asimilarlo concienzudamente? Un anuncio de radio o televisión no nos deja prestar atención a la calidad real del producto que vende. Tampoco somos capaces de responder de forma consciente a una noticia sobre el discurso de un político. En lugar de eso, se nos incita a concentrarnos en rasgos secundarios de estas presentaciones, como el atractivo de la persona que sale anunciando el producto o el carisma del político.[9]

Además de los condicionamientos temporales, existen otros aspectos de la vida moderna que limitan nuestra capacidad (y nuestra motivación) para abordar razonadamente múltiples decisiones, algunas de ellas importantes. La cantidad de información de la que disponemos hoy en día puede ser abrumadora: su complejidad aturde, su persistencia es agotadora, su amplitud distrae y las posibilidades y expectativas que genera son turbadoras. Sumemos a esos factores la distracción continua que conlleva la infinidad de alertas de los dispositivos móviles que la mayoría de nosotros portamos para conectarnos a ese flujo… y veremos cómo las posibilidades de realizar evaluaciones minuciosas para corregir las tomas de decisiones apresuradas se ven seriamente disminuidas. Por eso, un comunicador que quiera dirigir la atención de un público hacia un concepto particular con el fin de predisponerlo de forma positiva a la recepción inmediata de un mensaje (mediante mecanismos pre-suasivos basados en llamar la atención sobre asociaciones puramente automáticas), no tendrá que preocuparse mucho de que sus tácticas se vean neutralizadas por la deliberación consciente de su audiencia. La caballería del análisis reflexivo rara vez llegará al rescate porque en pocas ocasiones se le llamará a filas.

Una pregunta relacionada con lo anterior surge entonces de forma natural: ¿sobre qué conceptos ha de dirigirse entonces la atención del público para maximizar el efecto pre-suasivo? En los siguientes capítulos identificaremos siete.

TERCERA PARTE

Prácticas ganadoras: la optimización de la pre-suasión

Las seis vías del cambio: amplias avenidas y astutos atajos

Hemos visto cómo es posible llevar a los demás a nuestro terreno mediante la táctica de decir o hacer algo que resulte idóneo justo antes del momento en que queremos que nos respondan:

> Si queremos que compren una caja de bombones caros, podemos ingeniárnoslas para que pongan por escrito una cifra mucho mayor que el precio de los bombones.
>
> Si queremos que elijan una botella de vino francés, antes de que se decidan podemos exponerlos a música de este país que suene de fondo.
>
> Si queremos que acepten probar un producto no testado, podemos preguntarles primero si se consideran aventureros.
>
> Si queremos convencerlos para que elijan un artículo muy popular, podemos empezar mostrándoles una película de miedo.
>
> Si queremos que se sientan a gusto con nosotros, podemos servirles una bebida caliente.
>
> Si queremos que estén más predispuestos a colaborar con nosotros, podemos mostrarles fotos donde se vea a gente muy junta.
>
> Si queremos que se orienten más para conseguir objetivos, podemos ofrecerles una imagen de un corredor ganando una carrera.
>
> Si queremos que hagan evaluaciones cuidadosas, podemos mostrarles una imagen de *El pensador* de Auguste Rodin.

Hay que tener en cuenta que aquello que resulta idóneo en una determinada situación cambiará en función de lo que queramos obtener de los demás en cada caso. Al ponerles una canción francesa puede que consigamos que compren un vino de este país, pero no vamos a lograr orientarlos a la consecución de objetivos, ni que se muestren más colaboradores. Si les preguntamos si son aventureros, puede que lleguen a probar un producto no testado, pero no van a estar más dispuestos a elegir un artículo muy popular ni harán evaluaciones cuidadosas. Esta especificidad concuerda con la utilidad que las «aperturas» bien pensadas pueden ofrecer a los comunicadores. Lo que hacen este tipo de aperturas o introducciones es canalizar pre-suasivamente la atención del receptor solo hacia los conceptos que están relacionados de manera favorable con el objetivo concreto del comunicador.

Pero ¿no hay acaso un objetivo general que comparten todos los que quieren persuadir: el consentimiento? Al fin y al cabo, todo comunicador persuasivo tratará de dirigir a su público hacia un «sí». ¿Existen conceptos que estén especialmente bien alineados con la meta fundamental de obtener el consentimiento? Yo creo que sí. En mi libro *Influencia* defendía que hay seis conceptos que refuerzan los principios básicos de la influencia social entre seres humanos. Estos son los de reciprocidad, gusto o simpatía, consenso social, autoridad, escasez y coherencia. Estos principios son muy eficaces como generadores de aceptación, ya que suelen guiar correctamente a la gente a contestar que sí a los intentos de influencia.

Tomando como ejemplo el principio de autoridad, las personas suelen reconocer que, en la gran mayoría de los casos, son muy susceptibles a ser guiadas hacia una elección determinada si esta coincide con la opinión de expertos en la materia. Este reconocimiento les permite transitar por un atajo en la toma de decisiones: cuando detectan la presencia de información que consideran revestida de cierta autoridad, pueden suspender toda la deliberación y seguir el criterio de quien representa una autoridad en el ámbito en cuestión. Así pues, si un mensaje apunta hacia una demostración basada en cierta autoridad, las posibilidades del éxito persuasivo se disparan.

Sin embargo, partiendo de la acumulación de pruebas observadas en el campo de las ciencias conductuales a favor de la pre-suasión, me gustaría ampliar mi argumentación previa. Prosigamos con el principio de autoridad para ilustrar la expansión del argumento: el comunicador será más eficaz si subraya no solo la idea de autoridad que está contenida en el mensaje, sino también la que hay en el momento que precede a la información. De esta forma pre-suasiva, el receptor se sensibilizará con esa prueba revestida de autoridad que está contenida en el mensaje (y estará más preparado para ella), lo cual hará más probable que le preste mayor atención, le dé más importancia y, en consecuencia, se vea influenciado por él en mayor medida.[1]

Las vías más transitadas

Si en efecto resulta que atraer la atención (tanto antes de como durante la emisión del mensaje) hacia los conceptos de reciprocidad, gusto o simpatía, consenso social, autoridad, escasez y coherencia influye sobre las decisiones de la gente y favorece su consentimiento, merece la pena que repasemos y actualicemos la información disponible sobre cómo funciona cada uno de estos conceptos. Por tanto, este capítulo no se centrará fundamentalmente en el proceso de la pre-suasión. Más bien daremos un paso atrás y exploraremos las cualidades específicas que dotan a estos seis conceptos de una potencia psicológica tan formidable.

RECIPROCIDAD

La gente le dice sí a aquellos con los que están en deuda. No siempre, por supuesto —no hay nada en la interacción social entre seres humanos que funcione con tanta exactitud—, pero sí con la frecuencia suficiente para que los científicos conductuales hayan bautizado esta tendencia como «principio de reciprocidad». Este establece que quienes nos han beneficiado están más legitimados para obtener de nosotros algún beneficio en contraprestación y son más suscepti-

bles de obtenerlo. Tan importante es esto para el buen funcionamiento de las sociedades que todas las culturas del mundo enseñan
esta regla desde la infancia y ponen nombres inculpatorios —«apro-
vechado», «interesado», «ventajista», «parásito»— a quienes no dan
nada a cambio después de haber recibido algo.

Como resultado de esto, los niños responden a dicha regla antes
de haber cumplido los dos años. Para cuando llegan a la edad adulta, el poder pre-suasivo de esta norma influye sobre todas las facetas de la vida, incluidos los patrones de compra. En un estudio, los
clientes de una tienda de caramelos mostraron una tendencia un
42 % superior a comprar después de recibir un bombón de chocolate de regalo al entrar. Según las cuentas del gigante de la alimentación Costco, hay otras clases de productos —tales como la
cerveza, el queso, la pizza congelada o los pintalabios— que experimentan grandes subidas en sus ventas cuando se reparten muestras
gratuitas, casi siempre en virtud de las compras realizadas por quienes las recibieron.

Mucho más preocupante es el impacto que tiene esa norma en
los votos de los legisladores. En Estados Unidos hay reducciones
fiscales muy significativas para las empresas que hayan hecho aportaciones económicas considerables a las campañas de los representantes que luego integran los comités que legislan sobre la política
fiscal. Los legisladores niegan que haya *quid pro quo*, pero las empresas saben muy bien lo que hay, y nosotros también deberíamos
ser conscientes de ello.[2]

Quienes quieran sacar partido al poder pre-suasivo de la norma
de la reciprocidad deberán hacer antes algo que comporta un reto:
deben asumir el riesgo y dar algo primero. Tienen que dar comienzo a la interacción brindando regalos, favores, ciertas ventajas o
concesiones, sin contar con ninguna garantía formal de compensación. Sin embargo, como la tendencia a la reciprocidad es inherente a la mayoría de las personas, esta estrategia a menudo funciona
mejor que la forma habitual de abordar los intercambios comerciales, según la cual quien está en el lugar del solicitante solo ofrece
beneficios después de que se haya llevado a cabo la acción: de que

se haya firmado el contrato, realizado la compra, desempeñado la tarea, etcétera. Un grupo de ciudadanos holandeses que recibieron por carta una propuesta para participar en una encuesta larga se mostró mucho más propenso a aceptar cuando el pago propuesto se les enviaba antes de que hubiesen accedido a tomar parte (esto es, cuando el dinero se remitía con la carta), que cuando se les ofrecía el pago después de su participación, como suele ser habitual. En la misma línea, los huéspedes de un hotel estadounidense se encontraron una tarjeta en sus habitaciones en la que se les pedía que reutilizaran las toallas. Asimismo, se les explicaba que o bien el hotel ya había realizado una aportación económica a una organización ecologista en nombre de sus clientes, o que la haría después de que estos hubiesen reutilizado las toallas. La donación previa fue un argumento un 47 % más eficaz que la que prometían efectuar con posterioridad.[3]

Claro que ofrecer recursos sin la tradicional garantía de una compensación acordada puede entrañar ciertos riesgos. Puede que la respuesta no esté al nivel adecuado —o a ninguno—, pues tal vez algunos destinatarios nos echen en cara que les hayamos entregado algo que no pidieron, y quizá otros no consideren beneficioso lo que les hemos dado. Otros (esos «aprovechados» que siempre existen entre nosotros) tal vez no se sientan llamados a cumplir con la norma. Así las cosas, cabe preguntarse si existen rasgos específicos de esos regalos o favores iniciales que aumenten de manera significativa las posibilidades de que recibamos unas buenas recompensas.

En este sentido existen tres rasgos principales: para optimizar el retorno, lo que demos previamente deberá ser recibido como algo significativo, inesperado y personalizado.

Lo significativo e inesperado. Se ha demostrado el efecto de estos dos primeros rasgos optimizadores en el monto de las propinas recibidas por profesionales de la hostelería. A una serie de clientes de un restaurante de New Jersey se les ofreció un bombón de chocolate al final de la comida, uno por persona, procedente de una cesta que la camarera llevaba hasta la mesa. Sus propinas aumentaron en un 3,3 % en comparación con las de los clientes a los que no se les ofreció el chocolate. Ahora bien, cuando a otros clientes se les invitó a coger dos unidades, las propinas de la camarera subieron un 14,1 %. ¿A qué debería achacarse una diferencia tan pronunciada? Por una parte, el segundo bombón representaba un aumento significativo de la entidad del regalo: se duplicaba. Está claro que significativo no quiere decir caro, ya que el precio de este segundo bombón de chocolate es ínfimo. Regalar un obsequio caro a menudo puede ser un gesto significativo, pero tampoco es necesario gastarse mucho dinero.

Naturalmente, recibir dos bombones de chocolate no solo multiplicaba por dos el regalo, sino que lo convertía en un gesto más inesperado. El claro impacto del carácter inesperado del obsequio se hizo patente cuando la camarera puso en práctica una tercera técnica. Después de ofrecer a los clientes un bombón de chocolate de la cesta y de darse la vuelta para irse, la camarera volvía de forma inesperada a la mesa para ofrecer otro más. Esto tuvo como resultado un aumento medio de sus propinas de un 21,3 %. Esta serie de hallazgos nos brinda una lección que va mucho más allá de lo que enseñan a los camareros para que sus propinas sean mayores. Personas de toda condición que quieran solicitar algo pueden ver cómo aumentan sus posibilidades de recibir un buen nivel de beneficios por parte de los demás si primero ofrecen ellas mismas algún tipo de beneficio que estos puedan considerar significativo e inesperado. Pero, más allá de estos dos rasgos, también hay un tercer elemento que figura en ese triunvirato optimizador de la reciprocidad y que, en mi opinión, es más influyente que los otros dos juntos.

Lo personalizado. Cuando uno de esos favores preliminares está adaptado a las necesidades, preferencias o circunstancias actuales del receptor, gana puntos. Tomemos como prueba lo que ocurrió en un restaurante de comida rápida en el que, al saludar a los clientes a su llegada, se les hacía entrega de un obsequio, de entre dos con el mismo precio. Si el regalo no tenía nada que ver con la comida (un llavero), la cantidad de dinero que se gastaban aumentaba un 12 % con respecto a lo gastado por clientes a los que no se les ofrecía ningún obsequio. Sin embargo, si este estaba relacionado con la comida (un yogur), su gasto escalaba hasta incrementarse un

24 %. Desde un punto de vista solo económico, este hallazgo resulta intrigante. Dar comida gratis a los clientes de un restaurante antes de que pidan debería animarlos a gastar menos, ya que no les hará falta pedir tanto. Aunque el resultado observado (y contrario) no parece obedecer a ninguna lógica, sí que tiene mucho sentido en el plano psicológico: esos clientes acudían al restaurante porque tenían hambre. El obsequio preliminar comestible no solo activaba el principio de reciprocidad, sino una versión más poderosa del mismo que establece que la gente debería sentirse especialmente obligada a corresponder a un gesto que ha sido concebido para satisfacer sus necesidades particulares.

Si un obsequio, un favor o un servicio reúne los tres rasgos (es significativo, inesperado y está personalizado), puede convertirse en un formidable activador del cambio. Pero ¿sería acaso pedir demasiado que marcara la diferencia en la lucha contra terroristas de pura cepa? Tal vez no, por dos motivos. En primer lugar, el principio de reciprocidad es una norma cultural universal que se enseña en todas las sociedades, incluidas aquellas de las que proceden los terroristas. En segundo lugar, hay historias extraídas de esa lucha que arrojan luz sobre el singular poder de los favores que combinan los tres rasgos optimizadores.

Tomemos como ejemplo el caso de Abu Jandal, que fue el jefe de los guardaespaldas de Osama Bin Laden y que, tras su captura, fue interrogado en una prisión yemení en los días posteriores al 11 de septiembre. Todos los intentos para que revelara información sobre la cúpula de Al Qaeda parecían inútiles y sus respuestas no consistían más que en diatribas contra la forma de vida occidental. Sin embargo, cuando los interrogadores se dieron cuenta de que nunca probaba las galletas que le servían con la comida y se enteraron de que era diabético, hicieron por él algo significativo, inesperado y personalizado: en el siguiente interrogatorio le llevaron galletas sin azúcar para acompañar el té. Según uno de estos interrogadores, aquello supuso un punto de inflexión: «Le mostramos respeto y tuvimos un buen detalle con él, así que dejó de sermonearnos y empezó a hablar». En las sesiones sucesivas, Jandal proporcionó mucha información sobre las operaciones de Al Qaeda, así como los nombres de siete de los secuestradores de los atentados del 11 de septiembre.

Pero, como cualquiera con experiencia en la lucha contra el terrorismo sabe, a veces para ganar esas batallas hay que sumar aliados a tu causa. Miembros de la inteligencia estadounidense destacados en Afganistán visitaban a menudo zonas rurales para ganarse la colaboración de los jefes tribales en la lucha contra los talibanes. Estas interacciones suponían un reto porque a menudo estos líderes no estaban muy dispuestos a prestar su ayuda, dada su desafección hacia los occidentales o el miedo a las represalias por parte de los talibanes, o ambas cosas. En una de esas visitas, un agente de la CIA se dio cuenta del abatimiento físico de uno de los patriarcas, derivado de sus obligaciones como líder de la tribu y cabeza de familia, formada, entre otras personas, por sus cuatro jóvenes esposas. En su siguiente visita, el hombre de la CIA se presentó aprovisionado con un obsequio completamente optimizado: cuatro pastillas de Viagra, una por esposa. La «potencia» de este favor significativo, inesperado y personalizado se hizo patente en la siguiente visita del agente, cuando este líder, pletórico, le correspondió con abundante información sobre los movimientos de los talibanes y sus rutas de abastecimiento.[4]

Unas galletas como gesto de amabilidad. La negativa de Abu Jandal a revelar información a sus interrogadores cambió después de que estos tuvieran con él un detalle inesperado y significativo, personalizado a su condición de diabético.
Brent Stirton/Getty Images.

Gusto o simpatía

Durante la época en la que me colaba en programas de formación de diversas empresas del mundo de las ventas, escuché en repetidas ocasiones una afirmación que siempre se realizaba con mucha seguridad: «La regla número uno del vendedor es conseguir caerle bien al cliente». Esto es así, pensábamos los alumnos, porque la gente tiende a decir que sí a las personas que le caen bien (algo tan indiscutible que nunca llegó a parecerme muy atractivo). Lo que sí me interesaba, sin embargo, era lo que nos decían que hiciéramos para conseguir caerles bien a los clientes. Ser simpáticos, resultar atractivos y emplear el humor eran estrategias que se mencionaban a menudo a este respecto. Por tanto, con frecuencia nos daban lecciones sobre cómo sonreír, cómo ir arreglados y qué tipo de chistes contar. Pero había dos estrategias para crear sensaciones positivas que, de lejos, recibían más atención que las demás. Y la razón por la que deben destacarse estas dos prácticas es muy clara: ambas aumentan la simpatía y el consentimiento.

Las similitudes. Nos gusta la gente que es como nosotros. Esta es una tendencia que forma parte de la experiencia humana casi desde el principio: los bebés sonríen más a los adultos cuya expresión facial coincide con la suya propia. Además, este tipo de afinidad puede verse activada por similitudes en apariencia triviales que, sin embargo, pueden generar un gran efecto. Las concomitancias en el registro lingüístico (el tipo de palabras y expresiones que utilizan quienes están manteniendo una conversación) hacen que incremente la atracción romántica, la estabilidad en las relaciones y, sorprendentemente, también las posibilidades de que una negociación con un secuestrador llegue a buen puerto. Lo que es aún más llamativo es que este tipo de influencia se produce incluso en el caso, muy habitual, de que el solapamiento de registro les pase desapercibido a quienes mantienen la conversación.

Por otra parte, las consecuencias de esta tendencia fundamental se aprecian de manera visible en los casos en que se decide prestar ayuda. La gente se muestra infinitamente más dispuesta a ayudar a una víctima en caso de emergencia si es de la misma nacionalidad o incluso si es seguidora del mismo equipo. Es una tendencia que opera también en entornos educativos. El factor más decisivo de cara al éxito de los programas de orientación juvenil es la afinidad inicial de intereses entre el alumno y el mentor. Sin embargo, es en el ámbito de los negocios donde el impacto sobre la posibilidad de consentimiento parece más directo. Unas camareras a las que se adiestró para imitar el registro de los clientes vieron cómo sus propinas se duplicaban. Los negociadores a los que se entrena para hacer lo mismo con sus contrapartes obtuvieron resultados sensiblemente mejores. Unos vendedores que empezaron a imitar el registro y el lenguaje gestual (ademanes, posturas) de sus clientes pasaron a vender más unidades de los aparatos electrónicos que recomendaban.[5]

Similitudes al descubierto. Incluso las coincidencias que parecen insignificantes pueden reportarnos grandes beneficios. © *2012 Bizarro Comics. Distribuido por King Features Syndicate, Inc.*

Los cumplidos. Mark Twain confesaba que «un buen cumplido me da dos meses de vida». La metáfora está bien traída, pues los cumplidos nos alimentan y nutren emocionalmente. También nos llevan a simpatizar con la gente que nos los dedica y a actuar en favor de ellos; esto sucede tanto con los halagos a nuestro aspecto como a nuestros gustos, personalidad, hábitos de trabajo o inteligencia. En la primera de estas categorías consideremos lo que sucedió en una peluquería en la que los estilistas piropeaban a los clientes diciéndoles «a ti te sentaría bien cualquier peinado». Las propinas aumentaron un 37 %. Al parecer, las zalamerías nos sientan tan bien que funcionan incluso cuando parecen ocultar un motivo ulterior. Unos estudiantes universitarios chinos recibieron un folleto impreso de una tienda de ropa que rezaba lo siguiente: «Nos ponemos en contacto contigo porque vas a la moda y tienes estilo». Esta medida consiguió que desarrollaran actitudes positivas hacia el establecimiento y los jóvenes pasaron a ser más propensos a comprar allí. Otros investigadores hallaron cómo un grupo de personas que realizaban tareas de ofimática y recibían de sus ordenadores halagos relacionados con su trabajo desarrollaron sentimientos más positivos hacia la máquina, incluso aunque se les había dicho que esa respuesta se había programado previamente y, por tanto, no era ni mucho menos un reflejo de su rendimiento. Con todo, seguían estando más orgullosos de su desempeño después de recibir esta forma de halago tan hueca.[6]

La verdadera regla número uno del vendedor. Me cuesta no estar de acuerdo con los profesionales más avezados en que la regla número uno del vendedor es conseguir caerle bien al cliente, y en que las similitudes y los halagos son las mejores vías para lograrlo. Pero he visto investigaciones que me llevan a cuestionarme los argumentos que esgrimen para apoyar la veracidad de tales afirmaciones. El relato que escuchaba en sesiones tradicionales de formación en ventas siempre era el siguiente: las similitudes y los halagos te harán caerle bien a la gente y, una vez que se hayan dado cuenta de esto, van a querer hacer negocios contigo.

Si bien es indudable que este tipo de proceso pre-suasivo llega a operar en cierta medida, estoy convencido de que en realidad funciona un mecanismo pre-suasivo aún más influyente. Las similitudes y los halagos les llevan a pensar que nos caen bien y, una vez se dan cuenta de esto, querrán hacer negocios con nosotros. Esto ocurre porque la gente confía en que, si te cae bien, tú querrás llevarla por el buen camino. Así que, tal como lo veo yo, la regla número uno del vendedor es hacer ver a los clientes que de verdad nos caen bien. Existe un dicho que encaja bien con esta lógica: «A nadie le importa cuánto sabes, hasta que saben cuánto te importa».[7]

CONSENSO SOCIAL

En su canción «Imagine», John Lennon propone un mundo sin hambre ni avaricia ni propiedades ni países, caracterizado por la fraternidad universal, la paz y la unidad. Es un mundo diferente al actual y, sin duda, al de cualquier otra época de la larga historia de la humanidad. Aunque reconoce que tal visión parece la de un soñador, trata de conseguir que los oyentes la acepten con un solo dato que anima a seguirlo: «Pero no soy el único».

La fe que Lennon tiene en este argumento es un buen testimonio de la potencialidad del principio de consenso social. Este principio establece que la gente tiende a pensar que creer, sentir o hacer algo en la medida en que ya estén creyendo en ello, sintiéndolo o haciéndolo otras personas (sobre todo aquellas especialmente comparables a ellos). En esa percepción de lo apropiado hay dos componentes —la validez y la viabilidad— que pueden impulsar el cambio.

La validez. Después de recibir información sobre una determinada respuesta por parte de múltiples personas con las que nos podemos comparar, esta nos parece más válida y conveniente, tanto en términos morales como prácticos. En lo que respecta a la primera de estas dos dimensiones, cuando vemos ejemplos de la frecuencia creciente de una determinada acción, nuestro criterio tiende a ver esta como más correcta en lo moral. En un estudio, al enterarse de que la mayoría de los participantes habían apoyado el uso de la tortura por parte del ejército para recabar información, el 80 % de los miembros del grupo pasaron a ver tal práctica como más aceptable y mostraron un mayor nivel de apoyo en sus afirmaciones en público y, lo que es más significativo, también en sus opiniones en el ámbito privado. Afortunadamente, aparte de aumentar la aceptabilidad de lo que podría ser indeseable, las respuestas de los demás también pueden tener el mismo efecto sobre los comportamientos más deseables. A un grupo de profesionales se les informó de que la mayoría de la gente se esforzaba por superar sus propias nociones estereotipadas y, como resultado, en sus respectivas actitudes en el entorno de trabajo se hicieron más resistentes a los estereotipos sobre las mujeres.

Además de ayudar a clarificar lo que resulta moralmente correcto, el consenso social reduce la incertidumbre sobre lo que es acertado desde un punto de vista pragmático. Aunque no ocurra siempre, las multitudes suelen ir bien encaminadas con respecto al grado de acierto de algunas decisiones, y el nivel de popularidad de una determinada actividad suele ser equivalente a su nivel de fiabilidad. Así pues, solemos seguir la corriente de aquellas personas de nuestro entorno a las que nos parecemos. Las ventajas de esta forma de proceder pueden ser formidables, pues nos brindan soluciones sencillas y casi gratuitas a muchos de los típicos retos que se nos presentan cuando tratamos de influir sobre los demás. Los encargados de un restaurante pueden aumentar la demanda de un plato concreto sin tener que asumir el sobrecoste de mejorar las recetas con ingredientes más caros, de ampliar el personal de cocina con nuevas contrataciones o de incorporar explicaciones sofisticadas a los textos de la carta. Solo tienen que añadir la etiqueta de «más popular» junto al plato en cuestión. Cuando una serie de restaurantes de Pekín emplearon esta táctica, que es completamente sincera y, sin embargo, se usa poco, todos los platos etiquetados con la citada indicación se empezaron a servir entre un 13 y un 20 % más.

Los restauradores no son los únicos que pueden valerse del consenso social para condicionar las elecciones de comida. En lugar de asumir los costes de recabar y transmitir una extensa información nutricional acerca de los beneficios de comer fruta, en un colegio se puede aumentar la ingesta de este tipo de alimentos si se afirma que, en contra de lo que los estudiantes tienden a pensar, la mayoría de sus compañeros sí que procuran comer fruta para estar más sanos. Este tipo de mensaje consiguió que unos alumnos de secundaria holandeses consumieran un 35 % más de fruta, si bien, como adolescentes que eran, aseguraron que no tenían intención de cambiar lo más mínimo sus hábitos.

El consenso social en la cartelería. El comercio electrónico no es el único que nos indica lo que tenemos que comprar diciéndonos lo que han adquirido otras personas. *Viñeta de Rina Piccolo reproducida con permiso de Rina Piccolo y el Cartoonist Group. Todos los derechos reservados.*

Muchos gobiernos invierten recursos considerables para regular, monitorizar e imponer sanciones a empresas que contaminan el aire y el agua; todo este gasto da la impresión de desperdiciarse en ciertos infractores, que se saltan alegremente la normativa o bien están dispuestos a pagar multas que les resultan menos gravosas que cumplir con todo a rajatabla. Sin embargo, hay países donde se han desarrollado programas de medidas rentables que consisten en poner en marcha la muy ecológica maquinaria del consenso social. Empiezan por hacer balance del impacto ambiental de las empresas de un determinado conjunto industrial y publican las clasificaciones, para que cada negocio pueda ver qué puesto ocupa en el conjunto de las firmas de su ramo. Esta medida ha producido mejoras verdaderamente drásticas —por encima de un 30 %—, que por lo general obedecen a cambios llevados a cabo por las empresas que más contaminaban, en relación con todas las demás, al volverse conscientes de lo mal que hacían las cosas en comparación con sus competidoras.[8]

La viabilidad. Acompañado de un grupo de estimables colegas, una vez realicé un estudio para averiguar qué era lo mejor que podíamos decir para animar a la gente a ahorrar energía en el hogar. En cada casa recibieron uno de cuatro posibles mensajes, uno por semana a lo largo de todo un mes, donde se les solicitaba que redujeran el consumo de energía. Tres de ellos contenían uno de los motivos que se suelen emplear para que la gente ahorre energía: el medio ambiente lo agradecerá; es el deber del ciudadano responsable o producirá un gran ahorro en la siguiente factura de la luz. En el cuarto mensaje jugamos la carta del consenso social, afirmando (sin mentir) que la mayor parte de los vecinos procura ahorrar energía en el hogar. A final de mes, registramos la energía que se había consumido y supimos que el mensaje basado en la baza del consenso social había conseguido un ahorro 3,5 veces mayor que cualquiera de los otros tres. Esta diferencia tan abultada sorprendió a casi todos los que tuvieron algo que ver con el experimento, empezando por mí, pero también a mis compañeros investigadores e incluso a una parte de los vecinos que fueron objeto del estudio. Los propietarios, de hecho, pensaban que el mensaje basado en el consenso social iba a ser el menos efectivo de todos.

Cuando informo de los resultados de este estudio a gente que trabaja en compañías de suministros, a menudo no se fían de ellos porque tienen un convencimiento muy asentado de que la motivación más fuerte de cara a la acción humana siempre es el interés económico propio. Dicen cosas como: «Venga ya, ¿cómo nos vamos a creer que decirle a la gente que sus vecinos ahorran luz es tres veces más efectivo que informarles de que pueden reducir considerablemente la factura de la luz?». Aunque hay varias respuestas posibles a esta legítima pregunta, para mí solo hay una que siempre se demuestra persuasiva. Tiene que ver con la segunda razón, aparte de la validez, por la que la información relacionada con el consenso social siempre funciona tan bien: la viabilidad. Si yo informo a los propietarios de las casas de que, al no malgastar energía, podrían ahorrarse un buen dinero, no quiere decir que esto vaya a ocurrir. Al fin y al cabo, por poder, podría reducir mi próxima factura hasta dejarla a cero, si apagase todos los aparatos eléctricos y me pasase un mes acurrucado en un rincón a oscuras; pero no es razonable que yo acabe haciendo algo así. Uno de los grandes puntos fuertes de la información relativa al consenso social es que anula el problema de la incertidumbre con respecto a la posible consecución del objetivo. Si la gente se entera de que muchos otros de sus semejantes están ahorrando energía, hay pocas dudas en torno a la viabilidad de la empresa. Se convierte en una posibilidad realista y, por lo tanto, se puede implementar.[9]

Autoridad

Para la mayor parte de la gente, la forma de conseguir que un mensaje sea persuasivo consiste en fijar bien su contenido: asegurarse de que la comunicación contenga pruebas consistentes, un razonamiento seguro, buenos ejemplos y una relevancia clara. Si bien este enfoque («el mérito es el mensaje») resulta acertado hasta cierto punto, algunos académicos han defendido que hay otras partes del proceso que pueden llegar a tener la misma importancia. La más conocida de estas argumentaciones toma forma en la afirmación del teórico de la comunicación Marshall McLuhan de que «el medio es el mensaje», la idea de que el canal por el que se transmite la información es en sí mismo una forma de definir el mensaje y afecta a la manera en que el receptor procesa el contenido. Por otra parte, los científicos de la persuasión han llamado la atención hacia pruebas bastantes convincentes de un tercer axioma: «el mensajero es el mensaje».

De los muchos tipos de mensajero posibles —positivo, serio, humorístico, enfático, modesto, crítico— hay uno que merece especial atención por el impacto profundo y duradero que tiene sobre el público: el comunicador revestido de autoridad. Cuando habla un experto acreditado en la materia, la gente suele sentirse persuadida. De hecho, a veces la información se convierte en persuasiva solo porque la fuente es una autoridad. Esto es especialmente cierto cuando el receptor no tiene claro qué hacer.

Sirvan como pruebas de esto los resultados de un estudio en que los sujetos tuvieron que tomar una serie de difíciles decisiones económicas mientras estaban conectados a sistemas de monitorización cerebral. Cuando tomaron decisiones por su cuenta, se observó actividad relacionada en las áreas del cerebro vinculadas a la valoración de opciones. Sin embargo, cuando recibieron asesoramiento de expertos en la materia (de un distinguido economista del ámbito universitario), no solo siguieron sus consejos, sino que lo hicieron sin pensar en las ventajas inherentes a cada opción: la actividad en las áreas del cerebro vinculadas a la valoración de opciones permaneció plana. Resulta revelador que no todas las partes del cerebro se vieran afectadas de este modo; las zonas que se vinculan con la comprensión de las intenciones de los demás sí se activaron al recibir los consejos del experto. El mensajero se había convertido en el mensaje principal.

Tal como debería quedar claro a partir de este ejemplo, el tipo de autoridad que aquí nos ocupa no es necesariamente el de una persona que ejerce esa autoridad —alguien con un estatus en una determinada jerarquía y que por lo tanto puede obtener un alto nivel de consentimiento en función del poder que se le reconoce—, sino el de una persona que es una autoridad y, por tanto, obtiene un alto nivel de consentimiento en función de la experiencia y el conocimiento que se le reconocen. Más aún, en esta última categoría se incluye otro tipo especialmente productivo, el de la autoridad creíble, la cual posee una combinación de dos cualidades muy persuasivas: la condición de experto y la fiabilidad. Ya hemos visto los efectos de la primera. Concentrémonos en la segunda.[10]

La fiabilidad. Si solo pudiéramos elegir una cualidad de la que dotar a la gente con la que interactuamos, esa sería la de la fiabilidad. Es así incluso en comparación con otras características muy valoradas, tales como el atractivo, la inteligencia, la predisposición a colaborar, la compasión o la estabilidad emocional. En una interacción orientada a persuadir, lo que queremos es poder confiar en un comunicador que presente la información de manera honesta e imparcial; esto es, que procure describir la realidad tal como es y no pensando en servir a sus propios intereses.

A lo largo de los años he asistido a muchos cursos diseñados para enseñar a la gente a desarrollar destrezas que les permitan influir en los demás. Casi sin excepción, en todos ellos se insistía en que ser captado como alguien fiable es una manera eficaz de aumentar la influencia, y que construir ese tipo de percepción lleva un tiempo. Aunque el primero de estos puntos sigue estando confirmado, un conjunto creciente de investigaciones indica que hay una excepción destacable con respecto al segundo. Resulta que es posible granjearse un alto nivel de fiabilidad de manera instantánea, haciendo uso de una estrategia astuta. En lugar de sucumbir a la propensión a describir, de buenas a primeras, todas las cualidades más favorables de una oferta o una idea y evitar mencionar cualquier punto débil hasta el final de la presentación (o no hacerlo en absoluto), un comunicador que alude pronto a alguna debilidad es visto enseguida como alguien sincero. La ventaja de emplear esta secuencia radica en que, si ya opera la percepción de que somos sinceros, cuando se presenten los principales puntos fuertes del objeto en cuestión, el destinatario será más propenso a creer en ellos. Al fin y al cabo, estos los habrá transmitido una fuente fiable, cuya sinceridad ya ha sido demostrada (pre-suasivamente) por su voluntad de señalar no solo los aspectos positivos, sino también los negativos.

La eficacia de este enfoque se ha documentado: (1) en el ámbito judicial, donde, en un caso, al abogado que reconoce algún punto débil antes de que lo haga su contrario suele ser visto como más creíble y tiende a ganar más pleitos; (2) en las campañas políticas, en las que, cuando un candidato empieza diciendo algo positivo del adversario, gana en fiabilidad y en intención de voto, y (3) en los mensajes publicitarios, en los que los vendedores que reconocen algún defecto antes de subrayar las ventajas a menudo observan un aumento considerable de las ventas. Esta táctica puede resultar especialmente exitosa cuando el público ya es consciente de ese punto débil; de esta manera, cuando el comunicador lo menciona implica muy poco perjuicio, ya que no se está aportando información nueva, salvo ese mensaje crucial que confirma la sinceridad del emisor. Otra baza consiste en usar una palabra que marque una transición —como «sin embargo», «pero» o «aun así»— que canalice la atención del oyente del punto débil a su contraparte positiva. Un candidato en una entrevista de trabajo puede, por ejemplo, decir «no tengo experiencia en este campo, pero aprendo muy rápido». Un encargado de ventas de sistemas de información podría afirmar: «Nuestros costes de puesta en marcha no son los más bajos; sin embargo, los recuperará enseguida gracias a nuestro alto nivel de eficiencia».

Isabel I de Inglaterra empleó estas dos bazas para optimizar el impacto de los dos discursos más celebrados de su reinado. El primero lo pronunció en Tilbury en 1588, cuando, dirigiéndose a las tropas reunidas ante una previsible invasión marítima por parte de los españoles, conjuró los miedos de los soldados señalando que, como mujer, no era apta para asumir los rigores de la batalla: «Sé que tengo el cuerpo de una mujer débil y frágil; pero tengo el corazón de un rey, ¡y además de un rey de Inglaterra!». Está documentado que los vítores tras este pronunciamiento sonaron tan alto y duraron tanto tiempo que unos oficiales a caballo tuvieron que desplazarse entre los soldados con la orden de que se contuvieran para que la reina pudiera proseguir.

Trece años más tarde, tal vez teniendo en mente el éxito de aquel artilugio retórico, volvió a valerse de él en su última intervención ante los miembros del Parlamento, muchos de los cuales desconfiaban de ella. Poco antes de concluir, proclamó: «Y han tenido ustedes, y pueden haberlos tenido, a príncipes más valerosos y sabios aquí sentados, aunque nunca han tenido, ni tendrán, a uno que los quiera mejor». Según el historiador británico: Richard Cavendish, la concurrencia abandonó la sala «transfigurada, muchos de ellos entre lágrimas» y, aquel mismo día, pasaron a denominar aquella intervención el «Discurso de Oro» de la reina, nombre que se le sigue aplicando.

Debemos considerar que los conectores de Isabel, «pero» y «aunque», llevaron a los oyentes de lo que se percibía como debilidades a las contrapartes positivas, las fortalezas. El hecho de que su líder tuviera el corazón de un rey, una vez aceptado, dotó a las tropas de la confianza que les faltaba —y necesitaban— antes de la batalla; de igual forma, el amor desmedido por sus súbditos, una vez aceptado, desarmó incluso a su desconfiada oposición en el Parlamento. Este rasgo de las afirmaciones pre-suasivas de la reina encaja con las conclusiones de estudios científicos que muestran que la táctica de exponer la debilidad antes de la fortaleza funciona mejor cuando la segunda no solo suma algo positivo a la lista de pros y contras, sino que va más allá y sirve para cuestionarse la relevancia de la debilidad. Por ejemplo, Isabel no buscó envalentonar a los soldados en Tilbury diciéndoles que «nadie les iba a querer mejor», ya que había que asegurar a los combatientes que tenían a una líder de corazón valiente, no de corazón blando. Ella entendía que, para maximizar ese efecto, la debilidad que fuera a exponer al inicio la tenía que escoger no solo para preestablecer la fiabilidad de sus siguientes sentencias, sino que también debía quedar neutralizada en gran medida por esas sentencias posteriores. Su cuerpo de mujer «débil y frágil» se convirtió en algo irrelevante para el liderazgo en el campo de batalla si, en las mentes de sus hombres, contenía «el corazón de un rey, ¡y además de un rey de Inglaterra!».[11]

ESCASEZ

Siempre queremos más de aquello que nos pueda faltar. Por ejemplo, cuando el acceso a un artículo deseado queda restringido de algún modo, se sabe que la gente se vuelve un poco loca por él. En 2014, cuando la cadena de repostería Crumbs anunció que iba a cerrar todos sus establecimientos, sus magdalenas más conocidas, que tenían un precio de aproximadamente cuatro dólares, alcanzaron en internet los 250 dólares. Tal efecto no se limita a las magdalenas. La mañana de la salida a venta del último iPhone, mi canal televisivo de noticias locales envió a un reportero a entrevistar a las personas que llevaban haciendo cola toda la noche para hacerse con uno. La señora que tenía el puesto número 23 de la fila hizo una revelación que encaja con este punto sobradamente probado, pero no dejó de sorprenderme. Había empezado la espera ocupando el puesto número 25, pero había entablado una conversación con la persona que tenía el puesto 23: otra mujer a la que le encantó su bolso de Louis Vuitton de 2.800 dólares. Ahí había visto la oportunidad de adelantarse, así que le propuso y cerró un trato: «Mi bolso a cambio de tu puesto en la cola». Al final de su orgulloso relato, el entrevistador, naturalmente sorprendido, farfulló: «Pero… ¿por qué?». A lo que la nueva clienta número 23 contestó: «Porque tengo entendido que esta tienda no tiene mucho stock, y no me quiero arriesgar a quedarme sin él».

Aunque hay varios motivos por los que la escasez dispara el deseo, nuestro temor a perder algo de valor es un factor clave. Al fin y al cabo, la forma definitiva de escasez es la pérdida o ausencia, lo que convierte al artículo o la oportunidad tan preciados en inalcanzables. En un congreso de servicios financieros, escuché al CEO de una gran agencia de brókers empleando un argumento a favor del poder motivacional de la perspectiva de una pérdida. Lo explicó con una lección que aprendió de su mentor: «Si despiertas a un cliente multimillonario a las cinco de la mañana y le dices: "Si actúas ahora, ganarás 20.000 dólares", te gritará y colgará el teléfono con violencia. Pero si le dices: "Si no actúas ahora, perderás 20.000 dólares", te dará las gracias».

Pero la escasez de un artículo implica más cosas aparte de que aumenten las posibilidades de quedarse sin él; también crece su valor estimado. Cuando los fabricantes de automóviles limitan la producción de un nuevo modelo, su valor se incrementa entre los potenciales compradores. En otros ámbitos, este tipo de restricciones también generan resultados parecidos. En una gran cadena de supermercados, las promociones de marcas que incluían un límite de adquisiciones («Solo *x* unidades por cliente») vieron cómo las ventas de siete clases distintas de productos se multiplicaban hasta más del doble, comparadas con las promociones de los mismos productos que no indicaban el límite de unidades por compra. Una serie de estudios subsiguientes mostró el porqué. En la mente del consumidor, cualquier restricción de acceso aumentaba el valor de lo que se ofrecía.[12]

COHERENCIA

Normalmente todos queremos ser (y ser vistos como) personas coherentes con nuestros compromisos adquiridos, tales como las afirmaciones que hayamos hecho, las posiciones que hayamos defendido y las acciones que hayamos desarrollado. Por lo tanto, cualquier comunicador que consiga hacernos dar un paso pre-suasivo, aunque sea corto, hacia alguna de esas ideas o nociones concretas, verá cómo aumenta nuestra predisposición a dar un paso mucho más largo y coherente cuando se nos solicite este, y vendrá impuesto por nuestro deseo de seguir siendo coherentes. En muchos contextos en los que se intenta influenciar a las personas se emplea esta poderosa fuerza que nos lleva a querer alinearnos con lo que hayamos hecho antes.

Los psicólogos nos advierten que la infidelidad sexual en las relaciones de pareja es una fuente de grandes conflictos que a menudo derivan en indignación y dolor y pueden llevar a la separación. Afortunadamente, también han detectado una actividad pre-suasiva que puede ayudar a evitar esta secuencia tóxica: la oración. No se trata de la oración a secas, sino de un tipo determinado. Si uno de los miembros de la pareja accede a rezar a diario y durante un período prolongado de tiempo por el bienestar del otro, esa persona se convierte en menos propensa a ser infiel mientras siga haciendo esto. Al fin y al cabo, tal comportamiento dejaría de ser coherente con el compromiso expresado diaria y activamente con el bienestar de la pareja.

Quienes pretenden influir sobre el comportamiento de los demás a menudo han comprobado que les era útil esa tendencia de los seres humanos a querer ser coherentes con sus propias acciones y afirmaciones previas (y pre-suasivas). Las compañías aseguradoras de coches pueden reducir la frecuencia con la que los contratantes de las pólizas mienten en sus lecturas de los cuentakilómetros si incluyen al inicio de la documentación que hay que cumplimentar —y no al final— una declaración según la cual el cliente se compromete a ser honesto. Los partidos políticos pueden aumentar las posibilidades de que sus simpatizantes voten en las próximas elecciones si se las ingeniaron, a través de campañas a favor de una mayor participación, para que fueran a votar en las anteriores. Las marcas consiguen afianzar el grado de lealtad de los consumidores si logran que estos se la recomienden a algún amigo. Las empresas mejoran la probabilidad de que una persona se presente a una reunión o a un acto si, al convocarlo por teléfono, en lugar de decirle al final de la llamada: «Le apuntamos en la lista de asistentes. ¡Gracias!», utilizan la siguiente frase: «Le apuntamos en la lista de asistentes, ¿de acuerdo? [Pausa para la confirmación] ¡Gracias!». Un banco de sangre hizo esta minúscula modificación en la formulación de la pregunta para inducir a un mayor compromiso y la probabilidad de participación de potenciales donantes aumentó de un 70 a un 82,4 %.[13]

A veces se puede sacar partido a las posibilidades del principio de coherencia sin necesidad de presentar ningún nuevo compromiso. En ocasiones basta con recordarle a alguien un compromiso que adquirió y que encaja con nuestros objetivos. Consideremos cómo el equipo legal que luchaba por la aprobación del matrimonio entre personas del mismo sexo por parte del Tribunal Supremo estadounidense decidió articular su campaña de relaciones públicas, que llegó a durar un año entero, en torno a un solo hombre, el juez Anthony Kennedy. (La opinión pública ya se había desplazado hacia posiciones a favor del matrimonio homosexual.) Pese a que lo que estaba en juego en las audiencias del tribunal afectaba a todo el país, la campaña quería influir sobre el juez Kennedy, por dos motivos.

En primer lugar, se consideraba que era él quien había emitido el voto decisivo en los dos contenciosos complementarios que habían ocupado al tribunal con respecto al mismo tema. Y en segundo lugar, parecía estar a medio camino con respecto a cuestiones ideológicas. Por un lado, era un tradicionalista y defendía que la ley no debía ser interpretada de una manera que la hiciese alejarse en demasía de su formulación original. Por otro, mantenía que la ley es algo vivo, cuyos significados se ven alterados con el tiempo. Esta posición, con un pie en cada campo, convertía a Kennedy en el principal candidato para un enfoque comunicativo que se diseñó no tanto para que modificara alguna de sus dos convicciones contradictorias, sino, más bien, para conectar solo una de ellas con la cuestión del matrimonio homosexual. La campaña mediática consiguió adoptar este enfoque al hacer uso de una serie de conceptos, e incluso de expresiones lingüísticas, que el propio Kennedy había usado en sus intervenciones en casos previos: «dignidad humana», «libertad individual» y «libertades/derechos personales». Así pues, dondequiera que fuese Kennedy en las semanas y meses previos a las comparecencias del caso, era muy probable que acabase escuchando las cuestiones relativas a la causa en clara vinculación —en virtud de la campaña mediática— con esas tres expresiones suyas escogidas a tal efecto. La idea era que percibiera aquellas defensas legales previas como ideas coherentes con la postura a favor del matrimonio homosexual.

Esta intención se hizo todavía más explícita cuando empezaron las audiencias. En repetidas ocasiones, los abogados del equipo desplegaron sus argumentos a partir de las expresiones y los temas con los que Kennedy podía identificarse. ¿Ayudó esta estrategia a lograr el voto de cinco contra cuatro con el que tribunal terminó aprobando el matrimonio homosexual? Es difícil saberlo a ciencia cierta. Pero los integrantes de aquel equipo legal creen que sí, y esgrimen una prueba convincente: en las opiniones que dejó escritas, Kennedy se apoyó mucho en los conceptos de dignidad, de libertad y de libertades y derechos, precisamente los que ellos habían querido destacar para que el magistrado pensara en ellos en relación con la causa del matrimonio homosexual antes y durante las audiencias formales. Quizá sirva como demostración de la durabilidad de los compromisos adquiridos, siempre y cuando se acierte en su evocación, el hecho de que, dos años después, en otro caso relacionado con el matrimonio homosexual, los mismos tres conceptos ocuparon un lugar destacado en la opinión de la mayoría emitida por el juez Kennedy.[14]

¿Qué más se puede decir de los principios universales de la influencia?

Después de presentar los seis principios de influencia social en un público enfocado hacia los negocios, no es extraño que me hagan dos preguntas. La primera tiene que ver con medir bien los tiempos: «¿Encajan mejor los distintos estados de una relación comercial con unos u otros principios?». Gracias a mi colega el doctor Gregory Neidert, tengo una respuesta y es afirmativa. Más aún, poseo una explicación, que procede de los motivos centrales de la influencia social desarrollados por el doctor Neidert. Por supuesto, cualquiera que pretenda ser influyente querrá obrar el cambio en los demás, pero, según el modelo, para cada fase de la relación en la que nos encontremos conviene emplear principios distintos.

En la primera fase, el principal objetivo implica cultivar una vinculación positiva, dado que la gente se muestra más favorable a una determinada comunicación si ya lo es al comunicador. Dos principios de influencia, el de reciprocidad y el de simpatía, parecen especialmente apropiados para ello. Ofrecer algo primero (de un modo significativo, inesperado y personalizado), resaltar los puntos en común genuinos y hacer halagos verosímiles establecen un entendimiento mutuo que facilita todas las gestiones subsiguientes.

En la segunda fase, la prioridad es reducir las incertidumbres. Una relación positiva con el comunicador no garantiza el éxito del proceso persuasivo. Antes de que el receptor tienda a cambiar, querrá llegar a la conclusión de que esta será una decisión acertada. En este contexto, los principios de consenso social y de autoridad son los que mejor encajan. Señalar indicios de que otras personas se han decantado por una determinada elección, o de que esta ha sido recomendada por expertos, aumenta significativamente el nivel de confianza en que la decisión será correcta. Pero incluso después de cultivar una vinculación positiva y de reducir las incertidumbres, aún queda otro paso por dar.

En esta tercera fase, el objetivo fundamental es motivar la acción. Esto es, un amigo apreciado me puede ofrecer pruebas suficientes de que los expertos lo recomiendan, y de que casi todos mis semejantes creen que el ejercicio diario es algo bueno, pero tal vez eso no baste para convencerme de que me ponga a hacerlo. Ese amigo hará bien en apelar a los principios de coherencia y de escasez, por ejemplo recordándome lo que yo haya podido decir en público alguna vez sobre la importancia de mantenerme sano y sobre cuántas cosas dejaría de disfrutar si dejara de estarlo. Ese es el mensaje que tiene más probabilidades de conseguir que me levante por la mañana y me vaya directo al gimnasio.

La segunda pregunta que me suelen hacer sobre estos principios es si he podido identificar alguno nuevo. Hasta hace poco, siempre tenía que contestar que no. Pero ahora creo que existe un séptimo principio universal que se me había escapado, y no se debe a que un nuevo fenómeno cultural o un cambio tecnológico me hayan abierto los ojos a él, sino porque permanecía oculto bajo la superficie que forman todos los datos que tengo recopilados. Lo siguiente que haré será explicar en qué consiste y cómo alcancé a verlo.

11

La unidad 1: estar juntos

Durante años, en una de mis clases en la universidad, describía un estudio que demostraba que enviar tarjetas de Navidad a perfectos desconocidos provocaba un aumento sorprendente del número de postales de Navidad que, de manera muy diligente, esa misma gente mandaba a su vez. En clase solía atribuir este hallazgo al principio de reciprocidad, que impulsa a las personas a responder con algo a quienes ya les han dado algo antes (por lo que parece, incluso en circunstancias por completo desconcertantes). Me gustaba comentar ese estudio en clase porque ilustraba la idea que quería transmitir sobre lo poderoso que es ese principio y porque además, pensando en mejorar mis calificaciones como profesor, los alumnos se echaban unas buenas risas.

Al terminar una de aquellas clases, una alumna mayor (que había vuelto a las aulas después de formar una familia) vino a darme las gracias por resolverle un misterio que llevaba más de una década pendiente de respuesta en su casa. Me dijo que hacía diez años su familia había recibido una tarjeta de Navidad de los Harrison de Santa Bárbara, California. Pero ni ella ni su marido recordaban que conocieran a ningunos Harrison en Santa Bárbara. Estaba segura de que los Harrison tenían que haber puesto en el sobre una dirección equivocada. Pero el caso era que su familia recibió de ellos una postal de Navidad, así que, en virtud del principio de reciprocidad, ella les envió otra para corresponderles. Me confesó: «Llevamos diez años intercambiándonos tarjetas de Navidad y sigo sin saber quiénes son. Pero ahora al menos sé por qué les envié aquella primera postal».

¿Harrison/Chatterton? Los apellidos pueden cambiar, pero las circunstancias que dan pie a las relaciones humanas siguen siendo las mismas. *Se reproduce la viñeta Pickles con el permiso de Brian Crane, The Washington Post Writers Group y el Cartoonist G.*

Unos meses más tarde, la alumna entró en mi despacho y me dijo que tenía que contarme novedades sobre aquella historia. Su hijo pequeño, Skip, estaba a punto de empezar a estudiar en la Universidad de California en Santa Bárbara. Sin embargo, por unas reparaciones, su habitación en la residencia no estaba lista y tuvo que buscar un sitio donde pasar un par de noches hasta que solucionaran el problema. Aunque la universidad le ofreció alojamiento provisional en un motel, a su madre no le gustó la idea. En lugar de eso, pensó: «¿A quién conocemos en Santa Bárbara? ¡A los Harrison!». Así que los llamó y estuvieron encantados de hospedar a Skip. Salió de mi despacho asegurando estar más asombrada que nunca por la influencia que tenía el principio de reciprocidad en el comportamiento humano (en este caso, tanto en el suyo como en el de los Harrison).

Pero esto último me convenció menos. Indudablemente podía entender cómo la decisión inicial de mi alumna de enviar una tarjeta de Navidad encajaba con el principio de reciprocidad. Pero la decisión de los Harrison de alojar a Skip no me encajaba en absoluto con ese tipo de obligación. Cuando accedieron, los Harrison no tenían ninguna deuda pendiente que pagar. Se habían intercambiado de manera equitativa las tarjetas de Navidad y los textos que las acompañaban; por lo tanto, en lo tocante a obligaciones, las dos familias estaban en paz. Al reflexionar sobre ello, daba la impresión de que, aunque el principio de reciprocidad parecía haber sido lo que inició el proceso, fue la relación de diez años de antigüedad entre las dos familias lo que animó a los Harrison a acoger en su vivienda a un chico de dieciocho años al que no habían visto nunca. Esta idea me llevó a apreciar el poder autónomo que tienen las conexiones sociales a la hora de generar consentimiento y que es distinto del poder de los otros seis principios de la influencia. Las relaciones no solo aumentan la predisposición, sino que también pueden ser su causa.

Aquí hay una lección que aprender. Nuestra capacidad de lograr que los demás cambien su conducta se basa a menudo en el hecho de que hay relaciones personales compartidas, las cuales generan un contexto pre-suasivo propicio al consentimiento. Por lo tanto, es un mal negocio, en términos de influencia social, permitir que ciertas fuerzas separadoras que operan en la actualidad —los cambios en la sociedad que nos distancian o las tecnologías modernas que nos aíslan— arrebaten a nuestros intercambios un sentido compartido de la conexión humana. Cuando lo permitimos, desaparece lo que esos intercambios tienen de relacionales.[1]

La unidad

¿Qué tipo de relaciones preexistentes o percibidas acentúan el trato favorable por parte de los demás? La respuesta requiere que hagamos una distinción sutil pero fundamental. Las relaciones que llevan a las personas a favorecerse unas a otras de manera más efectiva no son las que les dan pie a decir: «Ah, esa persona es como nosotros». Son las que les llevan a afirmar: «Ah, esa persona es de las nuestras». Por ejemplo, yo puedo tener muchos más gustos y preferencias en común con un colega del trabajo que con un hermano, pero no hay discusión sobre a cuál de los dos consideraría de los míos y a cuál pensaría que simplemente es como yo y, por ende, a quién estaría más dispuesto a ayudar en un momento de necesidad. La noción de unidad no tiene que ver con simples similitudes (aunque estas también pueden funcionar, si bien en menor grado, por medio del principio de la simpatía), sino con identidades compartidas. Tiene que ver con las categorías que las personas utilizan para definirse a sí mismas y a sus grupos, tales como la raza, la etnia, la nacionalidad y la familia, así como con las adscripciones políticas o religiosas. Una característica clave de estas categorías es que sus miembros tienden a sentir que forman una entidad con los demás, una unidad. Son categorías en las que la conducta de uno de los miembros influye sobre la autoestima de los demás. Por decirlo sin complicaciones, el nosotros es un yo compartido.

Son múltiples y muy sorprendentes las pruebas de cómo se produce este solapamiento del yo y de otras identidades en los grupos basados en el nosotros. A menudo, las personas no terminan de distinguir bien entre sí mismas y otros miembros del grupo y acaban asignándoles sus propias características a los demás cuando no toca, reinciden en no recordar con exactitud qué rasgos personales habían atribuido previamente a los miembros del grupo o a sí mismas, o tardan mucho más en identificar los rasgos que diferenciaban a los miembros del grupo con respecto a sí mismos…; todo viene a reflejar la confusión entre ellos mismos y los demás. Los neurocientíficos han ofrecido una explicación para este tipo de confusión: las representaciones mentales de los conceptos de uno mismo y de las personas cercanas emergen de los mismos circuitos cerebrales. La activación de cualquiera de esos dos conceptos puede llevar, a nivel neuronal, a un fenómeno de excitación cruzada del otro y a la consiguiente difuminación de identidades.[2]

Mucho antes de que se dispusiera de estas pruebas neurocientíficas, los científicos sociales ya se encargaban de medir el solapamiento entre el yo y el otro y de identificar las razones que lo provocaban. En el proceso descubrieron dos categorías de factores que llevaban a que se manejase cierto sentido del nosotros: las que tienen que ver con ciertas formas de estar juntos y las que se relacionan con ciertas maneras de actuar juntos. Ambas son dignas de análisis y el de la primera de las dos se llevará a cabo en el presente capítulo.

Por favor, rodee con un círculo el dibujo que mejor describa su relación con su pareja.

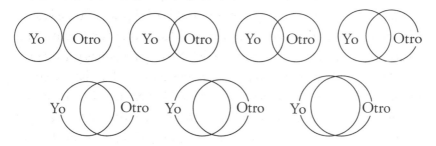

Círculos solapados, yoes solapados. Desde su publicación en 1992, la escala de inclusión del otro en el yo se ha venido empleando para determinar qué factores propician la sensación de «ir a una» con otra persona. *Cortesía de Arthur Aron y la Asociación de Psicología Americana.*

Estar juntos

LA AFINIDAD

Desde un punto de vista genético, pertenecer a la misma familia —el mismo linaje— es la máxima expresión de la unidad yo-otro. De hecho, el concepto muy aceptado de «aptitud inclusiva» en el ámbito de la biología evolutiva pone en cuestión de manera específica la distinción entre el yo y los otros con los que se está relacionado, y llega a afirmar que el individuo no pretende asegurar su propia supervivencia, sino la de las copias de sus genes. La implicación fundamental de todo esto es que lo propio del «interés propio» puede estar localizado fuera del propio cuerpo y dentro de la piel de otra persona con la que se comparte una buena cantidad de material genético. Por este motivo, la gente suele estar especialmente predispuesta a ayudar a parientes que le son cercanos en lo genético, sobre todo cuando lo que hay en juego es la supervivencia, en supuestos como el de una donación de riñón en Estados Unidos, un rescate en un edificio en llamas en Japón o una pelea con hachas en la selva venezolana. Estudios de neuroimagen han identificado una causa aproximada: después de ayudar a un miembro de nuestra familia tendemos a registrar un nivel de estimulación inusitadamente alto en las zonas cerebrales relacionadas con la autogratificación; es casi como si, al hacerlo, nos estuviéramos ayudando a nosotros mismos. ¡Y esto es algo que se da incluso entre adolescentes!

Desde un punto de vista evolutivo, hay que promover cualquier tipo de ventajas de aquellos con quienes mantenemos una relación de consanguinidad, aun cuando estas sean relativamente pequeñas. Valga como prueba la técnica más efectiva que he empleado en toda mi carrera profesional para tener más influencia sobre las personas. Una vez quise comparar las actitudes, con respecto a toda una serie de temas, de un grupo de estudiantes universitarios con las de sus padres, y para ello hice que ambos grupos rellenaran el mismo cuestionario extenso. Conseguir que un conjunto de estudiantes universitarios cumplimentara el cuestionario no fue muy complicado; se lo pedí como un ejercicio del curso a una clase muy numerosa de psicología. Lo difícil fue lograr que los padres hicieran lo mismo, ya que no disponía de dinero para ofrecerles y sabía que los índices de participación adulta en este tipo de encuestas son exiguos (a menudo menores a un 20 %). Un colega me sugirió que jugara la carta del parentesco y ofreciera un punto más de nota en mi próximo examen (uno de los varios a los que sometí a la clase) a cada alumno si este conseguía que uno de sus padres respondiera al cuestionario.

El efecto fue asombroso. Ni uno solo de mis 163 estudiantes dejó de enviar el cuestionario a un progenitor, y 159 (un 97 %) remitieron de vuelta una copia cumplimentada en el plazo inferior de una semana. A cambio de un punto más en un examen, en un curso, en un semestre, para uno de sus hijos. Como investigador del campo de la influencia, nunca he experimentado nada parecido. Sin embargo, si me baso en experiencias personales subsiguientes, ahora creo que podría haber hecho algo para conseguir resultados aún mejores: podría haberles pedido a mis alumnos que le enviaran el cuestionario a alguno de sus abuelos. Calculo que, de los 163 que se enviaron, habría recibido de vuelta 162 en el plazo de una semana. La copia restante

probablemente habría tenido que ver con la hospitalización de alguno de los abuelos a causa de un fallo cardíaco mientras iba corriendo
a la oficina de correos.

Pero ¿existe alguna manera de que unas personas a las que no
nos une ninguna conexión genética consigan sacar partido al poder
del parentesco para ganarse nuestro favor? Una posibilidad es el
empleo pre-suasivo de un lenguaje y una imaginería que traigan a
nuestra conciencia el concepto de parentesco. Por ejemplo, los colectivos que les generan a sus miembros la sensación de que existe
un nosotros se caracterizan por el uso de imágenes y términos familiares —«hermanos», «hermandad», «antepasados», «madre patria»,
«legado»— que llevan a una mayor predisposición a sacrificar los
propios intereses por el bien del conjunto. Dado que los seres humanos son criaturas con tendencia a la simbología, un grupo internacional de investigadores llegó a la conclusión de que estas «familias ficticias» inventadas dan lugar a niveles de sacrificio de uno
mismo típicamente vinculados con clanes con un alto grado de interrelación. En un par de estudios, el recordatorio a un grupo de
españoles de la naturaleza familiar de sus vínculos nacionales llevó
a aquellas personas que se sentían «fusionadas» con sus conciudadanos a mostrarse más dispuestas, y de forma inmediata y radical, a
luchar y morir por España.[3]

Ahora preguntémonos algo parecido sobre alguien que esté fuera
de los colectivos de los que formamos parte. ¿Puede por su cuenta
un comunicador sin relación genética con su público echar mano del
concepto de parentesco para conseguir acuerdos? Durante mis intervenciones en congresos de empresas de servicios financieros a veces
pregunto: «¿Quién dirían ustedes que es el inversor financiero más
exitoso de nuestra época?». La respuesta, pronunciada al unísono,
siempre es «Warren Buffett». El señor Buffet, en colaboración exquisita con su socio, Charlie Munger, ha conseguido que el valor de las
acciones de Berkshire Hathaway Inc. —un holding que invierte en
otras empresas— haya experimentado un aumento asombroso desde
que ambos se pusieron al frente de la compañía en 1965.

Hace unos años me regalaron acciones de Berkshire Hathaway.

Fue un obsequio que me ha seguido dando cosas, y no solo en el plano económico. Me ha brindado una posición ventajosa desde la que observar los movimientos de los señores Buffett y Munger en el ámbito de la inversión estratégica, del que sé poca cosa, y en el de la comunicación estratégica, que conozco bastante bien. Limitándome a estos últimos procesos, puedo decir que siempre me ha impresionado el nivel de conocimiento del que he sido testigo. La ironía de la situación es que éxitos de Berkshire Hathaway han sido tan formidables que ha acabado por surgir un problema de comunicación: cómo asegurarse de que los actuales accionistas confíen en que la compañía seguirá manteniendo ese nivel de éxito en el futuro. Si desaparece esa confianza, es razonable pensar que estos puedan vender sus acciones y que los potenciales adquirentes opten por comprar activos de otras empresas.

Que nadie se llame a engaño, basándose en un excelente modelo de negocio y varias ventajas únicas y muy dignas de consideración, Berkshire Hathaway reúne argumentos convincentes para seguir siendo una apuesta valiosa en el futuro. Pero haber reunido estos argumentos no es lo mismo que ofrecer otros nuevos de manera convincente, que es algo que Warren Buffett consigue hacer de forma invariable en las memorias anuales de la compañía. Por ejemplo, para establecer su alto nivel de credibilidad desde el principio (normalmente en la primera o la segunda página del informe), describe algún error que haya cometido o con el que la empresa se haya topado a lo largo del año anterior, y analiza las implicaciones de cara a posibles resultados futuros. En lugar de sepultar, minimizar o empapelar las dificultades a las que se ha hecho frente, lo que suele ser el procedimiento habitual en muchas memorias anuales, Buffett demuestra, en primer lugar, que es por completo consciente de los problemas de la compañía y, en segundo, que está absolutamente dispuesto a compartirlos. La ventaja subsiguiente consiste en que, cuando después pasa a describir las formidables fortalezas de Berkshire Hathaway, ya se ha pre-suadido al lector para que confíe en ellas mucho más que antes. Al fin y al cabo, vienen de una fuente que ya juzgamos creíble.

Esta práctica no ha sido la única flecha en el carcaj persuasivo del señor Buffett, pero en febrero de 2015 dio la impresión de que se requería algo aún más influyente que de costumbre, ya que tocó enviar una misiva especial a los accionistas, coincidiendo con el cincuenta aniversario de la compañía, en la que se resumían los resultados de esta durante ese largo lapso de tiempo y se daban argumentos a favor de la vigencia de Berkshire Hathaway de cara a los años venideros. En la conmemoración de los cincuenta años venía implícita una preocupación que llevaba un tiempo percibiéndose y empezaba a tomar cuerpo en forma comentarios por internet: después de medio siglo de trayectoria en la empresa, era evidente que Buffett y Munger ya no eran un par de jovenzuelos y, si alguno de los dos dejaba de estar al frente de la compañía, las expectativas de negocio y el precio de las acciones podían tambalearse. Recuerdo haber leído comentarios de este tipo y sentirme preocupado. ¿Podría mantenerse el precio de mis acciones, que se había cuadruplicado bajo la dirección de Buffet y Munger, si alguno de los dos lo dejaba por su avanzada edad? ¿Era hora de vender y recoger los extraordinarios beneficios acumulados antes de que estos pudieran evaporarse?

En su carta, el señor Buffett abordaba el asunto sin ambages. En concreto, lo hacía en el apartado titulado «Los próximos cincuenta años de Berkshire», donde exponía en tono asertivo el largo alcance del contrastado modelo de negocio de Berkshire Hathaway, su bastión casi sin parangón de activos financieros y el hecho de que ya se hubiese identificado a «la persona ideal» para asumir el puesto de CEO cuando llegara el momento. Pero lo que a mí me pareció más revelador, como científico de la persuasión especialmente atento a los enfoques pre-suasivos, fue cómo el señor Buffett iniciaba ese apartado de vital importancia. Como ya es típico en él, empezó por restablecer su fiabilidad reconociendo a la primera una posible debilidad: «Ahora echemos un vistazo al camino que se despliega ante nosotros. Debemos tener en cuenta que si hace cincuenta años hubiese querido prever lo que estaba por venir, algunas de mis predicciones habrían fallado por mucho». Después hizo algo que jamás le había visto hacer ni decir en público. Añadió: «Tras esta advertencia, les comunicaré lo que le diría a mi familia sobre el futuro de Berkshire».

Lo que siguió fue una minuciosa construcción del argumento en torno a las previsiones sobre la salud económica futura de Berkshire: el modelo de negocio de sobras probado, el baluarte de activos financieros, la escrupulosa elección del futuro CEO. Por muy convincentes que resultasen sus argumentaciones sobre estos méritos, el señor Buffett había empleado una serie de recursos pre-suasivos que me llevaban a considerarlas aún más convincentes: había asegurado que iba a asesorarme sobre todas ellas como si yo fuera un miembro de su familia. Por todo lo que sabía del personaje, pude creerme esa afirmación. De resultas, nunca más me he vuelto a plantear seriamente vender mis acciones de Berkshire Hathaway. Hay un momento memorable en la película *Jerry Maguire* en el que el personaje protagonista, interpretado por Tom Cruise, irrumpe en una sala, saluda a los presentes —incluida Dorothy, su mujer, de la que está separado— y suelta un largo monólogo en el que expone una a una las razones por las que ella debería seguir siendo su pareja. A mitad de la enumeración, Dorothy alza la vista e interrumpe el soliloquio con una frase que ahora ya es famosa: «Ya me tenías con el "hola"». En su carta, Buffett me tuvo desde que dijo «familia».

Aunque la carta de aniversario empieza en la página 24 del informe, algo que tal vez demuestra lo mucho que Buffett reconoce el valor de la pre-suasión es el hecho de que, arriba del todo en la primera página, ya recomienda a los accionistas que salten hasta la página de la carta, que es donde se fija el marco, y la lean antes que todo lo demás. El señor Munger también redactó una carta por el cincuenta aniversario que se publicó dentro de la extensa memoria. Si bien no estableció un contexto familiar en sus observaciones, antes de predecir que la empresa iba a seguir obteniendo resultados inusualmente positivos, sí que empleó, para ofrecer una imagen de mayor fiabilidad, el recurso de describir algunos errores cometidos por la dirección en el pasado. En el capítulo 13 seguiré abordando el tema del componente ético de la persuasión. Pero, por ahora, puedo afirmar que de ninguna manera considero que este enfoque, empleado tanto por el señor Munger como por el señor Buffett, sea una argucia. Más bien opino que ejemplifica muy bien cómo los comunicadores que de verdad son fiables pueden tener también la suficiente inteligencia (en el caso de estos señores, la sobrada inteligencia) de apercibirse de las ventajas que proporciona poder ganarse un nivel de confianza muy determinante ofreciendo revelaciones pre-suasivas, además de sinceras.

Hay muchas conclusiones que sacar del hecho de que, en medio del torrente de reacciones favorables a la carta del cincuenta aniversario (con titulares tales como «Warren Buffet ha escrito la mejor misiva anual de su carrera» o «Es de tontos no invertir en Berkshire Hathaway»), nadie comentara nada sobre el marco familiar en el que, con tanto tino, Buffett había dispuesto su argumentación. No puedo decir que me sorprendiera esta falta de reconocimiento. En el mundo de las inversiones financieras, tan empecinado y obsesionado con los datos, lo que se hace por defecto es atender al mérito que pueda tener el mensaje. Y, por supuesto, es cierto que el mérito (de los argumentos) puede ser el mensaje. Sin embargo, al mismo tiempo, hay otras dimensiones de la comunicación efectiva que pueden convertirse en el mensaje fundamental. Hemos aprendido gracias a Marshall McLuhan que el medio puede ser el mensaje; gracias al principio de consenso social que la multitud puede ser el mensaje; gracias al principio de autoridad que el mensajero puede ser el mensaje; y ahora, gracias al concepto de unidad, que el elemento de cohesión (entre el yo y el otro) puede ser el mensaje. Vale la pena plantearse, por tanto, qué otras características de una determinada situación, aparte del parentesco directo, propician esa percepción de que las identidades se cohesionan.

Llama la atención la cantidad de estas características que en todo caso se pueden rastrear hasta un origen en el que comparten trazas con esa mayor noción de parentesco. Obviamente, nadie puede asomarse al interior de otra persona para determinar el porcentaje de genes que se comparten con ella. Por eso, para proceder de una manera prudente en términos evolutivos, las personas han de apoyarse en ciertos rasgos de los otros que sí son detectables y que se asocian con el solapamiento genético; el más evidente es la similitud física y personal. Dentro de una misma familia, tendemos a ayudar más a los miembros que más se nos parecen. Fuera de la unidad familiar, las personas recurren a los parecidos en rasgos faciales para establecer (con bastante precisión) el nivel de relación genética que tienen con los desconocidos. Sin embargo, a veces se les puede engañar y conseguir favoritismos indebidos a este respecto. La gente tiende a fiarse más de alguien a quien ve en una fotografía cuando a esa persona se le ha modificado digitalmente la cara para que se parezca más al observador. Si esa cara que ahora resulta más parecida es la de una figura política, la gente estará más dispuesta a votar por él o ella.[4]

El lugar

Hay otra pauta que suele resultar fiable como indicador de un alto nivel de similitud genética. Tiene menos que ver con el parecido físico que con la proximidad física. Es la percepción de ser del mismo lugar que otra persona, y su impacto sobre el comportamiento humano puede ser impresionante. No se me ocurre mejor manera de documentar ese efecto que resolviendo algunos misterios de la conducta humana que emergieron durante una de las épocas más terribles de nuestro tiempo: los años del Holocausto. Empecemos con el emplazamiento más pequeño, en dimensiones, y pasemos luego a espacios mayores.

El hogar. En los años formativos, los seres humanos, al igual que los animales, reaccionan ante quienes conviven con ellos en sus hogares considerándolos parientes. Aunque este indicador de parentesco a veces puede llevar a engaño, tiende a ser más o menos correcto, pues se suele convivir en el hogar con familiares. Además, cuanto más tiempo se haya convivido en el hogar, mayor es la percepción que la persona tiene de que existe ese vínculo familiar y, en consecuencia, resulta superior la predisposición a sacrificarse por esos otros. Pero existe un factor relacionado con todo esto que produce las mismas consecuencias sin que se haya convivido durante largo tiempo. Cuando las personas ven que sus padres atienden las necesidades de otros sujetos en el hogar experimentan hacia estos últimos un sentimiento parecido al que les generan los miembros de la familia y, por tanto, están más dispuestas a ayudarles. Un resultado algo intrigante de este proceso es que los hijos que ven a sus padres abrir sus casas a una serie amplia y variada de personas serán más propensos, ya de adultos, a ayudar a los desconocidos. Para ellos, la idea del «nosotros» sobrepasará los límites de la familia inmediata o extensa y se aplicará también a la «familia humana».

¿Cómo ayuda esta observación a resolver uno de los grandes misterios del Holocausto? La historia ha registrado los nombres de quienes, en esa época, prestaron ayuda de manera más célebre y exitosa: Raoul Wallenberg, el valiente ciudadano sueco cuyos incansables esfuerzos en repetidos rescates terminaron costándole la vida, o el industrial alemán Oskar Schindler, cuya «lista» salvó a 1.100 judíos. Sin embargo, la acción aislada de ayuda más eficaz durante la época del Holocausto ha pasado relativamente desapercibida desde entonces.

Empezó poco antes del amanecer de un día del verano de 1940, cuando 200 judíos polacos se agolparon a las puertas del consulado japonés de Lituania para pedir ayuda. Intentaban escapar del devastador avance de las tropas nazis por Europa Oriental. El hecho de que fueran a pedir ayuda precisamente a los funcionarios japoneses es ya en sí mismo desconcertante. En aquel momento, los gobiernos de la Alemania nazi y el Japón imperial tenían estrechos vínculos e intereses compartidos; de hecho, solo unos pocos meses más tarde, en septiembre de aquel mismo año, Japón, Alemania e Italia firmaron el Pacto Tripartito y declararon su alianza de manera formal. ¿Por qué, entonces, solicitarían aquellos judíos, blancos del odio del Tercer Reich, la clemencia de uno de los socios internacionales de Adolf Hitler? ¿Qué clase de ayuda esperaban obtener de Japón?

Antes de establecer estrechos vínculos estratégicos con la Alemania nazi a finales de los años treinta, Japón había permitido la entrada con facilidad a sus territorios a judíos desplazados, como una manera de granjearse parte de los recursos económicos y el favor político que la comunidad hebrea internacional podía ofrecer en contraprestación. Dado que ciertos círculos japoneses seguían dando apoyo a este plan, el gobierno nunca llegó a revocar del todo su política de otorgar visados de viaje a judíos europeos. El paradójico resultado fue que, durante los años previos a la guerra, mientras casi todos los países del mundo (incluido Estados Unidos) negaban el acceso a las desesperadas víctimas de la Solución Final de Hitler, fue Japón —el aliado de Alemania— el que brindó refugio en los asentamientos judíos que había bajo su control en Shangai (China) y la ciudad nipona de Kobe.

Por tanto, en julio de 1940, los 200 judíos perseguidos que se agolpaban ante las puertas del consulado japonés de Lituania sabían que el hombre que estaba al otro lado de la puerta era su mejor baza, y tal vez la última, para conseguir ponerse a salvo. Se llamaba Chiune Sugihara y, según apuntaban todos los indicios, era un candidato con pocas trazas de ir a encargarse de su salvación. Ya a mitad de su carrera diplomática, Sugihara se había convertido en cónsul general japonés en Lituania después de llevar dieciséis años de abnegado y obediente servicio en una serie de cargos. La acumulación de las credenciales adecuadas le había facilitado la promoción dentro del cuerpo diplomático: era hijo de un funcionario del gobierno y provenía de una familia de samuráis. Se había marcado unos objetivos profesionales ambiciosos y había aprendido a hablar ruso con soltura, con la esperanza de convertirse algún día en embajador japonés en Moscú. Como su figura paralela más conocida, Oskar Schindler, el señor Sugihara era un gran aficionado al juego, la música y las fiestas. En principio, por tanto, poco había que apuntara a que este diplomático de larga trayectoria, acomodado y hedonista, pudiera arriesgar su carrera, su reputación y su futuro intentando salvar al grupo de desconocidos que lo despertaron de su placentero sueño muy temprano aquella mañana. Sin embargo, eso fue precisamente lo que hizo, aun siendo muy consciente de las consecuencias que podían sufrir tanto él como su familia.

Después de hablar con algunas personas del grupo que esperaba al otro lado de su verja, Sugihara fue consciente de los problemas en que se hallaban y contactó telefónicamente con Tokio y pidió autorización para concederles visados de viaje. Aunque seguían vigentes algunos protocolos permisivos de la política japonesa sobre visados y permisos de residencia para judíos, a los jefes de Sugihara en el Ministerio de Asuntos Exteriores les preocupaba que el hecho de seguir aplicándolos pudiera dañar las relaciones diplomáticas de Japón con Hitler. Por lo tanto, su solicitud fue denegada, como también lo fueron sus peticiones segunda y tercera, ya más urgentes. Y fue a esas alturas de su vida —a la edad de cuarenta años, sin haber mostrado antes el menor indicio de desobediencia ni de deslealtad— que este individuo de conducta algo licenciosa y grandes ambiciones profesionales hizo lo que nadie se esperaba. Empezó a redactar los documentos que aquellas personas necesitaban para viajar, incumpliendo las órdenes tan claramente dictadas y confirmadas por partida doble.

Aquella decisión destruyó su carrera. En cuestión de un mes, Sugihara fue transferido de su puesto como cónsul general a un cargo muy inferior fuera de Lituania, donde ya no podía operar de forma autónoma. Al final se lo expulsaría del Ministerio de Asuntos Exteriores por insubordinación. Repudiado tras la guerra, se ganó la vida como vendedor de bombillas. Sin embargo, durante las semanas previas a tener que cerrar el consulado en Lituania, Sugihara se mantuvo coherente con la decisión que había tomado y entrevistó a candidatos desde primera hora de la mañana hasta bien entrada la noche, y rellenó los documentos necesarios para la huida de todas aquellas personas. Incluso después del cierre del consulado y de haber tenido que trasladarse a un hotel, siguió firmando visados. Incluso tras quedarse exhausto y demacrado por la ingente tarea, y de que esta tesitura impidiera a su mujer amamantar a su bebé, siguió preparando la documentación sin descanso. Incluso en el andén del tren que debía alejarlo de los solicitantes, y también a bordo del mismo, siguió redactando y entregando papeles salvadores y fueron miles de personas inocentes las que sobrevivieron por mediación suya. Finalmente, cuando el tren comenzaba a alejarse, agachó la cabeza en un lamento y pidió disculpas a los que había dejado allí varados, rogándoles que lo perdonaran por no haber podido prestarles ayuda.

Sugihara y familia: Dentro/Fuera. Después de tramitar miles de visados de viaje para ciudadanos judíos en el consulado japonés de Lituania (arriba), Chiune Sugihara fue degradado a cargos inferiores en la zona de Europa controlada por los nazis. En Checoslovaquia (abajo) hizo posar a su familia (esposa, hijo y cuñada) a las puertas de un parque con un cartel que rezaba, en alemán, PROHIBIDA LA ENTRADA A JUDÍOS. ¿Fue este elemento incluido en la foto por casualidad, o lo incorporó de manera consciente y con amarga ironía? Por si resulta útil para la respuesta, véase la mano de la cuñada. *Museo Estadounidense Conmemorativo del Holocausto. Cortesía de Hiroki Sugihara [ambas imágenes].*

Es probable que la decisión de Sugihara de ayudar a miles de judíos a escapar con destino a Japón no pueda atribuirse a un solo factor. Lo normal es que existan múltiples fuerzas que actúan e interactúan para propiciar esta clase de gestos de extraordinaria benevolencia. Pero en el caso de Sugihara destaca un factor relacionado con el hogar. Su padre, un funcionario de Hacienda que durante una época había estado destinado en Corea, había trasladado a su familia a aquel país, donde había abierto una pensión. A Sugihara le había marcado la predisposición de sus progenitores para acoger a un amplio espectro de huéspedes, a los que habían alojado y alimentado en la casa familiar, ofreciendo incluso servicios de baño y lavandería a aquellos que eran demasiado pobres como para pagar por ello. Desde esta perspectiva podemos hallar uno de los motivos —una idea de familia ampliada que derivaba de la convivencia con gente muy diversa en su propio hogar— detrás de los posteriores esfuerzos de Sugihara para ayudar a miles de judíos europeos. Tal como él mismo reconoció en una entrevista cuarenta años después de los hechos, la nacionalidad y la religión de aquellos judíos no significaban nada; lo único que importaba era que se trataba, como él, de miembros de la gran familia humana y necesitaban su ayuda. Su experiencia sugiere un consejo para padres que quieran que sus hijos desarrollen un carácter compasivo: ponerlos en contacto en el propio hogar con personas de un amplio abanico de procedencias y tratar a estas como si fueran de la familia.[5]

La localidad. Dado que los seres humanos evolucionaron como especie a partir de una serie de grupos reducidos pero estables de individuos relacionados genéticamente, también hemos desarrollado cierta tendencia a favorecer a la gente que, fuera de nuestro hogar, vive cerca de nosotros. Incluso hay un «ismo» acuñado para representar esa tendencia: el «localismo». Su influencia, que a veces llega a ser enorme, puede observarse al nivel de un vecindario o de una comunidad. Una mirada a dos incidentes de la época del Holocausto confirma su alcance.

El primero proviene del sociólogo Ronald Cohen, que narró un ejemplo espantoso de localismo perpetrado por un guardia en un campo de concentración nazi. En aquellos campos de trabajo, cuando un solo prisionero infringía alguna norma, no era raro que se colocara a todo el grupo en fila y que un guardia fuera contando de uno a diez y se detuviera solo ante una persona de cada diez, para disparar contra ella. Según cuenta Cohen, un guardia ya veterano al que se había encomendado esta tarea estaba desempeñándola tan rutinariamente como siempre hasta que, sin mediar explicación, hizo algo distinto: al llegar ante el que parecía ser el infortunado décimo prisionero, alzó una ceja y ejecutó al undécimo. Podemos imaginarnos varias posibles causas para que actuara de esta manera. Tal vez el prisionero al que salvó le hubiese servido bien en el pasado o quizá hubiese advertido en él una mayor fuerza, inteligencia o salud y pensase que en adelante podría sacarle un partido especial a su trabajo. Sin embargo, cuando otro guardia (la persona que informó a Cohen sobre el asunto) le pidió explicaciones, quedó claro que aquella elección no obedecía a ninguna de estas consideraciones de orden práctico. La sencillez de su justificación establece también su suficiencia: había reconocido a aquel hombre porque era de su mismo pueblo.

Después de haber descrito el incidente en un artículo académico, Cohen comentó un aspecto profundamente contradictorio: «Aun estando enfrascado con toda diligencia en un asesinato en masa, el guardia mostró compasión y simpatía hacia un miembro en concreto del grupo de víctimas». Si bien Cohen no profundizó en el asunto, es importante identificar el factor que posee la suficiente entidad para convertir a un asesino a sangre fría de homicidios en masa en un actor «compasivo y empático» en ese caso concreto. Fue la coincidencia de lugar.

Ahora analicemos cómo ese mismo factor unificador produjo un desenlace completamente distinto, en el mismo período de la historia. Muchos testimonios sobre gente que salvó a judíos revelan un fenómeno que se ha estudiado poco pero que merece la pena señalar: en la mayor parte de los casos, quienes decidieron acoger, alimentar y esconder a los perseguidos por los nazis no escogieron de manera espontánea a estas personas que necesitaban su ayuda. Más significativo todavía es que, por regla general, aquellas víctimas tampoco les pidieron ayuda de forma directa. En realidad, el solicitante directo solía ser un pariente o un vecino, que les pedía ayuda en nombre de alguna otra persona o familia perseguida. Lo cierto, entonces, fue que estos rescatadores no les dijeron que sí a personas desconocidas que necesitaban ayuda, sino a sus propios parientes o vecinos.

Por supuesto, esto no quiere decir que no hubiera rescatadores que actuaran directamente por compasión hacia las víctimas. El pastor protestante André Trocmé, después de acoger en un principio a un solo refugiado que llegó hasta su puerta, convenció a otros habitantes de la pequeña localidad francesa de Le Chambron-sur-Ligon para que hospedaran, mantuvieran, ocultaran y ayudaran a escapar a miles de judíos durante la ocupación nazi. Lo que resulta ilustrativo de la extraordinaria historia de Trocmé no es cómo aceptó encargarse de ese primer refugiado, sino cómo abordó el cuidado de los muchos que lo siguieron: empezó a pedir ayuda a gente a la que le iba a costar negársela precisamente a él —sus parientes y vecinos— y después les presionó para que hicieran lo mismo con sus respectivos parientes y vecinos. Este estratégico aprovechamiento de los ejemplos ya existentes de unidad lo convirtió en algo más que un héroe compasivo. También lo transformó en uno inusualmente exitoso.[6]

La región. Incluso la pertenencia a la misma región geográfica puede producir esa sensación de que existe un nosotros. A lo largo y ancho del mundo, los campeonatos de deportes de equipo exacerban sentimientos de orgullo personal entre los habitantes de las zonas cercanas al lugar donde los equipos tienen su base; es como si ellos mismos ganaran. Solo en Estados Unidos hay investigaciones que refuerzan esta idea general de muchas y variadas maneras: un grupo de ciudadanos se mostró más dispuesto a participar en un estudio en función de si este se desarrollaba en una universidad del mismo

estado en que residían; los lectores de una noticia sobre un incidente militar con una víctima mortal en Afganistán mostraron mayor
oposición a la guerra al enterarse de que el soldado fallecido era de
su mismo estado; y, remontándonos ciento cincuenta años atrás,
hasta la guerra de Secesión estadounidense, si los soldados de infan-
tería compartían región de procedencia eran menos propensos a
desertar y se mostraban más leales hacia los compañeros de su unidad, que veían «más unida». Ya sea entre aficionados deportivos o
soldados, queda patente el considerable impacto de las identidades
regionales en la propensión a responder desde un nosotros. Sin
embargo, vuelve a ser un sobrecogedor incidente del Holocausto el
que ofrece el ejemplo más revelador.

Aunque los visados de Chiune Sugihara salvaron a miles de
judíos, cuando estos llegaron a territorios controlados por Japón
pasaron a engrosar un contingente aún mayor de refugiados judíos
concentrados en la ciudad nipona de Kobe y en Shangai, controlada por ellos. Tras el ataque japonés a Pearl Harbor en 1941, que
precipitó la entrada de Estados Unidos en la Segunda Guerra Mundial, se interrumpió todo el tránsito de refugiados desde y hacia
Japón, y la seguridad de aquella comunidad judía volvió a quedar
en un estado precario. Japón, al fin y al cabo, ya era para entonces
y a todas luces un aliado de guerra de Adolf Hitler, y debía cuidar
esa alianza con aquel virulento antisemita. Y aún más, en enero de
1942, el plan de Hitler de aniquilar al pueblo judío se formalizó
en la conferencia de Wannsee, en Berlín. Con la Solución Final
establecida ya como una de las políticas de las potencias del Eje,
los funcionarios nazis comenzaron a presionar a Tokio para que
aplicaran esa «solución» a los judíos de Japón. Tras la conferencia
se lanzaron propuestas a Tokio en las que se contemplaba la creación de campos de exterminio, el desarrollo de experimentos médicos y ahogamientos masivos en alta mar. Sin embargo, pese al
posible efecto negativo sobre las relaciones con Hitler, a principios
de 1942 el gobierno japonés se resistió a ceder ante esas presiones
y se mantuvo firme en esa negativa hasta el final de la guerra. ¿Por
qué?

La respuesta bien podría tener que ver con una serie de acontecimientos que habían tenido lugar unos meses antes. Los nazis habían enviado a Tokio a Josef Meisinger, un coronel de la Gestapo conocido como «el carnicero de Varsovia» por haber ordenado la ejecución de 16.000 polacos. A su llegada en abril de 1941, Meisinger comenzó a presionar para que se impusiera un protocolo de violencia contra los judíos que se encontraban bajo custodia japonesa; una política en cuyo diseño e implementación estaría encantado de colaborar, según afirmó. Los miembros del mando militar japonés tenían dudas sobre cómo reaccionar y quisieron escuchar a todas las partes, por lo que convocaron a dos líderes de la comunidad de refugiados judíos a una reunión que acabaría influyendo significativamente sobre su futuro. Ambos representantes eran líderes religiosos muy respetados, pero cada uno a su manera. Uno, el rabino Moses Shatzkes, era un renombrado académico, uno de los más destacados estudiosos del Talmud en la Europa de antes de la guerra. El otro, el rabino Shimon Kalisch, era mucho mayor y se le reconocía una asombrosa habilidad para entender los fundamentos del comportamiento humano básico; era una especie de psicólogo social.

Al entrar en la sala donde se celebró la reunión, tanto ellos como sus traductores se vieron ante un tribunal de los miembros más poderosos del alto mando japonés, quienes iban a decidir la supervivencia de su comunidad y que tardaron poco en hacerles dos preguntas fatídicas: ¿Por qué les odian tanto nuestros aliados nazis?, y ¿Por qué deberíamos ponernos de su lado y desobedecerles? El rabino Shatzkes, el académico, consciente de la enmarañada complejidad de factores históricos, religiosos y económicos, no tenía una respuesta preparada. Pero el gran conocimiento del rabino Kalisch acerca de la naturaleza humana le permitió emitir la más impresionante de las comunicaciones persuasivas con las que me he topado en más de treinta años de estudio de este tipo de procesos: «Porque somos asiáticos, como ustedes», les contestó con toda calma.

Rabinos en Japón. En la Segunda Guerra Mundial, los japoneses no sucumbieron a las presiones de los nazis para que maltrataran a los judíos. Uno de los motivos pudo haber sido la afirmación de uno los dos rabinos (retratados aquí junto a sus escoltas el día de aquella reunión crucial), según la cual su pueblo se incorporaba a la noción de un «nosotros» manejada por los oficiales japoneses, y que excluía a los nazis. *Cortesía de Marvin Tokayer.*

Aunque fue muy breve, el rabino estuvo inspirado con aquella aseveración. Modificó la identidad de grupo que manejaban los oficiales japoneses, que pasó de estar basada en una alianza temporal en tiempos de guerra a una noción de mutualidad relacionada con factores regionales y genéticos. La raza suprema aria era esencialmente diferente de las de los pueblos de Asia. En una sencilla pero penetrante observación se alojaba la idea de que en realidad eran los judíos los que se alineaban con los japoneses y no los nazis, aunque estos últimos lo fueran proclamando. Aquella respuesta del rabino más anciano tuvo un efecto poderoso sobre los oficiales japoneses. Tras un tiempo de silencio departieron entre sí y anunciaron un descanso. Cuando volvieron, el más veterano de los oficiales militares se puso en pie y transmitió a los rabinos la seguridad que tanto deseaban poder trasladar a su comunidad: «Vuelvan con su gente. Díganles que nos aseguraremos de que estén a salvo y en paz. No tienen ustedes nada que temer mientras permanezcan en territorio japonés». Y así fue.[7]

No hay duda de que un comunicador hábil podrá sacar buen partido a los poderes unificadores de los conceptos de familia y de la ubicación; consideremos los ejemplos de Warren Buffett y el rabino Kalisch. Al mismo tiempo, existe otra clase de efecto unificador al alcance de quienes desean aumentar el nivel de su influencia. No tiene que ver con estar juntos, dentro de una misma genealogía o ubicación, sino con actuar juntos, sincrónica o colaborativamente. Es lo que sigue.

12

La unidad 2: actuar juntos

Mi colega la profesora Wilhelmina Wosinska recuerda su niñez y adolescencia en la Polonia controlada por los soviéticos de los años cincuenta y sesenta con sentimientos encontrados. Por el lado negativo, junto a la escasez constante de productos de primera necesidad, estaban también las descorazonadoras limitaciones de toda suerte de libertades personales, entre ellas la de expresión e información, la de discrepar o viajar y la privacidad. Sin embargo, junto a sus compañeros de clase fue instruida en la convicción de que estas limitaciones eran positivas, necesarias para el mantenimiento de un orden social justo y equilibrado. Estos sentimientos positivos se exhibían con regularidad y se veían exacerbados en actos de celebración, en los que los participantes marchaban y cantaban al unísono al tiempo que ondeaban banderas. Los efectos de estas actividades, afirma, eran impresionantes: se trataba de revulsivos físicos que elevaban el ánimo y reafirmaban psicológicamente. Jamás se sintió más atraída por la idea del «todos para uno y uno para todos» que en mitad de aquellos actos coreografiados y coordinados de manera escrupulosa. Siempre que he escuchado a la profesora Wosinska hablar de aquellos actos ha sido en presentaciones académicas serias en torno a la psicología de grupos. Pese al contexto, la descripción de su participación en ellos siempre le hace aumentar el volumen de la voz, se le enrojece la cara y se le encienden los ojos. Hay un componente visceral e imborrable en esas experiencias sincronizadas que las convierte en algo primario y central, emparentado con la condición humana.

No en vano, los estudios antropológicos y arqueológicos lo dejan claro: todas las sociedades de la humanidad han desarrollado maneras de responder en grupo, al unísono o sincronizadamente, a base de canciones, marchas, rituales, cánticos, oraciones y bailes. Es más, lleva siendo así desde épocas prehistóricas; la danza en grupo, por ejemplo, se ve representada con extraordinaria frecuencia en los dibujos y las pinturas rupestres del Neolítico y el Calcolítico. Los registros de la ciencia conductista resultan igual de claros en su explicación del fenómeno. Las sensaciones resultantes de la solidaridad grupal sirven bien a los intereses de la sociedad y generan altos niveles de lealtad y sacrificio, que suelen asociarse a unidades familiares mucho más reducidas. Por tanto, parece ser que las sociedades humanas, incluso las muy antiguas, ya hace mucho que descubrieron «tecnologías» de vinculación grupal basadas en la respuesta coordinada. Los efectos son parecidos a los de la noción del parentesco: se genera la sensación de que existe un nosotros y se confunden el yo y el otro.

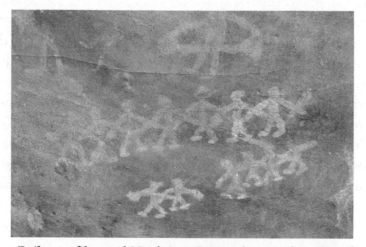

¿Bailes en fila en el Neolítico? Según el arqueólogo Yosef Garfinkel, las representaciones gráficas de la interacción social del arte prehistórico casi siempre eran de bailes. Una pintura rupestre encontrada en Bhimbetka, en la India, nos sirve de ejemplo. © *Arindam Banerjee/Dreamstime.com.*

La sensación de estar fusionado con otras personas suena como algo extraño, pero no lo es. Se puede generar con facilidad y de múltiples maneras. En una serie de estudios, los sujetos participaron en un juego en el que, para ganar dinero, tenían que decidirse entre elegir lo mismo que su pareja o una opción distinta. Comparados con los que ganaron con elecciones diferentes, los que para vencer tuvieron que hacer coincidir sus opciones acabaron viendo a sus parejas en el juego como personas que se les parecían más; el hecho de haber actuado de la misma manera les llevó a una mayor percepción de semejanza.

Hay otro estudio que demuestra que la respuesta sincronizada entre dos personas no tiene por qué ser un movimiento pensado para producir este tipo de percepción; también puede consistir en una respuesta sensorial. A los participantes se les proyectó un vídeo en el que a un desconocido le pasaban un pincel suave por la cara, a la vez que a ellos se les hacía lo mismo. A algunos se les pasaba el pincel exactamente igual que a la persona del vídeo, mientras que a otros se les pasaba de una manera distinta (a otro ritmo y dando las pinceladas en otro sentido). Los resultados fueron muy llamativos: los que recibieron el mismo tipo de pinceladas que en el vídeo consideraron que se parecían más al desconocido de la imagen, tanto en su aspecto físico como en su personalidad. Aún más significativo fue que surgiera cierto nivel de confusión entre el yo y el otro, ya que estos participantes llegaron a afirmar: «Sentí que mi cara se iba convirtiendo en la que aparecía en el vídeo»; «Por momentos tuve la impresión de que, si movía los ojos, la persona del vídeo iba a hacer lo mismo», o «Era como si el contacto que notaba fuera el del pincel que tocaba la cara del que estaba en el vídeo».

Si actuar juntos —ya sea a base de movimientos, con el habla o sensorialmente— puede funcionar como un sucedáneo de lo que supone estar juntos y formar parte de una unidad establecida por el parentesco, es de suponer que ambas formas de unión deberían provocar consecuencias parecidas. Y así ocurre. De entre estas consecuencias hay dos que resultan en especial importantes para quienes pretenden ser más influyentes: un aumento de la simpatía y un mayor nivel de apoyo por parte de los demás, objetivos ambos que se pueden conseguir aplicando técnicas pre-suasivas.[1]

La simpatía

Cuando la gente actúa al unísono, no solo se ven a sí mismos como más parecidos, sino que después se evalúan unos a otros más positivamente. El aumento de la sensación de semejanza se convierte en un incremento de la simpatía. Las acciones pueden abarcar desde tamborileo con los dedos en un laboratorio, sonreír en una conversación o cambiar de postura en una interacción entre profesor y alumno; todos ellos, si se realizan de forma sincronizada, hacen que las personas mejoren sus respectivas evaluaciones entre sí. Sin embargo, un grupo de investigadores canadienses llegó a plantearse si podría sacar en claro algo más significativo del movimiento coordinado: esta capacidad de convertir la semejanza en simpatía, ¿podría usarse para combatir los prejuicios raciales? En la investigación se dieron cuenta de que, aunque normalmente tratamos de «resonar» (o de armonizar) con miembros de los grupos de los que formamos parte, lo típico es que no hagamos lo mismo con gente de fuera de ellos. Especularon con la idea de que las consiguientes diferencias en las sensaciones de unidad podrían ser la causa, al menos parcial, de una tendencia humana automatizada a favorecer al grupo al que se pertenece. De ser así, conseguir que la gente armonizara sus acciones con las de miembros de grupos ajenos tal vez pudiera reducir el sesgo y los prejuicios.

Para poner a prueba la idea, condujeron un experimento en el que sujetos blancos visionaron siete vídeos en los que aparecían personas de raza negra tomando un sorbo de un vaso de agua y después dejándolo sobre una mesa. Algunos de los sujetos se limitaron a ver los vídeos y las acciones. A otros se les pidió que las imitaran y tomaran un sorbo de agua del vaso que tenían delante en perfecta coordinación con los movimientos que aparecían en los vídeos. Más adelante, a través de un procedimiento diseñado para medir sus preferencias raciales ocultas, los sujetos que se habían limitado a observar a los actores de raza negra mostraron la típica preferencia de los blancos hacia los blancos, en detrimento de las personas de raza negra. Pero aquellos que habían sincronizado sus movimientos con los de los actores negros no mostraron esta clase de favoritismo en absoluto.

Antes de sacar demasiadas conclusiones de los resultados de este experimento, deberíamos reconocer que el cambio positivo en las evaluaciones se registró tan solo unos minutos después de haberse puesto en práctica el protocolo unificador del estudio. La investigación no ofreció prueba alguna de que tales alteraciones fueran a persistir más allá del tiempo y el espacio de la prueba. En todo caso, sin dejar de tener presente esa salvedad, hay lugar para el optimismo, ya que, en lo tocante a preferencias por grupos propios y ajenos, un enfoque menos marcado por los sesgos y prejuicios puede bastar para marcar la diferencia dentro de los límites de una determinada situación, como puede ser una entrevista laboral, una llamada de ventas o una primera reunión de trabajo.[2]

Apoyo y colaboración

Está bien, de acuerdo, existen pruebas fehacientes de que actuar a la vez que otras personas, aunque sean desconocidas, genera una mayor sensación de unidad y aumenta la simpatía. Pero ¿existen formas de unidad y de simpatía que emanen de las respuestas coordinadas con la suficiente fuerza para brindar la clave de la influencia social o alterar significativamente el patrón oro de la influencia social: el comportamiento consecuente? Dos estudios ayudan a responder a la pregunta. Uno analizaba la ayuda prestada a un solo individuo, previamente incorporado a la unidad grupal, y el otro examinaba la cooperación con un equipo de individuos unificados antes. En ambos casos, el comportamiento que se requería de ellos implicaba cierto grado de sacrificio personal. En el primer estudio, los participantes escucharon a través de auriculares una serie de señales acústicas mientras daban golpes sobre una mesa al ritmo de lo que estaban oyendo. A algunos de ellos les pusieron los mismos sonidos que a ciertos compañeros y, por lo tanto, se veían dando los mismos golpes, y a la vez, que esa persona; a otros les tocó escuchar una serie de sonidos diferentes que los de su compañero, con lo cual no estaban sincronizados. Más tarde, se informó a todos los participantes de que si querían podían abandonar el experimento, aunque se les dijo que sus respectivos compañeros sí tendrían que quedarse para responder a una larga serie de problemas de matemáticas y de lógica. En todo caso, podrían elegir quedarse y ayudar a sus compañeros asumiendo parte de sus tareas. Los resultados no dejaron lugar a dudas acerca de la capacidad pre-suasiva de las actividades coordinadas para estimular comportamientos de sacrificio y apoyo. Solo un 18 % de los participantes que no habían golpeado las mesas al mismo tiempo que sus compañeros se quedaron a ayudarlos, mientras que, de los que sí marcaron el mismo ritmo en sincronía con sus compañeros, la proporción de los que estuvieron dispuestos a invertir su tiempo en ayudar a sus compañeros fue de un 49 %.

Otro grupo de investigadores se encargó de realizar un segundo estudio de interés sobre este tema. Emplearon una táctica militar largamente probada para generar una sensación de cohesión grupal. Después de repartir a los participantes en equipos, los investigadores les pidieron a algunos de los grupos que caminaran un rato juntos, al mismo paso; a otros les pidieron que andaran juntos, pero como lo harían normalmente. Más adelante, todos los miembros del equipo jugaron a un juego económico en el que podían elegir entre ver aumentadas las propias posibilidades de ganar dinero o dejar pasar la oportunidad y, al hacerlo, permitir que fuesen los compañeros quienes se beneficiaran. Los integrantes de los equipos que previamente habían marchado juntos de manera pre-suasiva fueron un 50 % más solidarios con sus compañeros que los que habían caminado juntos, pero como lo hacían de manera habitual. Un estudio subsiguiente sirvió para explicar por qué: la sincronía en la respuesta en un estado preliminar generó una sensación de unidad, que los llevó a estar más dispuestos a hacer sacrificios personales por el bien mayor del grupo.[3]

Por lo tanto, parece ser que en los grupos se puede promover, en distintos tipos de situaciones, la idea de unidad y de simpatía, así como la conducta colaborativa que se deriva de esta, si antes se ha propiciado un contexto de respuestas sincronizadas. Pero las tácticas que hemos visto hasta ahora —dar golpes sincronizados contra una mesa, tomar sorbos de agua o pasarles un pincel por la cara— no parece que se puedan implementar muy fácilmente, al menos no a gran escala. Desfilar al mismo paso puede funcionarnos mejor, pero solo de manera marginal. ¿Existe algún mecanismo aplicable en toda clase de contextos del que puedan echar mano las entidades para provocar este tipo de comportamientos sincronizados y condicionar así a los distintos integrantes del grupo hacia los objetivos grupales? Pues sí. Se trata de la música. Y, por suerte para los comunicadores individuales, también se puede usar para mover a los otros hacia el objetivo individual de un único agente que pretenda ejercer su influencia.

La música en la lucha por la influencia: la cosa va de *jingles*

Existe una muy buena explicación de por qué la presencia de la música se ha extendido desde los albores de la historia de la humanidad y a través de toda clase de sociedades. En virtud de una combinación única de regularidades detectables (el ritmo, la métrica, la intensidad, el pulso y el compás), la música posee un extraordinario poder sincronizador. A los oyentes les resulta muy fácil alinearse unos con otros en distintas dimensiones: la motriz, la sensorial, la vocal y la emocional, lo cual produce un orden de cosas en el que inciden marcadores de unificación que ya nos son familiares, tales como la confusión entre el yo y el otro, la cohesión social y la actitud colaborativa.

Con respecto a esto último, cabe detenerse ante los resultados de un estudio realizado en Alemania con niños de cuatro años. Como parte de un juego, algunos de estos empezaron a andar en torno a un círculo junto a un compañero, al tiempo que iban cantando y moviéndose al ritmo de una música grabada. Otros hicieron casi lo mismo pero sin que sonara música. Después se puso a los niños en una situación en la que podían elegir entre prestar ayuda y no prestarla. Los que habían estado moviéndose al ritmo de la música se mostraron hasta tres veces más predispuestos a ayudar a su compañero que quienes no habían vivido una experiencia pre-suasiva previa de carácter musical.

Los autores del estudio demostraron un par de cosas interesantes sobre el tipo de ayuda observada. En primer lugar, notaron que implicaba un sacrificio personal, ya que requería que el ayudante invirtiera parte de su tiempo de juego para asistir a un compañero. Que aquella música y aquellos movimientos experimentados en conjunto aumentaran la predisposición al sacrificio personal de una manera tan impresionante tiene que ser toda una revelación para cualquier padre que haya tratado de alterar las elecciones tan característicamente egoístas de los niños de cuatro años cuando están jugando. («Leia, ahora toca dejarle un rato a Hailey ese juguete. ¿Leia? ¡Leia! ¡Trae eso aquí ahora mismo!»). El segundo comentario destacable de los autores se me antoja como mínimo igual de importante que el primero: el sacrificio personal de los niños no fue producto de ninguna valoración racional de motivos a favor y en contra de prestar ayuda. Esta no se basó en ningún tipo de racionalidad. Fue espontánea e intuitiva, y se basó en una sensación emocional de conexión que acompaña de forma natural a la experiencia musical compartida. Las implicaciones de este punto a la hora de gestionar el proceso de influencia social resultan significativas.[4]

La ingeniería de sistemas

Hace tiempo que los científicos conductistas han reconocido dos maneras de evaluar y de saber. El más reciente hallazgo en lo que se refiere a la obtención de una atención generalizada es la distinción que hace Daniel Kahneman entre el pensamiento del Sistema 1 y el del Sistema 2. El primero es rápido, asociativo, intuitivo y a menudo emocional, mientras que el segundo es más lento, deliberativo, analítico y racional. Lo que sustenta la diferencia entre los dos enfoques son una serie de hallazgos que demuestran que activar uno inhibe el otro. De la misma forma en que resulta difícil pensar a conciencia en un hecho cuando lo estamos experimentando a nivel emocional, llegar a experimentarlo es complicado cuando lo estamos procesando a través de la lógica. Hay aquí una conclusión que sacar de cara al ejercicio de la influencia: quien pretenda persuadir hará bien en tratar de aplicar el enfoque correcto en cada caso, entre el Sistema 1 y el Sistema 2, en cualquier apelación a la orientación correspondiente del receptor. Por ejemplo, si lo que se plantea es la compra de un coche desde un punto de vista principalmente relacionado con sus características más relevantes en términos emocionales (un diseño atractivo y una potente capacidad de aceleración), un vendedor bien asesorado tratará de convencernos por medio de argumentos que tengan que ver con las emociones. Hay estudios que sugieren que tan solo con decir «Siento que este es perfecto para ti» ya tendrá mucho ganado. Sin embargo, si nos estamos planteando la compra en términos fundamentalmente racionales (el consumo de gasolina, el valor del coche en el mercado de segunda mano), la frase «Pienso que este es perfecto para ti» hará más probable que se cierre la venta.[5]

La influencia de la música pertenece al tipo del Sistema 1. Como parte de sus respuestas sensoriales y viscerales, las personas cantan, se contonean, culebrean y fluyen en rítmica alineación con ella y, si están juntas, alineadas rítmicamente también entre sí. Rara vez pensarán de forma analítica mientras lo que predomine en su conciencia sea la música. Bajo su influencia, la ruta deliberativa y racional del conocimiento se vuelve poco accesible y, por lo tanto, resulta en gran medida inalcanzable. Hay dos comentarios que son muestra de un resultado lamentable. El primero, una cita algo despreciativa de Voltaire: «Todo lo que resulta demasiado estúpido para ser dicho, se canta». El segundo, un dicho del mundo de la publicidad, es una consideración táctica: «Si no puedes convencer a tu público con los hechos, hazlo cantando». Así pues, los comunicadores cuyas ideas carezcan de munición racional no tienen por qué tirar la toalla; pueden poner en práctica una maniobra de flanco. Pertrechándose de música y de canciones, pueden llevar su campaña a un terreno en el que la racionalidad tiene poca fuerza y donde las sensaciones de armonía, sincronización y unidad resultan ganadoras.

Reconocer esto me ha ayudado a resolver un misterio personal que fui incapaz de solucionar durante mucho tiempo, y que me parecía especialmente frustrante cuando era joven sin ningún talento musical: ¿por qué las mujeres se sienten tan atraídas por los músicos? No obedece a ninguna lógica, ¿verdad? Exacto. Poco importa que, como todo el mundo sabe, las probabilidades de que una relación con un músico llegue a buen puerto sean escasas, pues son de carácter racional. Y tampoco importa que las perspectivas económicas, tanto actuales como futuras, de la mayoría de los músicos también sean bajas; estas son consideraciones económicas. La música no tiene nada que ver con este tipo de cuestiones de orden práctico, sino con armonías: de carácter melódico que derivan hacia otras emocionales y relacionales.

Además, dado que tienen una base común en las emociones y en lo armónico, la música y las inclinaciones románticas están fuertemente vinculadas entre sí a lo largo de la vida. ¿Cuál es el porcentaje de composiciones contemporáneas dedicadas al tema del amor? Según un recuento sistemático reciente, es de un 80 %, una aplastante mayoría. Es impresionante. Lo romántico no entra en juego durante la mayor parte del tiempo que dedicamos a hablar, a pensar o a escribir, pero sí que lo hace cuando cantamos.

Así que ahora entiendo por qué las mujeres jóvenes, que están en una edad donde sienten un especial interés tanto por lo romántico como por lo musical, muestran debilidad por los músicos. Hay fuertes vínculos entre ambos tipos de experiencias que convierten a los músicos en individuos difícilmente resistibles. ¿Hace falta una demostración científica? Si la respuesta es no, me limitaré a hacer como que canto aquí los resultados de un estudio francés en el cual los investigadores, en un principio escépticos, hicieron que un hombre se acercara a mujeres jóvenes para pedirles el teléfono, bien cargando con el estuche de una guitarra, con una bolsa de deportes o sin nada:

> *Aquellos científicos franceses*
> *concentrados en contar las veces*
> *en que la guitarra obtendría el* oui
> *al pedirles los números allí*
> *no tenían que haberse preocupado,*
> *la* chance *de triunfar se había doblado*

De solteros a ligones guitarreros. *Via @jessicahagy y thisisin dexed.com.*

Para cualquiera que esté interesado en maximizar las posibilidades de éxito de su proceso persuasivo, el aprendizaje crucial de esta sección no solo debería ser el de que la música se alía con el tipo de respuestas del Sistema 1 o que la gente actúa de manera imprudente cuando se la canaliza hacia ese tipo de reacciones. La lección mucho más profunda tiene que ver con la importancia de saber acertar con las particularidades del Sistema 1 y del Sistema 2 en las comunicaciones persuasivas, en función del marco mental del público al que pretendamos dirigirnos. A los receptores con objetivos hedonistas y no racionales se les deberá abordar con mensajes que contengan elementos no racionales, como por ejemplo el acompañamiento musical, mientras que a quienes tengan objetivos racionales y pragmáticos habrá que abordarles con mensajes con rasgos racionales, tales como los hechos. En su formidable estudio *Persuasive Advertising: Evidence-Based Principles*, el experto en marketing J. Scott Armstrong cuenta que, tras analizar en 2008 una selección de anuncios televisivos de treinta segundos de duración, se observó que un 87 % de ellos tenía música. Sin embargo, este rutinario aderezo con música del mensaje puede resultar fallido; no en vano, Armstrong, al repasar el análisis, también concluyó que la música debería utilizarse solo para anunciar productos familiares cuya elección se basa en los sentimientos (snacks, perfumería) en un contexto emocional (esto es, donde no es tan probable que intervenga la reflexión). En el caso de productos cuya elección entraña consecuencias serias para la persona, y con argumentos sólidos de venta (artículos de seguridad, paquetes de software) —esto es, sobre los cuales probablemente sea recomendable sopesar la compra— la música de fondo resta efectividad a los anuncios.[6]

La prolongación del intercambio recíproco

A principios de 2015 un artículo del *New York Times* suscitó el interés de los lectores y una oleada de comentarios, hasta el punto de que se viralizó y pasó a ser uno de los textos más difundidos en la historia del periódico. Para un medio de comunicación como el *New York Times*, puede que algo así no sea del todo extraordinario, dada su posición privilegiada como generador periodístico de opinión en temas de gran relevancia, tanto nacionales como internacionales, pero lo curioso fue que este artículo no apareció en las secciones de política, negocios, tecnología, ciencia ni salud, sino en la de moda y estilo. Tal como refleja el título, «Para enamorarse de cualquiera, haga esto», su autora, Mandy Len Catron, afirmaba haber descubierto una manera prodigiosamente efectiva de producir la intensa cercanía emocional y los vínculos sociales del amor… ¡en solo tres cuartos de hora! Decía que estaba segura de que funcionaba, porque lo había probado ella misma.

La técnica provenía de un programa de investigación lanzado por un matrimonio de psicólogos, Arthur y Elaine Aron, que se habían topado con ella durante sus investigaciones sobre relaciones íntimas. Implica una combinación muy concreta de acciones coordinadas, en la que los participantes, por parejas, llevan a cabo una secuencia recíproca de intercambios. Otros psicólogos han demostrado que un historial de favores intercambiados de forma recíproca lleva a la gente a hacerles aún más favores a las personas con quienes vienen intercambiándolos, con independencia de quién haya hecho el último. Es una tendencia que encaja con mi relato de lo que ocurrió cuando los Harrison hospedaron a un estudiante de dieciocho años al que jamás habían visto antes, no porque le debieran un favor a su familia, sino por el historial que tenían de más de una década de intercambio de postales de Navidad. El proceso de intercambio recíproco propició el consentimiento por parte de los Harrison más porque se estaba forjando una relación que debido a que existiera una obligación con la que cumplir.

Los Aron y sus colaboradores contribuyeron a explicar este tipo de predisposición al acuerdo al demostrar cómo una serie prolongada de intercambios recíprocos vinculan a quienes realizan la transacción. Lo consiguieron porque usaron un tipo de intercambio recíproco especialmente unificador y dotado de la fuerza suficiente para «unir» a las personas, hasta el punto de que prende el amor entre ellas: el de las revelaciones personales. El procedimiento no era nada complicado: por parejas, los participantes se turnaban leyéndoles preguntas a sus compañeros, que contestaban y después obtenían la respuesta del otro a la misma cuestión. El progreso a través de 36 preguntas de la serie obligaba a los participantes a ir revelando información cada vez más personal sobre sí mismos y, a su vez, a conocer las mismas cosas sobre su compañero. Una de las primeras preguntas podía ser: «¿Cómo sería un día perfecto para ti?», mientras que en un momento posterior de la secuencia a lo mejor se preguntaba: «¿Qué es lo que más valoras en una amistad?». Cerca del final de la lista, otra cuestión podía ser: «De toda la gente de tu familia, ¿cuál fue la muerte que más te trastornó?».

Las relaciones se estrecharon mucho más allá de lo esperado. El procedimiento generó sentimientos de intimidad emocional y de vinculación interpersonal que hasta entonces se habrían considerado inalcanzables en un plazo de cuarenta y cinco minutos, sobre todo entre perfectos desconocidos en un entorno tan aséptico como es un laboratorio. Pero el resultado no fue ninguna casualidad. Según cuenta Elaine Aron en una entrevista, el método se ha usado en cientos de estudios que confirman el efecto, y algunos participantes incluso han acabado casándose. En esa misma entrevista, la doctora Aron describía dos facetas del método que consideraba claves para su efectividad. En primer lugar, las preguntas van aumentando el nivel de intimidad de las revelaciones. Así pues, al ir respondiendo, los participantes se van abriendo progresivamente al compañero, y viceversa, y la confianza se construye como lo hace la de las parejas que están muy unidas. Además, y en consonancia con el hilo temático de este capítulo, los participantes establecen esos vínculos actuando juntos; esto es, de una forma coordinada y por turnos, con lo cual la interacción no deja de ser en sí misma inherente y continuamente una acción sincronizada.[7]

La cocreación

Mucho antes de que la protección del medio ambiente se convirtiera en un valor sostenido por un gran número de estadounidenses, un hombre llamado Aldo Leopold ya se dedicaba a defender la causa. Durante las décadas de los treinta y los cuarenta, fundamentalmente, mientras ocupó la primera cátedra de gestión medioambiental del país, en la Universidad de Wisconsin, Leopold desarrolló su característico enfoque ético de la disciplina. Tal como detalla en su best seller *A Sand County Almanac*, dicho enfoque desafiaba el modelo entonces imperante de conservación medioambiental, según el cual las ecologías naturales se gestionaban en función de cómo podían ser explotadas por el hombre. Su propuesta, por el contrario, defendía una alternativa basada en el derecho de toda especie animal o vegetal de existir en su medio natural siempre que sea posible. Tan convencido como estaba de su postura, un día acabó sorprendiéndose mucho con su propia conducta, cuando, hacha en mano, la contravino al talar un abedul en su jardín para que uno de sus pinos recibiera más luz y tuviera más espacio para crecer.

Se preguntó por qué había favorecido al pino y sacrificado al abedul, si, según la ética que él mismo defendía, el segundo tenía exactamente el mismo derecho a existir en condiciones naturales que cualquier otro árbol de su propiedad. Perplejo, Leopold rebuscó en su conciencia para hallar la «lógica» a aquel sesgo suyo, y, al plantearse varias diferencias entre las dos especies de árboles que podrían haberla motivado, dio con una que le convenció como un factor fundamental. No tenía nada que ver con lo lógico, sino que estaba basada por completo en lo emocional: «Bueno, para empezar, el pino lo planté con mi pala, mientras que el abedul vino reptando desde el otro lado de la valla y se plantó solo. El sesgo, hasta cierto punto, tiene algo de paternal».[8]

Leopold no estaba solo al sentir una afinidad especial hacia algo en cuya creación se había visto implicado. Es un comportamiento habitual en el ser humano. Por ejemplo, lo que algunos investigadores han bautizado como «el efecto Ikea»: la gente que construye algo con sus propias manos acaba viéndoles a «sus creaciones de aficionado un valor similar a las de los expertos». Dado que esto encaja con nuestro actual interés en los efectos positivos del hecho de actuar juntos, merece la pena preguntarnos otro par más de posibilidades. Las personas que se hayan visto implicadas en la creación de algo y lo hayan hecho mano a mano con otra, ¿sentirán acaso una afinidad especial no solo hacia esa creación, sino hacia el cocreador? O, incluso, ¿brotará acaso esta extraordinaria afinidad de un sentimiento de unidad con el otro, que resulte observable en forma de las típicas consecuencias en el contexto, como son el aumento en el nivel de simpatía y de sacrificio personal por el compañero?

Busquemos la respuesta a esas preguntas resolviendo una previa: ¿por qué he dado comienzo a esta sección sobre la cocreación con la explicación de Aldo Leopold sobre lo que había supuesto para él plantar un pino con sus propias manos? Es tan sencillo como que no estaba solo en ese proceso (y estoy seguro de que él me daría la razón). Era un cocreador, mano a mano con la naturaleza, del pino maduro que plantó cuando no era más que un retoño. La intrigante duda que se nos plantea es si, al haber actuado en equipo con la madre naturaleza, llegó a sentirse más unido a ella; y, por consiguiente, aún más enamorado de ella y con un mayor respeto por su compañera en aquella empresa. De ser así, habría sido indicador de que la cocreación puede ser un camino a la unificación. Por desgracia, el señor Leopold lleva desde 1948 sin poder contestar a nuestras preguntas. Pero a mí no me caben dudas sobre cuál habría sido su respuesta.

Parte de esa certeza me viene de conocer los resultados de un estudio en el que colaboré, que investigaba los efectos de los distintos grados de implicación personal de los directivos en la creación de un producto profesional. Yo esperaba que, cuanta más implicación sintieran los jefes, en el proceso de realización del producto en cuestión codo con codo con algún empleado, iban a evaluar como mejor su calidad, y eso fue lo que observamos: los jefes a los que se les hacía creer que habían tenido un papel importante en el desarrollo del producto final (un anuncio para un modelo nuevo de reloj) evaluaron el anuncio un 50 % más positivamente que aquellos a los que se hizo entender que habían participado poco (aunque el anuncio definitivo que se les mostró era idéntico en todos los casos). Además, nos encontramos con que los jefes que percibían un nivel mayor de implicación por su parte también se consideraban más responsables de la calidad de los anuncios, en virtud de la percepción que tenían de haber tenido más control directivo sobre su empleado, lo cual era algo que yo también había previsto.

Pero hubo un tercer hallazgo que no esperaba en absoluto. Cuanto más mérito se atribuían los jefes por el éxito del anuncio, más se lo daban también a la habilidad del empleado. Recuerdo haberme sorprendido al sostener la tabla de resultados, tal vez no tanto como se sintió Leopold cuando se vio sujetando aquel hacha, pero sí llegó a ser una sorpresa en toda regla. ¿Cómo podía ser que los supervisores con una percepción de una mayor implicación en el desarrollo de un producto profesional se vieran a sí mismos y al único empleado del proyecto como más responsables que el otro a la hora de su exitosa forma final? No se puede distribuir más que un 100 % de responsabilidad personal, ¿no es así? Y si sube la contribución personal que uno siente que ha hecho, por simple lógica, la del compañero de trabajo tendrá que bajar, nunca subir. En aquel momento no lo entendí, pero ahora creo que sí. Si la cocreación provoca una fusión al menos temporal de las identidades, entonces lo que se le puede atribuir a una de las partes también es válido para la otra, más allá de lógicas distributivas.

Si no te quieres estancar, «jeferízate». La contabilidad creativa es un conocido truco empresarial, como lo es también, al parecer, la cocreación creativa. *Dilbert © 2014. Scott Adams. Reproducido con permiso de Universal Uclick. Todos los derechos reservados.*

Pedir consejo es un buen consejo

La cocreación no solo reduce el problema de conseguir que los jefes atribuyan más mérito a los empleados que han trabajado provechosamente en un proyecto. También puede atenuar otras dificultades que suelen ser difíciles de combatir. Los niños menores de seis o siete años acostumbran a ser egoístas cuando llega la hora de compartir las recompensas. Rara vez las reparten de manera equitativa entre sus compañeros de juegos, a no ser que las hayan obtenido gracias a un esfuerzo en colaboración con alguno de ellos, en cuyo caso incluso los niños de tres años las distribuyen en partes iguales la mayoría de las veces. En la típica clase, los alumnos tienden a agruparse según criterios raciales, étnicos y socioeconómicos, y suelen encontrar a sus amigos entre los integrantes de los grupos a los que ellos mismos pertenecen. Sin embargo, este patrón disminuye de manera considerable después de que se hayan embarcado en alguna actividad cocreativa con alumnos de los otros grupos, como parte de algún ejercicio de «aprendizaje cooperativo», en el que cada alumno tiene que enseñarle una parte de la información a los demás para que todos juntos puedan obtener la calificación más alta posible. Las empresas se esfuerzan en conseguir que los consumidores se sientan vinculados con las marcas que comercializan y por tanto sean leales a ellas; es una batalla que van ganando a base de invitar a los actuales compradores, y también a los potenciales, a cocrear con ellos nuevos o mejorados productos y servicios, a menudo ofreciendo a las empresas información valiosa sobre posibles nuevas prestaciones.

Sin embargo, en este tipo de operaciones de marketing, las aportaciones de los consumidores deben enmarcarse bajo la categoría de consejos a la empresa, no como opiniones ni expectativas. Esta precisión terminológica puede parecer poco importante, pero es crucial de cara a conseguir el objetivo unificador de la empresa. Dar consejos nos coloca en una actitud propicia a la confusión entre el yo y el otro, lo cual estimula una vinculación de la propia identidad con la de la otra parte. En cambio, ofrecer una opinión o expresar nuestras expectativas nos coloca en una actitud introspectiva, que nos anima a centrarnos en nosotros mismos. Solo esta ligera diferencia en la manera que tiene el cliente de hacer aportaciones a la empresa —que, sin embargo, se relacionan con actitudes por completo contrarias, de unificación o de aislamiento— pueden tener un impacto significativo en el nivel de fidelidad del consumidor a una determinada marca.

Eso fue lo que les ocurrió a quienes, procedentes de todo Estados Unidos, participaron en una encuesta online donde se les mostraba una descripción del plan de negocio de un nuevo restaurante de comida rápida e informal, Splash!, que pretendía destacar entre sus competidores en virtud del carácter saludable de su menú. A todos los participantes se les pidió que hicieran aportaciones después de leer la descripción. Pero a unos se les pidió cualquier «consejo» que pudieran dar a los responsables del restaurante, mientras que a otros se les solicitaron o bien «opiniones» o «expectativas» que pudieran tener. Finalmente se les preguntó qué probabilidad había de que se convirtieran en clientes de un restaurante Splash! Aquellos que habían ofrecido sus consejos se mostraron mucho más propensos a acabar siendo clientes del restaurante que los que habían ofrecido cualquiera de las otras dos modalidades de respuesta. Y, tal como cabía esperar si en efecto el ofrecimiento de consejos es un mecanismo de unificación, el aumento en la predisposición a convertirse en cliente del restaurante procedía de la sensación de mayor vinculación a la marca.

Hay otro hallazgo del mismo estudio que para mí termina de confirmar ese carácter unificador: los participantes evaluaron las tres clases de respuesta y las consideraron igual de útiles para los hosteleros. Así pues, no fue que quienes ofrecieron consejos se sintieran vinculados a la marca porque pensaran que la habían ayudado en mayor medida que el resto. Más bien, el hecho de tener que dar algún consejo colocó a los participantes en una actitud mucho más solidaria que individualista, justo antes de pedirles que se manifestaran sobre la marca del restaurante. Tengo que reconocer que este hallazgo me satisface porque lo que hay implícito es el carácter pre-suasivo del proceso psicológico de quienes tuvieron que ofrecer consejos.

Para mí, este conjunto de resultados también demuestra que es una opción inteligente (y éticamente intachable, si se hace cuando de verdad se quiere obtener información útil) pedir consejo a amigos, colegas y clientes, en interacciones cara a cara. Incluso debería poder demostrarse su efectividad en nuestra relación con nuestros superiores. Por supuesto, es razonable y no deja de ser racional preocuparnos por un posible inconveniente: el de que, al pedirle consejo a un jefe, podamos parecer incompetentes, o demasiado dependientes o inseguros. Sin dejar de verle la lógica a esta preocupación, también me parece equivocada porque, tal como ha demostrado el estudio de la valoración que hacían los jefes de su colaboración con sus respectivos empleados, los efectos de la cocreación no encajan del todo bien en esquemas que obedezcan a la razón, la racionalidad o la lógica, pero sí que se adaptan a la perfección a un sentimiento muy particular, generador de vínculos, en el contexto en cuestión: la (muy beneficiosa) noción de estar juntos. El novelista Saul Bellow señaló una vez que «cuando pedimos consejo, lo que solemos estar buscando es un cómplice». Basándome en pruebas científicas, yo me limitaría a añadir que, cuando recibimos ese consejo, normalmente también pasamos a contar con un cómplice. ¿Y qué mejor compinche en un proyecto que alguien que está al mando?[9]

Unirse

Es el momento de hacer repaso y —con cierta osadía— también de pasar por alto las que ya hemos visto que son las mayores ventajas de estar y de actuar juntos. Hemos aprendido, por ejemplo, que al hacer pasar a la gente por alguna de estas dos experiencias de manera pre-suasiva, podemos sentar las bases para solidificar el apoyo tanto de los accionistas de una empresa como de sus clientes y, al mismo tiempo, podemos lograr que los soldados permanezcan juntos en el combate y no deserten en época de guerra. Por otra parte, hemos visto que podemos echar mano de esas dos mismas experiencias unificadoras para lograr que los compañeros de juegos, de clase o de trabajo se caigan mejor, se ayuden y cooperen unos con otros; o que casi cualquier padre esté dispuesto a rellenar una larga encuesta sin recibir ninguna retribución económica, o incluso que surja el amor en un laboratorio. Pero he aquí una pregunta sin respuesta: ¿podrán aplicarse las lecciones aprendidas en estos ámbitos a escenarios mucho más amplios, como por ejemplo a antiguas enemistades entre naciones, conflictos religiosos violentos o encendidos conflictos raciales? ¿Pueden estas enseñanzas sobre lo que genera el hecho de estar y actuar juntos aumentar las posibilidades de que nos unamos, como especie?

Es una pregunta muy difícil de contestar, sobre todo por las muchas complicaciones que entrañan estas cuestiones. Así y todo, incluso en estos escenarios de tensión, yo mantengo que los procedimientos que generan un sentimiento pre-suasivo de unidad también propician un contexto de cambio deseable. Es más, si ambas partes comparten esa clase de sentimiento, el deseo de cambio probablemente sea mutuo y disminuirán las posibilidades de que alguna de ellas se sienta explotada. De esta forma se irá profundizando en una sensación de unidad e incrementarán las probabilidades de una interacción positiva y prolongada. Aunque esta idea en teoría podría resultar prometedora, si tenemos en cuenta todas las dificultades procedimentales y culturales, sería ingenuo pensar que tal teoría funcionaría en la práctica sin demasiados problemas. Habría que diseñar e implementar con óptima precisión, y atendiendo a todas esas complejidades, las características específicas de los protocolos unificadores. En esto estarían de acuerdo, sin duda, los expertos en dichas materias, y quizá merecería la pena dedicarle un libro completo, diferente del presente estudio. Huelga decir que, a este respecto, por supuesto que son bienvenidas todas las opiniones —o, mejor dicho, los consejos— de todos esos expertos.[10]

13

La utilización ética: consideraciones pre-pre-suasivas

Una afirmación fundamental de este libro es que lo que elijas decir, o hacer, justo antes de una solicitud u oferta afecta de manera significativa a las posibilidades de persuadir al receptor. Pero hay una elección relacionada que tiene lugar incluso antes. Se trata de la decisión de si resulta ético o no buscar el éxito por ese camino. No soy el único que cree que esta es una parte importante de la ecuación general, ya que cuando transmito información sobre métodos de persuasión eficaz suelo suscitar muchas preguntas que tienen que ver con la ética. Sin embargo, hay una clase de pregunta en particular que, tal como me la ha formulado un tipo muy concreto de receptor, resulta especialmente relevante en relación con las cuestiones tratadas en el presente libro y el tema de la pre-suasión: al revelar «los secretos de la influencia social», ¿estaré acaso causando más perjuicio que beneficio al dotar a comunicadores poco éticos de recursos para engañar a los consumidores y conseguir que les compren una cantidad incluso mayor de lo que sea que les estén colocando? La gente que más me ha hecho esta pregunta son los profesionales de los medios de comunicación.

Aunque la experiencia en general la tengo un poco olvidada, sí que recuerdo haber recibido mi dosis fija de esta clase de preguntas, por parte de muchos periodistas, en la única gira promocional de un libro mío en la que me he prestado a participar. El circuito consistía en un maratón de diez ciudades en diez días, en cada una de las cuales había programadas entrevistas con distintos medios, ya fueran de prensa escrita, radio o televisión. Quienes las hacían generalmente tenían poca información sobre mí y, en la mayor parte de los casos, no se habían leído el libro. Mis diálogos con ellos no variaban demasiado: algunas entrevistas tenían lugar a primera hora de la mañana, medio dormido, otras se iban dando a lo largo del día; unas duraban solo unos minutos y otras llegaban hasta una hora; unas eran en formato uno contra uno y otras las conducía una pareja de presentadores; en algunas hubo llamadas del público, a menudo con algún tipo de pregunta incómoda e imposible de contestar con profesionalidad, del estilo: «Entonces, señor doctor de la influencia, ¿cómo consigo que el idiota de mi cuñado deje de cogerme prestadas las herramientas para luego "olvidarse" de devolverlas?; además, creo que se la está pegando a mi hermana, ¿y con eso qué hago?». Pero hubo algo que sucedió con cierta regularidad: en un momento determinado, el entrevistador solía hacer la pregunta de si podía causar más daño que beneficio y me pedía que le respondiera algo sobre la posibilidad de que mi libro le estuviera haciendo un flaco favor a la sociedad, en tanto que podía instruir a ladinos mercachifles en el uso de técnicas psicológicas de embaucamiento.

Normalmente desterraba esta preocupación haciendo alusión a un par de aspectos del libro que los entrevistadores, al no haberlo leído, no conocían. En primer lugar, estaba escrito para los consumidores, para darles la información necesaria para reconocer y rechazar intentos de influencia injustos y no requeridos. En segundo lugar, gran parte de la información procedía de los profesionales que ponían las técnicas en práctica. Por lo general, en principio, lo que hacía esta gente en sus programas formativos era informar sobre los procedimientos fiables para obtener el sí de los clientes. Aunque ellos quizá no hubieran tenido en cuenta los factores psicológicos que hacían que sus prácticas funcionaran, la mayor parte de los profesionales de la influencia saben muy bien qué es lo que les funciona. Por lo tanto, argumenté que el material de mi libro no ofrecía técnicas nuevas que pudieran adoptar estos profesionales; en realidad lo que hacía era compensar la ecuación al brindar a los consumidores información sobre las tácticas que se suelen aplicar con ellos.

En el presente volumen, sin embargo, esas dos respuestas ya no están a mi alcance. Las conclusiones obtenidas tienen que ver principalmente con cómo ejercer influencia, no con cómo rechazarla, así que el argumento «en defensa del consumidor» ya no funciona. Es más, la práctica de la pre-suasión, tal como aquí se la describe, tampoco está muy extendida entre la comunidad de profesionales de la influencia. Esta vez no puedo afirmar que solo estoy revelando las tácticas que ya conoce la mayor parte de los especialistas; solo unos pocos comprenden los procesos de la pre-suasión lo bastante a fondo para echar mano de ellos de manera sistemática. Por lo tanto, es legítima la preocupación sobre que la publicación de esta información pueda inspirar a organizaciones poco éticas sobre cómo engañar a la gente y lograr su conformidad con mayor facilidad. Esta posibilidad se vuelve incluso más preocupante si somos conscientes de que muchos procesos pre-suasivos operan de manera inconsciente y, por lo tanto, pasan desapercibidos.

Por tanto, siempre que me he dirigido a organizaciones comerciales para hablarles de prácticas pre-suasivas, he tenido que cambiar de dirección y recurrir a un argumento clásico contra las tácticas empresariales engañosas. Dice así: aunque tales estrategias puedan suponer un aumento de los beneficios a corto plazo, una vez queden expuestas a la luz pública producirán un nivel de pérdidas hasta un punto inaceptables, sobre todo en forma de mala reputación para la empresa, la falta de confianza y la pérdida de ingresos que esta genera. Durante un tiempo pensé que esta argumentación era bastante buena por dos motivos. Primero, tiene que ver con el concepto de salud económica, que es algo que los directivos de las empresas deberán tener en cuenta para mantener el crecimiento y, ciertamente, para sobrevivir. Esta se me antoja una razón con más peso para que la gente del ámbito comercial se comporte como debe, mucho mejor que un sermón sobre la ausencia de virtud.

Así pues, estoy seguro de que nunca habrá una ley que prohíba gritar «¡seamos éticos!» en una sala abarrotada de gente, pues, a diferencia de lo que ocurre con el grito de «¡fuego!», la exhortación no contiene la potencia movilizadora necesaria para forzar grandes desplazamientos. Eso no quiere decir que, como grupo, los hombres de negocios no prefieran tener un comportamiento ético. En igualdad de condiciones, la mayor parte de ellos elegiría sin dudarlo el camino de la rectitud. Pero resulta que, salvo en situaciones hipotéticas, nunca hay igualdad de condiciones; por eso observamos a menudo cómo algunos factores con un alto nivel de empuje motivacional —índices de ventas, balances financieros, cuestiones de competencia, oportunidades profesionales— prevalecen, en determinadas decisiones comerciales, sobre las elecciones que animan a mantener conductas intachables.

Además, el hecho de obtener un beneficio empresarial por vías poco éticas puede llegar a ser visto como algo loable por jefes que entienden que mejorar y asegurar la salud económica de sus empleados es una responsabilidad moral. Vista desde esta óptica (admitimos que sesgada), la decisión de moldear la verdad para mejorar el nivel de estabilidad fiscal de una empresa podría llegar a ser considerada la más ética de todas. Por lo tanto, me dije a mí mismo, habría que apuntalar bien cualquier argumentación que ayudara a convencer de que las prácticas engañosas en realidad ponen en riesgo el balance de la empresa.

La segunda razón por la que pensé que el argumento del daño sobre la reputación podría ser revelador para quienes toman decisiones en el mundo de los negocios es que las pruebas que lo sostienen son sólidas. Las pérdidas derivadas de un problema de reputación pueden ser considerables; se ha demostrado el gran perjuicio económico resultante de la mala fama por haber puesto en práctica mecanismos de publicidad engañosa, o por haber difundido falsas ofertas o distorsiones financieras. Por ejemplo, un estudio de 2005 llevado a cabo sobre un total de 585 empresas —todas ellas objeto de procesos de ejecución por parte de la Securities and Exchange Commission (SEC) de Estados Unidos por prácticas fraudulentas— demostró que, de media, las empresas perdieron un 41 % de su valor en bolsa después de haberse hecho público el fraude, y casi dos terceras partes de esas pérdidas obedecían al daño ocasionado en su reputación. Y, efectivamente, el 80 % de los estadounidenses reconoce que su opinión sobre el nivel ético de las prácticas de negocio de una determinada empresa tiene un efecto directo sobre su decisión de adquirir sus productos o servicios. Tales efectos se demostraron en 2015, cuando, poco después de que se dieran a conocer las mentiras de Volkswagen con respecto a los gases emitidos por sus vehículos diésel, sus ventas se redujeron hasta una dieciseisava parte de la media del sector y la empresa sufrió las mayores pérdidas anuales de su historia, al tiempo que su reputación entre los propietarios de coches fluctuó de un 70 % favorable a un 80 % desfavorable. Además, el daño ocasionado es especialmente difícil de revertir. Hay investigaciones que indican que una compañía desprestigiada que pretenda recuperar la confianza perdida va a tener que demostrar su renovado nivel de integridad de manera constante, y en muchas instancias diferentes, para convencer a los escépticos de que los valores de la firma han cambiado. Tal proceso de recuperación puede durar años, un plazo en el que los antiguos consumidores y clientes probablemente hayan establecido sus vínculos con los productos y servicios de la competencia.

Satisfecho con la idea de que este razonamiento económico de peso sería capaz de convencer a los líderes empresariales de que debían mantenerse alejados de las prácticas taimadas, me mostré encantado de describirles los fundamentos de las estrategias de influencia pre-suasiva partiendo de la base de que siempre les advertía sobre los peligros de granjearse una mala reputación. Más adelante leí los resultados de un par de encuestas internacionales que me llevaron a cambiar de opinión. Demostraban que los directivos de las empresas están muy al corriente de los datos que apoyan esa argumentación mía en torno a la mala reputación empresarial, pero que, en cualquier caso, una proporción verdaderamente inquietante de ellos seguía estando dispuesta a transitar por la senda de la mala praxis. Pese a conocer los riesgos, casi la mitad de un grupo de altos ejecutivos aseguraba que actuarían de forma poco ética para conseguir nuevos negocios o mantener los ya existentes. Además, los empleados de ventas y marketing, que eran los más propensos a asumir conductas éticamente sospechosas para conseguir resultados satisfactorios, eran también los profesionales a los que era menos probable que les fueran a pedir explicaciones sus respectivas empresas. Por último, los trabajadores de estas empresas consideraban que sus superiores tomaban pocas medidas tanto para prevenir infracciones poco éticas que produjeran algún tipo de beneficio como para castigar a quienes incurrieran en ellas. Como resultado, el nivel de actividades poco éticas en el sector de las empresas comerciales sigue siendo preocupantemente alto.

Al parecer, muchos directivos son conscientes de las consecuencias en potencia desastrosas que se pueden llegar a afrontar cuando se descubren irregularidades de este tipo, pero esto no les disuade. Esto parece claro; lo que no está claro es por qué. Es posible que estos líderes estén aplicando una suerte de compartimentación psicológica, y que aíslen en su mente lo que saben sobre los riesgos que corre la reputación de la empresa si obran mal de forma activa o permiten de forma tácita que lo hagan otras personas. Pero no creo que sea el caso. Quienes ocupan puestos de alto nivel en una empresa no llegan ahí a base de ignorar de manera sistemática los peligros que resultan claros y evidentes. Yo me inclino por una explicación más sencilla: no creen que les vayan a pillar. No incurrirían en irregularidades si pensaran que las tretas van a acabar expuestas ante clientes, consumidores y legisladores que no dudarán en aplicar su castigo. Esta explicación encaja con los hallazgos de varios estudios sobre factores disuasorios de conductas criminales, que demuestran que quienes cometen ilegalidades que acarrean penas considerables no suelen creer que los vayan a coger; si no, serían mucho menos propensos a llevar a cabo esta clase de actividades.[1]

Se supone que tenemos que asistir a una conferencia sobre ética informal.

Moda informal. En la mayoría de los entornos de trabajo, el estilo de indumentaria informal (*business-casual*) solo se permite los viernes. Sin embargo, hay estudios que demuestran que la ética informal sí que se permite a diario. *Leo Cullum / The New Yorker Collection/The Cartoon Bank.*

El dilema salta a la vista. Por un lado, hay una serie de consideraciones de índole económica que son alarmantes y que podrían disuadir a los directivos. Por otro, esa admonición del argumento económico no ha podido reducir la frecuencia de las irregularidades porque es necesario que crean que pueden ser descubiertos, lo cual es algo que, a buen seguro, no piensan quienes perpetran tales actos. ¿Cómo podemos salir del aprieto que nos plantea este dilema? Una posibilidad es que reconozcamos como algo comprensible la tendencia de los directivos a adjudicar un gran peso a los factores económicos a la hora de tomar decisiones empresariales, para luego compartir con ellos los datos de algunas penalizaciones monetarias especialmente onerosas que han sido impuestas por conductas poco éticas, incluso cuando estas últimas no han sido detectadas por el público. Junto con mis colegas Jessica Li y Adriana Samper, hace poco he llevado a cabo una investigación para recabar información sobre este tipo de gastos, aportada por personas de dentro de estas empresas, no de fuera. También hemos tratado de detallar cómo estos costes tan dañinos pueden generarse y pasar desapercibidos a los radares de la mayor parte de sistemas empresariales.

La estructura tumoral triple del engaño corporativo

> No te lucres indebidamente, una ganancia desho-
> nesta equivale a una pérdida.
>
> Hesíodo

Esto es lo que intentamos demostrar: una empresa que acostumbra a aprobar, incentivar o permitir el uso de tácticas engañosas en sus tratos con agentes externos (con consumidores, clientes, provee-dores, distribuidores, estamentos reguladores, etc.) acabará expe-rimentando una serie de desagradables consecuencias internas que se asemejan, en su naturaleza, a un tumor. No solo se volverán malignas —crecerán, se extenderán e irán minando de manera progresiva la salud y el vigor de la compañía—, sino que también será difícil localizarlas a través de los métodos habituales de con-tabilidad, con los que costará identificarlas como las verdaderas causas de la merma en ganancias. Por lo tanto, es muy posible que conduzcan con facilidad a hacer esfuerzos costosos y mal dirigidos, con el objetivo de localizar a los verdaderos culpables de la dis-función.

Hay tres factores que es sabido que debilitan la salud de las empresas: el bajo rendimiento de los empleados, la excesiva rotación de la plantilla y la prevalencia del fraude y las malas prácticas por parte de los trabajadores. El coste de cada una de estas situaciones puede ser impresionante. Nuestra tesis es que las compañías que tengan una cultura del trabajo poco ética —en la que los empleados participen o solo sean testigos de la mala praxis— acabarán padeciendo esos tres desenlaces. No atribuimos estos resultados a infracciones localizadas o poco frecuentes, sino más bien a una cultura empresarial predominante que permita y promueva prácticas deshonestas. El bajo rendimiento laboral probablemente sea la mayor lacra para los beneficios. Empecemos por ahí.

Bajo rendimiento de la plantilla

Los lugares de trabajo pueden ser estresantes; eso lo sabemos todos. Lo que quizá no hayamos entendido es lo caro que puede salirnos ese estrés. Un estudio reciente reveló lo gravoso que puede resultar tanto en términos personales como económicos, ya que hay distintos tipos de estrés laboral que, al combinarse, provocan al año unas 120.000 muertes y 200.000 millones de dólares en gastos médicos, solo en Estados Unidos, donde a los empleadores les toca asumir gran parte de esos costes económicos. Sin embargo, hay otra clase de estrés laboral que acarrea costes y que no fue analizado en dicho estudio, pero que se relaciona directamente con la cuestión de las malas prácticas empresariales. Lo podemos denominar «estrés moral» y lo genera un conflicto entre los valores éticos de un trabajador y los valores éticos que percibe en la compañía en que trabaja. En lo que concierne al rendimiento del empleado, esta clase de estrés puede ser aún más dañino que otras causas consideradas muy perjudiciales.

Por ejemplo, un estudio centrado en agentes de servicios de atención al cliente en un centro de teleoperadores financieros comparaba el estrés moral con otras formas de estrés que se daban allí, entre ellas los problemas con clientes complicados, la falta de apoyo por parte de los supervisores y los compañeros, las exigencias laborales contradictorias o la imposibilidad de promoción interna en la empresa. De todas estas realidades, únicamente el estrés moral se confirmó como un antecedente de las dos consecuencias que tenían efectos degradantes sobre el rendimiento del personal: el cansancio del trabajador (bajos niveles de energía física y espíritu emocional) y falta de motivación por el trabajo (ausencia de entusiasmo e interés en la tarea). Si los investigadores eligieron fijarse en estos dos desenlaces no fue por casualidad. Cada uno de ellos constituye un gran problema para los directivos; juntos son una verdadera pesadilla para el jefe de turno, ya que los trabajadores quedan desprovistos de empuje, ganas y capacidad para desempeñar correctamente sus funciones. ¿Es posible que, al crear un entorno de trabajo poco ético, una empresa esté generando también, sin saberlo, ese ambiente de pesadilla? ¿Podría ser que un entorno de trabajo donde haya conductas poco éticas contribuya a reducir el rendimiento de los empleados, si estos en principio no se comportaban de manera inapropiada, pero sí que empezaron a observar ese tipo de actitudes entre sus compañeros?

Para averiguarlo, planteamos una situación experimental que nos permitió someter a examen los efectos de las prácticas engañosas laborales no solo en el rendimiento laboral, sino también en los otros tipos de tumor empresarial mencionados. Invitamos a estudiantes de Administración y Dirección de Empresas a sentarse ante ordenadores que estaban conectados a los de otros compañeros, integrantes de su mismo equipo para el estudio, en otras universidades. Se les dijo que cada equipo iba a competir con los demás, repartidos todos a lo largo y ancho del país, realizando tareas de resolución de problemas. Si un equipo obtenía buenos resultados en la primera tarea, se le daría cierta ventaja con respecto a los otros grupos en el siguiente trabajo. Finalmente se les dijo que, por una incidencia técnica que solo se daba en el caso del ordenador que se le había asignado a cada uno, no iban a poder enviarles información a sus compañeros, aunque sí que iban a poder ver la interacción entre ellos.

Después de que los miembros del equipo llevaran a cabo la primera tarea, supieron a través del líder del grupo que solo habían acertado un 67 % de las respuestas. También se les informó de que, pese a todo, el líder tenía intención de decirle al investigador que el porcentaje de acierto había sido del 80 %, para así mejorar la percepción del rendimiento del equipo. Iba a hacerlo, según el mismo líder se encargaba de confesarles, porque los investigadores no tenían manera de enterarse de la trampa. Ninguno de los restantes miembros del equipo puso objeción alguna.

Por supuesto, esta secuencia de acontecimientos no era más que algo que nos inventamos para aplicar a los participantes de nuestro estudio. Habíamos programado la información que se suponía que recibían del líder del equipo, y ellos la veían aparecer en sus pantallas tal como nosotros la habíamos diseñado. Hicimos lo mismo con un segundo grupo de participantes, que recibieron exactamente la misma información salvo por una diferencia fundamental: a ellos les llegó una comunicación del líder del equipo en la que este aseguraba que tenía intención de remitir al investigador el resultado real del 67 %. En este caso ningún participante fue testigo de que alguno de sus compañeros manifestara alguna objeción. Llegados a este punto, por tanto, habíamos llevado a la mitad de nuestros participantes a formar parte de un grupo de trabajadores que aprobaba los engaños e incurría en ellos para sacar algún tipo de ventaja competitiva, a diferencia de la otra mitad. Así pues, nos disponíamos a observar cómo afectaban ambas experiencias a las gravosas consecuencias que habíamos predicho.

En primer lugar hubo un análisis del rendimiento en el trabajo posterior. Se informó a todos los participantes de que la siguiente tarea iba a ser de carácter individual. Cada uno de ellos iba a leer un texto sobre una determinada situación de negocios y después iba a tener que responder a un cuestionario basado en el razonamiento crítico, relacionado con lo descrito. Sacamos dicha situación y el correspondiente cuestionario de un examen de habilidades empresariales cuya valía había sido contrastada previamente, para así asegurarnos de que la calificación obtenida en él estaría relacionada de verdad con el tipo de juicios y criterios necesarios para obtener el éxito empresarial. Los datos resultantes revelaron unas diferencias impresionantes. Los participantes pertenecientes al equipo que había hecho trampas obtuvieron en la prueba unos resultados un 20 % inferiores, de media, a los de los otros participantes. Otro dato nos dio una pista sobre por qué el primer grupo había obtenido tan bajas calificaciones: después de llevar un rato dedicados a resolver el problema, los integrantes de ese equipo de repente habían parado —mucho antes que los otros participantes—, lo cual parece sugerir que no tenían la misma motivación o nivel de energía para continuar.

Aunque estos resultados fueron reveladores sobre al menos un aspecto de nuestro enfoque, podíamos imaginarnos cómo negaría con la cabeza la gente que tiende a querer frustrarnos a base de desaprobación; seguramente dirían que el estudio no les convencía porque, en este caso, no podían ser válidos los resultados sobre un entorno laboral si estos procedían (1) de un experimento de laboratorio (2) con estudiantes universitarios (3) que se encontraban con un ambiente poco ético construido de forma artificial. En realidad, lo que más nos frustraba sobre estos hipotéticos críticos era que no estarían diciendo ninguna tontería. Nos dimos cuenta de que, para confirmar que los patrones que nos sugerían los datos obtenidos valían también para situaciones laborales de la vida real, teníamos que averiguar cómo operaban los factores éticos sobre una muestra de trabajadores reales en un determinado ambiente de trabajo. Nos dispusimos a desarrollarlo mediante un estudio a escala nacional, de adultos que llevaran en su puesto actual, o en el más reciente, una media de tres años.

El estudio incluía un montón de preguntas sobre los propios participantes y los sitios donde trabajaban. Sin embargo, para el tema que nos ocupa, había tres tipos de ítems de especial relevancia: los que les pedían que evaluaran el ambiente de la empresa en lo que se refería al nivel ético de la organización en función de cómo marcaban la pauta los jefes y los directivos, el nivel de estrés que allí sentían y la calidad de su rendimiento profesional. Cuando analizamos sus respuestas, obtuvimos resultados que no solo encajaban, sino que reforzaban aún más las conclusiones de nuestro experimento de laboratorio con universitarios. En primer lugar, según sus testimonios, cuanto más bajo era el nivel ético de las prácticas de la empresa, menor era el rendimiento de los trabajadores. Además, cuanto más bajo era el nivel ético, mayor era el nivel de estrés. Por último, era justamente ese tipo de estrés el que provocaba que el rendimiento fuera tan bajo. Con todas estas pruebas en la mano, llegamos a la conclusión de que, si queríamos dar un argumento de tipo económico a los directivos de las empresas para disuadirles de realizar actividades poco éticas, ya teníamos algo para conseguir al menos el primer *strike*.[2]

Rotación excesiva de la plantilla

Para los directivos, los costes derivados de la excesiva rotación de empleados tienen una particularidad positiva: se pueden calcular con bastante precisión. Pero lo bueno acaba ahí. Dependiendo del tipo de empleado al que se haya perdido en el proceso, los daños sobre la cuenta de resultados pueden ser muchos, a veces tan considerables como para echarse a llorar. Hay estimaciones de gastos directos derivados de la rotación (indemnizaciones, costes del proceso de selección, de la contratación y de la formación de los sustitutos) que pueden oscilar entre el 50 % del paquete anual de compensaciones del trabajador —en puestos del nivel más bajo— y el 200 % del total, en el caso de los puestos ejecutivos. Estos costes pueden dispararse aún más cuando tenemos en cuenta cargos indirectos (pérdida de memoria institucional, alteraciones en las ventas y la productividad, reducción de la motivación entre los trabajadores que siguen en la empresa). Pero, si queremos llegar a una estimación conservadora de los costes de las bajas voluntarias, asumamos que, de media, la combinación de costes directos e indirectos equivalen a un año de la remuneración anual total. El índice de bajas voluntarias en Estados Unidos está actualmente en un 15 % anual. Sin embargo, en el caso de una empresa de tamaño medio, que cuente con unos mil empleados, incluso si solo dejara su puesto de manera voluntaria un 10 % de los trabajadores (que, de media, perciben al año unos 40.000 dólares en salario y prestaciones), estas bajas le supondrían a la compañía una pérdida de 4 millones de dólares anuales en costes por cambio de personal.

¿Cómo se relaciona este perjuicio económico con las prácticas laborales poco éticas? Nosotros entendíamos que sería a través del estrés moral padecido por los trabajadores al sentir cómo entraban en conflicto las malas prácticas habituales con sus respectivos sistemas de valores. Si para permanecer en una empresa hay que participar del engaño generalizado, esa puede ser una razón para que una persona honesta quiera abandonar un centro de trabajo. Para poner a prueba esta posibilidad, creamos otro experimento con estudiantes universitarios de Empresariales, muy parecido al anterior, en el que la mitad de ellos eran capitaneados por un líder que llevaba al equipo a hacer trampas y la otra mitad formaban parte de un grupo que no incurría en ellas. Con posterioridad se les dijo que, antes de empezar con una segunda tarea grupal, podían elegir entre permanecer en el equipo o cambiarse a otro. Cuando contamos los votos, hallamos que el 51 % de los que habían integrado el equipo «ético» decidían abandonarlo, mientras que los que optaban por abandonar el equipo «poco ético» sumaban un 80 %.

Para poder fiarnos de que estos resultados fueran aplicables más allá de nuestro entorno de laboratorio, recurrimos a los datos de la encuesta que habíamos hecho a trabajadores de todo el país, que reveló patrones muy claros en lo referente a la rotación de personal. Los trabajadores de empresas valoradas como «poco éticas» no solo eran más propensos a padecer estrés y a querer dejar sus puestos, sino que era precisamente este último el que los llevaba a querer marcharse (y a dejar a sus empleadores con costes muy gravosos derivados de la renovación de personal). «*Strike* dos», pensamos.[3]

FRAUDE Y MALAS PRÁCTICAS POR PARTE DE LOS TRABAJADORES

Advirtamos que, según nuestro planteamiento, no se espera que todo el personal en bloque opte por marcharse de una empresa de ética dudosa. Más bien, dado que el éxodo viene motivado por el conflicto entre valores morales contrarios, afectará específicamente a los empleados con unos principios éticos elevados. Quienes estén cómodos con el uso del engaño para obtener ganancias económicas estarán contentos de quedarse. Y justo ahí es donde encontramos la fuente del tercer tumor de las empresas deshonestas. Expresado como una advertencia a cualquier jefe que sea responsable de definir el nivel ético de un determinado entorno de trabajo, dice así: quienes hacen trampas por ti también te las harán a ti. Si promueves una primera forma de engaño, obtendrás la segunda, y esta a fin de cuentas te saldrá muy cara.

Dado que existe esa tendencia de los trabajadores a dejar las empresas donde abundan las conductas poco éticas, una compañía con cierta tradición de malas prácticas éticas acabará forzando la marcha de muchos trabajadores honestos y al mismo tiempo irá conservando una cantidad cada vez mayor de individuos tendentes a obrar de forma poco honrada, quienes, si se da la oportunidad, se comportarán así también contra la empresa. Según el argumento que defendemos, pues, una empresa así esconderá bajo su manto una víbora cuyo mordisco será venenoso, hablando en términos económicos, no en vano los costes a nivel mundial derivados del fraude y las malas prácticas laborales se calculan en billones de dólares. Es más, estas pérdidas (causadas por el desfalco, el robo de inventario o de materiales, el engorde de las cuentas de gastos, la falsificación de los informes de compras o los acuerdos de tapadillo con vendedores o con las contrapartes) casi nunca se recuperan.

Este parece ser un buen argumento, con la lógica que demuestra tener, las mayúsculas implicaciones monetarias, el aderezo metafórico que relaciona la casuística con el veneno, pero... ¿dónde están las pruebas? Para hallarlas, volvimos a nuestro escenario experimental y abordamos un último procedimiento. Recordemos que, en el segundo estudio que llevamos a cabo, los participantes se integraron en equipos de trabajo y uno de ellos actuó de forma poco ética y el otro no. Cuando les dimos la oportunidad de quedarse en el grupo al que se habían incorporado inicialmente, o bien la de abandonarlo, hubo mucha más gente que quiso dejar su grupo entre los que habían hecho trampas. Llegados a este punto, les dijimos a todos que, por culpa de una serie de complicaciones logísticas que no habíamos previsto, no íbamos a poder satisfacer las peticiones de cambio de equipo; por lo tanto, iban a tener que afrontar la siguiente tarea trabajando con los mismos compañeros. De hecho, la siguiente tarea les iba a requerir que trabajaran contra sus compañeros con el objetivo de dilucidar quién estaba más capacitado para resolver con rapidez una serie de problemas terminológicos. Quien pudiera hacerlo en menos de un minuto vería aumentadas las posibilidades de ganar un premio de 100 dólares. Antes de que los participantes ofrecieran sus respuestas, lo preparamos todo de tal manera que pudieran ver «accidentalmente» la clave de las respuestas correctas, sin dejar rastro alguno. Gracias a unos test previos, habíamos llegado a la conclusión de que, de media, el alumno universitario iba a poder resolver 3,17 problemas por minuto. Por lo tanto, al comparar el número de respuestas que los alumnos reconocían haber resuelto con la media estadística de 3,17, pudimos ver qué clase de participantes eran los más propensos a hacer trampas, para así tener más posibilidades que sus compañeros de enriquecerse económicamente.

Los resultados fueron claros. Entre los participantes que habían formado parte del equipo honesto y que además habían preferido permanecer en él, casi no hubo trampas, lo cual anima a pensar que habría que chocar las palmas con los muchos directivos que tienen la suficiente integridad y la sabiduría organizativa necesaria para establecer una cultura empresarial honesta. Los participantes que eligieron abandonar a su equipo, ya fuera este el grupo ético o el que no lo era, hicieron trampas pero no en una proporción estadística demasiado significativa. Lo reseñable, sin embargo, fue el comportamiento de aquellos que, aunque se les dio la oportunidad de cambiar, habían optado por permanecer en un entorno de trabajo poco ético. Estos se mostraron un 77 % más propensos a hacer trampas que la media de todos los demás participantes. Recordemos que estos engaños no solo aumentaban sus propias posibilidades de beneficiarse económicamente, sino que también mermaban las de los demás. Puede que tildar estos comportamientos de venenosos sea una afirmación demasiado inclemente, pero sí que parecen lo bastante tóxicos para justificar un repaso más a fondo de las cifras del estudio, por si estas ayudan a la hora de valorar los datos relacionados extraídos de experiencias en entornos de trabajo reales.

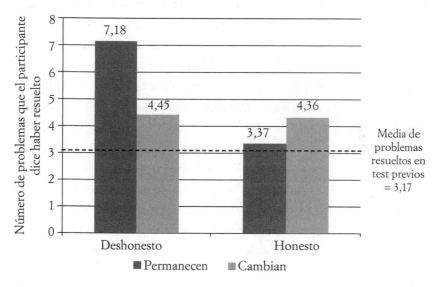

Pacto con el diablo. Las personas que se sienten lo bastante cómodas con las malas prácticas para permanecer en un entorno de trabajo poco ético se muestran particularmente propensas a incurrir en ellas contra otros miembros de ese mismo ambiente. *Cortesía de Robert Cialdini.*

Sometimos a examen las relaciones entre los distintos ítems, midiendo las valoraciones que los trabajadores hicieron del nivel ético infundido por sus jefes en sus correspondientes entornos de trabajo, así como su deseo de abandonar ese ambiente o hasta qué punto reconocían que empleaban malas prácticas. Con ellas me refiero a comportamientos económicamente perjudiciales para sus empleadores, tales como la manipulación de las relaciones de gastos, el daño a las herramientas de trabajo para no tener que trabajar y el uso de los recursos de la empresa para fines particulares. El hallazgo fundamental fue que los trabajadores de empresas poco éticas que preferían permanecer en ellas mostraban una propensión anormal a mostrar, en el entorno de trabajo, esa clase de comportamientos poco honestos y gravosos para la empresa. Tal como sucedía en nuestro experimento de laboratorio, observamos que quienes afirmaban estar contentos con permanecer en entornos de trabajo poco éticos también se encontraban más dispuestos a traicionar a esos mismos con ese tipo de malas prácticas.

Al principio de este libro reconocí haberlo terminado con unos años de retraso porque, haciendo uso de tácticas pre-suasivas, el vicedecano de una universidad me convenció para impartir un curso de MBA estando yo en excedencia precisamente para escribir este volumen. Aquella decisión dio al traste con mis planes de escritura mientras permanecí en aquel centro. Sin embargo, también reconozco que mi decisión tuvo algunas consecuencias positivas, como por ejemplo la de disponer de una buena historia que contar sobre los poderes de la pre-suasión o la de poder incluir en el libro investigaciones recientes que en aquel momento aún no estaban disponibles. También hubo otra ventaja: tuve la oportunidad de pedirles a los alumnos del curso, que volvían todos a la universidad después de varios años en el mundo laboral, que prepararan un texto explicando cómo se habían sentido al trabajar para una empresa con un entorno de trabajo donde podían haber primado las buenas o las malas prácticas. La mayor parte de ellos escogió escribir sobre su experiencia en un entorno con una cultura empresarial poco ética, tal vez porque esos recuerdos eran más intensos. Un alumno me entregó un relato edificante sobre una empresa en la que había trabajado, que empezó disfrutando de una buena salud pero que desde entonces había sufrido pérdidas por valor de 1.000 millones de dólares.

> El director ejecutivo abusaba de manera constante de los principios de la influencia: decía que había escasez de recursos cuando abunda-

ban, echaba mano de su autoridad para conseguir que los demás actuaran contra sus propios criterios y principios, y se inventaba ejemplos de consenso social cuando no los había. La gente le creía en el corto plazo, pero a medida que se iba descubriendo la verdad, la reputación de la compañía se fue deteriorando. Ahora hay pocas empresas que estén dispuestas a hacer negocios con él; las que transigen lo hacen únicamente tras imponer unas condiciones mucho más exigentes.

La cultura de la falta de honradez fue desplegándose por toda la organización. Se obligaba al departamento de marketing a exagerar la realidad, el de comunicación por lo general solo emitía notas de prensa falsas y los de ventas presionaban a los clientes. El descontento de los empleados y la rotación del personal eran enormes. Los altos salarios (que el CEO consideraba una justificación para tratar mal a los trabajadores) atraían a la gente a la empresa, pero estos se iban en cuanto encontraban trabajo en alguna otra parte. Tomando ejemplo de los ejecutivos, los empleados robaban a la empresa cada vez que podían, por lo general falseando los informes de gastos por dietas o viajes. Algunos llegaban a acuerdos de tapadillo con los proveedores. Cuando me pasé por allí hace unos meses, casi la mitad del personal ya se había marchado y los ánimos estaban más bajos que nunca.

«¿*Strike* tres?» Decididamente, me inclino a tener esa esperanza. Por supuesto, el punto hasta el que esta puede llegar a verse cumplida depende de lo dispuestos que estén a asimilar los directivos el argumento basado en razones económicas contra la falsedad y luego a actuar en consecuencia. No va a ser un cuento de hadas: a menos que esos líderes marquen la pauta empresarial adecuada, este argumento no va a adquirir fuerza ni a surtir efecto solo porque los demás creamos muchísimo en él. Se requiere la complicidad de los que mandan. Por fortuna, si así lo desean, está en su mano construir y mantener entornos de trabajo intachables desde el punto de vista ético, y esto ocurrirá con la misma presteza con que dan forma a los entornos poco éticos. ¿Qué se podría hacer para que los directivos se esfuercen más decididamente en el camino de la virtud? En el caso de un grupo bastante numeroso, no parece que haga falta un cambio de rumbo. Ya han elegido ese camino y su decisión es admirable. Pero para aproximadamente la mitad, que sigue viéndole ventajas económicas a la falta de honradez, tal vez haga falta una exposición de las pérdidas que rebata esa idea (derivadas del bajo rendimiento de los trabajadores, la rotación de personal y las malas prácticas), y que se producen incluso cuando la conducta reprobable pasa desapercibida desde fuera.

En cuanto a la serie de recomendaciones generales que toda organización comercial haría bien en adoptar, se diría que hay tres que merecen en especial el esfuerzo. Las estructuras de incentivos de los trabajadores deberían incluir valoraciones de la honradez del personal por parte de los clientes y de los consumidores con los que interactúan. Por otro lado, la valoración ética de la empresa en su conjunto debería medirse y formar parte de los balances de resultados anuales. Finalmente, la valoración del comportamiento ético de la empresa por parte de sus empleados debería ser una parte integrante del paquete de compensaciones de los altos directivos (y en especial del CEO). Esta serie de pasos no solo incentivarían una conducta más ética, sino que aumentarían la atención que en general se le prestan a los estándares éticos. Así se pondría el foco sobre este tipo de cuestiones y, con justicia, estas serían percibidas como asuntos de mayor trascendencia en el ámbito empresarial.[4]

14

Post-suasión: los efectos

A lo largo de este libro hemos visto que la pre-suasión tiene éxito cuando la atención del destinatario se canaliza de forma temporal hacia algún concepto psicológico que resulte favorable al mensaje subsiguiente. Sin embargo, si la pre-suasión se basa en efecto en redirigir durante un tiempo la atención, hay una pregunta importante que siempre deberá hacerse quien intente persuadir: cuando los comunicadores con los que competimos o cualquier suceso cotidiano se lleven la atención del público hacía cualquier otro concepto, ¿qué podemos hacer para que no se evapore el clima favorable que hemos creado? Es una preocupación que merece la pena atender, pues a los agentes del cambio les suele interesar generar movimientos que vayan más allá del corto plazo (aunque, tal como se demuestra en algún capítulo anterior, hay cambios que, pese a estar limitados en el tiempo, pueden resultar muy productivos cuando se gestionan con inteligencia). Sin embargo, para obtener el mejor efecto posible, lo deseable es conseguir un efecto duradero. Para ello hay dos posibles estrategias y cada una procede de dos enfoques de influencia social diferentes: el de la vieja escuela y el moderno.

Cómo provocar un cambio duradero estableciendo compromisos firmes

Tradicionalmente, los científicos conductistas han ofrecido una respuesta muy directa a la pregunta de cómo conseguir que la respuesta afirmativa inicial de una persona se mantenga en el tiempo: ingeniárnoslas para que este individuo se comprometa con esa respuesta, lo cual suele implicar que dé un paso de forma activa. Tengamos en cuenta cómo esta recomendación puede ayudar a reducir un costoso problema social. Los pacientes que no se presentan a sus citas con médicos y dentistas provocan algo más que un contratiempo; también representan un gasto considerable para el sistema sanitario. Una práctica estándar diseñada para reducir estas faltas de asistencia consiste en llamarles el día antes de la cita. En un estudio conducido por mi colega Steve J. Martin en clínicas de Reino Unido, la aplicación de estas medidas redujo las ausencias en un 3,5 %. Con todo, estas llamadas de recordatorio eran un gasto de tiempo y de dinero, y no siempre se conseguía localizar al interesado. Comparémoslo con el acierto que supuso haber puesto en marcha un protocolo que implicaba un compromiso. Cuando concertamos una cita después de una visita con el médico, todos sabemos lo que ocurre. La persona de la recepción apunta la hora y el día en un papel y se lo entrega al paciente. Si, por el contrario, se le pidiera al paciente que rellenara la tarjeta, ese paso que dará activamente generará un mayor compromiso con ese día y esa hora. Este procedimiento sin coste alguno se puso en práctica en aquel estudio y redujo la proporción de no asistencias en un 18 %.

Aunque este efecto de disminución de las ausencias a las citas médicas no es baladí (una reducción del 18 % podría suponer un ahorro de 180 millones de dólares anuales solo en Reino Unido), la incitación a este tipo de compromiso activo tiene un impacto mucho mayor en la sociedad si es en el ámbito de las elecciones de partidos políticos. En 2008, poco antes de las elecciones presidenciales disputadas por Barack Obama y John McCain, se realizó un sondeo online entre ciudadanos estadounidenses de varios estados para recabar información sobre sus ideas y sus posicionamientos políticos. La mitad de ellos vio una pequeña bandera estadounidense en la esquina superior izquierda de la primera página de sus cuestionarios, mientras que en los de la otra mitad no había ninguna. Esta exposición tan sutil a la bandera estadounidense provocó que esos participantes se mostraran más favorables a la campaña republicana de McCain y a su ideología política conservadora. Incluso cuando volvieron a participar en otro sondeo ya pasadas las elecciones, el equipo investigador observó que aquellos que se habían encontrado una bandera estadounidense en el cuestionario anterior se habían mostrado más propensos a votar por McCain, con una variación estadística considerable con respecto al resto de los participantes. Finalmente —y esto quizá sea lo más llamativo—, hasta ocho meses después de las elecciones, los participantes que tuvieron contacto con la bandera mientras respondían a aquel cuestionario ya lejano seguían mostrándose más afines a los posicionamientos, las ideas y los criterios del Partido Republicano.

¿De verdad podía un simple contacto visual explicar estos efectos tan profundos y duraderos? Este tipo de resultados están pidiendo a gritos una explicación, o más bien una serie de explicaciones, porque en ellos opera más de un proceso. El primero es de carácter pre-suasivo. Ver la bandera estadounidense de fondo puso a los participantes en un modo mental afín al Partido Republicano; en efecto, un estudio piloto de los mismos investigadores demostró que, al menos en 2008, los estadounidenses vinculaban mentalmente la bandera con el Partido Republicano. De la misma forma en que antes hemos visto cómo el contacto con música francesa en una tienda predisponía a la gente hacia productos de este país (como por ejemplo, el vino) y que toparse con una imagen de fondo de unas nubes esponjosas en una página web de una tienda de muebles hacía a la gente más propensa a pensar en cosas blandas (como un cómodo sofá), un encuentro de este tipo con la bandera estadounidense los convertía en algo más afines a los candidatos y los posicionamientos del Partido Republicano.

Hasta aquí los efectos inmediatos de la bandera. Pero ¿cómo podemos explicar su sorprendente persistencia? Los responsables del sondeo creen tener una respuesta: después de toparse con la bandera y convertirse temporalmente en personas más afines al republicanismo se pidió a los participantes que actuaran sobre esa inclinación y la dejaran registrada en el sondeo, comprometiéndose, pues, de forma conductual. Ese compromiso llevó a una forma de actividad que implicaba un nivel de compromiso aún mayor, cuando emitieron su voto en las elecciones, lo cual les llevó a mostrar una orientación política republicana más sólida, tal como se registró en el sondeo realizado ocho meses más tarde. Esta secuencia recuerda a los resultados de las investigaciones en torno a los efectos de otro tipo de experiencia pre-suasiva (la alegría y el bueno humor) sobre otra clase de preferencia (por una obra de arte). Después de leer una historia con final feliz, la mejoría en su disposición anímica llevaba a la gente a mostrar mayor nivel de agrado hacia un cuadro. Sin embargo, cinco días más tarde, solo quienes lo habían evaluado de forma activa mientras aún estaban bajo aquel estado anímico siguieron pensando lo mismo sobre ese cuadro. Quienes no lo habían evaluado —y, por lo tanto, no habían «sellado» esa evaluación de manera conductual— no mostraron una preferencia especial por él después de que se les hubiese disipado aquel estado anímico.[1]

Está muy clara la implicación de todo esto con la pre-suasión eficaz: las aperturas pre-suasivas pueden provocar giros drásticos e inmediatos en el criterio de la gente, pero para convertirlo en cambios duraderos hay que imprimirles algún tipo de compromiso, y este suele llegar en forma conductual. Pero no todos los compromisos funcionan igual. Los más eficaces se extienden hacia el futuro porque incorporan conductas que afectan a nuestra identidad personal. Esto sucede cuando el compromiso se adopta de una forma activa, voluntaria y que requiera cierto esfuerzo, porque cada uno de estos elementos transmite preferencias personales profundas. Por ejemplo, si gracias a las maniobras pre-suasivas de quien me enseña imágenes de personas juntas las unas de las otras paso temporalmente a ser más propenso a adoptar una política social inclusiva —por ejemplo, me muestro partidario a elevar el salario mínimo de los trabajadores— y me veo a mí mismo actuar con arreglo a esa preferencia (haciendo una contribución económica que se me haya solicitado justo después), pasaré en ese mismo momento a estar más comprometido con la idea. Además, si esa acción la llevo a cabo con libertad (de manera completamente opcional) y me resulta complicada o me supone un coste (si la cuantía de la donación es importante), es todavía más probable que lo vea como un indicador de lo que defiendo como persona. Esta autopercepción determinada conductualmente es la que afianza y marca mis respuestas posteriores sobre el mismo tema. Y esto sigue siendo así aunque la secuencia se haya puesto en marcha en virtud de un reclamo pre-suasivo que haya ocasionado un desvío momentáneo de mi atención (en este caso, el concepto de unidad).[2]

Cómo provocar un cambio duradero pautando las señales

En la época en que me propuse aprenderlo todo sobre las prácticas persuasivas de los profesionales de la influencia, una vez recibí una invitación para conocer «una oportunidad increíble de conseguir riqueza, prosperidad y un nivel de independencia económica más allá de cualquier sueño». Estaba seguro de que consistía en algún tipo de estructura piramidal, y lo normal hubiese sido que ahí se acabara mi interés en el asunto. Pero como por entonces tenía curiosidad por saber cómo planificaban los promotores ese tipo de estrategias de ventas, llamé para reservar una plaza. Para mí, el aspecto más intrigante del acto era su ubicación. A los cincuenta y tantos asistentes —que oscilaban entre los que tenían cierto interés económico y a los que se veía desesperados— nos convocaron en un restaurante de Phoenix un sábado por la mañana, pero no permanecimos allí mucho tiempo. Nos guiaron hacia un viejo autobús de unos colores amarillo y azul muy distintivos y en él hicimos el trayecto por autopista hasta Tucson, donde, según nos dijeron, se iba a desarrollar la sesión formativa. Y era mentira. Cuando llegamos allí, nadie nos ilustró sobre nada. Durante la comida, habló un tipo que resumió brevemente los puntos que nos habían comentado en el viaje en autobús.

¿Para qué se habrían gastado el dinero los organizadores en un viaje tan desconcertante? Para entonces, yo ya lo sabía: nunca se llegó a plantear que la información del programa se impartiera en Tucson. Desde el principio tenían pensado darla a conocer en el autobús. Estaba seguro de que esto era así porque, a mitad de camino hacia Tucson, miré por la ventanilla y vi otro autobús viejo y pintado con los colores distintivos azul y amarillo, cargado con pasajeros que iban de Phoenix a Tucson. Aquella visión me ofreció de inmediato una epifanía muy clarificadora: desde el principio, los organizadores querían compartir con nosotros los detalles de su programa de enriquecimiento personal (una estructura piramidal, tal como yo había supuesto) a bordo de autobuses desvencijados de camino entre ambas ciudades. Pensé que esto se debía a dos motivos de índole psicológica. En primer lugar, costaba pensar bien en medio de aquel ambiente de traqueteo, baches, ruido y apreturas agitado emocionalmente, y poder pensar bien las cosas es el antídoto fundamental contra las ventas de estructura piramidal.

En segundo lugar, cuando la gente no puede deliberar con cuidado ni concentrarse del todo, es mucho más probable que responda de manera automática a cualquier señal que se les presente en la toma de decisiones. En aquel autobús, quienes controlaban esas señales eran los organizadores del programa. Se las habían ingeniado para rellenar el espacio con una serie de elementos que, allá donde miráramos, nos inducían a ser receptivos a su mensaje. Había pósters motivacionales relacionados con la idea del logro adornando las paredes y el techo, y también eslóganes sobre cómo ganar dinero pegados con cinta adhesiva a los reposacabezas. Además, sonaba música triunfal antes de la presentación de cada nuevo orador (predominaban las canciones de la saga de *Rocky*; una de las preferidas era «Eye of the Tiger»). El mensaje principal de los oradores era siempre una variación sobre el clásico «puedes hacerlo, puedes hacerlo, puedes hacerlo (siempre y cuando utilices este sistema)». Esta consigna universal se acompañaba de una serie de señales de apoyo: el traje caro y hecho a medida de uno de los oradores; el cheque por valor de 11.000 dólares en comisiones («solo de este mes») que enseñó otro de ellos; la fulgurante carta testimonial que leyó un tercero, escrita por un individuo que antes de iniciarse en el programa era «igualito a todos ustedes». Para cuando llegamos a Phoenix, dos tercios de los pasajeros ya habían firmado.

La vida moderna se está convirtiendo cada vez más en ese autobús avanzando a toda mecha por la autopista: es desaforada, turbulenta, móvil y está saturada de estímulos. De resultas, en muchas situaciones cada vez somos menos capaces de pensar bien y con atención sobre cuál es la mejor manera de proceder. Así pues, incluso los más cuidadosos corren cada vez más el peligro de reaccionar de manera automática a las señales que conducen a la acción y están presentes en esa clase de escenarios. Dado el ritmo acelerado y el carácter tan poco propicio para la concentración que tiene el mundo moderno, ¿acaso estamos todos destinados a hacer el primo a bordo de este autobús? No si, en lugar de rabiar contra los automatismos invasores, los asimilamos pero tomando un control sistemático de la manera en que operan sobre nosotros. Tenemos que convertirnos en diseñadores de interiores de nuestros espacios vitales cotidianos y acondicionarlos con elementos que nos transporten, sin necesidad de que lo pensemos, a los lugares a los que queremos dirigirnos la mayor parte de las veces. Este enfoque nos ofrece otra manera (distinta del compromiso inmediato y forzado) de gestionar la situación según la cual una serie de preferencias previas guían nuestra manera de proceder en el futuro. Asumiendo que a menudo nos vamos a topar con señales que se vinculan de forma automática con esas preferencias y las activan, podemos conseguir que la maquinaria funcione a nuestro favor.

En capítulos anteriores se han brindado ejemplos de cómo podemos llegar a abordarlo: si queremos redactar un texto que conecte con un determinado público, porque a lo mejor estamos preparando un informe o una presentación, debemos rodearnos de pistas que se relacionen con dicho grupo: por ejemplo, las caras de los típicos integrantes de ese público. Si queremos afrontar una tarea con una marcada orientación a la consecución de un objetivo, por ejemplo en el trabajo, tenemos que mantenernos en contacto con imágenes de éxito, esfuerzo y logros, como la de un corredor ganando una carrera. Si queremos abordar otra tarea con un enfoque más analítico, quizá la preparación de unos presupuestos, debemos acceder a imágenes que evoquen contemplación, reflexión y análisis: por ejemplo, *El pensador* de Rodin. Cosas de este tipo. Puede que incluso lleguemos a mejorar nuestro rendimiento en cada una de estas tareas, si las desempeñamos en el mismo sitio y el mismo ordenador, solo con cambiar la imagen de fondo de escritorio y programarlo para que muestre una serie de fotografías acordes con cualquiera que sea la orientación que queramos darle a una determinada tarea.

Los planes que responden al esquema «si/cuando... entonces...» nos aportan otra manera más de aprovechar las capacidades de las conexiones asociativas y de obtener ventajas gracias a ellas a largo plazo. Se consigue si se llegan a asociar objetivos y acciones deseables con pistas que experimentaremos en situaciones futuras que ocurran con frecuencia: «Si después de una comida de negocios el camarero pregunta si deseo tomar postre, entonces pediré un té de menta», o «Cuando sean las ocho de la mañana y termine de lavarme los dientes, entonces me toca tomarme la pastilla». Aunque cada una de estas tácticas concuerda con las investigaciones presentadas en este libro, hay otra estrategia que merece la pena apuntar y que se apoya en estudios que no se han mencionado aquí todavía, los cuales versan sobre el papel que juegan los simples recordatorios.[3]

Geografías persuasivas 2: quienes somos es donde estamos

Siempre que hablo con grupos de gestión sanitaria sobre el proceso de la influencia, les pregunto: «¿Sobre qué gente del gremio cuesta más ejercer alguna clase influencia?». La respuesta, enfática e inmutable, siempre es: «¡Los médicos!». Por una parte, parecería que así es como debería ser. Para alcanzar su posición de privilegio en la jerarquía del sistema sanitario, los médicos han tenido que pasar por muchos años de formación, incluidas las especializaciones, las prácticas y las residencias, que les han aportado gran cantidad de información y experiencia en la que basar sus teorías, por lo que es comprensible que se resistan a dejarse convencer y a abandonar sus posicionamientos. Por otro lado, esta clase de resistencia puede resultar problemática cuando los médicos se niegan a hacer caso a recomendaciones que podrían suponer algún tipo de beneficio a sus pacientes. Todo esto nos lleva a una cuestión más general: ¿por qué razón se hacen médicos la mayor parte de los facultativos? ¿Es para ayudar y reducir los padecimientos de sus pacientes, o lo hacen para granjearse un nivel de autoridad, respeto, estatus e ingresos considerable (el que generalmente va asociado a la profesión)?

Cómo enseñar a los médicos a lavarse las manos con respecto a un problema serio. En 1847, en el Hospital General de Viena, Ignaz Semmelweis demostró que el lavado de manos por parte de los médicos reducía las infecciones en pacientes, así como el número de muertes. Sin embargo, hoy en día muchos médicos siguen sin aplicar protocolos adecuados de higiene de manos. *Retrato de Ignaz Semmelweis (1816-1865). Grabado de Ernst Wenck, Musée d'Histoire de la Médecine, París.*

Un estudio llevado a cabo en un hospital estadounidense nos aporta una interesante información sobre este asunto. Los investigadores Adam Grant y David Hofmann observaron que, aunque se recomiende de manera encarecida el lavado de manos antes de examinar a cada nuevo paciente, la mayor parte de los facultativos hacen esto menos de la mitad de las veces prescritas; es más, varios tipos de intervenciones para reducir este problema se han demostrado infructuosas, lo cual resulta en un mayor riesgo de infección tanto para los médicos como para los pacientes. Grant y Hofmann pensaron que podrían mejorar la situación con tan solo atraer la atención de los médicos, cuando estos estén entrando en la consulta, hacia una de dos poderosas motivaciones: la preocupación por sí mismos o por sus pacientes. Para canalizar la atención a la consideración más individualista, los investigadores colocaron unos carteles sobre los dispensadores de jabón o gel de la consulta, en los que podía leerse: «La higiene de manos te protege de posibles enfermedades». Para canalizar la atención hacia la consideración más centrada en el paciente, colocaron carteles con la frase: «La higiene de manos protege a los pacientes de posibles enfermedades». Pese a la diferencia tan sutil de las frases, los efectos de los dos carteles fueron radicalmente distintos. El cartel que recordaba a los médicos que debían protegerse a sí mismos no provocó grandes variaciones en el consumo de jabón o gel, pero el que les recordaba que protegiesen a sus pacientes consiguió que el lavado aumentara un 45 %.

Estos resultados nos brindan una enseñanza importante sobre otros temas colaterales. En primer lugar, aunque muchas otras medidas distintas no habían conseguido aminorar el problema, el simple gesto de atraer la atención inicial de los médicos a la relación entre el lavado de manos y el grado de protección de los pacientes fue todo un éxito. Por supuesto, en los casos previos en que los médicos no se habían lavado las manos, estos también se tomaban muy en serio el bienestar de sus pacientes, y también reconocían la relación entre lavarse las manos y la salud de sus pacientes. Entonces ¿a qué se debía la diferencia? En aquellos casos previos, no había nada que dirigiera la atención de los médicos a esa vinculación, o que la llevara al primer nivel de la conciencia, por encima de todos los demás aspectos relevantes de la situación: el aspecto del paciente, qué está diciendo la enfermera encargada, qué dice el historial del paciente, etc. Para que llegaran a modificar de manera tan notable su comportamiento, no hizo falta más que un cartel que les resultara visible en cuanto entraran y que les recordara esa vinculación.[4]

Además, a juzgar por lo observado en el estudio, parece ser que tenemos una respuesta a la pregunta de cómo son en el fondo los médicos. Parecen ser: (1) individuos orientados hacia los demás, muy motivados para contribuir al bienestar de sus pacientes, y (2) no son el tipo de persona que podamos considerar propensa a satisfacer sus intereses individuales a expensas de sus pacientes.

Si bien la primera de estas conclusiones parece correcta, una investigación llevada a cabo en la Universidad Carnegie Mellon plantea dudas sobre la segunda. Tenía que ver con otra práctica, sobre cuyos posibles efectos negativos en los pacientes se ha alertado a menudo a los médicos. Las empresas de la industria sanitaria suelen ofrecer regalos a los facultativos (sobre todo lo hacen las farmacéuticas, pero también las marcas de equipamiento médico), muchas veces en forma de pizza gratis para los miembros de su plantilla, almuerzos y cenas para ellos, viajes con todos los gastos pagados para asistir a conferencias, contratos de investigación y consultoría o también honorarios por impartir clases o dar charlas en actos, o incluso por participar en videoconferencias relacionadas con algún producto. Hay sobradas pruebas de que estos regalos y patrocinios influyen en los médicos y en su predisposición a devolver esa clase de favores recetando y promoviendo el uso de determinados productos, algo que mejora el bienestar de esos patrocinadores y no tanto el de sus pacientes. Pese a las pruebas presentadas y a las advertencias que las acompañaban, muchos siguen aceptando esas recompensas que comprometen la relación con sus pacientes, incluso cuando llegan a reconocer los problemas que pueden generar.

¿Qué es lo que sucede aquí? ¿Cómo puede ser que los médicos se mostraran más predispuestos a ayudar a sus pacientes que a ayudarse a sí mismos —según nos dejó claro el estudio del lavado de manos— y que ocurra lo contrario cuando hablamos de la aceptación de regalos? A lo mejor es que el gesto de lavarse las manos es una acción de un coste o esfuerzo relativamente bajo en comparación con lo que supone rechazar los regalos de las empresas médicas y farmacéuticas y, ante una elección en la que sí que hay en juego elementos de valor, sí se impone el interés propio, como bien podría ocurrir en cualquier otro grupo de individuos. Puede que sea eso: los médicos no dejan de ser personas, al fin y al cabo. Pero el principio de reciprocidad, que establece que quienes dan algo primero están legitimados para luego recibir algo a cambio, y los resultados del estudio de la Universidad Carnegie Mellon ofrecen una interpretación menos cínica y con más matices.

Ese estudio, desarrollado con 301 médicos residentes estadounidenses, comenzó con una pregunta muy pertinente: ¿Qué puede motivar que los doctores se vuelvan más y no menos propensos a aceptar favores «patrocinados» por las empresas médicas y farmacéuticas? A un grupo de doctores simplemente se les preguntó en una encuesta online si consideraban que aceptar regalos y pagos de representantes de estas empresas les parecía aceptable, y hasta qué punto. El resultado obtenido por los investigadores fue que solo una quinta parte (21,7 %) lo consideraba algo aceptable. Sin embargo, cuando a un segundo grupo se le hizo la misma pregunta, precedida de ítems en los que se les preguntaba cuánto habían tenido que sacrificar e invertir a nivel personal para convertirse en médicos, casi la mitad (un 47,5 %) lo consideró aceptable. Finalmente, cuando a un tercer grupo se le volvió a recordar sus sacrificios previos y también se les preguntó si los recursos que habían tenido que invertir en su formación justificaban la aceptación de regalos, una clara mayoría (60,3 %) pasó a considerarlos aceptables.

¿Qué conclusión deberíamos sacar de estos datos? Si hablo por mí mismo, las que extraigo son múltiples, entre ellas la lectura esperanzadora de que, pese a la sana minoría (probablemente sea más correcto decir «insana») que considera que recibir regalos es algo aceptable, la mayor parte de los médicos lo considera improcedente. Sin embargo, al orientarlos de manera pre-suasiva a pensar en las grandes contribuciones que habían tenido que hacer al sistema sanitario, se mostraron mucho más dispuestos a aceptar algo a cambio. Ese resultado —además del hecho de que el principio de reciprocidad llevó a una mayoría a decantarse hacia la aceptación de regalos— evidencia que esa norma de la reciprocidad, aun emergiendo solo temporalmente, fue la gran culpable de ese viraje. Por último, estos hallazgos me dicen que, a la pregunta de si, como colectivo, los médicos tienden más a servir a los pacientes o a sí mismos, la pregunta es… sí. Las dos cosas, dependiendo de hacia dónde estén enfocando su atención en ese momento. Esa conclusión se puede aplicar a muchos más casos, no solo el de los médicos, cuyas preferencias tan formidablemente elásticas nos sirven para ejemplificar cómo operan todas nuestras respuestas automáticas.

Esta conclusión también ofrece un cierre adecuado para el conjunto de este libro: en realidad, quienes somos, con respecto a cualquier tipo de elección, es donde estamos, en el ámbito de nuestra atención, en el momento justo anterior a nuestra decisión. Nos pueden marcar el camino que precede a ese momento privilegiado una serie de pistas o señales que afectan a la decisión que tomemos y con las que nos topamos de manera aleatoria en nuestros escenarios cotidianos; o, y esto es más relevante, nos puede ocurrir lo mismo con las pistas que un comunicador experto haya colocado ahí haciendo uso de distintas tácticas; o, para un efecto aún mayor y más duradero, nos puede pasar lo mismo con las pistas que se han ido almacenando en lugares recurrentes para orientarnos una y otra vez en la dirección deseada. En cada caso, el momento fabricado es de naturaleza pre-suasiva. Estemos o no prevenidos acerca de este proceso subyacente, o atraídos por su potencial, o ambas cosas, haremos bien en reconocer su considerable poder y en querer entender sus mecanismos internos.[5]

Bibliografía

2011 National Business Ethics Survey: Workplace Ethics in Transition, Washington, DC, Ethics Resources Center.

Able, S. y Stasser, G., «Coordination Success and Interpersonal Perceptions: Matching Versus Mismatching», *Journal of Personality and Social Psychology*, n.º 95 (2008), pp. 576-592.

Ackerman, J. M.; Nocera, C. C. y Bargh, J. A., «Incidental Haptic Sensations Influence Social Judgments and Decisions», *Science*, n.º 328 (2010), pp. 1712-1715.

Acohido, B., «Fraudsters Swamp Web with Bogus IRS Emails», *Arizona Republic* (Phoenix, 17 de abril de 2013), p. A13.

Adamo, S. H.; Cain, M. S. y Mitroff, S. R., «Self-Induced Attentional Blink: A Cause of Errors in Multiple-Target Search», *Psychological Science*, n.º 24 (2013), pp. 2569-2574.

Adarves-Yorno, I.; Haslam, S. A. y Postmes, T., «And Now for Something Completely Different? The Impact of Group Membership on Perceptions of Creativity», *Social Influence*, n.º 3 (2008), pp. 248-266.

Aday, S.; Livingston, S. y Hebert, M., «Embedding the Truth: A Cross-Cultural Analysis of Objectivity and Television Coverage of the Iraq War», *Press/Politics*, n.º 10 (2005), pp. 3-21.

Akerlof, G. A. y Shiller, R. J., *La economía de la manipulación: cómo caemos como incautos en las trampas del mercado*, Barcelona, Deusto, 2016.

Akhtar, S.; Faff, R. y Oliver, B., «The Asymmetric Impact of Consumer Sentiment Announcements on Australian Foreign Exchange Rates», *Australian Journal of Management*, n.º 36 (2011), pp. 387-403.

Alba, J. W. y Marmorstein, H., «The Effects of Frequency Knowledge on Consumer Decision Making», *Journal of Consumer Research*, n.º 14 (1987), pp. 14-25.

Algoe, S. B., «Find, Remind, and Bind: The Functions of Gratitude in Everyday Relationships», *Social and Personality Psychology Compass*, n.° 6 (2012), pp. 455-469.

Algoe, S. B.; Gable, S. L. y Maisel, N., «It's the Little Things: Everyday Gratitude as a Booster Shot for Romantic Relationships», *Personal Relationships*, n.° 17 (2010), pp. 217-233.

Allen, M. P.; Panian, S. K. y Lotz, R. E., «Managerial Succession and Organizational Performance: A Recalcitrant Problem Revisited», *Administrative Science Quarterly*, n.° 24 (1979), pp. 167-180.

Alter, A. L., «The Benefits of Cognitive Disfluency», *Current Directions in Psychological Science*, n.° 22 (2013), pp. 437-442.

Alter, A. L. y Oppenheimer, D. M., «Predicting Short-Term Stock Fluctuations by Using Processing Fluency», *Proceedings of the National Academy of Sciences of the USA*, n.° 103 (2006), pp. 9369-9372.

—, «Uniting the Tribes of Fluency to Form a Metacognitive Nation», *Personality and Social Psychology Review*, n.° 13 (2009), pp. 219-235.

Alter, A. L.; Oppenheimer, D. M.; Epley, N. y Eyre, R. N., «Overcoming Intuition: Metacognitive Difficulty Activates Analytic Reasoning», *Journal of Experimental Psychology: General*, n.° 136 (2007), pp. 569-576.

Ambrose, M. L.; Arnaud, A. y Schminke, M., «Individual Moral Development and Ethical Climate», *Journal of Business Ethics*, n.° 77 (2008), pp. 323-333.

Ames, D. L.; Jenkins, A. C.; Banaji, M. R. y Mitchell, J. P., «Taking Another Person's Perspective Increases Self-Referential Neural Processing», *Psychological Science*, n.° 19 (2008), pp. 642-644.

Anderson, B. A.; Laurent, P. A. y Yantis, S., «Reward Predictions Bias Attentional Selection», *Frontiers in Human Neuroscience*, n.° 7 (2013), p. 262. doi:10.3389/fnhum.2013.00262.

Anderson, C. A., «Inoculation and Counter-Explanation: Debiasing Techniques in the Perseverance of Social Theories», *Social Cognition*, n.° 7 (1982), pp. 126-139.

Anderson, C. A.; Carnagey, N. L.; Flannagan, M.; Benjamin, A. J.; Eubanks, J. y Valentine, J., «Violent Video Games: Specific Effects of Violent Content on Aggressive Thoughts and Behavior», *Advances in Experimental Social Psychology*, n.° 36 (2004), pp. 199-249.

Anderson, C. A. y Dill, K. E., «Video Games and Aggressive Thoughts, Feelings, and Behavior in the Laboratory and in Life», *Journal of Personality and Social Psychology*, n.° 78 (2000), pp. 772-790.

Anderson, C. A. y Sechler, E. S., «Effects of Explanation and Counterexplanation on the Development and Use of Social Theories», *Journal of Personality and Social Psychology*, n.º 50 (1986), pp. 24-34.

Anderson, J. C., «Experts Warn Against Giving Cybercriminals the Opening They Seek», *Arizona Republic* (Phoenix, 15 de abril de 2013), pp. A1, A3.

Anderson, M., *After Phrenology: Neural Reuse and the Interactive Brain*, Cambridge, MA, MIT Press, 2014.

Aramovich, N. P.; Lytle, B. L. y Skitka, L. J., «Opposing Torture: Moral Conviction and Resistance to Majority Influence», *Social Influence*, n.º 7 (2012), pp. 21-34.

Ardrey, R., *Génesis en África: la evolución y el origen del hombre*, Barcelona, Editorial Hispano Europea, 1969.

Ariely, D.; Loewenstein, G. y Prelec, D., «Coherent Arbitrariness: Stable Demand Curves Without Stable Preferences», *Quarterly Journal of Economics*, n.º 118 (2003), pp. 73-105.

Armel, K. C.; Beaumel, A. y Rangel, A., «Biasing Simple Choices By Manipulating Relative Visual Attention», *Judgment and Decision Making* (2008), pp. 396-403.

Armitage, C. J. y Connor, M., «Efficacy of the Theory of Planned Behaviour: A Meta-Analytic Review», *British Journal of Social Psychology*, n.º 40 (2001), pp. 471-499.

Armstrong, J. S., *Persuasive Advertising*, Londres, Palgrave Macmillan, 2010.

Aron, A.; Aron, E. N.; Tudor, M. y Nelson, G., «Self-Relationships as Including Other in the Self», *Journal of Personality and Social Psychology*, n.º 60 (1991), pp. 241-253.

Aron, A.; Melinat, E.; Aron, E. N.; Vallone, R. D. y Bator, R. J., «The Experimental Generation of Interpersonal Closeness: A Procedure and Some Preliminary Findings», *Personality and Social Psychology Bulletin*, n.º 23 (1997), pp. 363-377.

Asp, E.; Manzel, K.; Koestner, B.; Cole, C. A.; Denburg, N. y Tranel, D., «A Neuropsychological Test of Belief and Doubt: Damage to Ventromedial Prefrontal Cortex Increases Credulity for Misleading Advertising», *Frontiers in Neuroscience*, n.º 6 (julio de 2012). doi:10.3389/fnins.2012.00100.

Associated Press, «Eight-Legged Invasion Has Austrians' Spider Sense Tingling», 3 de agosto de 2006. usatoday30.usatoday.com/news/offbeat/2006-08-03-spiders-austria_x.htm.

Atalay, A. S.; Bodur, H. O. y Rasolofoarison, D., «Shining in the Center: Central Gaze Cascade Effect on Product Choice», *Journal of Consumer Research*, n.º 39 (2012), pp. 848-856.

Ayton, P.; Murray, S. y Hampton, J. A., «Terrorism, Dread Risks, and Bicycle Accidents. International Conference on Behavioral Decision Making», The Interdisciplinary Center, Herzliya, Israel, 30 de mayo-1 de junio de 2011.

Bailenson, J. N.; Iyengar, S.; Yee, N. y Collins, N. A., «Facial Similarity Between Voters and Candidates Causes Influence», *Public Opinion Quarterly*, n.º 72 (2008), pp. 935-961.

Baimel, A.; Severson, R. L.; Baron, A. S. y Birch, S. A. J., «Enhancing "Theory of Mind" Through Behavioral Synchrony», *Frontiers in Psychology*, n.º 6 (2015), p. 870. doi:10.3389/fpsyg.2015.00870.

Balancher, S.; Liu, Y. y Stock, A., «An Empirical Analysis of Scarcity Strategies in the Automobile Industry», *Management Science*, n.º 10 (2009), pp. 1623-1637.

Ball, P., *El instinto musical: escuchar, pensar y vivir la música*, Madrid, Turner, 2011.

Balliet, D.; Wu, J. y De Dreu, C. K. W., «Ingroup Favoritism in Cooperation: A Meta-Analysis», *Psychological Bulletin*, n.º 140 (2014), pp. 1556-1581.

Banderet, L. E.; Stokes, J. W.; Francesconi, R.; Kowal, D. M. y Naitoh, P., «Artillery Teams in Simulated Sustained Combat: Performance and Other Measures», en L. C: Johnson; D. I. Tepas; W. P. Colquhon y M. J. Colligan (eds.), *The Twenty-Four Hour Workday: Proceedings of a Symposium on Variations in Work-Sleep Schedules*, Washington, DC, Oficina de Publicaciones del Gobierno de Estados Unidos, Departamento de Salud y Servicios Sociales, publicación n.º 81-127.

Bannan, N. (ed.), *Music, Language, and Human Evolution*, Nueva York, Oxford University Press, 2012.

Bargh, J. A.; Chen, M. y Burrows, L., «Automaticity of Social Behavior: Direct Effects of Trait Construct and Stereotype Activation on Action», *Journal of Personality and Social Psychology*, n.º 71 (1998), pp. 230-244.

Bargh, J. A.; Gollwitzer, P. M.; Lee-Chai, A.; Barndollar, K. y Trötschel, R., «The Automated Will: Nonconscious Activation and Pursuit of Behavioral Goals», *Journal of Personality and Social Psychology*, n.º 81 (2001), pp. 1014-1027.

Bargh, J. A.; Lombardi, W. J. y Higgins, E. T., «Automaticity of Chronically Accessible Constructs in Person X Situation Effects on Person Perception: It's Just a Matter of Time», *Journal of Personality and Social Psychology*, n.° 55 (1988), pp. 599-605.

Barlow, F. K.; Paolini, S.; Pedersen, A.; Hornsey, M. J.; Radke, H. R. M.; Harwood, J.; Rubin, M. y Sibley, C. G., «The Contact Caveat: Negative Contact Predicts Increased Prejudice More Than Positive Contact Predicts Reduced Prejudice», *Personality and Social Psychology Bulletin*, n.° 37 (2012), pp. 1629-1643.

Barnard, P. J.; Scot, S.; Taylor, J.; May, J. y Knightley, W., «Paying Attention to Meaning», *Psychological Science*, n.° 15 (2004), pp. 179-186.

Baron-Cohen, S., *Mindblindness: An Essay on Autism and Theory of Mind*. Cambridge, MA, MIT Press, 1995.

Barthel, J., *A Death in Canaan*, Nueva York, Dutton, 1976.

Baumeister, R. F.; Bratslavsky, E.; Finkenauer, C. y Vohs, K. D., «Bad Is Stronger Than Good», *Review of General Psychology*, n.° 5 (2001), pp. 323-370.

Baumeister, R. F.; Masicampo, E. J. y Vohs, K. D., «Do Conscious Thoughts Cause Behavior?», *Annual Review of Psychology*, n.° 62 (2011), pp. 331-361.

Bauml, K-H., «Semantic Generation Can Cause Episodic Forgetting», *Psychological Science*, n.° 13 (2002), pp. 356-360.

Bayer, U. C.; Achzinger, A. A.; Gollwitzer, P. M. y Moskowitz, G. B., «Responding to Subliminal Cues: Do If-Then Plans Facilitate Action Preparation and Initiation Without Conscious Intent?», *Social Cognition*, n.° 27 (2009), pp. 183-201.

Bayer, U. C. y Gollwitzer, P. M., «Boosting Scholastic Test Scores by Willpower: The Role of Implementation Intentions», *Self and Identity*, n.° 6 (2007), pp. 1-19.

Beck, R., «CEO Pay Tops Pre-Recession Levels», *Arizona Republic* (Phoenix, 7 de mayo de 2011), pp. D1, D4.

Becker, G. S., «Crime and Punishment: An Economic Approach», *Journal of Political Economy*, n.° 76 (1968), pp. 169-217.

Becker, J., *Forcing the Spring: Inside the Fight for Marriage Equality*, Nueva York, Penguin Press, 2014.

Belmi, P. y Pfeffer, J., «How "Organization" Can Weaken the Norm of Reciprocity: The Effects of Attributions for Favors and a Calculative Mindset», *Academy of Management Discoveries*, n.° 1 (2015), pp. 93-113.

Berkowitz, L., «Social Norms, Feelings and Other Factors Affecting Helping Behavior and Altruism», en L. Berkowitz (ed.), *Advances in Experimental Social Psychology*, vol. 6., Nueva York, Academic Press, 1972, pp. 63-108.

Bernieri, F. J., «Coordinated Movement and Rapport in Teacher-Student Interactions», *Journal of Nonverbal Behavior*, n.º 12 (1988), pp. 120-138.

Bhatia, S., «Associations and the Accumulation of Preference», *Psychological Review*, n.º 120 (2013), pp. 522-543.

Bilalic, M.; McLeod, P. y Gobet, F., «The Mechanism of the *Einstellung* (Set) Effect: A Pervasive Source of Cognitive Bias», *Current Directions in Psychological Science*, n.º 19 (2010), pp. 111-115.

Birnbaum, R., «Presidential Succession and Institutional Functioning in Higher Education», *Journal of Higher Education*, n.º 60 (1989), pp. 123-135.

Bischoff, S. J.; DeTienne, K. B. y Quick, B., «Effects of Ethical Stress on Employee Burnout and Fatigue: An Empirical Investigation», *Journal of Health and Human Services Administration*, n.º 21 (1999), pp. 512-532.

Blackmore, S. J., *The Adventures of a Parapsychologist*, Buffalo, NY, Prometheus Books, 1986.

—, «Probability Misjudgment and Belief in the Paranormal: A Newspaper Survey», *British Journal of Psychology*, n.º 88 (1997), pp. 683-689.

Blagrove, M., «Effects of Length of Sleep Deprivation on Interrogative Suggestibility», *Journal of Experimental Psychology: Applied*, n.º 2 (1996), pp. 48-59.

Blankenship, K. L.; Wegener, D. T. y Murray, R. A., «Circumventing Resistance: Using Values to Indirectly Change Attitudes», *Journal of Personality and Social Psychology*, n.º 103 (2012), pp. 606-621.

—, «Values, Inter-Attitudinal Structure, and Attitude Change: Value Accessibility Can Increase a Related Attitude's Resistance to Change», *Personality and Social Psychology Bulletin*, n.º 4 (2015), pp. 1739-1750.

Blanton, H.; Snyder, L. B.; Strauts, E. y Larson, J. G., «Effect of Graphic Cigarette Warnings on Smoking Intentions in Young Adults», *PLoS ONE*, vol. 9, n.º 5 (2014), e96315. doi:10.1371/journal.pone.0096315.

Bock, L., *Work Rules!*, Nueva York, Twelve, Hachette Book Group, 2015.

Boer, D.; Fischer, R.; Strack, M. R.; Bond, M. H.; Lo, E. y Lam, J., «How Shared Preferences in Music Create Bonds Between People: Values as the Missing Link», *Personality and Social Psychology Bulletin*, n.º 37 (2011), pp. 1159-1171.

Boland, W. A.; Brucks, M. y Nielsen, J. H., «The Attribute Carryover Effect: What the "Runner-Up" Option Tells Us about Consumer Choice Processes», *Journal of Consumer Research*, n.º 38 (2012), pp. 872-885.

Bolkan, S. S. y Anderson, P. A., «Image Induction and Social Influence: Explication and Initial Tests», *Basic and Applied Social Psychology*, n.º 31 (2009), pp. 317-324.

Bomey, N., «Volkswagen Sales Tepid as Scandal Affects Perception», *Arizona Republic* (Phoenix, 2 de octubre de 2015), p. B3.

Bond, C. F., Jr., «The Next-In-Line Effect: Encoding or Retrieval Deficit?», *Journal of Personality and Social Psychology*, n.º 48 (1985), pp. 853-862.

Bonneville-Roussy, A.; Rentfrow, P. J.; Potter, J. y Xu, M. K., «Music through the Ages: Trends in Musical Engagement and Preferences from Adolescence through Middle Adulthood», *Journal of Personality and Social Psychology*, n.º 105 (2013), pp. 703-717.

Boorstin, D. J., *The Image: A Guide to Pseudo-Events in America*, Nueva York, Vintage Books, 1962.

Borgida, E.; Conner, C. y Manteufal, L., «Understanding Living Kidney Donation: A Behavioral Decision-Making Perspective», en S. Spacapan y S. Oskamp (eds.), *Helping and Being Helped*, Newbury Park, Sage, pp. 183-212, 1992.

Borysenko, K., «What Was Management Thinking? The High Cost of Employee Turnover», TLNT, 22 de abril de 2015. www.eremedia.com/tlnt/what-was -leadership-thinking-the-shockingly-high-cost-of-employee-turnover.

Bouchard, T. J.; Segal, N. L.; Tellegen, A.; McGue, M.; Keyes, M. y Krueger, R., «Evidence for the Construct Validity and Heritability of the Wilson-Paterson Conservatism Scale: A Reared-Apart Twins Study of Social Attitudes», *Personality and Individual Differences*, n.º 34 (2003), pp. 959-969.

Bourgeois, M. J., «Heritability of Attitudes Constrains Dynamic Social Impact», *Personality and Social Psychology Bulletin*, n.º 28 (2002), pp. 1063-1072.

Boushey, H. y Glynn, S. J., *There Are Significant Business Costs to Replacing Employees,* Washington, DC, Center for American Progress, 16 de noviembre de 2012. www.americanprogress.org/issues/labor/re

port/2012/11/16/44464 /there-are-significant-business-costs-to-repla cing-employees.

Boyce, C. J.; Wood, A. M.; Banks, J.; Clark, A. E. y Brown, G. D. A., «Money, Well-Being, and Loss Aversion: Does an Income Loss Have a Greater Effect on Well-Being Than an Equivalent Income Gain?», *Psychological Science*, n.° 24 (2013), pp. 2557-2562.

Boydstun, A. E., *Making the News: Politics, The Media, and Agenda Setting*, Chicago, University of Chicago Press, 2013.

Boyle, J., *The Public Domain: Enclosing the Commons of the Mind*, New Haven, CT, Yale University Press, 2008.

Bradley, M. M., «Natural Selective Attention: Orienting and Emotion», *Psychophysiology*, n.° 46 (2009), pp. 1-11.

Brandstätter, V.; Lengfelder, A. y Gollwitzer, P. M., «Implementation Intentions and Efficient Action Initiation», *Journal of Personality and Social Psychology*, n.° 81 (2001), pp. 946-960.

Brandt, M. J. y Reyna, C., «The Chain of Being: A Hierarchy of Morality», *Perspectives on Psychological Science*, n.° 6 (2011), pp. 428-446.

Brendl, C. M.; Chattopadhyay, A.; Pelham, B. W. y Carvallo, M. R., «Name Letter Branding: Valence Transfers When Product Specific Needs Are Active», *Journal of Consumer Research*, n.° 32 (2005), pp. 405-415.

Brenner, M., «The Next-In-Line Effect», *Journal of Verbal Learning and Verbal Behavior*, n.° 12 (1973), pp. 320-323.

Bridwell, D. A. y Srinivasan, R., «Distinct Attention Networks for Feature Enhancement and Suppression in Vision», *Psychological Science*, n.° 23 (2012), pp. 1151-1158.

Brinol, P.; Gasco, M.; Petty, R. E. y Horcajo, J., «Treating Thoughts as Material Objects Can Increase or Decrease Their Impact on Evaluation», *Psychological Science*, n.° 24 (2013), pp. 41-47.

Bronzaft, A. L., «The Effect of a Noise Abatement Program on Reading Ability», *Journal of Environmental Psychology*, n.° 1 (1981), pp. 215-222.

Bronzaft, A. L. y McCarthy, D. P., «The Effect of Elevated Train Noise on Reading Ability», *Environment and Behavior*, n.° 7 (1975), pp. 517-528.

Brown, C. M. y McConnell, A. R., «When Chronic Isn't Chronic: The Moderating Role of Active Self-Aspects», *Personality and Social Psychology Bulletin*, n.° 35 (2009), pp. 3-15.

Brown, I.; Sheeran, P. y Reuber, M., «Enhancing Antiepileptic Drug Adherence: A Randomized Controlled Trial», *Epilepsy and Behavior*, n.° 16 (2009), pp. 634-639.

Brown, J. L.; Drake, K. D. y Wellman, L., «The Benefits of a Relational Approach to Corporate Political Activity: Evidence From Political Contributions to Tax Policymakers», *Journal of the American Taxation Association*, n.° 37 (2015), pp. 69-102.

Bryan, C. J.; Walton, G. M.; Rogers, T. y Dweck, C. S., «Motivating Voter Turnout by Invoking the Self», *Proceedings of the National Academy of Sciences*, 2001. doi:10.1073/pnas.1103343108.

Buchan, N. R.; Brewer, M. B.; Grimalda, G.; Wilson, R. K.; Fatas, E. y Foddy, M., «Global Social Identity and Global Cooperation», *Psychological Science*, n.° 22 (2011), pp. 821-828.

Bukowski, W. M.; Hoza, B. y Boivin, M., «Measuring Friendship Quality During Pre- and Early Adolescence: The Development and Psychometric Properties of the Friendship Qualities Scale», *Journal of Social and Personal Relationships*, n.° 11 (1994), pp. 471-484.

Buonomano, D., *Brain Bugs*, Nueva York, W. W. Norton, 2011.

Burger, J. M.; Messian, N.; Patel, S.; Del Prado, A. y Anderson, C., «What a Coincidence! The Effects of Incidental Similarity on Compliance», *Personality and Social Psychology Bulletin*, n.° 30 (2004): pp. 35-43.

Burgoon, M.; Alvaro, E.; Grandpre, J. y Voulodakis, M., «Revisiting the Theory of Psychological Reactance», en J. P. Dillard y M. Pfau (eds.), *The Persuasion Handbook: Theory and Practice*, Thousand Oaks, Sage, 2002, pp. 213-232.

Burks, S. V. y Krupka, E. L., «A Multimethod Approach to Identifying Norms and Normative Expectations Within a Corporate Hierarchy: Evidence from the Financial Services Industry», *Management Science*, n.° 58 (2012), pp. 203-217.

Burnkrant, R. E. y Unnava, H. R., «Self-Referencing: A Strategy for Increasing Processing of Message Content», *Personality and Social Psychology Bulletin*, n.° 15 (1989), pp. 628-638.

Burnstein, E.; Crandall, C. y Kitayama, S., «Some Neo-Darwinian Decision Rules for Altruism: Weighing Cues for Inclusive Fitness as a Function of the Biological Importance of the Decision», *Journal of Personality and Social Psychology*, n.° 67 (1994), pp. 773-789.

Burrus, J. y Mattern, K. D., «Equity, Egoism and Egocentrism: The Formation of Distributive Justice Judgments», *Basic and Applied Social Psychology*, n.° 32 (2010), pp. 155-164.

Busemeyer, J. R. y Wang, Z., «What Is Quantum Cognition, and How Is

It Applied to Psychology?», *Current Directions in Psychological Science*, n.° 24 (2015), pp. 163-169.

Busemeyer, J. R.; Pothos, E. M.; Franco, R. y Trueblood, J. S., «A Quantum Theoretical Explanation for Probability Judgment Errors», *Psychological Review*, n.° 118 (2001), pp. 193-218.

Buttleman, D. y Bohm, R., «The Ontogeny of the Motivation That Underlies In-Group Bias», *Psychological Science*, n.° 25 (2014), pp. 921-927.

Cacioppo, J. T.; Priester, J. R. y Berntson, G. G., «Rudimentary Determinants of Attitudes: II. Arm Flexion and Extension Have Differential Effects on Attitudes», *Journal of Personality and Social Psychology*, n.° 65 (1993), pp. 5-17.

Cadinu, M. R. y Rothbart, M., «Self-Anchoring and Differentiation Processes in the Minimal Group Setting», *Journal of Personality and Social Psychology*, n.° 70 (1996), pp. 666-677.

Cai, H.; Chen, Y. y Fang, H., «Observational Learning: Evidence from a Randomized Natural Field Experiment», *American Economic Review*, n.° 99 (2009), pp. 864-882.

Cameron, C. D.; Brown-Iannuzzi, J. L. y Payne, B. K., «Sequential Priming Measures of Implicit Social Cognition: A Meta-Analysis of Associations with Behavior and Explicit Attitudes», *Personality and Social Psychology Review*, n.° 16 (2012), pp. 330-350.

Campbell, M. C., «When Attention-Getting Advertising Tactics Elicit Consumer Inferences of Manipulative Intent: The Importance of Balancing Benefits and Investments», *Journal of Consumer Psychology*, n.° 4 (1995), pp. 225-254.

Campbell, M. C. y Warren, C., «A Risk of Meaning Transfer: Are Negative Associations More Likely to Transfer Than Positive Associa- tions?», *Social Influence*, n.° 7 (2012), pp. 172-192.

Cappella, J. N., «Behavioral and Judged Coordination in Adult Informal Social Interactions: Vocal and Kinesic Indicators», *Journal of Personality and Social Psychology*, n.° 72 (1997), pp. 119-131.

Carlson, K. A.; Meloy, M. G. y Miller, E. G., «Goal Reversion in Consumer Choice», *Journal of Consumer Research*, n.° 39 (2013), pp. 918-930.

Carnegie, D., *Cómo ganar amigos e influir sobre las personas*, Barcelona, Elipse, 2009.

Carr, P. B. y Walton, G. M., «Cues of Working Together Fuel Intrinsic Motivation», *Journal of Experimental Social Psychology*, n.° 53 (2014), pp. 169-184.

Carstensen, L. L.; Turan, B.; Scheibe,S.; Ram, N.; Ersner-Hershfield, H.; Samanez-Larkin, G. R.; Brooks, K. P. y Nesselroade, J. R., «Emotional Experience Improves with Age: Evidence Based On over 10 Years of Experience Sampling», *Psychology and Aging*, n.º 26 (2011), pp. 21-33.

Carter, T. J.; Ferguson, M. J. y Hassin, R. R., «A Single Exposure to the American Flag Shifts Support Toward Republicanism Up to 8 Months Later», *Psychological Science*, vol. 22, n.º 8 (2011), pp. 1011-1018.

Carver, C. S.; Ganellen, R. J.; Froming, W. J. y Chambers, W., «Modeling: An Analysis in Terms of Category Accessibility», *Journal of Experimental Social Psychology*, n.º 19 (1983), pp. 403-421.

Cavicchio, F.; Melcher, D. y Poesio, M., «The Effect of Linguistic and Visual Salience in Visual World Studies», *Frontiers in Psychology*, n.º 5 (2014), p. 176.

Ceci, S. J.; Ginther, D. K.; Kahn, S. y Williams, W. M., «Women in Academic Science: A Changing Landscape», *Psychological Science in the Public Interest*, n.º 15 (2014), pp. 72-141.

Ceci, S. J. y Williams, W. M., «Sex Differences in Math-Intensive Fields», *Current Directions in Psychological Science*, n.º 19 (2010), pp. 275-279.

Ceci, S. J.; Williams, W. M. y Barnett, S. M., «Women's Underrepresentation in Science: Sociocultural and Biological Considerations», *Psychological Bulletin*, n.º 135 (2009), pp. 218-261.

Cervone, D., «Effects of Envisioning Future Activities on Self-Efficacy Judgments and Motivation: An Availability Heuristic Interpretation», *Cognitive Therapy and Research*, n.º 13 (1989), pp. 24-61.

Chagnon, N. A. y Bugos, P. E., «Kin Selection and Conflict: An Analysis of a Yanomamö Ax Fight», en N. A. Chagnon y W. Irons (eds.), *Evolutionary Biology and Human Social Behavior*, North Scituate, Duxbury Press, 1979, pp. 213-238.

Chaiken, S. y Eagly, A. H., «Communication Modality as a Determinant of Persuasion: The Role of Communicator Salience», *Journal of Personality and Social Psychology*, n.º 45 (1983), pp. 241-256.

Chambers, J. R., «Why the Parts Are Better (or Worse) Than the Whole: The Unique-Attributes Hypothesis», *Psychological Science*, n.º 21 (2011), pp. 68-275.

Chambers, J. R.; Schlenker, R. B. y Collisson, B., «Ideology and Prejudice: The Role of Value Conflicts», *Psychological Science*, n.º 24 (2013), pp. 140-149.

Chan, E. y Sengupta, J., «Insincere Flattery Actually Works: A Dual Attitudes Perspective», *Journal of Marketing Research*, n.º 47 (2010),
pp. 122-133.

Charpak, G. y Broch, H., *Debunked!* Baltimore, Johns Hopkins University Press, 2004.

Chein, Y.-W.; Wegener, D. T.; Petty, R. E. y Hsiao, C-C., «The Flexible
Correction Model: Bias Correction Guided by Naïve Theories of
Bias», *Social and Personality Psychology Compass*, n.º 8/6 (2014),
pp. 275-286.

Chen, X. y Latham, G. P., «The Effect of Priming Learning vs. Performance Goals on a Complex Task», *Organizational Development and Human
Decision Processes*, n.º 125 (2014), pp. 88-97.

Chernev, A. y Blair, S., «Doing Well by Doing Good: The Benevolent Halo
of Corporate Social Responsibility», *Journal of Consumer Research*,
n.º 41 (2015), pp. 1412-1425.

Cheung, T. T. L.; Gillebaart, M.; Kroese, F. y De Ridder, D., «Why Are
People with High Self-Control Happier? The Effect of Trait Self-Con-
trol on Happiness as Mediated by Regulatory Focus», *Frontiers in
Psychology*, n.º 5 (2014). doi:10.3389/fpsyg.2014.00722.

Child, L., «A Simple Way to Create Suspense», *Opinionator* (blog), *New
York Times*, 8 de diciembre de 2012, http://opinionator.blogs.nytimes
.com/2012/12/08/a-simple-way-to-create-suspense/?_r=0.

Chugani, S.; Irwin, J. E. y Redden, J. P., «Happily Ever After: The Effect
of Identity-Consistency on Product Satiation», *Journal of Consumer
Research* (en prensa).

Cialdini, R. B., *Influencia*, Madrid, Ilustrae, 2014.

Cialdini, R. B.; Kallgren, C. A. y Reno, R. R., «A Focus Theory of Normative Conduct: A Theoretical Refinement and Reevaluation of the Role
of Norms in Human Behavior», en M. Zanna (ed.), *Advances in Experimental Social Psychology*, vol. 24., Nueva York, Academic Press, 1991,
pp. 201-234.

Cialdini, R. B.; Li, Y. J. y Samper, A., «The Varied Internal Costs of Unethical Leadership: Performance Decrements, Turnover Intentions, and
the Selective Attrition Effect» (en preparación).

Cialdini, R. B.; Brown, S. L.; Lewis, B. P.; Luce, C. y Neuberg, S. L.,
«Re-interpreting the Empathy-Altruism Relationship: When One into
One Equals Oneness», *Journal of Personality and Social Psychology*,
n.º 73 (1997), pp. 481-494.

Cialdini, R. B.; Wosinska, W.; Barrett, D. W.; Butner, J. y Gornik-Durose, M., «Compliance with a Request in Two Cultures: The Differential Influence of Social Proof and Commitment/Consistency on Collectivists and Individualists», *Personality and Social Psychology Bulletin*, n.º 25 (1999), pp. 1242-1253.

Cirelli, L. K.; Einarson, K. M. y Trainor, L. J., «Interpersonal Synchrony Increases Prosocial Behavior in Infants», *Developmental Science*, n.º 17 (2014), pp. 1003-1011.

Claessens, A. y Dowsett, C., «Growth and Changes in Attention Problems, Disruptive Behavior, and Achievement from Kindergarten to Fifth Grade», *Psychological Science*, n.º 25 (2014), pp. 2241-2251.

Clark, C. y Sörqvist, P., «A 3-Year Update on the Influence of Noise on Performance and Behavior», *Noise Health*, n.º 14 (2012), pp. 292-296.

Clarkson, J. J.; Tormala, Z. L. y Rucker, D. D., «Cognitive and Affective Matching Effects in Persuasion: An Amplification Perspective», *Personality and Social Psychology Bulletin*, vol. 37 (2011), pp. 1415-1427.

Coghlan, T., «Holocaust Survivor Lord Weidenfeld Rescues Syrian Christians», *Times* (Londres), 14 de julio de 2015, p. A30.

Cohen, B., *The Press and Foreign Policy*, Princeton, Princeton University Press, 1963.

Cohen, D. y Gunz. A., «As Seen by the Other...: Perceptions of the Self in the Memories and Emotional Perceptions of Easterners and Westerners», *Psychological Science*, n.º 13 (2002), pp. 55-59.

Cohen, G. L.; Garcia, J.; Apfel, N. y Master. A., «Reducing the Racial Achievement Gap: A Social-Psychological Intervention», *Science*, n.º 313 (2006), pp. 1307-1310.

Cohen, R., «Altruism: Human, Cultural, or What?». *Journal of Social Issues*, n.º 28 (1972), pp. 39-57.

Coleman, N. V. y Williams, P., «Looking for My Self: Identity-Driven Attention Allocation», *Journal of Consumer Psychology*, n.º 25 (2015), pp. 504-511.

Coman, A.; Manier, D. y Hirst, W., «Forgetting the Unforgettable through Conversation», *Psychological Science*, n.º 20 (2009), pp. 627-633.

Combs, D. J. Y. y Keller, P. S., «Politicians and Trustworthiness: Acting Contrary to Self-Interest Enhances Trustworthiness», *Basic and Applied Social Psychology*, n.º 32 (2010), pp. 328-339.

Condon, J. W. y Crano, W. D., «Inferred Evaluation and the Relation

Between Attitude Similarity and Interpersonal Attraction», *Journal of Personality and Social Psychology*, n.° 54 (1988), pp. 789-797.

Connell, P. M.; Brucks, M. y Nielsen, J. H., «How Childhood Advertising Exposure Can Create Biased Pro duct Evaluations That Persist into Adulthood», *Journal of Consumer Research*, n.° 41 (2014), pp. 119-134.

Connery, D. S., *Guilty until Proven Innocent,* Nueva York, Putnum, 1977.

—, (ed.), *Convicting the Innocent*, Cambridge, Brookline Books, 1995.

Conway, P. y Peetz, J., «When Does Feeling Moral Actually Make You a Better Person? Conceptual Abstraction Moderates Whether Past Moral Deeds Motivate Consistency or Compensatory Behavior», *Personality and Social Psychology Bulletin*, n.° 38 (2012), pp. 907-919.

Corning, A. y Schuman, H., «Commemoration Matters: The Anniversaries of 9/11 and Woodstock», *Public Opinion Quarterly*, n.° 77 (2013), pp. 433-454.

Cortell, A. P.; Eisinger, R. M. y Althaus, S. L., «Why Embed? Explaining the Bush Administration's Decision to Embed Reporters in the 2003 Invasion of Iraq», *American Behavioral Scientist*, n.° 52 (2009), pp. 657-677.

Costa, D. y Kahn, M., *Heroes and Cowards: The Social Face of War*, Princeton, Princeton University Press, 2008.

Cottrell, C. A.; Neuberg, S. L. y Li, N. P., «What Do People Desire in Others? A Sociofunctional Perspective on the Importance of Different Valued Characteristics», *Journal of Personality and Social Psychology*, n.° 92 (2007), pp. 208-231.

—, «Coughing Fits Overcome 200 at Banquet», *San Francisco Examiner and Chronicle*, 12 de septiembre de 1993, p. A16.

Craig, B., «A Story of Human Kindness», *Pacific Stars and Stripes*, 30 de julio de 1985, pp. 13-16.

Critcher, C. R. y Gilovich, T., «Incidental Environmental Anchors», *Journal of Behavioral Decision Making*, n.° 21 (2007), pp. 241-251.

Cunningham, W. B.; Johnson, M. K.; Raye, C. L.; Gatenby, J. C.; Gore, J. C. y Banaji, M. R., «Separable Neural Components in the Processing of Black and White Faces», *Psychological Science*, n.° 15 (2004), pp. 806-813.

Dai, H.; Milkman, K. L. y Riis, J., «The Fresh Start Effect: Temporal Landmarks Motivate Aspirational Behavior», *Management Science*, n.° 10 (2014), pp. 2563-2582.

—, «Put Your Imperfections Behind You: Temporal Landmarks Spur Goal

Initiation When They Signal New Beginnings», *Psychological Science*, n.º 26 (2015), pp. 1927-1936.

Dai, X.; Wertenbroch, K. y Brendel, C. M., «The Value Heuristic in Judgments of Relative Frequency», *Psychological Science*, n.º 19 (2008), pp. 18-19.

Dana, J. y Loewenstein, G., «A Social Science Perspective on Gifts to Physicians from Industry», *Journal of the American Medical Association*, n.º 290 (2003), pp. 252-255.

Danziger, S. y Ward, R., «Language Changes Implicit Associations between Ethnic Groups and Evaluation in Bilinguals», *Psychological Science*, n.º 2 (2010), pp. 799-800.

Darke, P. R. y Ritchie, R. B., «The Defensive Consumer: Advertising Deception, Defensive Processing, and Distrust», *Journal of Marketing Research*, n.º 44 (2007), pp. 114-127.

Darke, P. R.; Ashworth, L. T. A. y Ritchie, R. B., «Damage from Corrective Advertising: Causes and Cures», *Journal of Marketing*, n.º 72 (2008), pp. 81-97.

Dasgupta, N., «Implicit Group Favoritism, Outgroup Favoritism, and Their Behavioral Manifestations», *Social Justice Research*, n.º 17 (2004), pp. 143-169.

Davis, D., «Lies, Damned Lies, and the Path from Police Interrogation to Wrongful Conviction», en M. H. Gonzales, C. Tavris y J. Aronson (eds.), *The scientist and the Humanist: A Festschrift in Honor of Elliot Aronson*, Nueva York, Psychology Press, 2010, pp. 211-247.

Davis, D. F. y Herr, P. M., «From Bye to Buy: Homophones as a Phonological Route to Priming», *Journal of Consumer Research*, n.º 40 (2014), pp. 1063-1077.

Davis, K. E. y Todd, M. J., «Assessing Friendship: Prototypes, Paradigm Cases and Relationship Description», en S. Duck y D. Perlman (eds.), *Understanding Personal Relationships: An Interdisciplinary Approach*, Beverly Hills, Sage, 1985, pp. 17-38.

De Dreu, C. K. W.; Dussel, D. B. y Ten Velden, F. S., «In Intergroup Conflict, Self-Sacrifice Is Stronger among Pro-Social Individuals, and Parochial Altruism Emerges Especially among Cognitively Taxed Individuals», *Frontiers in Psychology*, n.º 6 (2015), p. 572.

De Hoog, N.; Stroebe, W. y De Wit, J. B. F., «The Processing of Fear-Arousing Communications: How Biased Processing Leads to Persuasion», *Social Influence*, n.º 3 (2008), pp. 84-113.

De la Rosa, M. D.; Sanabria, D.; Capizzi, M. y Correa, A., «Temporal Preparation Driven by Rhythms Is Resistant to Working Memory Interference», *Frontiers in Psychology*, n.° 3 (2012). doi:10.3389/psyg.2012.0308.

De Waal, F. B. M., «Putting the Altruism Back into Altruism: The Evolution of Empathy», *Annual Review of Psychology*, n.° 59 (2008), pp. 279-300.

Deaner, R. O.; Khera, A. V. y Platt, M. L., «Monkeys Pay Per View: Adaptive Valuation of Social Images by Rhesus Macaques», *Current Biology*, n.° 15 (2005), pp. 543-548.

Deaux, K. y Major, B., «Putting Gender into Context: An Interactive Model of Gender-Related Behavior», *Psychological Review*, n.° 94 (1987), pp. 369-389.

DeBruine, L. M., «Facial Resemblance Enhances Trust», *Proceedings of the Royal Society, Series B*, n.° 269 (2002), pp. 1307-1312.

—, «Resemblance to Self Increases the Appeal of Child Faces to Both Men and Women», *Evolution and Human Behavior*, n.° 25 (2004), pp. 142-154.

Dellande, S. y Nyer, P., «Using Public Commitments to Gain Customer Compliance», *Advances in Consumer Research*, n.° 34 (2007), pp. 249-255.

DeSteno, D.; Petty, R. E.; Wegener, D. T. y Rucker, D. D., «Beyond Valence in the Perception of Likelihood: The Role of Emotion Specificity», *Journal of Personality and Social Psychology*, n.° 78 (2000), pp. 397-416.

DeTienne, K. B.; Agle, B. R.; Phillips, J. C. e Ingerson, M-C., «The Impact of Moral Stress Compared to Other Stressors on Employee Fatigue, Job Satisfaction, and Turnover: An Empirical Investigation», *Journal of Business Ethics*, n.° 110 (2012), pp. 377-391.

Deval, H.; Mantel, S. P.; Kardes, F. R. y Posavac, S. S., «How Naïve Theories Drive Opposing Inferences from the Same Information», *Journal of Consumer Research*, n.° 39 (2013), pp. 1185-1201.

DeWall, C. N.; MacDonald, G.; Webster, G. D.; Masten, C. L.; Baumeister, R. F.; Powell, C.; Combs, D.; Schurtz, D. R.; Stillman, T. F.; Tice, D. M. y Eisenberger, N. I., «Acetaminophen Reduces Social Pain: Behavioral and Neural Evidence», *Psychological Science*, n.° 21 (2010), pp. 931-937.

Deyle, E., «The Global Retail Theft Barometer», 2015. http://lpportal.com/feature-articles/item/3495-the-global-retail-theft-barometer.html.

Dhar, R. y Simonson, I., «The Effect of the Focus of Comparison on Consumer Preferences», *Journal of Marketing Research*, n.° 29 (1992), pp. 430-440.

Dhar, R.; Nowlis, S. M. y Sherman, S. J., «Comparison Effects on Preference Construction», *Journal of Consumer Research*, n.° 26 (1999), pp. 293-306.

DiDonato, T. E.; Ulrich, J. y Krueger, J. I., «Social Perception as Induction and Inference: An Integrative Model of Intergroup Differentiation, Ingroup Favoritism, and Differential Accuracy», *Journal of Personality and Social Psychology*, n.° 100 (2011), pp. 66-83.

Diekman, A. B.; Brown, E. R.; Johnston, A. M. y Clark, E. K., «Seeking Congruity Between Goals and Roles: A New Look at Why Women Opt Out of Science, Technology, Engineering, and Mathematics Careers», *Psychological Science*, n.° 21 (2010), pp. 1051-1057.

Diener, E. y Biswas-Diener, R., *Happiness: Unlocking the Secret of Psychological Wealth*, Malden, Blackwell, 2009.

Dijker, A. M. J., «Perceived Vulnerability as a Common Basis of Moral Emotions», *British Journal of Social Psychology*, n.° 49 (2010), pp. 415-423.

Dijksterhuis, A., «Think Different: The Merits of Unconscious Thought in Preference Development and Decision-Making», *Journal of Personality and Social Psychology*, n.° 87 (2004), pp. 586-598.

Dijksterhuis, A. y Aarts, H., «On Wildebeests and Humans: The Preferential Detection of Negative Stimuli», *Psychological Science*, n.° 14 (2003), pp. 14-18.

—, «Goals, Attention, and (Un)Consciousness», *Annual Review of Psychology*, n.° 61 (2010), pp. 467-490.

Dijksterhuis, A.; Chartrand, T. L. y Aarts, H., «Effects of Priming and Perception on Social Behavior and Goal Pursuit», en J. A. Bargh (ed.), *Social Psychology and the Unconscious: The Automaticity of Higher Mental Processes*, Filadelfia, Psychology Press, 2007, pp. 51-132.

Dolinski D.; Nawrat, M. y Rudak, I., «Dialogue Involvement as a Social Influence Technique», *Personality and Social Psychology Bulletin*, n.° 27 (2001), pp. 1395-1406.

Dolnik, L.; Case, T. I. y Williams, K. D., «Stealing Thunder as a Courtroom Tactic Revisited: Processes and Boundaries», *Law and Human Behavior*, n.° 27 (2003), pp. 267-287.

Donahoe, J. W. y Vegas, R., «Pavlovian Conditioning: The CS-UR Relation», *Journal of Experimental Psychology: Animal Behavior Processes*, n.º 30 (2004), pp. 17-33.

Drake, J. E. y Winner, E., «How Children Use Drawing to Regulate Their Emotions», *Cognition and Emotion*, n.º 27 (2013), pp. 512-20.

Drizin, S. y Leo, R. A., «The Problem of False Confessions in the Post-DNA World», *North Carolina Law Review*, n.º 82 (2004), pp. 891-1007.

Drolet, A. y Aaker, J., «Off-Target? Changing Cognitive-Based Attitudes», *Journal of Consumer Psychology*, n.º 12 (2002), pp. 59-68.

Duckworth, A. L. y Steinberg, L., «Understanding and Cultivating Self-Control in Children and Adolescents», *Child Development Perspective*, n.º 9 (2015), pp. 32-37.

Duguid, M. M. y Thomas-Hunt, M. C., «Condoning Stereotyping? How Awareness of Stereotyping Prevalence Impacts Expression of Stereotypes», *Journal of Applied Psychology*, n.º 100 (2015), pp. 343-359.

Dunbar, R. I. M., «On the Evolutionary Function of Song and Dance», en N. Bannan (ed.), *Music, Language and Human Evolution*, Nueva York, Oxford University Press, 2012, pp. 201-214.

Dunfield, K. A. y Kuhlmeier, V. A., «Intention-Mediated Selective Helping in Infancy», *Psychological Science*, n.º 21 (2010), pp. 523-527.

Durrant, G. B.; Groves, R. M.; Staetsky, L. y Steele, F., «Effects of Interviewer Attitudes and Behaviors on Refusal in Household Surveys», *Public Opinion Quarterly*, n.º 74 (2010), pp. 1-36.

Dux, P. E. y Marois, R., «The Attentional Blink: A Review of Data and Theory», *Attention, Perception, and Psychophysics*, n.º 71 (2009), pp. 1683-1700.

Eagly, A. H.; Kulesa, P.; Brannon, L. A.; Shaw, K. y Hutson-Comeaux, S., «Why Counterattitudinal Messages Are as Memorable as Proattitudinal Messages: The Importance of Active Defense Against Attack», *Personality and Social Psychology Bulletin*, n.º 26 (2000), pp. 1392-1408.

Eagly, A. H.; Wood, W. y Chaiken, S., «Causal Inferences About Communicators and Their Effect on Opinion Change», *Journal of Personality and Social Psychology*, n.º 36 (1978), pp. 424-435.

Edwards, M. L.; Dillman, D. A. y Smyth, J. D., «An Experimental Test of the Effects of Survey Sponsorship on Internet and Mail Survey Response», *Public Opinion Quarterly*, n.º 78 (2014), pp. 734-750.

Ellen, P. S.; Mohr, L. A. y Webb, D. J., «Charitable Programs and the Retailer: Do They Mix?», *Journal of Retailing*, n.º 76 (2000), pp. 393-406.

Elliot, A. J. y Thrash, T. M., «The Intergenerational Transmission of Fear of Failure», *Personality and Social Psychology Bulletin*, n.° 30 (2004), pp. 957-971.

Emery, N. J., «The Eyes Have It: The Neuroethology, Function, and Evolution of Social Gaze», *Neuroscience and Biobehavioral Reviews*, n.° 24 (2000), pp. 581-604.

Engelberg, J.; Sasseville, C. y Williams, J., «Market Madness? The Case of *Mad Money*», *Management Science*, n.° 58 (2012), pp. 351-364.

Engelmann, J. B.; Capra, C. M.; Noussair, C. y Berns, G. S., «Expert Financial Advice Neurobiologically "Offloads" Financial Decision-Making Under Risk», *PLoS One* 4, n.° 3 (2009). e4957. doi:10.1371/journal.pone.0004957.

Enos, R. D. y Hersh, E. D., «Party Activists as Campaign Advertisers: The Ground Campaign as a Principal-Agent Problem», *American Political Science Review*, n.° 109 (2015), pp. 252-278.

Enos, R. D. y Fowler, A., «Aggregate Effects of Large-Scale Campaigns on Voter Turnout: Evidence from 400 Million Voter Contacts», *Political Science Research and Methods* (en prensa).

Epstein, S.; Donovan, S. y Denes-Raj, V., «The Missing Link in the Paradox of the Linda Conjunction Problem: Beyond Knowing and Thinking of the Conjunction Rule, The Intrinsic Appeal of Heuristic Processing», *Personality and Social Psychology Bulletin*, n.° 25 (1999), pp. 204-214.

Epstein, S.; Lipson, A.; Holstein, C. y Huh, E., «Irrational Reactions to Negative Outcomes: Evidence for Two Conceptual Systems», *Journal of Personality and Social Psychology*, n.° 62 (1992), pp. 328-339.

Eriksson, K.; Strimling, P. y Coultas, J. C., «Bidirectional Associations Between Descriptive and Injunctive Norms», *Organizational Behavior and Human Decision Processes*, n.° 129 (2015), pp. 59-69.

Ernst & Young, 12th Global Fraud Survey. *Growing Beyond: A Place for Integrity*, 2013. www.ey.com/Publication/vwLUAssets/Global-Fraud-Survey -a-place-for-integrity-12th-Global-Fraud-Survey/$FILE/EY-12th-global -fraud-survey.pdf.

—, 13th Global Fraud Survey. *Overcoming Compliance Fatigue: Reinforcing the Commitment to Ethical Growth*, 2014. www.ey.com/Publication/vwLUAssets/EY-13th-Global-Fraud-Survey/$FILE/EY-13th-Global-Fraud-Survey.pdf.

Fabrigar, L. R. y Petty, R. E., «The Role of the Affective and Cognitive Bases of Attitudes in Susceptibility to Affectively and Cognitively Based Persuasion», *Personality and Social Psychology Bulletin*, vol. 25, n.º 3 (1999), pp. 363-381.

Fang, X.; Singh, S. y Ahluwala, R., «An Examination of Different Explanations for the Mere Exposure Effect», *Journal of Consumer Research*, n.º 34 (2007), pp. 98-103.

Fein, S.; McCloskey, A. L. y Tomlinson, T. M., «Can the Jury Disregard That Information? The Use of Suspicion to Reduce the Prejudicial Effects of Pretrial Publicity and Inadmissible Testimony», *Personality and Social Psychology Bulletin*, n.º 23 (1997), pp. 1215-1226.

Feinberg, M. y Willer, R., «Apocalypse Soon? Dire Messages Reduce Belief in Global Warming by Contradicting Just-World Beliefs», *Psychological Science*, n.º 22 (2011), pp. 34-38.

Fennis, B. M. y Stroebe, W., «Softening the Blow: Company Self-Disclosure of Negative Information Lessens Damaging Effects on Consumer Judgment and Decision Making», *Journal of Business Ethics*, n.º 120 (2014), pp. 109-120.

Fennis, B. M.; Adriaanse, M. A.; Stroebe, W. y Pol, B., «Bridging the Intention-Behavior Gap: Inducing Implementation Intentions through Persuasive Appeals», *Journal of Consumer Research*, n.º 21 (2011), pp. 302-311.

Fennis, B. M.; Das, E. y Fransen, M. L., «Print Advertising: Vivid Content», *Journal of Business Research*, n.º 65 (2012), pp. 861-864.

Fiedler, K. y Bluemke, M., «Exerting Control over Allegedly Automatic Associative Processes», en J. Forgas, R. Baumeister y D. Tice (eds.), *The Psychology of Self-Regulation*, Nueva York, Psychology Press, 2009, pp. 249-269.

Finch, J. F. y Cialdini, R. B., «Another Indirect Tactic of (Self-) Image Management: Boosting», *Personality and Social Psychology Bulletin*, n.º 15 (1989), pp. 222-232.

Fincham, F. D.; Lambert, N. M. y Beach, S. R. H., «Faith and Unfaithfulness: Can Praying for Your Partner Reduce Infidelity?» *Journal of Personality and Social Psychology*, n.º 99 (2010), pp. 649-659.

Finkel, E. J. y Eastwick, P. W., «Arbitrary Social Norms Influence Sex Differences in Romantic Selectivity», *Psychological Science*, n.º 20 (2009), pp. 1290-1295.

Fishbach, A.; Ratner, R. K. y Zhang, Y., «Inherently Loyal or Easily Bored? Nonconscious Activation of Consistency Versus Variety-Seeking Behavior», *Journal of Consumer Psychology*, n.º 21 (2011), pp. 38-48.

Fisher, A. V.; Godwin, K. E. y Seltman, H., «Visual Environment, Attention Allocation and Learning in Young Children: When Too Much of a Good Thing May Be Bad», *Psychological Science*, n.º 25 (2014), pp. 1362-1370.

Fiske, S. T., «Intent and Ordinary Bias: Unintended Thought and Social Motivation Create Casual Prejudice», *Social Justice Research*, n.º 17 (2004), pp. 117-127.

Flynn, F. J. y Staw, B. M., «Lend Me Your Wallets: The Effect of Charismatic Leadership on External Support for an Organization», *Strategic Management Journal*, n.º 25 (2004), pp. 309-333.

Foddy, M.; Platow, M. J. y Yamagishi, T., «Group-Based Trust in Strangers», *Psychological Science*, n.º 20 (2009), pp. 419-422.

Fogg, B. J. y Nass, C., «Silicon Sycophants: The Effects of Computers That Flatter», *International Journal of Human-Computer Studies*, n.º 46 (1997), pp. 551-561.

Forster, J.; Liberman, N. y Higgins, E. T., «Accessibility from Active and Fulfilled Goals», *Journal of Experimental Social Psychology*, n.º 41 (2005), pp. 220-239.

Fredman, L. A.; Buhrmester, M. D.; Gomez, A.; Fraser, W. T.; Talaifar, S.; Brannon, S. M. y Swann Jr., W. B., «Identity Fusion, Extreme Pro-Group Behavior, and the Path to Defusion», *Social and Personality Psychology Compass*, n.º 9 (2015), pp. 468-480.

Friedman, H. H. y Rahman, A., «Gifts-Upon-Entry and Appreciative Comments: Reciprocity Effects in Retailing», *International Journal of Marketing Studies*, n.º 3 (2011), pp. 161-164.

Fritschler, A. L., *Smoking and Politics*, Englewood Cliffs, New Jersey, Prentice-Hall, 1975.

Gaissmaier, W. y Gigerenzer, G., «9/11, Act II: A Fine-Grained Analysis of the Regional Variations in Traffic Fatalities in the Aftermath of the Terrorist Attacks», *Psychological Science*, n.º 23 (2012), pp. 1449-1454.

Galak, J.; Small, D. y Stephen, A. T., «Microfinance Decision Making: A Field Study of Prosocial Lending», *Journal of Marketing Research*, n.º 48 (2011), pp. 130-137.

Ganegoda, D. B.; Latham, G. P. y Folger, R., «The Effect of a Consciously Set and a Primed Goal on Fair Behavior», *Human Resource Management*, artículo publicado previamente online, 4 de agosto de 2015. doi: 10.1002/ hrm.21743.

García, J. H.; Sterner, T. y Afsah, S., «Public Disclosure of Industrial Pollution: The PROPER Approach in Indonesia», *Environment and Development Economics*, n.° 12 (2007), pp. 739-756.

Garfinkel, Y., *Dancing at the Dawn of Agriculture*, Austin, University of Texas Press, 2003.

Gaspar, J. G.; Street, W. N.; Windsor, M. B.; Carbonari, R.; Kaczmarski, H.; Kramer, A. F. y Mathewson, K. E., «Providing Views of the Driving Scene to Drivers' Conversation Partners Mitigates Cell Phone-Related Distraction», *Psychological Science*, n.° 25 (2014), pp. 2136-2146.

Gawronski, B.; Balas, R. y Creighton, L. A., «Can the Formation of Conditioned Attitudes Be Intentionally Controlled?», *Personality and Social Psychology Bulletin*, n.° 40 (2014), pp. 419-432.

Gayet, S.; Paffen, C. L. E. y Van der Stigchel, S., «Information Matching the Content of Visual Working Memory Is Prioritized for Conscious Access», *Psychological Science*, n.° 24 (2013), pp. 2472-2480.

Geng, J. J., «Attentional Mechanisms of Distractor Suppression», *Current Directions in Psychological Science*, n.° 23 (2014), pp. 147-153.

Gentile D. A.; Anderson, C. A.; Yukawa, S.; Ihori, N.; Saleem, M.; Lim, L. K.; Shibuya, A.; Liau, A.; Khoo, A.; Bushman, B.; Huesmann, L. R. y Sakamoto, A., «The Effects of Prosocial Video Games on Prosocial Behaviors: International Evidence from Correlational, Longitudinal, and Experimental Studies», *Personality and Social Psychology Bulletin*, n.° 35 (2009), pp. 752-763.

Gerber, A. G.; Green, D. P. y Shachar, R., «Voting May Be Habit-Forming: Evidence From a Randomized Field Experiment», *American Journal of Political Science*, n.° 47 (2003), pp. 540-550.

Ghosh, B., «How to Make Terrorists Talk», *Time*, 8 de junio de 2009, pp. 40-43.

Gigerenzer, G., «Out of the Frying Pan into the Fire: Behavioral Reactions to Terrorist Attacks», *Risk Analysis*, n.° 26 (2006), pp. 347-351.

Gilbert, D. T., *Tropezar con la felicidad*, Barcelona, Destino, 2006.

Gino, F. y Galinsky, A. D., «Vicarious Dishonesty: When Psychological Closeness Creates Distance from One's Moral Compass», *Organizational Behavior and Human Decision Processes*, n.° 119 (2012), pp. 15-26.

Gino, F.; Norton, M. I. y Ariely, D., «The Counterfeit Self: The Deceptive Costs of Faking It», *Psychological Science*, n.° 21 (2010), pp. 712-720.

Glaser, J. y Banaji, M. R., «When Fair Is Foul and Foul Is Fair: Reverse

Priming in Automatic Evaluation», *Journal of Personality and Social Psychology*, n.º 77 (1999), pp. 669-687.

Global Economic Crime Survey, «Threat assessment and damage», 2014. www.pwc.com/gx/en/economic-crime-survey/damage.jhtml.

Gluckman, M. y Johnson, S. J., «Attention Capture by Social Stimuli in Young Infants», *Frontiers in Psychology*, 2013. doi:10.3389/fpsyg. 2013.00527.

Gneezy, A.; Imas, A.; Brown, A.; Nelson, L. D. y Norton, M. I., «Paying to Be Nice: Consistency and Costly Prosocial Behavior», *Management Science*, n.º 58 (2012), pp. 179-187.

Goh, J.; Pfeffer, J. y Zenios, S. A., «The Relationship Between Workplace Stressors and Mortality and Health Costs in the United States», *Management Science*, n.º 62 (2016), pp. 608-628.

Gold, B. P.; Frank, M. J.; Bogert, B. y Brattico, E., «Pleasurable Music Affects Reinforcement Learning According to the Listener», *Frontiers in Psychology*, n.º 4 (2013). doi:10.3389/psyg.2013.00541.

Goldstein, N. J.; Griskevicius, V. y Cialdini, R. B., «Reciprocity by Proxy: A New Influence Strategy for Motivating Cooperation and Prosocial Behavior», *Administrative Science Quarterly*, n.º 56 (2011), pp. 441-473.

Gollwitzer, P. M. y Sheeran, P., «Implementation Intentions and Goal Achievement: A Meta-Analysis of Effects and Processes», *Advances of Experimental Social Psychology*, n.º 38 (2006), pp. 69-119.

—, «Self-Regulation of Consumer Decision Making and Behavior: The Role of Implementation Intentions», *Journal of Consumer Research*, n.º 19 (2009), pp. 593-607.

Goodman-Delahunty, J.; Martschuk, N. y Dhami, M. K., «Interviewing High Value Detainees: Securing Cooperation and Disclosures», *Applied Cognitive Psychology*, n.º 28 (2014), pp. 883-897.

Goodwin, G. P., «Moral Character in Person Perception», *Current Directions in Psychological Science*, n.º 24 (2015), pp. 38-44.

Gordon, R. A., «Impact of Ingratiation on Judgments and Evaluations: A Meta-Analytic Investigation», *Journal of Personality and Social Psychology*, n.º 71 (1996), pp. 54-70.

Granic, I.; Lobel, A. y Engels, R. C. M. E., «The Benefits of Playing Video Games», *American Psychologist*, n.º 69 (2014), pp. 66-78.

Grant, A., *Dar y recibir: por qué ayudar a los demás conduce al éxito*, Barcelona, Gestion 2000, 2014.

Grant, A. y Dutton, J., «Beneficiary or Benefactor: Are People More Prosocial When They Reflect on Receiving or Giving?», *Psychological Science,* n.° 23 (2012), pp. 1033-1039.

Grant, A. M. y Hofmann, D. A., «It's Not All About Me: Motivating Hand Hygiene among Health Care Professionals by Focusing on Patients», *Psychological Science*, n.° 22 (2011), pp. 1494-1499.

Grant, N. K.; Fabrigar, L. R. y Lim, H., «Exploring the Efficacy of Compliments as a Tactic for Securing Compliance», *Basic and Applied Social Psychology*, n.° 32 (2010), pp. 226-233.

Gray, K.; Rand, D. G.; Ert, E.; Lewis, K.; Hershman, S. y Norton, M. I., «The Emergence of "Us" and "Them" in 80 Lines of Code: Modeling Group Genesis in Homogeneous Populations», *Psychological Science*, n.° 25 (2014), pp. 982-990.

Grecco, E.; Robbins, S. J.; Bartoli, E. y Wolff, E. F., «Use of Nonconscious Priming to Promote Self-Disclosure», *Clinical Psychological Science*, n.° 1 (2013), pp. 311-315.

Greenwald, A. G. y Pettigrew, T. F., «With Malice Toward None and Charity for Some», *American Psychologist*, n.° 69 (2014), pp. 669-684.

Greifeneder, R.; Alt, A.; Bottenberg, K.; Seele, T.; Zelt, S. y Wagener, D., «On Writing Legibly: Processing Fluency Systematically Biases Evaluations of Handwritten Material», *Social and Personality Science*, n.° 1 (2010), pp. 230-237.

Greitemeyer, T. y Mügge, D. O., «Video Games Do Affect Social Outcomes: A Meta-Analytic Review of the Effects of Violent and Prosocial Video Game Play», *Personality and Social Psychology Bulletin*, n.° 40 (2014), pp. 578-589.

Greitemeyer, T. y Osswald, S., «Effects of Prosocial Videogames on Prosocial Behavior», *Journal of Personality and Social Psychology*, n.° 98 (2010), pp. 211-220.

Griskevicius, V.; Goldstein, N. J.; Mortensen, C. R.; Sundie, J. M.; Cialdini, R. B. y Kenrick, D. T., «Fear and Loving in Las Vegas: Evolution, Emotion, and Persuasion», *Journal of Marketing Research*, n.° 46 (2009), pp. 384-395.

Gross, J. J. y Thompson, R. A., «Emotion Regulation: Conceptual Foundations», en J. J. Gross (ed.), *Handbook of Emotion Regulation*, Nueva York, Guilford Press, 2007, pp. 3-24.

Gruber, J.; Mauss, I. B. y Tamir, M., «A Dark Side of Happiness? How, When, and Why Happiness Is Not Always Good», *Perspectives on Psychological Science,* n.° 6 (2011), pp. 222-233.

Gu, Y.; Botti, S. y Faro, D., «Turning the Page: The Impact of Choice Closure on Satisfaction», *Journal of Consumer Research*, n.º 40 (2013), pp. 268-283.

Guadagno, R. E. y Cialdini, R. B., «Persuade Him by Email, but See Her in Person: Online Persuasion Revisited», *Computers in Human Behavior*, n.º 23 (2007), pp. 999-1015.

Guadagno, R. E.; Rhoads, K. V. y Sagarin, B. J., «Figural Vividness and Persuasion: Capturing the "Elusive" Vividness Effect», *Personality and Social Psychology Bulletin*, n.º 37 (2011), pp. 626-638.

Guéguen, N., «"Say It... Near the Flower Shop": Further Evidence of the Effect of Flowers on Mating», *Journal of Social Psychology*, 152, n.º 5 (2012), pp. 529-532.

—, «Weather and Courtship Behavior: A Quasi-Experiment with the Flirty Sunshine», *Social Influence*, n.º 8 (2013), pp. 312-319.

Guéguen, N.; Meineri, S. y Fischer-Lokou, J., «Men's Music Ability and Attractiveness to Women in a Real-Life Courtship Contest», *Psychology of Music*, n.º 42 (2014), pp. 545-549.

Guéguen, N.; Pichot, N. y Le Dreff, G., «Similarity and Helping Behavior on the Web: The Impact of the Convergence of Surnames between a Solicitor and a Subject in a Request Made by E-Mail», *Journal of Applied Social Psychology*, n.º 35 (2005), pp. 423-429.

Guidotti, T. L. y Jacobs, P., «Implications of an Epidemiological Mistake: A Community's Response to a Perceived Excess of Cancer Risk», *American Journal of Public Health*, n.º 83 (1993), pp. 233-239.

Guiteras, R.; Levinsohn, J. y Mobarak, A. M., «Encouraging Sanitation Investment in the Developing World: A Cluster-Randomized Trial», *Science*, n.º 348 (22 de mayo de 2015), pp. 903-906.

Hagemann, N.; Strauss, B. y Leissing, J., «When the Referee Sees Red», *Psychological Science*, n.º 19 (2008), pp. 769-770.

Hagmann, C. E. y Cook, R. G., «Active Change Detection by Pigeons and Humans», *Journal of Experimental Psychology: Animal Behavior Processes*, n.º 39 (2013), pp. 383-389.

Hall, C. C.; Zhao, J. y Shafir, E., «Self-Affirmation Among the Poor: Cognitive and Behavioral Implications», *Psychological Science*, n.º 25 (2014), pp. 619-625.

Halvorson, H. G. y Higgins, E. T., *Focus: Use Different Ways of Seeing the World for Success and Influence*, Nueva York, Hudson Street Press, 2013.

Hamilton, R.; Hong, J. y Chernev, A., «Perceptual Focus Effects in Choice», *Journal of Consumer Research*, n.° 34 (2007), pp. 187-199.

Hamilton, W. D., «The Genetic Evolution of Social Behavior», *Journal of Theoretical Biology*, n.° 7 (1964), pp. 1-52.

Hammond, D., «Health Warning Messages on Tobacco Products: A Review», *Tobacco Control*, n.° 20 (2010), pp. 327-337.

Han, S-P. y Shavitt, S., «Persuasion and Culture: Advertising Appeals in Individualistic and Collectivistic Societies», *Journal of Experimental Social Psychology*, n.° 30 (1994), pp. 326-350.

Hanson, J. y M. Wanke., «Truth from Language and Truth from Fit: The Impact of Linguistic Concreteness and Level of Construal on Subjective Truth», *Personality and Social Psychology Bulletin*, n.° 36 (2010), pp. 1576-1578.

Harman, W. S.; Lee, T. W.; Mitchell, T. R.; Felps, W. y Owens, B. P., «The Psychology of Voluntary Employee Turnover», *Current Directions in Psychological Science*, n.° 16 (2007), pp. 51-54.

Harter, J. K.; Schmidt, F. L.; Asplund, J. W.; Killham, E. A. y Agrawal, S., «Causal Impact of Employee Work Perceptions on the Bottom Line of Organizations», *Perspectives on Psychological Science*, n.° 5 (2010), pp. 378-389.

Hasan, Y.; Bègue, L.; Scharkow, M. y Bushman, B. J., «The More You Play, The More Aggressive You Become: A Long-Term Experimental Study of Cumulative Violent Video Game Effects on Hostile Expectations and Aggressive Behavior», *Journal of Experimental Social Psychology*, n.° 49 (2013), pp. 224-227.

Haslam, N., «Dehumanization: An Integrative Review», *Personality and Social Psychology Review*, n.° 10 (2006), pp. 252-264.

Hassan, S., *Combating Cult Mind Control*, Rochester, Park Street Press, 1990.

—, *Releasing the Bonds: Breaking the Chains of Destructive Mind Control*, Boston, Freedom of Mind Press, 2000.

Hassin, R. R.; Ferguson, M. J.; Shidlovski, D. y Gross, L., «Subliminal Exposure to National Flags Affects Political Thought and Behavior», *Proceedings of the National Academy of Sciences*, n.° 104 (2007), pp. 19757-19761.

Hatemi, P. K. y McDermott, R., «The Genetics of Politics: Discovery, Challenges, and Progress», *Trends in Genetics*, n.° 28 (2012), pp. 525-533.

Healy, A. J.; Malhotra, N. y Mo, C. H., «Irrelevant Events Affect Voters' Evaluations of Government Performance», *Proceedings of the National Academy of Sciences of the USA*, n.° 107 (2010), pp. 12804-12809.

Heath, C. y Heath, D., *Ideas que pegan*, Madrid, LID Editorial Empresarial, 2011.

Heijkoop, M.; Dubas, J. S. y Van Aken, M. A. G., «Parent-Child Resemblance and Kin Investment: Physical Resemblance or Personality Similarity», *European Journal of Developmental Psychology*, n.° 6 (2009), pp. 64-69.

Heilman, C. M.; Nakamoto, K. y Rao, A. G., «Pleasant Surprises, Consumer Response to Unexpected In-Store Coupons», *Journal of Marketing Research*, n.° 39 (2002), pp. 242-252.

Heilman, C. M.; Lakishyk, K. y Radas, S., «An Empirical Investigation of In-Store Sampling Promotions», *British Food Journal*, n.° 113 (2011), pp. 1252-1266.

Heimbach, J. T. y Jacoby, J., «The Zeigarnik Effect in Advertising», en M. Ventakesan (ed.), en *Proceedings of the Third Annual Conference of the Association for Consumer Research*, College Park, 1972, pp. 746-757.

Heintzelman, S. J. y King, L. A., «(The Feeling of) Meaning-as-Information», *Personality and Social Psychology Review*, n.° 18 (2014), pp. 153-167.

Helie, S. y Sun, R., «Incubation, Insight, and Creative Problem Solving: A Unified Theory and a Connectionist Model», *Psychological Review*, n.° 17 (2010), pp. 994-1024.

Herbig, P.; Milewicz, J. y Golden, J., «A Model of Reputation Building and Destruction», *Journal of Business Research*, n.° 31 (1994), pp. 23-31.

Herr, P. M.; Kardes, F. R. y Kim, J., «Effects of Word-of-Mouth and Product Attribute Information on Persuasion: An Accessibility-Diagnosticity Perspective», *Journal of Consumer Research*, n.° 17 (1991), pp. 454-462.

Herr, P. M.; Sherman, S. J. y Fazio, R. H., «On the Consequences of Priming: Assimilation and Contrast Effects», *Journal of Experimental Social Psychology*, n.° 19 (1983), pp. 323-340.

Hertel, G. y Kerr, N. L., «Priming In-Group Favoritism: The Impact of Normative Scripts in the Minimal Group Paradigm», *Journal of Experimental Social Psychology*, n.° 37 (2001), pp. 316-324.

Herzog, S. M. y Hertwig, R., «The Wisdom of Many in One Mind: Improving Individual Judgments with Dialectical Bootstrapping», *Psychological Science*, n.º 20 (2009), pp. 231-237.

Heyes, C., «Automatic Imitation», *Psychological Bulletin*, n.º 137 (2011), pp. 463-483.

Higgins, E. T., «Knowledge Activation: Accessibility, Applicability, and Salience», en E. T. Higgins y A. W. Kruglanski (eds.), *Social Psychology: Handbook of Basic Principles,* Nueva York, Guilford Press, 1996.

Higgins, E. T. y Bargh, J. A., «Social Cognition and Social Perception», *Annual Review of Psychology*, n.º 38 (1987), pp. 369-425.

Higgins, G. E.; Wilson, A. L. y Fell, B. D., «An Application of Deterrence Theory to Software Piracy», *Journal of Criminal Justice and Popular Culture*, n.º 12 (2005), pp. 166-184.

Hirt, E. R. y Markman, K. D., «Multiple Explanation: A Consider-an-Alternative Strategy for Debiasing Judgments», *Journal of Personality and Social Psychology*, n.º 69 (1995), pp. 1069-1086.

Hoch, S. J., «Counterfactual Reasoning and Accuracy in Predicting Personal Events», *Journal of Experimental Psychology: Learning, Memory, and Cognition*, n.º 11 (1985), pp. 719-731.

Hodges, B., «Medical Student Bodies and the Pedagogy of Self-Reflection, Self-Assessment, and Self-Regulation. *Journal of Curriculum Theorizing*, n.º 20 (2004), pp. 41-51.

Hofmann, W.; De Houwer, J.; Perugini, M.; Baeyens, F. y Crombez, G., «Evaluative Conditioning in Humans: A Meta-Analysis», *Psychological Bulletin*, vol. 136, n.º 3 (2010), pp. 390-421.

Holley, S. R.; Haase, C. M. y Levenson, R. W., «Age-Related Changes in Demand-Withdraw Communication Behaviors», *Journal of Marriage and Family*, n.º 75 (2013), pp. 822-836.

Homer, P. M., «Product Placements: The Impact of Placement Type and Repetition on Attitude», *Journal of Advertising*, n.º 58 (2009), pp. 21-31.

Hoshino-Browne, E.; Zanna, A. S.; Spencer, S. J.; Zanna, M. P. y Kitayama, S., «On the Cultural Guises of Cognitive Dissonance: The Case of Easterners and Westerners», *Journal of Personality and Social Psychology*, n.º 89 (2005), pp. 294-310.

Houghton, D. C. y Kardes, F. R., «Market Share Overestimation and the Noncomplementarity Effect», *Marketing Letters*, n.º 9 (1998), pp. 313-320.

Hove, M. J. y Risen, J. L., «It's All in the Timing: Interpersonal Synchrony Increases Affiliation», *Social Cognition*, n.° 27 (2009), pp. 949-961.

Hovland, C. I.; Lumsdaine, A. A. y Sheffield, F. D., *«Experiments on Mass Communication»*, Princeton, Princeton University Press, 1949.

Hsee, C. K. y LeClerc, F., «Will Products Look More Attractive When Presented Separately or Together?», *Journal of Consumer Research*, n.° 25 (1998), pp. 175-186.

Huang, J.; Chaloupka, F. J. y Fong, G. T., «Cigarette Graphic Warning Labels and Smoking Prevalence in Canada: A Critical Examination and Reformulation of the FDA Regulatory Impact Analysis», *Tobacco Control*, 2013. doi:10.1136/tobaccocontrol-2013-051170.

Hudson, N. W. y Fraley, C., «Volitional Personality Trait Change: Can People Choose to Change Their Personality Traits?», *Journal of Personality and Social Psychology*, n.° 109 (2015), pp. 490-507.

Hugenberg, K. y Bodenhausen, G. V., «Category Membership Moderates the Inhibition of Social Identities», *Journal of Experimental Social Psychology*, n.° 40 (2004), pp. 233-238.

Hummel, J. E. y Holyoak, K. J., «A Symbolic-Connectionist Theory of Relational Inference and Generalization», *Psychological Review*, n.° 110 (2003), pp. 220-264.

Humphreys, G. W. y Sui, J., «Attentional control and the self: The Self-Attention Network (SAN)», *Cognitive Neuroscience*, n.° 7 (2016), pp. 5-17.

Huron, D., «Is Music an Evolutionary Adaptation?», *Annals of the New York Academy of Sciences*, n.° 930 (2001), pp. 43-61.

Hütter, M.; Kutzner, F. y Fiedler, K., «What Is Learned from Repeated Pairings? On the Scope and Generalizability of Evaluative Conditioning», *Journal of Experimental Psychology: General*, n.° 143 (2014), pp. 631-643.

Hütter, M.; Sweldens, S.; Stahl, C.; Unkelbach, C. y Klauer, K. C., «Dissociating Contingency Awareness and Conditioned Attitudes: Evidence of Contingency-Unaware Evaluative Conditioning», *Journal of Experimental Psychology: General*, vol. 141, n.° 3 (2012), pp. 539-557.

Hygge, S.; Evans, G. W. y Bullinger, M., «A Prospective Study of Some Effects of Aircraft Noise on Cognitive Performance in Schoolchildren», *Psychological Science*, n.° 13 (2002), pp. 469-474.

Hyman, I. E.; Boss, S. M.; Wise, B. M.; McKenzie, K. E. y Caggiano, J. M., «Did You See the Unicycling Clown? Inattentional Blindness While

Walking and Talking on a Cell Phone», *Applied Cognitive Psychology*, n.º 24 (2009), pp. 597-607.

Hyman, R., *The Elusive Quarry: A Scientific Appraisal of Psychical Research*, Buffalo, Prometheus Books, 1989.

—, «Evaluation of Program on Anomalous Mental Phenomena», 1995. www.mceagle.com/remoteviewing/refs/science/air/hyman.html.

Ijzerman, H. y Semin, G., «The Thermometer of Social Relations», *Psychological Science*, n.º 20 (2009), pp. 1214-1220.

—, «Temperature Perceptions as a Ground for Social Proximity», *Journal of Experimental Social Psychology*, n.º 46 (2010), pp. 867-873.

Inagaki, T. K. y Eisenberger, N. I., «Shared Neural Mechanisms Underlying Social Warmth and Physical Warmth», *Psychological Science*, n.º 24 (2013), pp. 2272-2280.

Inbau, F. E.; Reid, J. E.; Buckley, J. P. y Jayne, B. C., *Criminal Interrogation and Confessions*, Gaithersburg, Aspen, 2001.

Inglis, F., *A Short History of Celebrity*, Princeton, Princeton University Press, 2010.

Inman, J. J.; Peter, A. C. y Raghubir, P., «Framing the Deal: The Role of Restrictions in Accentuating Deal Value», *Journal of Consumer Research*, n.º 24 (1997), pp. 68-79.

Inzlicht, M. y Ben-Zeev, T., «A Threatening Intellectual Environment: Why Females Are Susceptible to Experiencing Problem-Solving Deficits in the Presence of Males», *Psychological Science*, vol. 11, n.º 5 (septiembre de 2000), pp. 365-371.

Inzlicht, M.; Gutsell, J. N. y Legault, L., «Mimicry Reduces Racial Prejudice», *Journal of Experimental Social Psychology*, n.º 48 (2012), pp. 361-365.

Ireland, M. E.; Slatcher, R. B.; Eastwick, P. W.; Scissors, L. E.; Finkel, E. J. y Pennebaker, J. W., «Language Style Matching Predicts Relationship Initiation and Stability», *Psychological Science*, n.º 22 (2011), pp. 39-44.

Isaacowitz, D. M.; Toner, K. y Neupert, S. D., «Use of Gaze for Real-Time Mood Regulation: Effects of Age and Attentional Functioning», *Psychology and Aging*, n.º 24 (2009), pp. 989-994.

Isen, A. M.; Shalker, T. E.; Clark, M. y Karp, L., «Affect, Accessibility of Material in Memory, and Behavior», *Journal of Personality and Social Psychology*, n.º 36 (1978), pp. 1-12.

Issenberg, S., *The Victory Lab*, Nueva York: Crown, 2012.

Ito, T. A.; Friedman, N. P.; Bartholow, B. D.; Correll, J.; Loersch, C.; Altamirono, L. J. y Miyake, A., «Toward a Comprehensive Understanding of Executive Cognition and Cognitive Function in Implicit Racial Bias», *Journal of Personality and Social Psychology*, n.° 108 (2015), pp. 187-218.

Iyengar, S.; Peters, M. D. y Kinder, D. R., «Experimental Demonstrations of the "Not-So-Minimal" Consequences of Television News Programs», *American Political Science Review*, n.° 76 (1982), pp. 848-858.

Jabbi, M.; Bastiaansen, J. y Keysers, C., «A Common Anterior Insula Representation of Disgust Observation, Experience and Imagination Shows Divergent Functional Connectivity Pathways», *PLoS ONE* 3, n.° 8 (2008), e2939. doi:10.1371/journal.pone.0002939.

Jacob, C.; Guéguen, N.; Martin, A. y Boulbry, G., «Retail Salespeople's Mimicry of Customers: Effects on Consumer Behavior», *Journal of Retailing and Consumer Services*, n.° 18 (2011), pp. 381-388.

James, W., *The Principles of Psychology*, Nueva York, Dover, 1950/1890.

James Jr., H. S., «Is the Just Man a Happy Man? An Empirical Study of the Relationship Between Ethics and Subjective Well-Being», *Kyklos*, n.° 64 (2011), pp. 193-212.

Janiszewski, C.; Kuo, A. y Tavassoli, N. T., «The Influence of Selective Attention and Inattention to Products on Subsequent Choice», *Journal of Consumer Research*, n.° 39 (2013), pp. 1258-1274.

Jerabeck, J. M. y Ferguson, C. J., «The Influence of Solitary and Cooperative Violent Video Game Play on Aggressive and Prosocial Behavior», *Computers in Human Behavior*, n.° 29 (2013), pp. 2573-2578.

Jhang, J. H. y Lynch Jr., J. G., «Pardon the Interuption: Goal Proximity, Perceived Spare Time, and Impatience», *Journal of Consumer Research*, n.° 41 (2015), pp. 1267-1283.

Jiang, L.; Hoegg, J.; Dahl, D. W. y Chattopadhyay, A., «The Persuasive Role of Incidental Similarity on Attitudes and Purchase Intensions in a Sales Context», *Journal of Consumer Research*, n.° 36 (2009), pp. 778-791.

Jo, H-G.; Wittmann, M.; Hinterberger, T. y Schmidt, S., «The Readiness Potential Reflects Intentional Binding», *Frontiers in Human Neuroscience*, n.° 8 (2014), p. 421.

Johnson, P., *Sócrates. Un hombre de nuestro tiempo*, Madrid, Avarigani, 2012.

Johnson, P. B.; Mehrabian, A. y Weiner, B., «Achievement Motivation and the Recall of Incompleted and Completed Exam Questions», *Journal of Educational Psychology*, n.° 59 (1968), pp. 181-185.

Johnson, S. K. y Anderson, M. C., «The Role of Inhibitory Control in Forgetting Semantic Knowledge», *Psychological Science*, n.° 15 (2004), pp. 448-453.

Jones, J. T.; Pelham, B. W.; Carvallo, M. R. y Mirenberg, M. C., «How Do I Love Thee? Let Me Count the Js. Implicit Egoism and Interpersonal Attraction», *Journal of Personality and Social Psychology*, n.° 87 (2004), pp. 665-683.

Jones, J. T.; Pelham, B.; Mirenberg, M. C. y Hetts, J. J., «Name Letter Preferences Are Not Merely Mere Exposure: Implicit Egoism as Self-Regulation», *Journal of Experimental Social Psychology*, n.° 38 (2002), pp. 170-177.

Jones, T. F.; Craig, A. S.; Hoy, D.; Gunter, E. W.; Ashley, D. L.; Bar, D.; Brock, J. W. y Schaffner, W., «Mass Psychogenic Illness Attributed to Toxic Exposure at a High School», *New England Journal of Medicine*, n.° 342 (2000), pp. 96-100.

Joorman, J. y Vanderlind, W. M., «Emotion Regulation in Depression: The Role of Biased Cognition and Reduced Cognitive Control», *Clinical Psychological Science*, n.° 2 (2014), pp. 402-421.

Jostmann, N. B.; Lakens, D. y Schubert, T. W., «Weight as an Embodiment of Importance», *Psychological Science*, n.° 20 (2009), pp. 1169-1174.

Kahneman, D., *Pensar rápido, pensar despacio*, Barcelona, Debate, 2012.

Kahneman, D. y Tversky, A., «Prospect Theory: An Analysis of Decision Under Risk», *Econometrica*, n.° 47 (1979), pp. 263-291.

Kahneman, D.; Lovallo, D. y Sibony, O., «The Big Idea: Before You Make That Big Decision», *Harvard Business Review*, n.° 89 (junio de 2011), pp. 50-61.

Kalisch, R.; Müller, M. B. y Tüscher, O., «A Conceptual Framework for the Neurobiological Study of Resilience», *Behavioral and Brain Sciences*, n.° 38 (2015), pp. 1-79.

Kalmoe, N. P. y Gross, K., «Cuing Patriotism, Prejudice, and Partisanship in the Age of Obama», *Political Psychology*, artículo publicado previamente online: 21 de octubre de 2015. doi: 10.1111/pops. 12305.

Kaminski, G.; Ravary, F.; Graff, C. y Gentaz, E., «Firstborns' Disadvantage in Kinship Detection», *Psychological Science,* n.° 21 (2010), pp. 1746-1750.

Kandler, C.; Bleidorn, W. y Riemann, R., «Left or Right? Sources of Political Orientation: The Roles of Genetic Factors, Cultural Transmission, Assortative Mating, and Personality», *Journal of Personality and Social Psychology*, n.º 102 (2012), pp. 633-645.

Kang, S. K.; Hirsh, J. B. y Chasteen, A. L., «Your Mistakes Are Mine: Self-Other Overlap Predicts Neural Response», *Journal of Experimental Social Psychology,* n.º 46 (2010), pp. 229-232.

Kang, Y.; Williams, L. E.; Clark, M. S.; Gray, J. R. y Bargh, J. A., «Physical Temperature Effects on Trust Behavior: The Role of the Insula», *SCAN*, n.º 6 (2010), pp. 507-515.

Kardes, F. R., «Selective Versus Comparative Processing», *Journal of Consumer Psychology*, n.º 23 (2013), pp. 150-153.

Kardes, F. R.; Sanbonmatsu, D. M.; Cronley, M. L. y Houghton, D. C., «Consideration Set Overvaluation: When Impossibly Favorable Ratings of a Set of Brands Are Observed», *Journal of Consumer Psychology*, n.º 12 (2002), pp. 353-361.

Karpoff, J. M.; Lee, D. S. y Martin, G. S., «The Cost to Firms of Cooking the Books», *Journal Financial Quantitative Analysis*, n.º 43 (2008), pp. 581-612.

Karpoff, J. M.; Lott, J. R. y Wehrly, E. W., «The Reputational Penalties for Environmental Violations: Empirical Evidence», *Journal of Law and Economics*, n.º 48 (2005), pp. 653-675.

Karremans, J. C. y Aarts, H., «The Role of Automaticity in Determining the Inclination to Forgive Close Others», *Journal of Experimental Social Psychology*, n.º 43 (2007), pp. 902-917.

Kassin, S. M., «False Confessions: Causes, Consequences and Implications for Reform», *Current Directions in Psychological Science*, n.º 17 (2008), pp. 249-253.

—, «Why Confessions Trump Innocence», *American Psychologist,* n.º 67 (2012), pp. 431-445.

Kassin, S. M.; Bogart, D. y Kerner, J., «Confessions That Corrupt: Evidence from the DNA Exoneration Case Files», *Psychological Science*, n.º 23 (2012), pp. 41-45.

Kassin, S. M.; Drizin, S. A.; Grisso, T.; Gudjonsson, G. H.; Leo, R. A. y Redlich, A. D.; «Police-Induced Confessions: Risk Factors and Recommendations», *Law and Human Behavior*, n.º 34 (2010), pp. 3-38.

Kelly, A. E. y Wang, L., «A Life Without Lies: Can Living More Honestly Improve Health?», *paper* presentado en la reunión anual de la

Asociación de Psicología Americana, Orlando, Florida (agosto de 2012).

Kenrick, D. T.; Neuberg, S. L. y Cialdini, R. B., *Social Psychology: Goals in Interaction*, vol. 6, Boston, Pearson Education, 2015.

Kent, S. A. y Hall, D., «Brainwashing and Re-Indoctrination Programs in the Children of God/The Family», *Cultic Studies Journal*, n.° 17 (2000), pp. 56-78.

Kesebir, S., «The Superorganism Account of Human Sociality: How and When Human Groups Are Like Beehives», *Personality and Social Psychology Review*, n.° 16 (2012), pp. 233-261.

Kettle, K. I. y Haubl, G., «The Signature Effect: Signing Influences Consumption-Related Behavior by Priming Self-Identity», *Journal of Consumer Research*, n.° 38 (2011), pp. 474-489.

Killeya, L. A. y Johnson, B. T., «Experimental Induction of Biased Systematic Processing: The Directed Thought Technique», *Personality and Social Psychology Bulletin*, n.° 24 (1998), pp. 17-33.

Kim, B. K.; Zauberman, G. y Bettman, J. R., «Space, Time and Intertemporal Preferences», *Journal of Consumer Research*, n.° 39 (2012), pp. 867-880.

Kim, C. Y. y Blake, R., «Psychophysical Magic: Rendering the Visible "Invisible". *Trends in Cognitive Sciences*, n.° 9 (2005), pp. 381-388.

Kim, J.; Novemsky, N. y Dhar, R., «Adding Small Differences Can Increase Similarity and Choice», *Psychological Science*, n.° 24 (2013), pp. 225-229.

Kimel, S. Y.; Huesmann, R.; Kunst, J. R. y Halprin, E., «Living in a Genetic World: How Learning about Interethnic Similarities and Differences affects Peace and Conflict», *Personality and Social Psychology Bulletin*, n.° 42 (2016), pp. 688-700.

Kinneavy, J. L. y Eskin, C. R., «Kairos in Aristotle's Rhetoric», *Written Communication*, n.° 17 (2000), pp. 432-444.

Kirchheimer, S. «12 Ways to Foil ID Thieves», *AARP Bulletin* (mayo de 2013), p. 26.

Kirschner, S. y Tomasello, M., «Joint Music Making Promotes Prosocial Behavior in 4-Year-Old Children», *Evolution and Human Behavior*, n.° 31 (2010), pp. 354-364.

Klayman, J. y Ha, Y-M., «Confirmation, Disconfirmation, and Information in Hypothesis-Testing», *Psychological Review*, n.° 94 (1987), pp. 211-228.

Klein, S. B.; Cosmedes, L.; Tooby, J. y Chance, S., «Decisions and the Evolution of Memory: Multiple Systems, Multiple Functions», *Psychological Review*, n.° 109 (2002), pp. 306-329.

Klinger, E., «Goal Commitments and the Content of Thoughts and Dreams: Basic Principles», *Frontiers in Psychology*, 11 de julio de 2013. doi:10.3389/ fpsyg.2013.00415.

Klinger, M. R.; Burton, P. C. y Pitts, G. S., «Mechanisms of Priming I: Response Completion, Not Spreading Activation», *Journal of Experimental Psychology: Learning, Memory, and Cognition*, n.° 26 (2000), pp. 441-455.

Klucharev, V.; Munneke, M. A. M.; Smidts, A. y Fernandez, G., «Down-regulation of the Posterior Medial Frontal Cortex Prevents Social Conformity», *Journal of Neuroscience*, n.° 31 (2011), pp. 11934-11940.

Koehler, D. J., «Explanation, Imagination and Confidence in Judg- ment», *Psychological Bulletin*, n.° 110 (1991), pp. 499-519.

Koriat, A.; Lichtenstein, S. y Fischhoff, B., «Reasons for Confidence», *Journal of Experimental Psychology: Human Learning and Memory*, n.° 6 (1980), pp. 107-118.

Krajbich, I.; Camerer, C.; Ledyard, J. y Rangel, A., «Self-Control in Decision-Making Involves Modulation of the VmPFC Valuation System», *Science*, n.° 324 (2009), pp. 12315-12320.

Kranz, M., «CEO Pay on the Climb», *Arizona Republic*, 14 de mayo de 2015, p. 4B.

Kranzler, D., *Japanese, Nazis, and Jews: The Jewish Refugee Community of Shanghai, 1938-1945*, Nueva York, Yeshiva University Press, 1976.

Kriner, D. L. y Shen, F. X., «How Citizens Respond to Combat Casualties: The Differential Impact of Local Casualties on Support for the War in Afghanistan», *Public Opinion Quarterly*, n.° 76 (2012), pp. 761-770.

Kristofferson, K.; White, K. y Peloza, J., «The Nature of Slacktivism: How the Social Observability of an Initial Act of Token Support Affects Subsequent Prosocial Action», *Journal of Consumer Research*, n.° 40 (2014), pp. 1149-1166.

Krizan, Z. y Suls, J., «Losing Sight of Oneself in the Above-Average Effect: When Egocentrism, Focalism, and Group Diffusiveness Collide», *Journal of Experimental Social Psychology*, n.° 44 (2008), pp. 929-942.

Kruger, J. y Savitsky, K., «On the Genesis of Inflated (and Deflated) Judgments of Responsibility: Egocentrism Revisited», *Organizational Behavior and Human Decision Processes*, n.° 108 (2009), pp. 143-152.

Kruglanski, A. W. y Webster, D. M., «Motivated Closing of the Mind: Seizing and Freezing», *Psychological Review*, n.º 103 (1996), pp. 263-283.

Ku, G.; Galinsky, A. D. y Murnighan, J. K., «Starting Low but Ending High: A Reversal of the Anchoring Effect in Auctions», *Journal of Personality and Social Psychology*, n.º 90 (2006), pp. 975-986.

Kuester, M. y Benkenstein, M., «Turning Dissatisfied into Satisfied Customers: How Referral Reward Programs Affect the Referrer's Attitude and Loyalty Toward the Recommended Service Provider», *Journal of Retailing and Consumer Services*, n.º 21 (2014), pp. 897-904.

Kunda, Z.; Fong, G. T.; Sanitioso, R. y Reber, E., «Directional Questions Direct Self-Conceptions», *Journal of Experimental Social Psychology*, n.º 29 (1993), pp. 63-86.

Kunz, J., «Social Class Differences in Response to Christmas Cards», *Perceptual and Motor Skills*, n.º 90 (2000), pp. 573-576.

Kunz, P. R. y Wolcott, M., «Season's Greetings: From My Status to Yours», *Social Science Research*, n.º 5 (1976), pp. 269-278.

Kupor, D.; Reich, T. y Shiv, B., «Can't Finish What You Started? The Effect of Climactic Interruption on Behavior», *Journal of Consumer Psychology*, n.º 25 (2015), pp. 113-119.

Lab, S. P., *Crime Prevention: Approaches, Practices, and Evaluations*, Waltham, Elsevier, 2013 (8.ª ed.).

Labroo, A. A. y Nielsen, J. H., «Half the Thrill Is in the Chase: Twisted Inferences from Embodied Cognitions and Brand Evaluation», *Journal of Consumer Research*, n.º 37 (2010), pp. 143-158.

Laham, S. M.; Koval, P. y Alter, A. L., «The Name-Pronunciation Effect: Why People Like Mr. Smith More Than Mr. Colquhoun», *Journal of Experimental Social Psychology*, n.º 48 (2012), pp. 752-756.

Lakens, D., «Movement Synchrony and Perceived Entitativity», *Journal of Experimental Social Psychology*, n.º 46 (2010), pp. 701-708.

Lalich, J., *Bounded Choice,* Berkeley, University of California Press, 2004.

Lammers, H. B., «The Effect of Free Samples on Immediate Consumer Purchase», *Journal of Consumer Marketing*, n.º 8 (1991), pp. 31-37.

Lamy, L.; Fischer-Lokou, J. y Guéguen, N., «Valentine Street Promotes Chivalrous Helping», *Swiss Journal of Psychology*, n.º 69 (2010), pp. 169-712.

Landau, M. J.; Meier, B. P. y Keefer, L. A., «A Metaphor-Enriched Cognition», *Psychological Bulletin*, n.º 136 (2010), pp. 1045-1067.

Landau, M. J.; Robinson, M. D. y Meier, B. P., *The Power of Metaphor: Examining Its Influence on Social Life*, Washington D. C., American Psychological Association Press, 2014.

Langner, R. y Eickhoff, S. B., «Sustaining Attention to Simple Tasks: A Meta-Analytic Review of the Neural Mechanisms of Vigilant Attention», *Psychological Bulletin*, n.º 139 (2013), pp. 870-900.

Laran, J. y Wilcox, K., «Choice, Rejection, and Elaboration on Preference Inconsistent Alternatives», *Journal of Consumer Research*, n.º 38 (2011), pp. 229-241.

Lassiter, G. D., «Illusory Causation in the Courtroom», *Current Directions in Psychological Science*, n.º 11 (2002), pp. 204-208.

—, «Psychological Science and Sound Public Policy: Video Recording of Custodial Interrogations», *American Psychologist*, n.º 65 (2010), pp. 768-779.

Lassiter, G. D. y Meissner, C. A. (eds.), *Police Interrogations and False Confessions: Current Research, Practice, and Policy Recommendations*, Washington D. C., American Psychological Association, 2010.

Latham, G. y Piccolo, R. F., «The Effect of Content-Specific versus Nonspecific Subconscious Goals on Employee Performance», *Human Resource Management*, n.º 51 (2012), pp. 535-548.

Latu, I. M.; Mast, M. S.; Lammers, J. y Bombari, D., «Successful Female Leaders Empower Women's Behavior in Leadership Tasks», *Journal of Experimental Social Psychology*, n.º 49 (2013), pp. 444-448.

Law, S. y Braun, K. A., «I'll Have What She's Having: Gauging the Impact of Product Placements on Viewers», *Psychology and Marketing*, n.º 17 (2000), pp. 1059-1075.

Lawrence, Z. y Peterson, D., «Mentally Walking Through Doorways Causes Forgetting: The Location Updating Effect and Imagination», *Memory*, vol. 24, n.º 1 (enero de 2014), pp. 12-20.

Lawson, M., «Visit Your Folks (or Else!)», *AARP Bulletin* (mayo de 2013), p. 10.

Leach, W. C.; Ellemers, N. y Barreto, M., «Group Virtue: The Impact of Morality (vs. Competence and Sociability) in the Positive Evaluation of In-Groups», *Journal of Personality and Social Psychology*, n.º 93 (2007), pp. 234-249.

Leding, J. K., «False Memories and Persuasive Strategies», *Review of General Psychology*, n.º 16 (2012), pp. 256-268.

Lee, S. W. S. y Schwarz, N., «Bidirectionality, Mediation, and Moderation of Metaphorical Effects», *Journal of Personality and Social Psychology*, n.º 103 (2012), pp. 737-749.

Leek, M. y Smith, P. K., «Phenotypic Matching, Human Altruism, and Mate Selection», *Behavioral and Brain Sciences*, n.º 12 (1989), pp. 534-535.

—, «Cooperation and Conflict in Three-Generation Families», en P. K. Smith (ed.), *The Psychology of Grandparenthood: An International Perspective*, Londres, Routledge, 1991, pp. 177-194.

Leo, R. A., *Police Interrogation and American Justice*, Cambridge, Harvard University Press, 2008.

Leopold, A., *A Sand County Almanac*, Nueva York, Oxford University Press, 1989.

Leppanen, J. y Nelson, C. A., «Early Development of Fear Processing», *Current Directions in Psychological Science*, n.º 13 (2012), pp. 200-204.

Leroy, S., «Why Is It So Hard to Do My Work? The Challenge of Attention Residue When Switching between Work Tasks», *Organizational Behavior and Human Decision Processes*, n.º 109 (2009), pp. 168-181.

Levine, H., *In Search of Sugihara*, Nueva York, Free Press, 1997.

Levy, J.; Pashler, H. y Boer, E., «Central Interference in Driving», *Psychological Science*, n.º 17 (2006), pp. 228-235.

Lewin, K., *A Dynamic Theory of Personality*, Nueva York, McGrawHill, 1935.

—, «Behavior and Development as a Function of the Total Situation», en L. Carmichael (ed.), *Manual of Child Psychology*, Nueva York, John Wiley, 1946.

—, «Group Decision and Social Change», en T. M. Newcomb y E. L. Hartley (eds.), *Readings in Social Psychology*, Nueva York, Henry Holt, 1947.

Lewis, D. E., «Corporate Trust a Matter of Opinion», *Boston Globe* (23 de noviembre de 2003), p. G2.

Lewis, G. J. y Bates, T. C., «Genetic Evidence for Multiple Biological Mechanisms Underlying In-Group Favoritism», *Psychological Science*, n.º 21 (2010), pp. 1623-1628.

Liberman, N. y Trope, Y., «The Role of Feasibility and Desirability Considerations in Near and Distant Future Decisions: A Test of Temporal Construal Theory», *Journal of Personality and Social Psychology*, n.º 75 (1998), pp. 5-18.

Lick, D. J. y Johnson, K. L., «Interpersonal Consequences of Processing

Ease: Fluency as a Metacognitive Foundation for Prejudice», *Current Directions in Psychological Science*, n.° 24 (2015), pp. 143-148.

Lilienfeld, S. O.; Ammirati, R. y Landfield, K., «Giving Debiasing Away: Can Psychological Research on Correcting Cognitive Errors Promote Human Welfare?», *Perspectives on Psychological Science*, n.° 4 (2009), pp. 390-398.

Lim, S.; O'Doherty, J. P. y Rangel, A., «The Decision Value Computations in the VmPFC and Striatum Use a Relative Value Code That Is Guided by Visual Attention», *Journal of Neuroscience*, n.° 31 (2011), pp. 13214-13223.

Lindberg, S. M.; Hyde, J. S.; Linn, M. C. y Petersen, J. L., «Trends in Gender and Mathematics Performance: A Meta-Analysis», *Psychological Bulletin*, n.° 136 (2010), pp. 1123-1135.

Lindner, A. M., «Controlling the Media in Iraq», *Contexts*, n.° 7 (2008), pp. 32-39.

—, «Among the Troops: Seeing the Iraq War Through Three Journalistic Vantages Points», *Social Problems*, n.° 56 (2009), pp. 21-48.

Lipsitz, A.; Kallmeyer, K.; Ferguson, M. y Abas, A., «Counting On Blood Donors: Increasing the Impact of Reminder Calls», *Journal of Applied Social Psychology*, n.° 19 (1989), pp. 1057-1067.

Liu, W. y Gal, D., «Bringing Us Together or Driving Us Apart: The Effect of Soliciting Consumer Input on Consumers' Propensity to Transact with an Organization», *Journal of Consumer Research*, n.° 38 (2011), pp. 242-259.

Livingstone, K. M. e Isaacowitz, D. M., «Situation Selection and Modification for Emotion Regulation in Younger and Older Adults», *Social Psychological and Personality Science*, vol. 6, n.° 8 (noviembre de 2015), pp. 904-910.

LoBue, V., «More Than Just a Face in the Crowd: Detection of Emotional Facial Expressions in Young Children and Adults», *Developmental Science*, n.° 12 (2009), pp. 305-313.

—, «And Along Came a Spider: Superior Detection of Spiders in Children and Adults», *Journal of Experimental Child Psychology*, n.° 107 (2010), pp. 59-66.

Lockwood, P. y Kunda, Z., «Superstars and Me: Predicting the Impact of Role Models on the Self», *Journal of Personality and Social Psychology*, n.° 73 (1997), pp. 91-103.

Loersch, C. y Arbuckle, N. L., «Unraveling the Mystery of Music: Music as an Evolved Group Process», *Journal of Personality and Social Psychology*, n.° 105 (2013), pp. 777-798.

Loersch, C. y Payne, B. K., «A Situated Inference Model: An Integrative Account of the Effects of Primes on Perception, Behavior, and Motivation», *Perspectives on Psychological Science*, n.° 6 (2011), pp. 234-252.

Loftus, E. F., «Intelligence Gathering Post-9/11», *American Psychologist*, n.° 66 (2011), pp. 532-541.

Lord, C. G.; Lepper, M. R. y Preston, E., «Considering the Opposite: A Corrective Strategy for Social Judgment», *Journal of Personality and Social Psychology*, n.° 47 (1984), pp. 1231-1243.

Lovello, D. y Sibony, O., «The Case for Behavioral Strategy», *McKinsey Quarterly* (marzo de 2010), pp. 1-16.

Lubinski, D.; Benbow, C. P. y Kell, H. J., «Life Paths and Accomplishments of Mathematically Precocious Males and Females Four Decades Later», *Psychological Science,* n.° 25 (2014), pp. 2217-2232.

Lull, R. B. y Bushman, B. J., «Do Sex and Violence Sell? A Meta-Analytic Review of the Effects of Sexual and Violent Media and Ad Content on Memory, Attitudes and Buying Intentions», *Psychological Bulletin*, n.° 141 (2015), pp. 1022-1048.

Lyubomirsky, S., *La ciencia de la felicidad: un método probado para conseguir el bienestar*, Barcelona, Urano, 2008.

—, *Los mitos de la felicidad: descubre las claves de la felicidad auténtica*, Barcelona, Urano, 2014.

Lyubomirsky, S. y Layous, K., «How Do Simple Positive Activities Increase Well-Being?» *Current Directions in Psychological Science*, n.° 22 (2013), pp. 57-62.

Lyubomirsky, S.; King, S. A. y Diener, E., «Pursuing Happiness: Does Happiness Lead to Success?», *Psychological Bulletin*, n.° 131 (2005), pp. 803-855.

Maaravi, Y.; Ganzach, Y. y Pazy, A., «Negotiation as a Form of Persuasion: Arguments in First Offers», *Journal of Personality and Social Psychology*, n.° 101 (2011), pp. 245-255.

MacKenzie, S. B. y Lutz, R. J., «An Empirical Examination of the Structural Antecedents of Attitude Toward the Ad in an Advertising Pretesting Context», *Journal of Marketing*, n.° 53 (1989), pp. 48-65.

Macrae, C. N. y Johnston, L., «Help, I Need Somebody: Automatic Action and Inaction», *Social Cognition*, n.° 16 (1998), pp. 400-417.

Macrae, N. C.; Bodenhausen, G. V. y Milne, A. B., «The Dissection of Selection in Person Perception: Inhibitory Processes in Social Stereotyping», *Journal of Personality and Social Psychology*, n.º 69 (1995), pp. 397-407.

Madanika, Y. y Bartholomew, K., «Themes of Lust and Love in Popular Music from 1971 to 2011», *SAGE Open*, vol. 4, n.º 3 (agosto de 2014). doi:10.1177/2158244014547179.

Madden, M., «More Online Americans Say They've Experienced a Personal Data Breach», Pew Research Center Fact Tank (14 de abril de 2014). www.pewresearch.org/fact-tank/2014/04/14/more-online-americans-say-theyve-experienced-a-personal-data-breach.

Maddux, W. W.; Mullen, E. E. y Galinsky, A. D., «Chameleons Bake Bigger Pies and Take Bigger Pieces: Strategic Behavioral Mimicry Facilitates Negotiation Outcomes», *Journal of Experimental Social Psychology*, n.º 44 (2008), pp. 461-468.

Mahajan, N.; Martinez, M. A.; Gutierrez, N. L.; Diesendruck, G.; Banaji, M. R. y Santos, L. R., «The Evolution of Intergroup Bias: Perceptions and Attitudes in Rhesus Macaques», *Journal of Personality and Social Psychology*, vol. 100, n.º 3 (marzo de 2011), pp. 387-405.

Maio, G. R.; Pakizeh, A.; Cheung, W-Y. y Rees, K. J., «Changing, Priming, and Acting on Values: Effects via Motivational Relations in a Circular Model», *Journal of Personality and Social Psychology*, n.º 97 (2009), pp. 699-715.

Mandel, N. y Johnson, E. J., «When Web Pages Influence Choice: Effects of Visual Primes on Experts and Novices», *Journal of Consumer Research*, n.º 29 (2002), pp. 235-245.

Mandel, N.; Petrova, P. K. y Cialdini, R. B., «Images of Success and the Preference for Luxury Brands», *Journal of Consumer Psychology*, n.º 16 (2006), pp. 57-69.

Maner, J. K.; Gailliot, M. T. y Miller, S. L., «The Implicit Cognition of Relationship Maintenance: Inattention to Attractive Alternatives», *Journal of Experimental Social Psychology*, n.º 45 (2009), pp. 174-179.

Maner, J. K.; Gailliot, M. T.; Rouby, D. A. y Miller, S. L., «Can't Take My Eyes Off You: Attentional Adhesion to Mates and Rivals», *Journal of Personality and Social Psychology*, n.º 93 (2007), pp. 389-401.

Maner, J. K.; Kenrick, D. T.; Becker, D. V.; Delton, A. W.; Hofer, B.; Wilbur, C. y Neuberg, S. I., «Sexually Selective Cognition: Beauty Captures the Mind of the Beholder», *Journal of Personality and Social Psychology*, n.º 85 (2003), pp. 1107-1120.

Mann, T. C. y Ferguson, M. J., «Can We Undo Our First Impressions? The Role of Reinterpretation in Reversing Implicit Evaluations», *Journal of Personality and Social Psychology*, n.º 108 (2015), pp. 823-849.

Marchetti, G., «Against the View That Consciousness and Attention Are Fully Dissociable», *Frontiers in Psychology*, n.º 3 (2012), p. 36.

Margolis, E. H., «When Program Notes Don't Help: Music Descriptions and Enjoyment», *Psychology of Music*, n.º 38 (2010), pp. 285-302.

Markus, H. y Kitayama, S., «Culture and the Self: Implications for Cognition, Emotion, and Motivation», *Psychological Bulletin*, n.º 98 (1991), pp. 224-253.

Marsh, J. E.; Ljung, R.; Nöstl, A.; Threadgold, E. y Campbell, T. A., «Failing to Get the Gist of What's Being Said: Background Noise Impairs Higher-Order Cognitive Processing», *Frontiers in Psychology*, n.º 6 (2015), p. 548.

Marsh, R. L.; Hicks, J. L. y Bink, M. L., «Activation of Completed Uncompleted, and Partially Completed Intentions», *Journal of Experimental Psychology: Learning, Memory, and Cognition*, n.º 24 (1998), pp. 350-361.

Marteau, T. M.; Hollands, G. J. y Fletcher, P. C., «Changing Human Behavior to Prevent Disease: The Importance of Targeting Automatic Processes», *Science*, n.º 337 (2012), pp. 1492-1495.

Marti, S.; Sigman, M. y Dehaene, S., «A Shared Cortical Bottleneck Underlying Attentional Blink and Psychological Refractory Period», *Neuroimage*, n.º 59 (2012), pp. 2883-2898.

Martin, A.; Jacob, C. y Guéguen, N., «Similarity Facilitates Relationships on Social Networks: A Field Experiment on Facebook», *Psychological Reports*, n.º 113 (2013), pp. 217-220.

Martin, L. R.; Haskard-Zolnierek, K. B. y DiMatteo, M. R., *Health Behavior Change and Treatment Adherence*, Nueva York, Oxford University Press, 2010.

Martin, S. J.; Bassi, S. y Dunbar-Rees, R., «Commitments, Norms and Custard Creams – A Social Influence Approach to Reducing Did Not Attends (DNAs)», *Journal of the Royal Society of Medicine*, n.º 105 (2012), pp. 101-104.

Marx, D. M. y Roman, J. S., «Female Role Models: Protecting Women's Math Test Performance», *Personality and Social Psychology Bulletin*, n.º 28 (2002), pp. 1183-1193.

Mashek, D. J.; Aron, A. y Boncimino, M., «Confusions of Self with Close

Others», *Personality and Social Psychology Bulletin*, n.° 29 (2003), pp. 382-392.

Mason, M. F.; Tatkow, E. P. y Macrae, C. N., «The Look of Love: Gaze Shifts and Person Perception», *Psychological Science*, n.° 16 (2005), pp. 236-239.

Masuda, T. y Nisbett, R., «Attending Holistically versus Analytically: Comparing the Context Sensitivity of Japanese and Americans», *Journal of Personality and Social Psychology*, n.° 81 (2001), pp. 922-934.

Masuda, T.; Gonzalez, R.; Kwan, I. y Nesbitt, R., «Culture and Aesthetic Preference: Comparing the Attention to Context of East Asians and Americans», *Personality and Social Psychology Bulletin*, n.° 34 (2008), pp. 1260-1275.

Mather, M. y Knight, M., «Goal-Directed Memory: The Role of Cognitive Control in Older Adults' Emotional Memory», *Psychology and Aging*, n.° 20 (2005), pp. 554-570.

Mauboussin, M. J., *La ecuación del éxito: descubre la proporción que existe entre habilidad y suerte*, Barcelona, Empresa Activa, 2013.

Mauss, I. B.; Shallcross, A. J.; John, O. P.; Ferrer, E.; Wilhelm, F. H. y Gross, J. J., «Don't Hide Your Happiness!», *Journal of Personality and Social Psychology*, n.° 100 (2011), pp. 738-748.

Mayer, D. M.; Kuenzi, M.; Greenbaum, R.; Bardes, M. y Salvador, R., «How Does Ethical Leadership Flow? Test of a Trickle-Down Model», *Organization and Human Decision Processes*, n.° 108 (2009), pp. 1-13.

Mazzoni, G. y Memon, A., «Imagination Can Create False Autobiographical Memories», *Psychological Science*, n.° 25 (2003), pp. 266-281.

McAlister, A. L.; Ramirez, A. G.; Galavotti, C. y Gallion, K. J., «Anti-Smoking Campaigns: Progress in the Application of Social Learning Theory», R. E. Rice y C. K. Atkin (eds.), en *Public Communication Campaigns*, Newbury Park, Sage, 1989, pp. 291-307.

McCaslin, M. J.; Petty, R. E. y Wegener, D. T., «Self-Enhancement Processes and Theory-Based Correction Processes», *Journal of Experimental Social Psychology*, n.° 46 (2010), pp. 830-835.

McClelland, J. L.; Botvinick, M. M., Noelle, D. C.; Plaut, D. C.; Rogers, T. T.; Seidenberg, M. S. y Smith, L. B., «Letting Structure Emerge: Connectionist and Dynamical Systems Approaches to Understanding Cognition», *Trends in Cognitive Sciences*, n.° 14 (2010), pp. 348-356.

McCombs, M. E. y Shaw, D. L., «The Agenda-Setting Functions of Mass Media», *Public Opinion Quarterly*, n.° 36 (1972), pp. 176-218.

McCormick, J. y Morris, W. L., «The Effects of Stereotype Threat and Power on Women's and Men's Outcomes in Face-to-Face and E-Mail Negotiations», *Psi Chi Journal of Psychological Research*, n.º 20 (2015), pp. 114-124.

McCulloch, K. C.; Arts, H.; Fujita, K. y Bargh, J. A., «Inhibition in Goal Systems: A Retrieval-Induced Forgetting Account», *Journal of Experimental Social Psychology*, n.º 44 (2008), pp. 857-865.

McFarland, S., «Identification with All Humanity: The Antithesis of Prejudice, and More», en C. G. Sibley y F. K. Barlow (eds.), *The Cambridge Handbook of the Psychology of Prejudice*, Cambridge, Cambridge University Press, en prensa.

McFarland, S.; Webb, M. y Brown, D., «All Humanity Is My In-Group. A Measure and Studies of Identification with All Humanity», *Journal of Personality and Social Psychology*, n.º 103 (2012), pp. 830-853.

McGlone, M. S. y Tofighbakhsh, J., «Birds of a Feather Flock Conjointly (?): Rhyme as Reason in Aphorisms», *Psychological Science*, n.º 11 (2000), pp. 424-428.

McGraw, K. O. y Fiala, J., «Undermining the Zeigarnik Effect: Another Hidden Cost of Reward», *Journal of Personality*, n.º 50 (1982), pp. 58-66.

McGuire, W. J., «The Effectiveness of Supportive and Refutational Defenses in Immunizing and Restoring Beliefs against Persuasion», *Sociometry*, n.º 24 (1961), pp. 184-197.

McIntyre, R. B.; Paulson, R. M. y Lord, C. G., «Alleviating Women's Mathematics Stereotype Threat through Salience of Group Achievements», *Journal of Experimental Social Psychology*, n.º 39 (2003), pp. 83-90.

McKenzie, C. R. M., «Judgement and Decision Making», en R. L. G. Koen Lamberts (ed.), *Handbook of Cognition*, Thousand Oaks, Sage, 2005, pp. 321-338.

McNeill, W. H., *Keeping Together in Time: Dance and Drill in Human History,* Cambridge, Harvard University Press, 1995.

Meltzoff, A., «Like Me: A Foundation for Social Cognition», *Developmental Science*, n.º 10 (2007), pp. 126-134.

Mendl, J. R.; Ehrlich, S. B. y Dukerich, J. M., «The Romance of Leadership», *Adminstrative Science Quarterly*, n.º 30 (1985), pp. 78-102.

Mercer, A.; Caporaso, A.; Cantor, D. y Townsend, J., «How Much Gets You How Much? Monetary Incentives and Response Rates in Household Surveys», *Public Opinion Quarterly*, n.º 79 (2015), pp. 105-129.

Meyers-Levy, J. y Loken, B., «Revisiting Gender Differences: What We Know and What Lies Ahead», *Journal of Consumer Psychology,* n.º 25 (2015), pp. 129-149.

Middleton, J. A. y Green, D. P., «Do Community-Based Voter Mobilization Campaigns Work Even in Battleground States? Evaluating the Effectiveness of MoveOn's 2004 Outreach Campaign», *Quarterly Journal of Political Science*, n.º 3 (2008), pp. 63-82.

Midlarsky, E. y Nemeroff, R., «Heroes of the Holocaust: Predictors of Their Well-Being in Later Life», *paper* presentado en el encuentro de la Sociedad Americana de Psicología, Nueva York (julio de 1995).

Millar, M. G. y Tesser, A., «Thought-Induced Attitude Change: The Effects of Schema Structure and Commitment», *Journal of Personality and Social Psychology*, n.º 51 (1986), pp. 259-269.

Miller, D. T. y Effron, D. A., «Psychological License: When It Is Needed and How It Functions», *Advances in Experimental Social Psychology*, n.º 43 (2010), pp. 115-155.

Miller, D. T.; Downs, J. S. y Prentice, D. A., «Minimal Conditions for the Creation of a Unit Relationship: The Social Bond Between Birthday Mates», *European Journal of Social Psychology*, n.º 28 (1998), pp. 475-481.

Miller, R. S., «Inattentive and Contented: Relationship Commitment and Attention to Alternatives», *Journal of Personality and Social Psychology*, n.º 73 (1997), pp. 758-766.

Mitchell, J. P.; Banaji, M. y Macrae, C. N., «The Link Between Social Cognition and Self-Referential Thought», *Journal of Cognitive Neuroscience*, n.º 17 (2005), pp. 1306-1315.

Miyake, A.; Kost-Smith, L. E.; Finkelstein, N. D.; Pollock, S. J.; Cohen, G. L. e Ito, T. A., «Reducing the Gender Achievement Gap in College Science: A Classroom Study of Values Affirmation», *Science*, n.º 330 (2010), pp. 1234-1237.

Molnar-Szakacs, I. y Overy, K., «Music and Mirror Neurons: From Motion to "E"motion», *Social Cognitive and Affective Neuroscience*, n.º 1 (2006), pp. 235-241.

Monin, B. y D. T. Miller., «Moral Credentials and the Expression of Prejudice», *Journal of Personality and Social Psychology*, n.º 81 (2001), pp. 33-43.

Monroe, B. M. y Read, S. J., «A General Connectionist Model of Attitude Structure and Change», *Psychological Review*, n.° 115 (2008), pp. 733-759.

Monteith, M. J.; Ashburn-Nardo, L.; Voils, C. I. y Czopp, A. M., «Putting the Brakes on Prejudice: On the Development and Operation of Cues for Control», *Journal of Personality and Social Psychology*, n.° 83 (2002), pp. 1029-1050.

Moon, Y., *Different*, Nueva York, Crown Business, 2010.

Moore, D. A. y Small, D., «Error and Bias in Comparative Social Judgment: On Being Both Better and Worse Than We Think We Are», *Journal of Personality and Social Psychology*, n.° 92 (2007), pp. 972-989.

Moore, S. G., «Some Things Are Better Left Unsaid: How Word of Mouth Influences the Storyteller», *Journal of Consumer Research*, n.° 38 (2012), pp. 1140-1154.

Morling, D. y Lamoreaux, M., «Measuring Culture Outside the Head: A Meta-Analysis of Individualism-Collectivism in Cultural Products», *Personality and Social Psychology Review*, n.° 12 (2008), pp. 199-221.

Morris, M. W.; Sheldon, O. J.; Ames, D. R. y Young, M. J., «Metaphors and the Market», *Organizational Behavior and Human Decision Processes*, n.° 102 (2007), pp. 174-192.

Moyer, V. A., «Primary Care Interventions to Prevent Tobacco Use in Children and Adolescents: U.S. Preventive Service Task Force Recommendation Statement», *Pediatrics*, n.° 132 (2013), pp. 560-565.

Murayama, K.; Miyatsu, T.; Buchli, D. y Storm, B., «Forgetting as a Consequence of Retrieval: A Meta-Analytic Review of Retrieval-Induced Forgetting», *Psychological Bulletin*, n.° 140 (2014), pp. 1383-1409.

Muscanell, N. L.; Guadagno, R. E. y Murphy, S., «Weapons of Influence Misused: A Social Influence Analysis of Why People Fall Prey to Internet Scams», *Social and Personality Compass*, n.° 8/7 (2014), pp. 388-396.

Nagin, D. y Pogarsky, G., «Integrating Celerity, Impulsivity, and Extralegal Sanction Threats into a Model of General Deterrence Theory and Evidence», *Criminology*, n.° 39 (2001), pp. 865-892.

Nelson, L. D. y Norton, M. I., «From Student to Superhero: Situational Primes Shape Future Helping», *Journal of Experimental Social Psychology*, n.° 41 (2005), pp. 425-430.

Nestler, S. y Egloff, B., «When Scary Messages Backfire: Influence of Dispositional Cognitive Avoidance on the Effectiveness of Threat

Communications», *Journal of Research in Personality*, n.º 44 (2010), pp. 137-141.

Neumann, R. y Strack, F., «Approach and Avoidance: The Influence of Proprioceptive and Exteroceptive Cues on Encoding of Affective Information», *Journal of Personality and Social Psychology*, vol. 7, n.º 9 (2000), pp. 39-48.

Neville, L., «Do Economic Equality and Generalized Trust Inhibit Academic Dishonesty? Search-Engine Queries», *Psychological Science*, n.º 23 (2012), pp. 339-345.

Nguyen, H. D. y Ryan, A. M., «Does Stereotype Threat Affect Test Performance of Minorities and Women? A Meta-Analysis of Experimental Evidence», *Journal of Applied Psychology*, n.º 93 (2008), pp. 1314-1334.

Nguyen, N. y Lelanc, G., «Corporate Image and Corporate Reputation in Customers' Retention Decisions in Services», *Journal of Retailing and Consumer Services*, n.º 8 (2001), pp. 227-236.

Nickerson, R. S., «Confirmation Bias: A Ubiquitous Phenomenon in Many Guises», *Review of General Psychology*, n.º 2 (1998), pp. 175-220.

Niemeier, V.; Kupfer, J. y Gieler, U., «Observations During an Itch-Inducing Lecture», *Dermatology and Psychosomatics*, n.º 1, supl. 1 (2000), pp. 15-18.

Nisbett, R., *The Geography of Thought: How Asians and Westerners Think Differently... and Why*, Nueva York, Free Press, 2003.

Noar, S. M.; Benac, C. N. y Harris, M. S., «Does Tailoring Matter? Meta-Analytic Review of Tailored Print Health Behavior Change Interventions», *Psychological Bulletin*, n.º 133 (2007), pp. 673-693.

Noh, S. R.; Lohani, M. e Isaacowitz, D. M., «Deliberate Real-Time Mood Regulation in Adulthood: The Importance of Age, Fixation, and Attentional Functioning», *Cognition and Emotion*, n.º 25 (2011), pp. 998-1013.

Nolan, J. M.; Schultz, P. W.; Cialdini, R. B.; Goldstein, N. J. y Griskevicius, V., «Normative Social Influence Is Underdetected», *Personality and Social Psychology Bulletin*, n.º 34 (2008), pp. 913-923.

Noor, M.; Brown, R.; Gonzalez, R.; Manzi, J. y Lewis, C. A., «On Positive Psychological Outcomes: What Helps Groups with a History of Conflict to Forgive and Reconcile with Each Other?», *Personality and Social Psychology Bulletin*, n.º 34 (2008), pp. 819-832.

Norman, L. J.; Heywood, C. A. y Kentridge, R. W., «Object-Based Attention without Awareness», *Psychological Science*, n.º 24 (2013), pp. 836-843.

North, A. C.; Hargreaves, D. J. y McKendrick, J., «In-Store Music Affects Product Choice», *Nature*, n.º 390 (13 de noviembre de 1997), p. 132.

Norton, M. I.; Mochon, D. y Ariely, D., «The IKEA Effect: When Labor Leads to Love», *Journal of Consumer Psychology*, n.º 22 (2012), pp. 453-460. doi:10.1016/j.jcps.2011.08.002.

Oberholzer-Gee, F., «A Market for Time: Fairness and Efficiency in Waiting Lines», *Kyklos*, n.º 59 (2006), pp. 427-440.

Obermeier, C.; Menninghaus, W.; Von Koppenfels, M.; Raettig, T.; Schmidt-Kassow, M.; Otterbein, S. y Kotz, S. A., «Aesthetic and Emotional Effects of Meter and Rhyme in Poetry», *Frontiers in Psychology*, n.º 4 (2013), p. 10.

Oettingen, G.; Hönig, G. y Gollwitzer, P. M., «Effective Self-Regulation of Goal Attainment», *International Journal of Educational Research*, n.º 33 (2000), pp. 705-732.

Oishi, S.; Kesebir, S. y Diener, E., «Income Inequality and Happiness», *Psychological Science*, n.º 22 (2001), pp. 1095-1100.

Oliner, S. P. y Oliner, P. M., *The Altruistic Personality: Rescuers of Jews in Nazi Europe*, Nueva York, Free Press, 1988.

Olivers, C. N. L. y Niewenhuis, S., «The Beneficial Effect of Concurrent Task-Irrelevant Activity on Temporal Attention», *Psychological Science,* n.º 16 (2005), pp. 265-269.

Olson, M. A. y Fazio, R. H., «Trait Inferences as a Function of Automatically Activated Racial Attitudes and Motivation to Control Prejudiced Reactions», *Basic and Applied Social Psychology*, n.º 26 (2004), pp. 1-11.

Oosterhof, N. N.; Tipper, S. P. y Downing, P. E., «Visuo-Motor Imagery of Specific Manual Actions: A Multi-Variate Pattern Analysis *f*MRI Study», *Neuroimage*, n.º 63 (2012), pp. 262-271.

Oppenheimer, D. M.; Diemand-Yauman, C. y Vaughan, E. B., «Fortune Favors the Bold (and the Italicized): Effects of Disfluency on Educational Outcomes», *Cognition*, n.º 118 (2011), pp. 111-115.

Oppenheimer, D. M.; LeBoeuf, R. E. y Brewer, N. T., «Anchors Aweigh: A Demonstration of Cross-Modality Anchoring and Magnitude Priming», *Cognition*, n.º 106 (2008), pp. 13-26.

Ottati, V. C. y Renstrom, R. A., «Metaphor and Persuasive Communication: A Multifunctional Approach», *Social and Personality Psychology Compass*, n.º 49 (2010), pp. 783-794.

Otten, S. y Epstude, K., «Overlapping Mental Representations of Self, Ingroup, and Outgroup: Unraveling Self-Stereotyping and Self-Anchoring», *Personality and Social Psychology Bulletin*, n.º 32 (2006), pp. 957-969.

Over, H. y Carpenter, M., «Eighteen-Month-Old Infants Show Increased Helping Following Priming with Affiliation», *Psychological Science*, n.º 20 (2009), pp. 1189-1193.

Ovsiankina, M., «Die Wiederaufnahme von unterbrochener Handlungen», *Psychologische Forschung*, n.º 11 (1928), pp. 302-379.

Oyserman, D., «Identity-Based Motivation: Implications for Action-Readiness, Procedural-Readiness, and Consumer Behavior», *Journal of Consumer Psychology*, n.º 19 (2009), pp. 250-260.

Oyserman, D. y Lee, S. W. S., «Does Culture Influence What and How We Think? Effects of Priming Individualism and Collectivism», *Psychological Bulletin*, n.º 134 (2008), pp. 311-342.

Packard, G.; Gershoff, A. D. y Wooten, D. B., «When Boastful Word of Mouth Helps versus Hurts Social Perceptions and Persuasion», *Journal of Consumer Research,* en prensa.

Paez, D.; Rime, B.; Basabe, N.; Wlodarczyk, A. y Zumeta, L., «Psychosocial Effects of Perceived Emotional Synchrony in Collective Gatherings», *Journal of Personality and Social Psychology,* n.º 108 (2015), pp. 711-729.

Page, L. A.; Keshishian, C.; Leonardi, G.; Murray, V.; Rubin, G. J. y Wessely, S., «Frequency and Predictors of Mass Psychogenic Illness», *Epidemiology*, n.º 21 (2010), pp. 744-747.

Page-Gould, E.; Mendoza-Denton, R. y Tropp, L. R., «With a Little Help from My Cross-Group Friend: Reducing Anxiety in Intergroup Contexts Through Cross-Group Friendship», *Journal of Personality and Social Psychology*, n.º 95 (2008), pp. 1080-1094.

Paladino, M-P.; Mazzurega, M.; Pavani, F. y Schubert, T. W., «Synchronous Multisensory Stimulation Blurs Self-Other Boundaries», *Psychological Science*, n.º 21 (2010), pp. 1202-1207.

Paluck, E. L. y Green, D. P., «Prejudice Reduction: What Works? A Review and Assessment of Research and Practice», *Annual Review of Psychology*, n.º 60 (2009), pp. 339-367.

Park, J. H. y Schaller, M., «Does Attitude Similarity Serve as a Heuristic Cue for Kinship? Evidence of an Implicit Cognitive Association», *Evolution and Human Behavior*, n.º 26 (2005), pp. 158-170.

Park, J. H.; Schaller, M. y Van Vugt, M., «Psychology of Human Kin Recognition: Heuristic Cues, Erroneous Inferences, and Their Implications», *Review of General Psychology*, n.º 12 (2008), pp. 215-235.

Parker, J. R. y Lehmann, D. R., «How and When Grouping Low-Calorie Options Reduces the Benefits of Providing Dish-Specific Calorie Information», *Journal of Consumer Research*, n.º 41 (2015), pp. 213-235.

Parks, A. C.; Della Porta, M. D.; Pierce, R. S.; Zilca, R. y Lyubomirsky, S., «Pursuing Happiness in Everyday Life: The Characteristics and Behaviors of Online Happiness Seekers», *Emotion,* n.º 12 (2012), pp. 1222-1234.

Paternoster, R., «How Much Do We Really Know About Criminal Deterrence?», *Journal of Criminal Law and Criminology*, n.º 100 (2010), pp. 765-824.

Pávlov, I. P., *Los reflejos condicionados: lecciones sobre la función de los grandes hemisferios*, Barcelona, Círculo de Lectores, 1997.

Payne, L. y Sekuler, R., «The Importance of Ignoring: Alpha Oscillations Protect Selectivity», *Current Directions in Psychological Science*, n.º 23 (2014), pp. 171-177.

Pelham, B. W. y Carvallo, M. R., «The Surprising Potency of Implicit Egoism: A Reply to Simonsohn», *Journal of Personality and Social Psychology*, n.º 101 (2011), pp. 25-30.

Pennebaker, J. W., «Perceptual and Environmental Determinants of Coughing», *Basic and Applied Social Psychology*, n.º 1 (1980), pp. 83-91.

Pennebaker, J. W.; Mayne, T. J. y Francis, M. E., «Linguistic Predictors of Adaptive Bereavement», *Journal of Personality and Social Psychology*, n.º 72 (1997), pp. 863-871.

Perillo, J. T. y Kassin, S. M., «Inside Interrogation: The Lie, the Bluff, and False Confessions», *Law and Human Behavior*, n.º 35 (2011), pp. 327-337.

Perkins, A. W. y Forehand, M. R., «Implicit Self-Referencing: The Effect of Nonvolitional Self-Association on Brand and Product Attitude», *Journal of Consumer Research*, n.º 39 (2012), pp. 142-156.

Peterson, D. K., «The Relationship Between Unethical Behavior and the Dimensions of the Ethical Climate Questionnaire», *Journal of Business Ethics*, n.º 41 (2002), pp. 313-326.

Petras, R. y Petras, K., *The 776 Stupidest Things Ever Said*, Nueva York, Broadway Books, 1993.

Petrova, P. K. y Cialdini, R. B., «Fluency of Consumption Imagery and the

Backfire Effects of Imagery Appeals», *Journal of Consumer Research*, n.º 32 (2005), pp. 442-452.

—, «New Approaches Toward Resistance to Persuasion», en G. Hastings, C. Bryant y K. Angus (eds.), *The Sage Handbook of Social Marketing*, Londres, Sage, 2011, pp. 107-122.

Petrova, P. K.; Schwarz, N. y Song, H., «Fluency and Social Influence», en D. T. Kenrick, N. J. Goldstein y S. L. Braver (eds.), *Six Degrees of Social Influence*, Nueva York, Oxford University Press, 2012.

Petty, R. E. y Brinol, P., «The Elaboration Likelihood Model», en P. A. M. Van Lange, A. W. Kruglanski y E. T. Higgins (eds.), *Handbook of Theories of Social Psychology*, Thousand Oaks, Sage, 2012, pp. 224-245.

—, «Attitude Change», en R. F. Baumeister y E. J. Finkel (eds.), *Advanced Social Psychology: The State of the Science*, Nueva York, Oxford University Press, 2010, pp. 217-259.

Petty, R. E. y Cacioppo, J. T., «Source Factors and the Elaboration Likelihood Model of Persuasion», *Advances in Consumer Research*, n.º 11 (1984), pp. 668-672.

Pfaff, D. W., *The Neuroscience of Fair Play: Why We (Usually) Follow the Golden Rule*, Chicago, University of Chicago Press, 2007.

—, *The Altruistic Brain: How We Are Naturally Good*, Oxford, Oxford University Press, 2015.

Pfau, M. y Burgoon, M., «Inoculation in Political Campaign Communication», *Human Communication Research*, n.º 15 (1988), pp. 91-111.

Pfau, M.; Danesi, J.; Tallmon, R.; Bunko, T.; Nyberg, S.; Thompson, B.; Babin, C.; Cardella, S.; Mink, M. y Temple, B., «A Comparison of Embedded and Nonembedded Print Coverage of the U.S. Invasion and Occupation of Iraq», *International Journal of Press/Politics*, n.º 11 (2006), pp. 139-153.

Pfau, M.; Haigh, M. M.; Logsdon, L.; Perrine, C.; Baldwin, J. P.; Breitenfeldt, R. E.; Cesar, J.; Dearden, D.; Kuntz, G.; Montalvo, E.; Roberts, D. y Romero, R., «Embedded Reporting During the Invasion and Occupation of Iraq: How the Embedding of Journalists Affects Television News Reports», *Journal of Broadcasting and Electronic Media*, n.º 49 (2005), pp. 468-487.

Pfau, M.; Haigh, M.; Gettle, M.; Donnelly, M.; Scott, G.; Warr, D. y Wittenberg, E., «Embedding Journalists in Military Combat Units: Impact on Newspaper Story Frames and Tone», *Journalism and Mass Communication Quarterly*, n.º 81 (2004), pp. 74-88.

Pfeffer, J. y Cialdini, R. B., «Illusions of Influence», en R. M. Kramer y M. A. Neale (eds.), *Power and Influence in Organizations,* Thousand Oaks, Sage, 1998, pp. 1-20.

Pfeffer, J. y Salancik, G. R., *The External Control of Organizations. A Resource Dependence Perspective*, Nueva York, Harper & Row, 1978.

Pillutia, M. M.; Malhotra, D. y Murnighan, J. K., «Attributions of Trust and the Calculus of Reciprocity», *Journal of Experimental Social Psychology*, n.º 39 (2003), pp. 448-455.

Pocheptsova, A. y Novemsky, N., «When Do Incidental Mood Effects Last? Lay Beliefs Versus Actual Effects», *Journal of Consumer Research*, n.º 36 (2010), pp. 992-1001.

Posavac, S. S.; Kardes, F. R. y Brakus, J., «Focus Induced Tunnel Vision in Managerial Judgment and Decision Making: The Peril and the Anecdote», *Organizational Behavior and Human Decision Processes*, n.º 113 (2010), pp. 102-111.

Posavac, S. S.; Kardes, F. R.; Sanbonmatsu, D. M. y Fitzsimons, G. J., «Blissful insularity: When brands are judged in isolation from competitors», *Marketing Letters*, n.º 16 (2005), pp. 87-97.

Posavac, S. S.; Sanbonmatsu, D. M. y Ho, E. A., «The Effects of Selective Consideration of Alternatives on Consumer Choice and Attitude-Decision Consistency», *Journal of Consumer Psychology*, n.º 12 (2002), pp. 203-213.

Posavac, S. S.; Sanbonmatsu, D. M.; Kardes, F. R. y Fitzsimons, G. J., «The Brand Positivity Effect: When Evaluation Confers Preference», *Journal of Consumer Research*, n.º 31 (2004), pp. 643-651.

Pothos, E. M. y Busemeyer, J. R., «Can Quantum Probability Provide a New Direction for Cognitive Modeling?», *Behavior and Brain Sciences,* n.º 36 (2013), pp. 255-274.

Powers, N.; Blackman, A.; Lyon, T. P. y Narain, U., «Does Disclosure Reduce Pollution? Evidence from India's Green Rating Project», *Environmental and Resource Economics,* n.º 50 (2011), pp. 131-155.

Preston, S. D., «The Origins of Altruism in Offspring Care», *Psychological Bulletin*, n.º 139 (2013), pp. 1305-1341.

Prestwich, A.; Perugini, M.; Hurling, R. y Richetin, J., «Using the Self to Change Implicit Attitudes», *European Journal of Social Psychology*, n.º 40 (2010), pp. 61-71.

Priester, J. R.; Cacioppo, J. T. y Petty, R. E., «The Influence of Motor Processes on Attitudes Toward Novel versus Familiar Semantic Stimuli», *Personality and Social Psychology Bulletin*, n.º 22 (1996), pp. 442-447.

Prot, S.; Gentile, D. A.; Anderson, C. A.; Suzuki, K.; Swing, E.; Horiuchi, Y.; Jelic, M.; Krahé, B.; Liuqing, W.; Liau, A. K.; Khoo, A.; Petrescu, P. D.; Sakamoto, A.; Tajima, S.; Toma, R. A.; Warburton, W.; Zhang, X. y Lam, B. C. P., «Long-Term Relations Among Prosocial-Media Use, Empathy, and Prosocial Behavior», *Psychological Science*, n.º 25 (2014), pp. 358-368.

Pulfrey, C. y Butera, F., «Why Neoliberal Values of Self-Enhancement Lead to Cheating in Higher Education: A Motivational Account», *Psychological Science*, n.º 24 (2013), pp. 2153-2162.

Quoidbach, J.; Mikolajczak, M. y Gross, J. J., «Positive Interventions: An Emotion Perspective», *Psychological Bulletin*, n.º 141 (2015), pp. 655-693.

Radvansky, G. A. y Copeland, D. E., «Walking Through Doorways Causes Forgetting: Situation Models and Experienced Space», *Memory and Cognition*, n.º 34 (2006), pp. 1150-1156.

Radvansky, G. A.; Krawietz, S. A. y Tamplin, A. K., «Walking Through Doorways Causes Forgetting: Further Explorations», *Quarterly Journal of Experimental Psychology*, n.º 64 (2011), pp. 1632-1645.

Rajagopal, P. y Montgomery, N. V., «I Imagine, I Experience, I Like: The False Experience Effect», *Journal of Consumer Research*, vol. 38, n.º 3 (octubre de 2011), pp. 578-594.

Reber, R. y Schwarz, N., «Effects of Perceptual Fluency on Judgments of Truth», *Consciousness and Cognition*, n.º 8 (1999), pp. 338-342.

Reed, A. E. y Carstensen, L. L., «The Theory Behind the Age-Related Positivity Effect», *Frontiers in Psychology*, n.º 27 (2012), p. 339.

Reed, C., «Journalists' Recent Work Examined Before Embeds» (versión electrónica), *Stars and Stripes* (24 de agosto de 2009). www.stripes.com/article.asp?section=104andarticle=63348.

Reed, C.; Baron, K. y Shane, L., «Files Prove Pentagon Is Profiling Reporters» (versión electrónica), *Stars and Stripes* (29 de agosto de 2009). www.stripes.com/article.asp?section=104andarticle=64401.

Reichardt, C. S., «Testing Astrological Predictions About Sex, Marriage, and Selfishness», *Skeptic*, n.º 15 (2010), pp. 40-45.

Reinhard, M-A.; Schindler, S.; Raabe, V.; Stahlberg, D. y Messner, M., «Less Is Sometimes More: How Repetition of an Antismoking Advertisement Affects Attitudes Toward Smoking and Source Credibility», *Social Influence*, n.º 9 (2014), pp. 116-132.

Rensink, R. A., «Change Detection», *Annual Review of Psychology*, n.º 53 (2002), pp. 253-264.

Report to the Nations on Occupational Fraud and Abuse: 2014 Global Fraud Study, Austin, Association of Certified Fraud Examiners, 2014. www. acfe.com/rttn.aspx.

Rimer, B. K. y Kreuter, M. W, «Advancing Tailored Health Communication: A Persuasion and Message Effects Perspective», Journal of Communication, n.° 56 (2006), pp. S184-S201.

Risen, J. L. y Gilovich, T., «Why People Are Reluctant to Tempt Fate», Journal of Personality and Social Psychology, n.° 95 (2008), pp. 293-307.

Robertson, K. F.; Smeets, S.; Lubinski, D. y Benbow, C. P., «Beyond the Threshold Hypothesis», Current Directions in Psychological Science, n.° 19 (2010), pp. 346-351.

Robinson, J. y Zebrowitz-McArthur, L., «Impact of Salient Vocal Qualities on Causal Attribution for a Speaker's Behavior», Journal of Personality and Social Psychology, n.° 43 (1982), pp. 236-247.

Rogers, T.; Fox, C. R. y Gerber, A. S., Rethinking Why People Vote: Voting as Dynamic Social Expression, Princeton, Princeton University Press, 2012.

Romero, A. A.; Agnew, C. R. e Insko, C. A., «The Cognitive Mediation Hypothesis Revisited», Personality and Social Psychology Bulletin, n.° 22 (1996), pp. 651-665.

Roseth, C. J.; Johnson, D. W. y Johnson, R. T., «Promoting Early Adolescent Achievement and Peer Relationships: The Effects of Cooperative, Competitive, and Individualistic Goal Structures», Psychological Bulletin, n.° 134 (2008), pp. 223-246.

Ross, J. R., Escape to Shanghai: A Jewish Community in China, Nueva York, Free Press, 1994.

Ross, M. y F. Sicoly, «Egocentric Biases in Availability and Attribution», Journal of Personality and Social Psychology, n.° 37 (1979), pp. 322-336.

Rothbart, M. y Park, B., «On the Confirmability and Disconfirmability of Trait Concepts», Personality and Social Psychology Bulletin, n.° 50 (1986), pp. 131-142.

Rowe C.; Harris, J. M. y Roberts, S. C., «Sporting Contests: Seeing Red? Putting Sportswear in Context», Nature, n.° 437 (2005), p. E10.

Rozin, P. y Royzman, E. B., «Negativity Bias, Negativity Dominance, and Contagion», Personality and Social Psychology Review, n.° 5 (2001), pp. 296-321.

Rydell, R. J.; McConnell, A. R. y Beilock, S. L., «Multiple Social Identities and Stereotype Threat: Imbalance, Accessibility, and Working

Memory», *Journal of Personality and Social Psychology*, n.° 96 (2009), pp. 949-966.

Sagarin, B. J.; Cialdini, R. B.; Rice, W. E. y Serna, S. B., «Dispelling the Illusion of Invulnerability: The Motivations and Mechanisms of Resistance to Persuasion», *Journal of Personality and Social Psychology*, n.° 83 (2002), pp. 526-541.

Sagarin, B. y Mitnick, K. D., «The Path of Least Resistance», en D. T. Kenrick, N. J. Goldstein y S. L. Braver (eds.), *Six Degrees of Social Influence*, Nueva York, Oxford University Press, 2011.

Sah, S. y Loewenstein, G., «Effect of Reminders of Personal Sacrifice and Suggested Rationalizations on Residents' Self-Reported Willingness to Accept Gifts», *Journal of the American Medical Association*, n.° 304 (2010), pp. 1204-1211.

Salancik, G. R. y Mendl, J. R., «Corporate Attributions as Strategic Illusions of Management Control», *Administrative Science Quarterly*, n.° 29 (1984), pp. 238-254.

Salancik, G. R. y Pfeffer, J., «Constraints on Administrative Discretion: The Limited Influence of Mayors on City Budgets», *Urban Affairs Quarterly*, n.° 12 (1977), pp. 475-498.

Sanbonmatsu, D. M.; Posavac, S. S.; Kardes, F. R. y Mantel, S. P., «Selective Hypothesis Testing», *Psychonomic Bulletin and Review*, n.° 5 (1989), pp. 197-220.

Scherpenzeel, A. y Toepol, V., «Recruiting a Probability Sample for an Online Panel», *Public Opinion Quarterly*, n.° 76 (2012), pp. 470-490.

Schkade, D. A. y Kahneman, D., «Does Living in California Make People Happy? A Focusing Illusion in Judgments of Life Satisfaction», *Psychological Science*, n.° 9 (1998), pp. 340-346.

Schmader, T.; Johns, M. y Forbes, C., «An Integrated Process Model of Stereotype Threat on Performance», *Psychological Review*, n.° 115 (2008), pp. 336-356.

Schmidt, F. L., «A General Theoretical Integrative Model of Individual Differences in Interests, Abilities, Personality Traits, and Academic and Occupational Achievement: A Commentary on Four Recent Articles», *Perspectives on Psychological Science*, n.° 9 (2014), pp. 211-218.

Schmiege, S. J.; Klein, W. M. P. y Bryan, A. D., *European Journal of Social Psychology,* n.° 40 (2010), pp. 746-759.

Schmierbach, M., «"Killing Spree": Exploring the Connection Between

Competitive Game Play and Aggressive Cognition», *Communication Research*, n.º 37 (2010), pp. 256-274.

Schneider, I. K.; Parzuchowski, M.; Wojciszke, B.; Schwarz, N. y Koole, S. L., «Weighty Data: Importance Information Influences Estimated Weight of Digital Information Storage Devices», *Frontiers in Psychology*, n.º 5 (2015), p. 1536.

Schrift, R. Y. y Parker, J. R., «Staying the Course: The Option of Doing Nothing and Its Impact on Postchoice Persistence», *Psychological Science*, n.º 25 (2014), pp. 772-780.

Schroder, T. y Thagard, P., «The Affective Meanings of Automatic Social Behaviors: Three Mechanisms That Explain Priming», *Psychological Review*, n.º 120 (2013), pp. 255-280.

Schroeder, D. A.; Penner, L. A.; Dovidio, J. F. y Piliavin, J. A., *The Psychology of Helping and Altruism: Problems and Puzzles,* Nueva York, McGraw-Hill, 1995.

Schulte, B., «Sleep Research Focusing on Mind's Effectiveness», *Arizona Republic* (Phoenix, 8 de marzo de 1998), p. A33.

Schuman, H. y Presser, S., *Questions and Answers in Attitude Surveys: Experiments on Question Form, Wording, and Context*, Nueva York, Academic Press, 1981.

Schwarz, N. y Strack, F., «Evaluating One's Life: A Judgmental Model of Subjective Well-Being», en F. Strack, M. Argyle, y N. Schwarz (eds.), *Subjective Well-Being: An Interdisciplinary Perspective*, Oxford, Pergamon Press, 1991, pp. 27-48.

Schyns, B.; Felfe, J. y Blank, H., «Is Charisma Hyper-Romanticism? Empirical Evidence From New Data and a Meta-Analysis», *Applied Psychology: An International Review*, n.º 56 (2007), pp. 505-527.

Scott, M. L. y Nowlis, S. M., «The Effect of Goal Specificity on Consumer Reengagement», *Journal of Consumer Research*, n.º 40 (2013), pp. 444-459.

Sedikides, C. y Skoronski, J. J., «Toward Reconciling Personality and Social Psychology: A Construct Accessibility Approach», *Journal of Social Behavior and Personality*, n.º 5 (1990), pp. 531-546.

Sedikides, C.; Gaertner, L. y Vevea, J. L., «Pancultural Self-Enhancement Reloaded: A Meta-Analytic Reply», *Journal of Personality and Social Psychology*, n.º 89 (2005), pp. 539-551.

Seidenberg, M. S., «Connectionist Models of Word Reading», *Current Directions in Psychological Science*, n.º 14 (2005), pp. 238-242.

Seiter, J. S., «Ingratiation and Gratuity: The Effect of Complimenting Customers on Tipping Behavior in Restaurants», *Journal of Applied Social Psychology*, n.º 37 (2007), pp. 478-485.

Seiter, J. S. y Dutson, E., «The Effect of Compliments on Tipping Behavior in Hairstyling Salons», *Journal of Applied Social Psychology*, n.º 37 (2007), pp. 1999-2007.

Sekaquaptewa, D. y Thompson, M., «Solo Status, Stereotypes, and Performance Expectancies: Their Effects on Women's Public Performance», *Journal of Experimental Social Psychology*, n.º 39 (2003), pp. 68-74.

Semin, G. R., «The Linguistic Category Model», en P. A. M. Van Lange, A. Kruglanski y E. T. Higgins (eds.), *Handbook of Theories of Social Psychology*, vol. 1, Londres, Sage, 2012, pp. 309-326.

Semin, G. R. y Fiedler, K., «The Cognitive Functions of Linguistic Categories in Describing Persons: Social Cognition and Language», *Journal of Personality and Social Psychology*, n.º 54 (1988), pp. 558-568.

Sergent, C. y Dehaene, S., «Is Consciousness a Gradual Phenomenon?», *Psychological Science*, n.º 15 (2004), pp. 720-728.

Shah, J. Y.; Friedman, R. y Kruglanski, A. W., «Forgetting All Else: On the Antecedents and Consequences of Goal Shielding», *Journal of Personality and Social Psychology*, n.º 83 (2002), pp. 1261-1280.

Shallcross, A. J.; Ford, B. Q.; Floerke, V. A. y Mauss, I. B., «Getting Better with Age: The Relationship between Age, Acceptance, and Negative Affect», *Journal of Personality and Social Psychology*, n.º 104 (2013), pp. 695-715.

Shantz, A. y Latham, G., «An Exploratory Field Experiment of the Effect of Subconscious and Conscious Goals on Employee Performance», *Organizational Behavior and Human Decision Processes*, n.º 109 (2009), pp. 9-17.

—, «Effect of Primed Goals on Employee Performance: Implications for Human Resource Management», *Human Resource Management*, n.º 50 (2011), pp. 289-299.

Shapiro, J. R. y Neuberg, S. L., «From Stereotype Threat to Stereotype Threats: Implications of a Multi-Threat Framework for Causes, Moderators, Mediators, Consequences, and Interventions», *Personality and Social Psychology Review*, n.º 11 (2007), pp. 107-130.

Shapiro, K. L., «The Attentional Blink: The Brain's "Eyeblink"», *Current Directions in Psychological Science*, n.º 3 (1994), pp. 86-89.

Shapiro, S. A. y Nielson, J. H., «What the Blind Eye Sees: Incidental

Change Detection as a Source of Perceptual Fluency», *Journal of Consumer Research*, n.° 39 (2013), pp. 1202-1218.

Sharot, T.; Fleming, S. M.; Yu, X.; Koster, R. y Dolan, R. J., «Is Choice-Induced Preference Change Long Lasting?», *Psychological Science*, n.° 23 (2012), pp. 1123-1129.

Sharot, T.; Velasquez, C. M. y Dolan, R. J., «Do Decisions Shape Preference? Evidence from Blind Choice», *Psychological Science*, n.° 21 (2010), pp. 1231-1235.

Shaw, J. y Porter, S., «Constructing Rich False Memories of Committing a Crime», *Psychological Science*, n.° 26 (2015), pp. 291-301.

Sheppard, D. M.; Duncan, J.; Shapiro, K. L. y Hillstrom, A. P., «Objects and Events in the Attentional Blink», *Psychological Science*, n.° 13 (2002), pp. 410-415.

Sherman, J. W.; Gawronski, B. y Trope, Y., *Dual-Process Theories of the Social Mind*, Nueva York, Guilford Press, 2014.

Shermer, M., *Por qué creemos en cosas raras: pseudociencia, superstición y otras confusiones de nuestro tiempo*, Barcelona, Alba Editorial, 2008.

—, «Psychic for a Day», *Skeptic*, n.° 10 (2003), pp. 48-55.

Shiffrin, R. S., «Perspectives on Modeling in Cognitive Science», *Topics in Cognitive Science*, n.° 2 (2010), pp. 736-750.

Shih, M.; Pittinsky, T. L. y Ambady, N., «Stereotype Susceptibility: Identity Salience and Shifts in Quantitative Performance», *Psychological Science*, n.° 10 (1999), pp. 80-83.

Shiota, M. N. y Levenson, R. W., «Effects of Aging on Experimentally Instructed Detached Reappraisal, Positive Reappraisal, and Emotional Behavior Suppression», *Psychology and Aging*, vol. 24, n.° 4 (2009), pp. 890-900.

Shteynberg, G., «Shared Attention», *Perspectives on Psychological Science*, n.° 10 (2015), pp. 579-590.

Shu, L. L.; Mazar, N.; Gino, F.; Ariely, D. y Bazerman, M. H., «Signing at the Beginning Makes Ethics Salient and Decreases Dishonest Self-Reports in Comparison to Signing at the End», *Proceedings of the National Academy of Sciences*, n.° 108 (2012), pp. 15197-15200.

Shu, S. B. y Carlson, K. A., «When Three Charms but Four Alarms: Identifying the Optimal Number of Claims in Persuasion Settings», *Journal of Marketing*, n.° 78 (2014), pp. 127-139.

Simonich, W. L., *Government Antismoking Policies*, Nueva York, Peter Lang, 1991.

Simonsohn, U., «Spurious? Name Similarity Effects (Implicit Egoism) in Marriage, Job, and Moving Decisions», *Journal of Personality and Social Psychology*, n.° 101 (2011), pp. 1-24.

Sinaceur, M.; Heath, C. y Cole, S., «Emotional and Deliberative Reaction to a Public Crisis: Mad Cow Disease in France», *Psychological Science*, n.° 16 (2005), pp. 247-254.

Sinclair, B.; McConnell, M. y Michelson, M. R., «Local Canvassing: The Efficacy of Grassroots Voter Mobilization», *Political Communications*, n.° 30 (2013), pp. 42-57.

Singer, M. T. y Lalich, J., *Las sectas entre nosotros*, Barcelona, Gedisa, 2003.

Singh, R.; Yeo, S. E.; Lin, P. K. F. y Tan, L., «Multiple Mediators of the Attitude Similarity-Attraction Relationship: Dominance of Inferred Attraction and Subtlety of Affect», *Basic and Applied Social Psychology*, n.° 29 (2007), pp. 61-74.

Slepian, M. L.; Weisbuch, M.; Rutchick, A. M.; Newman, L. S. y Ambady, N., «Shedding Light on Insight: Priming Bright Ideas», *Journal of Experimental Social Psychology,* n.° 46 (2010), pp. 696-700.

Slepian, M. L.; Young, S. G.; Rule, N. O.; Weisbuch, M. y Ambady, N., «Embodied Impression Formation: Social Judgments and Motor Cues to Approach and Avoidance», *Social Cognition*, n.° 30 (2012), pp. 232-240.

Smidt, C. T., «Not All News Is the Same: Protests, Presidents, and the Mass Public Agenda», *Public Opinion Quarterly*, n.° 76 (2012), pp. 72-94.

Smith, C. T.; De Houwer, J. y Nosek, B. A., «Consider the Source: Persuasion of Implicit Evaluations Is Moderated by Source Credibility», *Personality and Social Psychology Bulletin*, n.° 39 (2013), pp. 193-205.

Smith, E. R.; Coats, S. y Walling, D., «Overlapping Mental Representations of Self, In-Group, and Partner: Further Response Time Evidence for a Connectionist Model», *Personality and Social Psychology Bulletin*, n.° 25 (1999), pp. 873-882.

Song, H. y Schwarz, N., «If It's Difficult to Pronounce, It Must Be Risky», *Psychological Science*, n.° 20 (2009), pp. 135-138.

Sopory, P. y Dillard, J. P., «The Persuasive Effects of Metaphor», *Human Communication Research*, n.° 28 (2002), pp. 382-419.

Soto, F. A. y Wasserman, E. A., «Error-Driven Learning in Visual Categorization and Object Recognition: A Common-Elements Model», *Psychological Review*, n.° 117 (2010), pp. 349-381.

Sprecher, S.; Treger, S.; Wondra, J. D.; Hilaire, N. y Wallpe, K., «Taking

Turns: Reciprocal Self-Disclosure Promotes Liking in Initial Interactions», *Journal of Experimental Social Psychology*, n.º 49 (2013), pp. 860-866.

Stallen, M.; Smidts, A. y Sanfey, A. G., «Peer Influence: Neural Mechanisms Underlying In-Group Conformity», *Frontiers in Human Neuroscience*, n.º 7 (2013), p. 50.

Stanchi, K. M., «Playing with Fire: The Science of Confronting Adverse Material in Legal Advocacy», *Rutgers Law Review*, n.º 60 (2008), pp. 381-434.

Steele, C. M.; Spencer, S. J. y Aronson, J., «Contending with Group Image: The Psychology of Stereotype and Social Identity Threat», en M. P. Zanna (ed.), *Advances in Experimental Social Psychology*, vol. 34, San Diego, Academic Press, 2002, pp. 379-440.

Stein, J., «The Swing Voter», *Time* (7 de agosto de 2008), http://content. time.com/time/magazine/article/0,9171,1830395,00.html.

Stewart, D. W. y Furse, D. H., *Effective Television Advertising: A Study of 1000 Commercials*, Lexington, Lexington Books, 1986.

Stewart, J., *Why Noise Matters*, Oxford, Earthscan, 2011.

Stiglitz, J. E., *El precio de la desigualdad*, Barcelona, Taurus, 2012.

Stijnen, M. M. N. y Dijker, A. M. J., «Reciprocity and Need in Posthumous Organ Donations: The Mediating Role of Moral Emotions», *Social Psychological and Personality Science*, n.º 2 (2011), pp. 387-394.

Stocco, A.; Lebiere, C. y Anderson, J. R., «Conditional Routing of Information to the Cortex: A Model of the Basal Ganglia's Role in Cognitive Coordination», *Psychological Review*, n.º 117 (2010), pp. 541-574.

Stok, F. M.; De Ridder, D. T.; De Vet, E. y De Wit, J. F., «Don't Tell Me What I Should Do, but What Others Do: The Influence of Descriptive and Injunctive Peer Norms on Fruit Consumption in Adolescents», *British Journal of Health Psychology*, n.º 19 (2014), pp. 52-64.

Stouffer, S. A.; Suchman, E.; DeVinney, S. A.; Star, S. y Williams, R. M. (eds.), *The American Soldier: Adjustment during Army Life*, Princeton, Princeton University Press, 1949.

Strack, F.; Werth, L. y Deutsch, R., «Reflective and Impulsive Determinants of Consumer Behavior», *Journal of Consumer Psychology*, n.º 16 (2006), pp. 205-216.

Stroebe, W.; Van Koningsbruggen, G. M.; Papies, E. K. y Aarts, H., «Why Most Dieters Fail but Some Succeed: A Goal Conflict Model of Eat- ing Behavior», *Psychological Review*, n.º 120 (2013), pp. 110-138.

Strohmetz, D. B.; Rind, B.; Fisher, R. y Lynn, M., «Sweetening the Till: The Use of Candy to Increase Restaurant Tipping», *Journal of Applied Social Psychology*, n.º 32 (2002), pp. 300-309.

Su, R. y Rounds, J., «All STEM Fields Are Not Created Equal: People and Things Interests Explain Gender Disparities Across STEM Fields», *Frontiers of Psychology*, n.º 6 (2015), p. 189.

Su, R.; Rounds, J. y Armstrong, P. I., «Men and Things, Women and People: A Meta-Analysis», *Psychological Bulletin,* n.º 135 (2009), pp. 859-884.

Subra, B.; Muller, D.; Begue, L.; Bushman, B. y Delmas; F., «Automatic Effects of Alcohol and Aggressive Cues on Aggressive Thoughts and Behaviors», *Personality and Social Psychology Bulletin*, n.º 36 (2010), pp. 1052-1057.

Sun Tzu, *El arte de la guerra*, Madrid, Biblioteca Nueva, 2012.

Sunny, M. M. y Von Mühlenen, A., «Attention Capture by Abrupt Onsets: Re-Visiting the Priority Tag Model», *Frontiers in Psychology*, n.º 4 (2013), p. 958.

Susman, T. M., «Reciprocity, Denial, and the Appearance of Impropriety: Why Self-Recusal Cannot Remedy the Influence of Campaign Contributions on Judges' Decisions», *Journal of Law and Politics*, n.º 26 (2011), pp. 359-384.

Swann, W. B. y Buhrmester, M. D., «Identity Fusion», *Current Directions in Psychological Science*, n.º 24 (2015), pp. 52-57.

Sweldens, S.; Van Osselar, S. M. J. y Janiszewski, C., «Evaluative Conditioning Procedures and Resilience of Conditioned Brand Attitudes», *Journal of Consumer Research*, n.º 37 (2010), pp. 473-489.

Switzer, F. S. y Sniezek, J. A., «Judgment Processes in Motion: Anchoring and Adjustment Effects on Judgment and Behavior», *Organizational Behavior and Human Decision Processes*, n.º 49 (1991), pp. 208-229.

Szalma, J. L. y Hancock, P. A., «Noise Effects on Human Performance: A Meta-Analytic Synthesis», *Psychological Bulletin*, n.º 137 (2001), pp. 682-707.

Szybillo, G. J. y Heslin, R., «Resistance to Persuasion: Inoculation Theory in a Marketing Context», *Journal of Marketing Research,* n.º 10 (1973), pp. 396-403.

Tannenbaum, M. B.; Hepler, J.; Zimmerman, R. S.; Saul, L.; Jacobs, S.; Wilson, K. y Albarracín, D., «Appealing to Fear: A Meta-Analysis of Fear Appeal Effectiveness and Theories», *Psychological Bulletín*, n.º 141 (2015), pp. 1178-1204.

Tarr, B.; Launay, J. y Dunbar, R. I., «Music and Social Bonding: "Self-Other" Merging and Neurohormonal Mechanisms», *Frontiers in Psychology*, n.º 5 (2014), p. 1096.

Taylor, P. J. y Thomas, S., «Linguistic Style Matching and Negotiation Outcome», *Negotiation and Conflict Management Research,* n.º 1 (2008), pp. 263-281.

Taylor, S. E. y Fiske, S. T., «Salience, Attention, and Attributions: Top of the Head Phenomena», en L. Berkowitz (ed.), *Advances in Experimental Social Psychology*, vol. 11, Nueva York, Academic Press, 1978, pp. 249-288.

Taylor, V. J. y Walton, G. M., «Stereotype Threat Undermines Academic Learning», *Personality and Social Psychology Bulletin*, n.º 37 (2011), pp. 1055-1067.

Telzer, E. H.; Masten, C. L.; Berkman, E. T.; Lieberman, M. D. y Fuligni, A. J., «Gaining While Giving: An fMRI Study of the Rewards of Family Assistance Among White and Latino Youth», *Social Neuroscience*, n.º 5 (2010), pp. 508-518.

Tesser, A., «Self-Generated Attitude Change», en L. Berkowitz (ed.), *Advances in Experimental Social Psychology*, vol. 11, Nueva York, Academic Press, 1978, pp. 290-338.

—, «The Importance of Heritability in Psychological Research: The Case of Attitudes», *Psychological Review,* n.º 100 (1993), pp. 129-142.

The Street, the Bull, and the Crisis: Survey of the US & UK Financial Services Industry, Nueva York, Labaton Sucharow y University of Notre Dame (mayo de 2015). www.secwhistlebloweradvocate.com/Literatu reRetrieve.aspx?ID=224757.

Thibodeau, P. H. y Boroditsky, L., «Metaphors We Think With: The Role of Metaphor in Reasoning», *PLoS ONE* 6, 2011: e16782. doi:0.1371/journal.pone.0016782.

Thompson, E. P.; Roman, R. J.; Moskowitz, G. B.; Chaiken, S. y Bargh, J. A., «Accuracy Motivation Attenuates Covert Priming: The Systematic Reprocessing of Social Information», *Journal of Personality and Social Psychology*, n.º 66 (1994), pp. 474-489.

Till, B. D. y Priluck, R. L., «Stimulus Generalization in Classical Conditioning: An Initial Investigation and Extension», *Psychology and Marketing*, n.º 17 (2000), pp. 55-72.

Tokayer, M. y Swartz, M., *The Fugu Plan: The Untold Story of the Japanese and the Jews During World War II*, Nueva York, Paddington Press, 1979.

Topolinski, S.; Zürn, M. y Schneider, I. K., «What's In and What's Out in Branding? A Novel Articulation Effect for Brand Names», *Frontiers in Psychology*, n.° 6 (2015), p. 585.

Trampe, D.; Stapel, D.; Siero, F. y Mulder, H., «Beauty as a Tool: The Effect of Model Attractiveness, Product Relevance, and Elaboration Likelihood on Advertising Effectiveness», *Psychology and Marketing*, n.° 27 (2010), pp. 1101-1121.

Trocmé, A., *Jesus and the Nonviolent Revolution*, Walden, Plough, 2007/1971.

Trope, Y. y Liberman, N., «Construal-Level Theory of Psychological Distance», *Psychological Review*, n.° 117 (2010), pp. 440-463.

Trudel, R. y Cotte, J., «Does It Pay to Be Good?», *MIT Sloan Management Review*, n.° 50 (2009), pp. 61-68.

Tulving, E. y Pearlstone, Z., «Availability Versus Accessibility of Information in Memory for Words», *Journal of Verbal Learning and Verbal Behavior*, n.° 5 (1966), pp. 381-391.

Turner, Y. e I. Hadas-Halpern, «The Effects of Including a Patient's Photograph to the Radiographic Examination», *paper* presentado en el congreso de la Sociedad Radiológica de Norteamérica, Chicago (diciembre de 2008).

Twenge, J. W.; Campbell, W. K. y Carter, N. T., «Declines in Trust in Others and Confidence in Institutions among American Adults and Late Adolescents», *Psychological Science*, n.° 25 (2014), pp. 1914-1923.

Tyron, W. W., «A Connectionist Network Approach to Psychological Science: Core and Corollary Principles», *Review of General Psychology*, n.° 16 (2012), pp. 305-317.

Ulrich, C.; O'Donnell, P.; Taylor, C.; Farrar, A.; Danis, M. y Grady, C., «Ethical Climate, Ethics Stress, and the Job Satisfaction of Nurses and Social Workers in the United States», *Social Science and Medicine*, n.° 65 (2007), pp. 1708-1719.

Urry, H. L. y Gross, J. J., «Emotion Regulation in Older Age», *Current Directions in Psychological Science*, n.° 19 (2010), pp. 352-357.

Vaish, A.; Grossmann, T. y Woodward, A., «Not All Emotions Are Created Equal: The Negativity Bias in Social-Emotional Development», *Psychological Bulletin*, n.° 134 (2008), pp. 383-403.

Valdesolo, P. y DeSteno, D., «Synchrony and the Social Tuning of Compassion», *Emotion*, n.º 11, 201,1 pp. 262-266.

Van Baaren, R. B.; Holland, R. W.; Steenaert, B. y Van Knippenberg, A., «Mimicry for Money: Behavioral Consequences of Imitation», *Journal of Experimental Social Psychology*, n.º 39 (2003), pp. 393-398.

Van Bergen, A., *Task Interruption,* Amsterdam, North Holland, 1968.

Van der Wal, R. C. y Van Dillen, L. F., «Leaving a Flat Taste in Your Mouth: Task Load Reduces Taste Perception», *Psychological Science*, n.º 24 (2013), pp. 1277-1284.

Van Kerckhove, A.; Geuens, M. y Vermeir, L., «A Motivational Account of the Question-Behavior Effect», *Journal of Consumer Research*, n.º 39 (2012), pp. 111-127.

Van Osselaer, S. M. J. y Janiszewski, C., «A Goal-Based Model of Product Evaluation and Choice», *Journal of Consumer Research*, n.º 39 (2012), pp. 260-292.

Van Yperen, N. C. y Leander, N. P., «The Overpowering Effect of Social Comparison Information: On the Misalignment Between Mastery-Based Goals and Self-Evaluation Criteria», *Personality and Social Psychology Bulletin*, n.º 40 (2014), pp. 676-688.

VanDellen, M. R.; Shah, J. Y.; Leander, N. P.; Delose, J. E. y Bornstein, J. X., «In Good Company: Managing Interpersonal Resources That Support Self-Regulation», *Personality and Social Psychology Bulletin*, n.º 41 (2015), pp. 869-882.

Vogt, J.; De Houwer, J. y Crombez, G., «Multiple Goal Management Starts with Attention: Goal Prioritizing Affects the Allocation of Spatial Attention to Goal-Relevant Events», *Experimental Psychology*, n.º 58 (2011), pp. 55-61.

Vogt, J.; De Houwer, J.; Crombez, G. y Van Damme, S., «Competing for Attentional Priority: Temporary Goals versus Threats», *Emotion*, vol. 13, n.º 3 (junio de 2012), pp. 587-598.

Volz, K. G.; Kessler, T. y Von Cramon, D. Y., «In-Group as Part of the Self: In-Group Favoritism Is Mediated by Medial Prefrontal Cortex Activation», *Social Neuroscience*, n.º 4 (2009), pp. 244-260.

Wall Street in Crisis: A Perfect Storm Looming (encuesta de Labaton Sucharow sobre servicios financieros estadounidenses), Nueva York, Labaton Sucharow (julio de 2013). www.secwhistlebloweradvocate.com.

Walton, G. L., *Why Worry?*, Filadelfia, J. B. Lippincott, 1908.

Walton, G. M. y Spencer, S. J., «Latent Ability: Grades and Test Scores Systematically Underestimate the Intellectual Ability of Women and Ethnic Minority Students», *Psychological Science*, n.º 20 (2009), pp. 1132-1139.

Walton, G. W.; Cohen, G. L.; Cwir, D. y Spencer, D., «Mere Belonging: The Power of Social Connections», *Journal of Personality and Social Psychology*, n.º 102 (2012), pp. 513-532.

Wang, J. y Wyer, R. S., «Comparative Judgment Processes: The Effects of Task Objectives and Time Delay on Product Evaluations», *Journal of Consumer Psychology*, n.º 12 (2002), pp. 327-340.

Wang, M. T.; Eccles, J. S. y Kenny, S., «Not Lack of Ability but More Choice», *Psychological Science*, n.º 24, pp. 770-775.

Warneken, F.; Lohse, K.; Melis, P. A. y Tomasello, M., «Young Children Share the Spoils After Collaboration», *Psychological Science*, n.º 22 (2011), pp. 267-273.

Warner, K. E., «Cigarette Smoking in the 1970's: The Impact of the Anti-Smoking Campaign on Consumption», *Science*, vol. 211, n.º 4483 (1981), pp. 729-731.

Warrick, J., «Afghan Influence Taxes CIA's Credibility», *Washington Post* (26 de diciembre de 2008), p. A17.

Wasserman, E. A.; DeVolder, C. C. y Coppage, D. J., «Nonsimilarity-Based Conceptualization in Pigeons via Secondary or Mediated Generalization», *Psychological Science*, n.º 3 (1992), pp. 374-379.

Watanabe, T., «An Unsung "Schindler" from Japan», *Los Angeles Times* (20 de marzo de 1994), p. 1.

Weber, E. U. y Morris, M. W., «Culture and Judgment and Decision Making: The Constructivist Turn», *Perspectives on Psychological Science*, n.º 5 (2010), pp. 410-419.

Weber, E. U. y Johnson, E. J., «Mindful Judgment and Decision-Making», *Annual Review of Psychology*, n.º 60 (2009), pp. 53-86.

Wegener, D. T. y Petty, R. E., «The Flexible Correction Model: The Role of Naïve Theories of Bias in Bias Correction», en M. P. Zanna (ed.), *Advances in Experimental Social Psychology*, vol. 29, Mahwah, Erlbaum, 1997, pp. 141-208.

Weingarten, E.; Chen, Q.; McAdams, M.; Li, J.; Helper, J. y Albarracín, D., «From Primed Concepts to Action: A Meta-Analysis of the Behavioral Effects of Incidentally Presented Words», *Psychological Bulletin*, n.º 142 (2016), pp. 472-497.

Wendling, P., «Can a Photo Enhance a Radiologist's Report?» *Clinical Endocrinology News*, n.º 4 (2009), p. 6.

Wentura, D., «Activation and Inhibition of Affective Information: Evidence for Negative Priming in the Evaluation Task», *Cognition and Emotion*, n.° 13 (1999), pp. 65-91.

Westmaas, J. L. y Silver, R. C., «The Role of Perceived Similarity in Supportive Responses to Victims of Negative Life Events», *Personality
and Social Psychology Bulletin*, n.° 32 (2006), pp. 1537-1546.

Whitchurch, E. R.; Wilson, T. D. y Gilbert, D. T., «"He Loves Me, He
Loves Me Not..."»: Uncertainty Can Increase Romantic Attraction»,
Psychological Science, n.° 22 (2011), pp. 172-175.

Williams, K. D.; Bourgeois, M. J. y Croyle, R. T., «The Effects of Stealing
Thunder in Criminal and Civil Trials», *Law and Human Behavior*,
n.° 17 (1993), pp. 597-609.

Williams, L. E. y Bargh, J. A., «Experiencing Physical Warmth Promotes
Interpersonal Warmth», *Science*, n.° 322 (2008), pp. 606-607.

Wilson, T. D.; Centerbar, D. B.; Kermer, D. A. y Gilbert, D. T., «The
Pleasures of Uncertainty: Prolonging Positive Moods in Ways People
Do Not Anticipate», *Journal of Personality and Social Psychology*,
n.° 88 (2005), pp. 5-21.

Wilson, T. D. y Gilbert, D. T., «Affective Forecasting: Knowing What
to Want», *Current Directions in Psychological Science*, n.° 14 (2008),
pp. 131-134.

Wilson, T. D.; Wheatley, T. P.; Meyers, J. M.; Gilbert, D. T. y Axsom, D.,
«Focalism: A Source of Durability Bias in Affective Forecasting», *Journal of Personality and Social Psychology*, n.° 78 (2000), pp. 821-836.

Wiltermuth, S. S., «Synchronous Activity Boosts Compliance with Re-
quests to Aggress», *Journal of Experimental Social Psychology*, n.° 48
(2012a), pp. 453-456.

—, «Synchrony and Destructive Obedience», *Social Influence*, n.° 7
(2012b), pp. 78-89.

Wiltermuth, S. S. y Heath, C., «Synchrony and Cooperation», *Psychological Science*, n.° 20 (2009), pp. 1-5.

Winkielman, P.; Berridge, K. C. y Wilbarger, J. L., «Unconscious Affective Reactions to Masked Happy versus Angry Faces Influence Consumption Behavior and Judgments of Value», *Personality and Social
Psychology Bulletin*, n.° 31 (2005), pp. 121-135.

Winkielman, P. y Cacioppo, J. T., «Mind at Ease Puts a Smile on the
Face», *Journal of Personality and Social Psychology*, n.° 81 (2001),
pp. 989-1000.

Winkielman, P.; Halberstadt, J.; Fazendeiro, T. y Catty, S., «Prototypes Are Attractive Because They Are Easy on the Mind», *Psychological Science*, n.° 17 (2006), pp. 799-806.

Wiseman, R., *Deception and Self-Deception: Investigating Psychics*, Amherst, Prometheus Books, 1997.

Witte, K. y Allen, M., «A Meta-Analysis of Fear Appeals: Implications for Effective Public Health Campaigns», *Health Education and Behavior*, n.° 27 (2000), pp. 591-615.

Wood, D., «Testing the Lexical Hypothesis: Are Socially Important Traits More Densely Reflected in the English Lexicon?», *Journal of Personality and Social Psychology*, n.° 108 (2015), pp. 317-339.

Wood, W. y Quinn, J. M., «Forewarned and Forearmed? Two Meta-Analysis Syntheses of Forewarnings of Influence Appeals», *Psychological Bulletin*, n.° 129 (2003), pp. 119-138.

Wood, W. y Neal, D. T., «A New Look at Habits and the Habit-Goal Interface», *Psychological Review*, n.° 114 (2007), pp. 843-863.

Woodside, A. G. y Davenport, J. W., «Effects of Salesman Similarity and Expertise on Consumer Purchasing Behavior», *Journal of Marketing Research*, n.° 11 (1974), pp. 198-202.

Yang, L. W.; Cutright, K. M.; Chartrand, T. L. y Fitzsimons, G. Z., «Distinctively Different: Exposure to Multiple Brands in Low-Elaboration Settings», *Journal of Consumer Research,* n.° 40 (2014), pp. 973-992.

Yang, Q.; Wu, X.; Zhou, X.; Mead, N. L.; Vohs, K. D. y Baumeister, R. F., «Diverging Effects of Clean versus Dirty Money on Attitudes, Values, and Interpersonal Behavior», *Journal of Personality and Social Psychology*, n.° 104 (2013), pp. 473-489.

Yantis, S., «Stimulus-Driven Attentional Capture», *Current Directions in Psychological Science*, n.° 2 (1993), pp. 156-161.

Yermolayeva, Y. y Rakison, D. H., «Connectionist Modeling of Developmental Changes in Infancy: Approaches, Challenges, and Contributions», *Psychological Bulletin*, n.° 140 (2014), pp. 234-255.

Yopyk, D. J. A. y Prentice, D. A., «Am I an Athlete or a Student? Identity Salience and Stereotype Threat in Student-Athletes», *Basic and Applied Social Psychology*, vol. 27, n.° 4 (diciembre de 2005), pp. 329-336.

Yuki, M.; Maddox, W. M.; Brewer, M. B. y Takemura, K., «Cross-Cultural Differences in Relationship- and Group-Based Trust», *Personality and Social Psychology Bulletin*, n.° 31 (2005), pp. 48-62.

Zabelina, D. L. y Beeman, M., «Short-Term Attentional Perseveration

Associated with Real-Life Creative Achievement», *Frontiers in Psychology*, n.º 4 (2013), pp. 191.

Zebrowitz-McArthur, L. y Ginsberg, E., «Causal Attribution to Salient Stimuli: An Investigation of Visual Fixation Mediators», *Personality and Social Psychology Bulletin*, n.º 7 (1981), pp. 547-553.

Zeigarnik, B., «Das Behalten erledigter und unerledigter Handlungen», *Psychologische Forschung*, n.º 9 (1927), pp. 1-85.

Zell, E. y Alicke, M. D., «The Local Dominance Effect in Self-Evaluations: Evidence and Explanations», *Personality and Social Psychology Bulletin*, n.º 14 (2010), pp. 368-384.

Zell, E.; Krizan, Z. y Teeter, S. R., «Evaluating Gender Similarities and Differences Using Metasynthesis», *American Psychologist*, n.º 70 (2015), pp. 10-20.

Zhang, M. y Li, X., «From Physical Weight to Psychological Significance: The Contribution of Semantic Activations», *Journal of Consumer Research*, n.º 38 (2012), pp. 1063-1075.

Zhong, C-B. y DeVoe, S. E., «You Are How You Eat: Fast Food and Impatience», *Psychological Science*, n.º 21 (2012), pp. 619-622.

Zhu, R. y Argo, J. J., «Exploring the Impact of Various Shaped Seating Arrangements on Persuasion», *Journal of Consumer Research*, n.º 40 (2013), pp. 336-349.

Zylberberg, A.; Oliva, M. y Sigman, M., «Pupil Dilation: A Fingerprint of Temporal Selection During the "Attentional Blink"», *Frontiers in Psychology*, n.º 3 (2012), p. 316.

Notas

NOTA DEL AUTOR

1. El verso de W. H. Auden aparece en el poema «Bajo qué lira. Un tratado reaccionario para estos tiempos». El comentario de James Boyle procede del libro *The Public Domain: Enclosing the Commons of the Mind*, y las afirmaciones de Sun Tzu y Dale Carnegie están extraídas de sus obras clásicas *El arte de la guerra* y *Cómo ganar amigos e influir sobre las personas*.

Una cuestión interesante es por qué la economía conductual desempeñaría el papel de darle el crédito suficiente a la psicología social entre las personas encargadas de tomar decisiones. A mi juicio, esto tiene que ver con la alta consideración en la que se ha tenido tradicionalmente a la economía como disciplina en el mundo empresarial y político. Al existir individuos etiquetados como economistas conductuales que han ganado el Premio Nobel de su disciplina principal (George Akerlof, Daniel Kahneman, Robert Shiller, Herbert Simon, Vernon Smith) y al haber aún otros que deberían obtenerlo (estoy pensando principalmente en Richard Thaler), y cuando parece que la economía conductual y la psicología social comparten algunos elementos centrales, la reputación de este último campo se ve elevada por la del primero.

PRIMERA PARTE. LA PRE-SUASIÓN: EL PRELUDIO DE LA ATENCIÓN
1. LA PRE-SUASIÓN: INTRODUCCIÓN

1. Las investigaciones sobre el nombre del restaurante y el número de la camiseta las hicieron Critcher y Gilovich (2007); el estudio sobre los bombones belgas, Ariely, Loewenstein y Prelec (2003); el trabajo de inves-

tigación sobre el rendimiento en el trabajo, Switzer y Sniezek (1991); el de dibujar líneas fue obra de Oppenheimer, LeBoeuf y Brewer (2008); y el de la tienda de vinos, de North, Hargreaves y McKendrick (1997).

La conclusión general —el hecho de que aquello que se percibe en primer lugar condiciona la respuesta de lo que viene después, a menudo de formas muy extrañas— no atañe solo al campo de la comunicación. Algunas teorías recientes han empezado a emplear modelos cuánticos de probabilidad (en vez de modelos clásicos de probabilidad) para explicar diversos tipos de errores de juicio humanos (Pothos y Busemeyer, 2013). En el centro de estas teorías se encuentra la idea de que tomar una decisión altera el estado mental de una persona y genera aberraciones con respecto a lo que se esperaba de manera lógica antes de la decisión (Busemeyer *et al.*, Troblood, 2011; Busemeyer y Wang, 2015; Shiffrin, 2010, y Weber y Johnson, 2009).

2. La idea de que el camino hacia el éxito se inicia no tanto rompiendo barreras, sino más bien eliminándolas, se representa en los descriptores emparejados instructivamente que se asignan a la deidad hindú Ganesha: «Dios de los inicios, el que elimina los obstáculos». Hay otro tipo de aperturas pre-suasivas, aparte de la de Jim, que pueden eliminar el obstáculo de la falta de confianza. Mediante el establecimiento inicial de la similitud con el público, hasta el comunicador más presuntuoso logra aumentar la confianza en él y, en consecuencia, su capacidad de persuasión (Packard, Gershoff y Wooten, en prensa).

3. No estoy solo en esta idea. Por ejemplo, en su informativa panorámica de las amplias investigaciones sobre el pensamiento estratégico, Michael J. Mauboussin (2013) da un paso atrás y concluye que «las mejores decisiones derivan a menudo de la similitud». De hecho, un nivel notable de semejanza en una situación puede ser a menudo la característica más instructivamente «diferente» de ella. Jakob Dylan dijo algo similar (de forma mucho más elocuente de lo que lo he hecho yo) en la letra de su canción «The Difference»: «La única diferencia que veo / es que eres igual a como eras».

4. El esfuerzo de investigar científicamente y de forma coordinada la persuasión empezó a desarrollarse en serio con los programas de comunicación que llevó a cabo el gobierno durante la Segunda Guerra Mundial (Hovland, Lumsdaine y Sheffield, 1949; Lewin, 1947; Stouffer *et al.*, 1949). Cuando se trataba de los de nuestro bando, los llamábamos «programas de información»; cuando eran de los del otro, los llamábamos «programas de propaganda».

5. La expresión física de un momento deriva del reconocimiento, por parte del primer gran físico matemático de la historia, Arquímedes (287-212 a. C.), del poder del mecanismo de la ventaja. Arquímedes afirmó: «Dadme una palanca y un punto de apoyo y moveré el mundo». La idea de que existe un momento maduro para la acción es incluso anterior, y está representado por la antigua palabra griega *kairós* y el concepto del «momento del *kairós*», que se refiere a un instante en el que tiempo y circunstancia convergen de manera auspiciosa. De hecho, un gran profesor del arte de la influencia como Aristóteles advertía a los oradores acerca de la importancia de buscar el momento adecuado a la hora de presentar un argumento. Es un punto de interés histórico que, debido a cuestiones que tienen que ver con fallos de traducción y clasificación, los investigadores solo hayan llegado a reconocer recientemente el significativo peso persuasivo que Aristóteles otorga al *kairós* en su *Retórica* (Kinneavy y Eskin, 2000).

2. Momentos privilegiados

1. Varios estudios rigurosos de formulaciones paranormales para juzgar a las personas han arrojado resultados uniformes: no hay pruebas creíbles que den validez a tales métodos (Blackmore, 1987, 1996; Charpak y Broch, 2004; Hyman, 1989, 1996; Reichart, 2010; Shermer, 2003, 2008; Wiseman, 1997). Para ver un vídeo humorístico sobre los profesionales de lo paranormal véase www.youtube.com/watch?v=aSR-uefPmME; para un enfoque más analítico véase www.youtube.com/watch?v=ZAI2f3vnWWU.

2. La famosa conversación entre Holmes y el inspector Gregory de Scotland Yard, quien había reunido una considerable cantidad de pruebas en contra del sospechoso que había arrestado, es así:

GREGORY: ¿Existe algún otro detalle acerca del cual desearía usted llamar mi atención?
HOLMES: Sí, acerca del curioso incidente del perro aquella noche.
GREGORY: El perro no intervino para nada.
HOLMES: Ese es precisamente el incidente curioso.

Esta inclinación humana espontánea a prestar más atención y dar más significación a lo que ocurre que a lo que no puede observarse en diversos casos. Pensemos que la susceptibilidad a ese sesgo se produce incluso entre los movimientos de intrincado diseño de los maestros del ajedrez y en su detrimento (Bilalic, McLeod y Gobet, 2010). Para conocer otros ejemplos de cómo este sesgo entorpece la toma de decisiones y cómo un individuo brillante, el matemático Abraham Wald, lo reconoció y lo superó, véase www.dangreller.com/the-dog-that-didnt-bark-2. De hecho, el enfoque de Holmes y Wald parece caracterizar el estilo de recogida de información de otros individuos brillantes. Tomemos por ejemplo al fundador de Facebook, Mark Zuckerberg, de quien su jefa de operaciones, Sheryl Sandberg, ha comentado: «Cuando hablas con Mark, no se limita a escuchar lo que dices. También escucha lo que no dices». A pocos de nosotros podría describírsenos del mismo modo. Quizá se relaciona con ello el hecho de que pocos de nosotros tuviéramos una red por valor de 30.000 millones de dólares antes de nuestro treinta cumpleaños.

3. El estudio de la universidad canadiense fue desarrollado por Kunda *et al.* (1993). Para acceder a revisiones de muchos otros experimentos que demuestran nuestra dependencia general de la estrategia del test positivo y nuestra tendencia casi automática para el testeo afirmativo de hipótesis véase Klayman y Ha (1987); Lilienfeld, Ammirati y Landfield (2009); Nickerson (1998) y McKenzie (2005).

Mi recomendación acerca de la conveniencia de rechazar preguntas de encuesta unívocas se basa en datos que indican lo engañosas que pueden llegar a ser. Por ejemplo, un estudio clásico de Schuman y Presser (1981) preguntó a una muestra de estadounidenses: «Si este invierno se produce una escasez importante de combustible, ¿cree que debería haber una ley que exija a los ciudadanos que bajen la calefacción de sus hogares?», y halló que un 38,3 % estaba a favor. Pero cuando los investigadores añadían simplemente una frase para equilibrar la pregunta («¿O se opone a una ley como esta?») solo el 29,4 % de una muestra similar apoyó la idea.

4. Cuando empecé a estudiar los temas de la persuasión y la influencia social de forma sistemática, lo hice en exclusiva en un laboratorio universitario en el que hacía cuidadosos experimentos investigando por qué determinado tipo de mensajes resultaban particularmente eficaces para cambiar las actitudes y las acciones de los individuos. Todavía valoro esa clase de trabajo, aunque no en exclusiva, porque ahora reconozco que la investigación científica no es la única fuente de información valiosa acerca del proceso de influencia. Tal como afirmé en el capítulo 1, en los vastos almacenes de la práctica de los profesionales de la influencia —publicistas, comerciales, profesionales del marketing o recaudadores de fondos— exis-

te una cantidad enorme de información, cuyos enfoques he analizado en ocasiones infiltrándome en sus programas formativos para descubrir cómo funcionan desde dentro. Pero existe un tipo fascinante de profesional de la influencia, el captador religioso, cuya forma de abordar la influencia no he intentado nunca explorar desde dentro. Aunque algunos investigadores (por ejemplo, Galanti, 1993) la han examinado con éxito, hay muchas historias de individuos que entraron en el entorno de una secta por pura curiosidad y nunca volvieron a salir. Así que mis datos sobre este ámbito proceden en su mayor parte de entrevistas e informes que me han proporcionado antiguos miembros de una secta y captadores que estuvieron dispuestos a comentar los mecanismos de persuasión que emplean y que se usaron con ellos (Hassan, 1990, 2000; Kent y Hall, 2000; Lalich, 2004; Singer y Lalich, 2003). Puede encontrarse información derivada de estas respuestas e informes personales acerca de las tácticas de persuasión preferidas por los cultos para reclutar y retener a sus miembros en Almendros, Ciadini y Goldstein (en preparación). En el sitio web de la International Cultic Studies Association (www.icsahome.com) y en su publicación académica, el *International Journal of Cultic Studies*, pueden encontrarse fuentes en continua actualización sobre este tema.

5. Un crítico podría proponer una forma distinta de explicar los resultados de Bolkan y Andersen: quizá los sujetos accedieron a darles su dirección de correo no porque se produjera una amplificación momentánea de su percepción de sí mismos como aventureros, sino porque habían tenido una interacción verbal con los investigadores (a través del intercambio de preguntas y respuestas) y, consecuentemente, estaban mejor predispuestos hacia ellos y sus subsiguientes proposiciones. Esta es una explicación posible y razonable, puesto que existen pruebas de que los encuestadores que hacen una petición suelen tener más éxito con esta si entablan aunque sea el más mínimo diálogo antes de plantearla (Dolinski, 2001). Sin embargo, un tercer experimento desarrollado por Bolkan y Andersen indica que esta explicación no puede dar cuenta del efecto básico que descubrieron. En su investigación final, repartieron unos folletos entre los alumnos de una clase universitaria de comunicación. En estos se les invitaba a anotar su dirección de correo si querían recibir información sobre cómo conseguir una muestra gratuita de una nueva marca de refresco. En algunos de los folletos no había pregunta sobre si los estudiantes se consideraban atrevidos y su interés resultante fue prediciblemente bajo: solo el 30 % dio su dirección. En otros de los folletos estaba impresa la

pregunta unívoca: «¿Te consideras una persona atrevida a la que le gusta probar cosas nuevas?», y el resultado fue totalmente distinto: el 55 % de estos alumnos dio sus datos de contacto, sin la existencia de ningún intercambio verbal previo. Para una descripción completa de las tres investigaciones véase Bolkan y Andersen (2009).

Un estudio acerca de la intención de voto desveló un factor sutil que maximiza el impacto de este tipo de preguntas unívocas: deberían preguntar acerca de la persona, no de sus actos. La jornada previa a dos elecciones en Estados Unidos, los investigadores llamaron a los votantes registrados y les preguntaron por su intención de voto, tanto con preguntas sobre su identidad como votantes (por ejemplo, «¿Cuánta importancia le da a ir a votar en las próximas elecciones?») como sobre el acto de votar («¿Cuánta importancia le da a votar en las próximas elecciones?»). Aunque ambas frases iniciales pre-suasivas ayudaron a incrementar la participación al día siguiente, la que ponía a la gente en contacto con su identidad como votante fue la más eficaz en ambas elecciones (Bryan *et al.*, 2011).

6. Como ejemplo del rápido crecimiento del problema, en su número de junio de 2010, la revista *Consumer Reports* instaba a sus lectores a mostrarse constantemente vigilantes tras detallar los resultados de una encuesta que mostraba que los timadores vía correo electrónico estafan a un millón de hogares estadounidenses cada año; tres años después, la cifra había saltado a 16 millones de hogares (Kirchheimer, 2013). Por desgracia, el aumento del fraude no se detuvo ahí. Un informe del Pew Research Center halló que, entre julio de 2013 y abril de 2014, el número de adultos estadounidenses que denunciaron un robo de información personal se elevó hasta el 63 % (Madden, 2014). Sagarin y Mitnick (2011), así como Muscanell, Guadagno y Murphy (2014), cuentan algunas historias horripilantes sobre los diversos modos en que hacen esto los hackers. Una de las tácticas, relacionada con el procedimiento de Bolkan y Andersen, es obtener una dirección de correo con algún pretexto y enviar un e-mail relacionado con este que incluye algún virus o malware en un adjunto o en un link a una web (Acohido, 2013; Anderson, 2013).

7. El descubrimiento de que hacer que un concepto tenga mayor importancia en nuestra conciencia suprime la percepción de otros que compiten con este (Coman *et al.*, 2009; Hugenberg y Bodenhausen, 2004; Janiszewski, Kuo y Tavassoli, 2013, y Macrae, Bodenhausen y Milne, 1995) se demuestra en diversas formas específicas. Por ejemplo, estimular un objetivo particular en la gente reduce (por debajo de los niveles normales)

la probabilidad de que reconozcan la disponibilidad de otras metas alternativas (Shah, Friedman y Kruglanski, 2002); llevar a la gente a que se concentre en una forma particular de encontrar un empleo (practicar entrevistas de trabajo, por ejemplo) les dificulta imaginar otras maneras de hacerlo, tales como actualizar su currículum o telefonear a posibles empleadores (McCulloch *et al.*, 2008); pedirle a la gente que recuerde repetidas veces algunos elementos que han aprendido acelera el olvido de otras palabras que han conocido a la vez (Bauml, 2002; Murayama *et al.*, 2014), y destacar uno de los significados de una palabra inhibe de manera activa el reconocimiento de otras acepciones de la misma palabra: por ejemplo, si se recuerda a la gente que la palabra «pico» hace referencia a las aves es menos probable que recuerden que también es una herramienta (Johnson y Anderson, 2004).

8. La regla de que solo podemos ser conscientes de una experiencia a la vez también se aplica a otros canales de información aparte de la vista y el oído. Por ejemplo, si quiero saborear un bocado en particular, cierro los ojos. En la otra cara de la moneda, si intento comer mientras veo un programa de televisión absorbente, no saboreo los alimentos. Pueden verse algunas investigaciones que demuestran que todos estamos en el mismo barco con respecto a la imposibilidad de registrar canales simultáneos de información de forma consciente en Levy *et al.* (2006), Dijksterhuis (2004), Sergent y Dehaene (2004), Sheppard *et al.* (2002), Sunny y Von Mühlenen (2013), y Van der Wal y Van Dillen (2013). De hecho, ya en 1890, William James, quizá el mejor de los primeros psicólogos estadounidenses, afirmó que, debido a estos fallos cognitivos, «no hay ante la mente en ningún momento una pluralidad de ideas» (405). Es importante señalar que la «mente» a la que se refiere James es la consciente; abordaremos con mayor amplitud este punto más adelante.

Nuestra dificultad para concentrarnos en dos cosas a la vez ofrece una explicación para los siniestros datos sobre los efectos de hablar por teléfono móvil mientras se conduce. Véase Hyman *et al.* (2009) para una revisión de estas pruebas, las cuales incluyen datos que demuestran que los conductores que hablan por el móvil ofrecen un rendimiento inferior que los que superan la tasa de alcoholemia; véase http://newsroom.aaa.com/2013/06/think-you-know-all-about-distracted-driving-think-again-says-aaa para un estudio que indica que el manos libres no supone una mejora. La razón por la que mantener una conversación con los pasajeros no entraña los mismos riesgos es que estos saben ajustar el contenido y el momento de sus comentarios a las situaciones a las que se enfrenta el conductor en el tráfico (Gaspar *et al.*, 2014).

9. Adamo, Cain y Mitroff (2013), Barnard *et al.* (2004) y Shapiro (1994) aportan pruebas experimentales acerca del parpadeo atencional en la percepción humana, y también esta revisión de Dux y Marios (2009); por su parte, Olivers y Niewenhuis (2005) y Zylberberg, Oliva y Sigman (2012) muestran que requiere el enfoque de la atención; finalmente, Marti, Sigman y Dehaene (2012) han demostrado cuáles son los mecanismos corticales implicados en este fenómeno. La idea de que el enfoque de la atención o la alternancia del mismo indica la importancia de la entidad sobre la que nos concentramos (Mason, Tatkow y Macrae, 2005) ha ido ganando apoyos a partir de estudios sobre el significado de la mirada tanto en adultos como en niños (Baron-Collins, 1995; Emery, 2000).

10. La anécdota de Erickson procede del doctor Jeffrey Zeig, fundador y director de la Fundación Milton H. Erickson. El estudio sobre los snacks lo desarrollaron Labroo y Nielsen (2010, experimento 1). La confirmación de que la gente da mayor valor a las cosas que visualiza mientras va avanzando puede encontrarse en los estudios de Cacioppo *et al.* (1993), Finkel y Eastwick (2012), Neumann y Strack (2000), Priester *et al.* (1996) y Slepian *et al.* (2012). El mismo efecto parece aplicarse a las cosas que la gente visualiza reteniendo. En un estudio, los participantes escribieron comentarios positivos o negativos sobre un tipo de dieta (la mediterránea) en un papel y se les dijo que lo guardaran en su bolsillo o en el bolso, o que lo tiraran. Aunque no releyeron lo que habían escrito, las posteriores respuestas de los participantes sobre la dieta estuvieron guiadas en mayor medida por sus comentarios en los casos en los que los habían guardado en el bolso o en el bolsillo (Brinol *et al.*, 2013).

3. La importancia de la atención... es la importancia

1. E. F. Huton, que finalmente se fusionó con Citigroup, ya no existe, pero algunos de los anuncios de «Cuando E. F. Hutton habla» pueden encontrarse aún en YouTube. Por ejemplo, véase www.youtube.com/watch?v=SX7ZEotoFh0.

2. Hay que reconocer que la contribución científica por la que Kahneman obtuvo el Premio Nobel no fue su trabajo sobre la ilusión de la concentración. (Esto se considera generalmente como el desarrollo de la teo-

ría prospectiva, que examina el valor diferencial que adjudican las personas a las pérdidas potenciales en comparación con las ganancias potenciales.) Tampoco es un tema al que Kahneman haya dedicado demasiados estudios minuciosos. Así que está claro que el hecho de que lo haya elegido como el concepto científico más valioso que todos debemos conocer no es resultado del efecto de la ilusión de la concentración sobre el propio Kahneman. Pruebas procedentes del ámbito del consumo que apoyan la afirmación de Kahneman pueden verse en un estudio que investiga por qué los productos que se colocan en el centro de una gama de marcas en los lineales de los comercios tienden a comprarse más a menudo. Resulta que el que está en el centro recibe más atención visual que los que están a la derecha o a la izquierda. Es más, es esta mayor atención, en particular en el momento inmediatamente previo a hacer una elección, la que predice la decisión de compra (Atalay, Bodur y Rasolofoarison, 2012).

El sitio web de debate online en el que Kahneman (entre otros) dio su respuesta está en www.edge.org. Su artículo completo puede leerse en www.edge.org/q2011/q11_17.html#kahneman. Véase Gilbert (2006), Krizan y Suls (2008), Schkade y Kahneman (1998), Wilson *et al.* (2000) y Wilson y Gilbert (2008) para encontrar descripciones de investigaciones relevantes. Para aquellos interesados en la teoría prospectiva, el artículo seminal es Kahneman y Tversky (1979).

3. Datos sorprendentes que apoyan la teoría del establecimiento de la agenda aparecieron por primera vez en un estudio de Maxwell McCombs y Donald Shaw (1972) sobre los votantes indecisos antes de la elección presidencial que llevó a Richard Nixon a la presidencia en 1968. McCombs y Shaw descubrieron que la valoración de los votantes de la importancia de diversos asuntos políticos coincidía casi a la perfección (en una correlación de 0,97) con la cantidad de atención que dichos temas habían recibido en los medios. Cualquiera que tenga formación en ciencias sociales podrá reconocer una razón por la que este hallazgo fue un escándalo en los círculos académicos: una correlación tan alta como el 0,97 en un estudio como este es asombrosa. De igual impacto académico fueron las pruebas que indican que la relación entre la cobertura mediática y la importancia percibida de un tema se debe al menos en parte a que la cobertura causa la importancia percibida, y no solo al revés. Por ejemplo, en un estudio se hizo a los sujetos ver de manera aleatoria distintos noticiarios que diferían en los temas de su contenido; después de los visionados habían elevado significativamente el rango de importancia de los temas que ha-

bían aparecido más en los programas que habían visto (Iyengar, Peters y Kinder, 1982).

La cita de Cohen aparece en la página 13 de su clásico libro *The Press and Foreign Policy*, publicado en 1963 por Princeton University Press. La fuente de la ilustración alemana del establecimiento de la agenda es Media Tenor. Los datos del 11-S provienen de Corning y Schuman (2013). Por cierto, la significación dada a los asuntos a los que los medios han prestado atención recientemente no se limita a los temas políticos. El precio de las opciones de inversión financiera que reciben atención mediática durante un breve lapso de tiempo da un salto inmediato pero su valor va declinando a medida que con el tiempo se va desvaneciendo la atención mediática (Engelberg, Sasseville y Williams, 2011). Por supuesto, el asunto de la atención mediática afecta también nuestra percepción de la importancia de las cosas. Por ejemplo, la atención mediática dedicada a los movimientos sociales de base ciudadana parece ser especialmente eficaz a la hora de elevar la significación percibida de los temas que defienden (Smidt, 2012), tal vez porque la gente se inclina a creer que si hay muchas otras personas que piensan que algo es importante, debe serlo. En el capítulo 10 hablaremos más acerca de la fuerza primitiva que subyace bajo este tipo de «demostración social». Puede verse un tratamiento muy informado de los factores que contribuyen a colocar temas e historias particulares en la agenda mediática en Boydstun (2013).

4. El atractivo atencional de las «estrellas» de la colonia de macacos fue registrado por Deaner, Khera y Platt (2005).

Los famosos son una parte intrigante de la vida moderna. En su libro *The Image*, el historiador Daniel J. Boorstin los describía como figuras públicas «conocidas por ser conocidas» y las diferenciaba de las antiguas figuras públicas que eran populares por sus logros. En la nueva forma, el mayor logro de estas figuras es ser conocidas. Las estrellas de los *realities* de televisión —una colección de amas de casa rencorosas, veinteañeros salidos y cabezas huecas engreídos sin otro talento aparente más allá de ganar notoriedad— parecen validar el análisis de Boorstin, y su consiguiente estatus de «estrellas» ha validado el de Kahneman. Puede verse un tratamiento del papel cambiante de los famosos en nuestra cultura en Inglis (2000).

Por lo que respecta a la lógica general y las consecuencias de la ilusión atencional es fácil encontrar pruebas que muestran que lo que es importante captura nuestra atención y que aquello a lo que atendemos adquiere mayor importancia. Por ejemplo, en el terreno de las actitudes, los investigadores han demostrado que estamos organizados de manera cognitiva de modo que las actitudes a las que podemos acceder (o centrar nuestra atención sobre ellas) más rápidamente son las que consideramos más importantes (Bizer y Krosnick, 2001). Del mismo modo, cualquier actitud a la que podamos acceder a gran velocidad llega a verse como la más importante (Roese y Oleson, 1994). Hay incluso pruebas de que si prestamos una atención visual concentrada a un objeto de consumo aumenta la valía estimada de este mediante la influencia de determinados sectores del cerebro que gobiernan el valor estimado (Lim *et al.*, 2011; Krajbich *et al.*, 2009).

5. La cita de la investigación sobre el fondo de las páginas web está en Mandel y Johnson (2002). Para el experimento de los banners véase Fang, Singh y Ahluwalia (2007). En Reinhard *et al.* (2014) pueden encontrarse pruebas sobre cómo funciona el efecto de desgaste publicitario. Lo que debería quedar claro a partir de estos estudios es que no toda la atención es consciente. De hecho, hay múltiples formas de atención, algunas de las cuales no alcanzan el nivel de la conciencia (Marchetti, 2012; Norman, Heywood y Kentridge, 2013); véanse algunas pruebas muy cómicas en www.facebook.com/photo.php?v=10200513223453109.

Los efectos del ruido del tren elevado en los escolares de Nueva York aparecieron en artículos de Bronzaft y McCarthy (1974) y Bronzaft (1981). El estudio sobre el aeropuerto de Munich lo desarrollaron Hygge, Evans y Bullinger (2002). En Clark y Sörqvist (2012), Steward (2011) y Szalma y Hancode (2011) puede leerse un resumen de estas investigaciones y otras relacionadas, entre ellas algunas que demuestran las consecuencias negativas para la salud física del ruido de fondo. El estudio sobre las paredes de las aulas fue desarrollado por Fisher, Godwin y Seltman (2014).

6. Pueden verse pruebas de que prestar mayor atención a una idea pobre o que no nos gusta no mejora nuestra consideración sobre ella y a menudo produce lo contrario en Armel, Beaumel y Rangel (2008); Houghton y Kardes (1998); Laran y Wilcox (2011); Millar y Tesser (1986); Posavac *et al.* (2002) y Tesser (1978).

7. Los datos que confirman las grandes ventajas que obtienen las marcas que desarrollan estas evaluaciones de los consumidores de uno de sus productos fuertes, aislado, en un campo de buenos competidores están sacados de Dhar y Simonson (1992); Dhar *et al.* (1999); Kardes *et al.* (2002); Posavac *et al.* (2002, 2004, 2005) y Sanbonmatsu *et al.* (1998). Los datos que muestran los efectos similares de opciones de gestión de evaluación única, los cuales incluyen información de los gestores de uno de los diez

bancos internacionales más importantes provienen de Posavac *et al.* (2010). En Kardes (2013) y Wang y Wyer (2002) pueden verse datos sobre que, en la mayoría de las decisiones de consumo, la norma es que sea *satisficing*, y que esta tendencia se vuelve aún más pronunciada cuando el tiempo, el interés y la energía escasean. Finalmente, pueden encontrase datos que demuestran la potencia antisesgo de la táctica de considerar lo opuesto (además de determinadas variantes de ella) en Anderson (1982); Anderson y Sechler (1986); Herzog y Hertwig (2009); Hirt y Markman (1995); Hoch (1985); Koriat *et al.* (1980) y Lord *et al.* (1984).

Lovallo y Sibony (2010) elaboraron un informe sobre el estudio del impacto de las estrategias de eliminación del sesgo en la toma de decisiones en el retorno sobre la inversión. Kahneman, Lovallo y Sibony (2011) produjeron además un instructivo artículo que describe los tipos más comunes de sesgo de decisión y las formas de combatirlo.

8. Los descubrimientos del análisis de los medios de comunicación se apoyan en investigaciones que indican que, a medida que los individuos se encuentran más cerca psicológicamente de una situación o un asunto, tienden a atender más a los cómos que a los porqués (Liberman y Trope, 1998; Trope y Liberman, 2010). Pueden encontrarse descripciones de cómo funcionó el programa de periodistas integrados en unidades militares y cómo se vieron afectados los reportajes que esto produjo, tanto para prensa escrita como para televisión y radio, en Aday *et al.* (2005); Cortell *et al.* (2009); Lindner (2008, 2009) y Pfau *et al.* (2004, 2005, 2006). En Reed (2009) y Reed *et al.* (2009) hay pruebas de que los funcionarios del Pentágono monitorizaban a los periodistas y en ocasiones les negaban el acceso al programa sobre la base de una insuficiencia de informes favorables.

Desde una perspectiva personal, ahora me es posible reflexionar acerca de cómo operó en mí el programa de periodistas integrados mientras estuvo en marcha. A pesar de mis profundos recelos sobre la justificación de la invasión, no podía quitarme de encima la sensación de que criticar la guerra era, en cierto modo, vergonzoso. Las investigaciones académicas que han aparecido desde entonces me han ayudado a entender la base de ese sentimiento. Si el foco mediático preponderante hacía que la guerra pareciera tratar principalmente acerca de las acciones de aquellos que la estaban librando en primer plano más que sobre quienes la dirigían desde lejos, se deriva —a la porra las distinciones intelectuales— que mi oposición era injusta.

4. Si es focal, es causal

1. El estudio sobre el permiso para colarse fue publicado por Ober-holzer-Gee en 2006. Sobre la cuestión de la obligación que sentimos a ayudar, la culpa por no hacerlo y la frecuencia de la ayuda que prestamos en relación con un otro vulnerable o dependiente pueden verse Berkowitz (1972); De Waal (2008); Dijker (2010); Schroeder *et al.* (1995) y Stijnen y Dijker (2011).

2. Un resumen de gran parte de la investigación de Taylor sobre el tema está publicado en Taylor y Fiske (1978). Hay posteriores investigaciones que han extendido el efecto de que lo que es focal se entiende como causal a nuevos contextos, demostrando que los observadores otorgan un estatus más causal a los individuos que elevan más la voz en una conversación (Robinson y Zebrowitz-McArthur, 1982) o que llevan ropas más llamativas —por ejemplo una camisa de rayas— en una interacción (Zebrowitz-McArthur y Ginsberg, 1981). Incluso se ha demostrado que, en las competiciones deportivas, los árbitros otorgan mayor causalidad a los jugadores que llevan equipaciones de colores característicos (Hagemann, Strauss y Leissing, 2008; Rowe, Harris y Roberts, 2005).

3. Aunque existen información y detalles sobre la incidencia de las confesiones falsas obtenidas mediante persuasión en diversas fuentes expertas (Davis, 2010; Kassin, 2008; Lassiter y Meissner, 2010, y Leo, 2008), los lectores que deseen buscar en un solo lugar los detalles de muchas confesiones falsas pueden hacerlo en Drizin y Leo (2004), donde se documentan 125 casos. Aquí puede escucharse (en inglés) un relato desgarrador sobre las consecuencias humanas de una de estas confesiones falsas, tanto para el persuadido como para el persuasor: www.thisamericanlife .org/radio-archives/episode/507/confessions?act=1#play.

4. Mi deseo de no llamar a un abogado para el asunto no debe minimizarse, pues esta acción por lo general cuesta dinero, alarga el proceso e intensifica las sospechas. Por ejemplo, tras el asesinato de la niña de seis años JonBenét Ramsey en 1996, sus padres rechazaron hablar con la policía de Boulder (Colorado) sin un abogado cuando se dieron cuenta de que la policía los consideraba inmediatamente sospechosos del crimen. Como resultado, muchos observadores —de las fuerzas de seguridad, los medios de comunicación y el público— se convencieron de que este acto de pertrecharse tras un abogado revelaba su culpabilidad. El gobernador de Colorado en aquella época llegó incluso a publicar una declaración ins-

tándoles a «dejar de esconderse detrás de sus abogados». Aun con la ausencia de pruebas creíbles de su implicación criminal, a ojos de muchos los Ramsey fueron los principales sospechosos de este crimen sin resolver durante dos décadas hasta que, finalmente, quedaron exonerados por las pruebas de ADN. Pero incluso entonces, en una carta al padre de JonBenét, el fiscal del distrito de Boulder admitía que, a pesar de las nuevas pruebas de ADN que les absolvían de toda culpa, siempre habría quienes elegirían pensar que los Ramsey eran culpables.

5. Podemos encontrar datos que muestran cómo cada uno de estos factores eleva la posibilidad de que un individuo inocente llegue a confesar en Blagrove (1996); Kassin *et al.* (2010); Leding (2012); Loftus (2011); Mazzoni y Memon (2003); Perillo y Kassin (2011); Rajagopal y Montgomery (2011) y Shaw y Porter (2015).

Las razones por las que los interrogadores querrían usar tácticas así de cuestionables para obtener una confesión son varias, entre ellas el deseo legítimo de identificar al criminal. Pero también puede tratarse de una razón más incómoda: alcanzar el mérito de haber obtenido una confesión. Tal como revelaron los autores del manual para interrogatorios más usado (Inbau *et al.*, 2001) acerca de las motivaciones de los interrogadores: «Todos los investigadores desean incrementar su índice de rendimiento o demostrar su valor al departamento o la oficina. Además, la publicidad que se consigue entre la comunidad se considera deseable, por no decir nada de la satisfacción del propio ego» (55). Los autores prosiguen con este comentario a la ligera: «Todo esto es perfectamente comprensible y nada más que un comportamiento humano normal» (55). Sí, pero aun así, el papel de estos factores que mencionan con tanto desdén —índices de rendimiento, publicidad, baños de ego— en un proceso en el que hay tanto en juego, hace que me atragante.

6. La cita de Daniel Webster está sacada de su *Argument on the Murder of Capitan White* (6 de abril de 1830). El comentario del juez Brennan lo hizo en el Tribunal Supremo de Estados Unidos, en el caso de *Colorado vs. Connelly*, 1986, página 182. Una razón especialmente perniciosa por la que las confesiones falsas llevan a menudo a condenas es que las confesiones corrompen otras fuentes de pruebas en el caso. Es decir, una vez se registra la confesión, tienden a cometerse más errores que concuerdan con esta tanto por parte de los forenses (en balística, fibras capilares, pruebas caligráficas y análisis de huellas dactilares) como por parte de los testigos oculares y los informantes policiales. Aparentemente, lo que hace una

confesión no es solo convencer al juez y al jurado de la culpabilidad del defendido, sino también a los testigos del caso, que, en consecuencia, alteran su testimonio (quizá de manera inconsciente) para que se adecue a su nueva visión (Kassin, Bogart y Kerner, 2012). Véase Kassin (2012, 2014) para una discusión de las implicaciones legales.

En los libros de Donald Connery (1977) y Joan Barthel (1976) aparecen descripciones minuciosas del caso de Peter Reilly. Basándose en el libro de Barthel, que incluye la transcripción completa del interrogatorio de Reilly, se rodó un telefilm llamado *A Death in Canaan* (Una muerte en Canaán), dirigida por Tony Richardson en 1978. Mi relato del caso ha sido adaptado a partir de un capítulo sobre la persuasión que escribí para un libro de psicología social (Kenrick, Neuberg y Cialdini, 2015). La historia del encuentro entre Arthur Miller y Nien Cheng puede encontrarse, en palabras del propio dramaturgo, en otro libro de Connery (1995), en las páginas 89 y 90.

7. Lassiter ha desarrollado múltiples experimentos que demuestran el poder del mero punto de vista sobre la responsabilidad de las confesiones observadas. Hay buenos resúmenes de gran parte de sus investigaciones a este respecto en Lassiter (2002, 2010). Al menos en un país, Nueva Zelanda, se han tomado medidas a partir de esas investigaciones. Allí ahora se exige que todos los interrogatorios policiales se graben desde un costado.

8. La sobrestimación del papel causal de los líderes no se limita a las organizaciones empresariales, aunque sin duda les afecta (Flynn y Staw, 2004; Mendl, Ehrlich y Dukerich, 1985; Pfeffer y Salancik, 1978; Salancik y Mendl, 1984, y Schyns, Felfe y Blank, 2007). Afecta también a las organizaciones gubernamentales (Salancik y Pfeffer, 1977), instituciones educativas (Birnbaum, 1989) y equipos deportivos (Allen, Panian y Lotz, 1979).

Los datos de los salarios de los CEO frente a los de los trabajadores están extraídos de un análisis de 334 empresas del Standard & Poor's 500 (véase Beck, 2011). Esta discrepancia no se ha estrechado en fechas más recientes: un estudio de 2014 del Instituto de Economía Política desveló que el salario del empleado medio de las 350 empresas de mayor cotización era un tercio del 1 % del salario del CEO, y otra investigación mostró que la diferencia se había ampliado aún más hasta cerca de un cuarto del 1 % (Krantz, 2015). Hay implicaciones sociales problemáticas debidas a estas grandes diferencias de salario (Stiglitz, 2012). Un estudio que emplea datos de 1972 a 2008 descubrió que la insatisfacción entre los estadounidenses de rentas más bajas creció durante los años de grandes desigualdades de ingresos en el país. Sorprendentemente, la insatisfacción no se debía al efecto de discrepancia entre los ingresos, sino a su efecto sobre la cantidad de injusticia y falta de confianza que les hacía sentir. Cada vez que la desigualdad nacional de los salarios era alta, los ciudadanos de ingresos más bajos se sentían más insatisfechos porque tenían la sensación de que no podían confiar en que la gente, en general, fuera justa (Oishi, Kesebir y Diener, 2011; pueden verse conclusiones similares en Twenge, Campbell y Carter, 2014). El efecto dañino de la desigualdad económica sobre la confianza tiene ramificaciones en las tentativas de fraude académico. Los alumnos de las escuelas de las regiones geográficas que se caracterizan por grandes desigualdades en los ingresos tienden más a visitar sitios web que les ofrecen formas de copiar en sus trabajos y exámenes. Es más, esta mayor tendencia a copiar parece estar causada por la menor confianza de los alumnos en la gente y, presumiblemente, la creencia asociada de que todo el mundo hace lo mismo (Neville, 2012).

5. Los comandantes de la atención 1: los atractores

1. El experimento francés del teléfono móvil lo llevaron a cabo Lamy, Fischer-Lokou y Guéguen (2010). En la página 235 del excepcional libro de J. Scott Armstrong *Persuasive Advertising* (2010) y en una revisión más reciente de Lull y Bushman (2015) se aportan pruebas en contra del uso excesivo del sexo en la publicidad. Maner *et al.* (2003, 2007, 2009) recogieron los datos sobre el tiempo que dedicaban diversos varones y mujeres heterosexuales a mirar las fotografías de miembros atractivos del sexo opuesto, y estos concuerdan con otras investigaciones más amplias que afirman el potente papel que desempeñan los objetivos propios en el condicionamiento de la atención en cualquier situación (Dijksterhuis y Aarts, 2010; Vogt *et al.*, 2011, 2012). El descubrimiento que demuestra la existencia de una conexión entre la cantidad de atención que se presta a alternativas potenciales de pareja y la probabilidad de que fracase la relación actual de uno fueron obtenidos por Miller (1997).

Por cierto, la afirmación recurrente de la enorme distancia entre la frecuencia con la que los varones piensan en el sexo frente a la de las mujeres —por ejemplo, una vez al minuto frente a una vez al día (Brizendine, 2005)— parece no tener ninguna base real. Las mejores investigaciones sobre la cuestión indican que los varones jóvenes piensan en el sexo poco más de una vez cada hora, mientras que en las mujeres jóvenes esto se acerca más a una vez cada hora y media (Fisher, Moore y Pittenger, 2012).

2. LoBlue (2009, 2010) y Leppanen y Nelson (2012) aportan pruebas de la excepcional sensibilidad de los niños a los estímulos amenazadores. Estos resultados concuerdan con investigaciones en adultos que muestran que, en la mayoría de los casos, lo malo es más fuerte que lo bueno. Por lo general, los hechos, relaciones, padres, ética, rasgos de carácter, palabras, acontecimientos, variaciones en la bolsa y experiencias de consumo negativas (y, en consecuencia, amenazadoras) tienen un recuerdo más fuerte, mayor impacto y una superior movilización que sus equivalentes positivos, principalmente porque atrapan y conservan mejor nuestra atención (Akhtar, Faff y Oliver, 2011; Barlow *et al.*, 2012; Baumeister *et al.*, 2001; Campbell y Warren, 2012; Dijsterhuis y Aarts, 2003; Risen y Gilovich, 2008; Rozin y Royzman, 2001; Trudel y Cotte, 2009, y Vaish, Grossman y Woodward, 2008).

Los mejores análisis de las consecuencias relacionadas con el riesgo por temor del 11 de septiembre están en Gigerenzer (2006) y Gaissmaier y Gigerenzer (2012). El único accidente de aviación comercial ocurrido en Estados Unidos durante los doce meses posteriores al 11-S tuvo lugar en noviembre de 2001 y en apariencia no tuvo nada que ver con ningún acto terrorista. El estudio sobre los accidentes de bicicleta en Londres fue desarrollado por Ayton, Murray y Hampton (2011). Y hay aún otra forma de riesgo por temor que ha llamado la atención de los profesionales médicos: la gente abusa de los desinfectantes de manos para reducir el riesgo de resfriarse, lo que lleva a que las bacterias se vuelvan más resistentes a los agentes químicos y supone un riesgo para la salud significativamente mayor. (Véase www.nationofchange.org/anti-bacterial-hand-sanitizers-and-cleaners-fueling-resistant-super-bugs-1334411509 y http://healthychild.com/healthy-kids-blog/antibacterial-hand-sanitizers-unnecessary-and-risky.)

3. Los resúmenes de muchos estudios que ponen a prueba la eficacia del atractivo del miedo apoyan el poder del impacto de estos mensajes sobre actitudes, intenciones y comportamientos (Tannenbaum *et al.*, 2015; Witte y Allen, 2000). Por ejemplo, para comprobar cómo los mensajes demasiado amenazadores pueden producir el efecto contrario al deseado véase Nestler y Egloff (2010). Pruebas convincentes de los efectos persuasivos de las advertencias fuertes sobre la salud en los paquetes de tabaco pueden encontrarse en Hammond (2010); Huang, Chaloupka y Fong (2013), y Blanton *et al.* (2014). De Hoog, Stroebe y De Wit (2008) desa-

rrollaron el experimento holandés de la hipoglucemia y demostraron la superioridad de los mensajes que provocan miedo pero que incorporan información sobre los pasos para emprender acciones. Otras investigaciones han documentado un efecto similar en el campo de las creencias sobre el cambio climático. Cuando las advertencias sobre este detallaban consecuencias catastróficas y terribles, la creencia en el cambio climático se reducía, pero este declive disminuía cuando las advertencias incluían posibles soluciones al problema (Feinberg y Willer, 2001).

4. Después de emplear los anuncios del Museo de Arte Moderno de San Francisco, queríamos asegurarnos de que los efectos que obteníamos no eran exclusivos de los museos. Por tanto, llevamos a cabo el experimento dos veces más y obtuvimos los mismos resultados, una de las veces con anuncios de un restaurante y otra con publicidad de vacaciones en Las Vegas (Griskevicius *et al.*, 2009). Estudios posteriores que han arrojado descubrimientos conceptualmente similares aportan una seguridad adicional (Deval *et al.*, 2013; Zhu y Argo, 2013).

5. Para profundizar más acerca de cómo Pávlov llegó a comprender la naturaleza y la fuerza del «reflejo investigador», que a veces denominó la respuesta «¿esto qué es?», véase Pávlov (1997) y el capítulo titulado «Los reflejos condicionados: una investigación sobre la actividad fisiológica del córtex cerebral (lección III)». Para contemplar una ilustración humorística del condicionamiento clásico véase www.youtube.com/watch?v= nE8pFWP5QDM. Margaret Bradley (2009) ofrece un excelente resumen actualizado de las investigaciones con respuestas de orientación. El efecto de olvido debido a los umbrales de las puertas fue descubierto por Radvansky y sus colegas (Radvansky y Copeland, 2006; Radvansky, Krawietz y Tramplin, 2011). Investigaciones más recientes han demostrado que si únicamente nos imaginamos traspasando un umbral también nos olvidamos de cosas (Lawrence y Peterson, 2014).

6. Un tipo de error no forzado relacionado con este puede verse en la tendencia de los publicistas a dirigir la atención a sus apelaciones infundiéndoles una plétora de estímulos vívidos: personajes extravagantes, jerga llamativa, tramas cómicas e imágenes llamativas. Al igual que ocurre con los cortes, este tipo de enfoque atrae más atención general a un anuncio (Hanson y Wanke, 2010; Fennis, Das y Fransen, 2012, y Herr, Kardes, y Kim, 1991). Pero este enfoque tiene el potencial de debilitar la comunicación eficaz si se aplican los elementos vívidos con brocha gorda en lugar de reservarse para los detalles o los argumentos cruciales del anuncio. Por

ejemplo, un estudio de 1.000 anuncios descubrió que los anuncios con personajes secundarios que llamaban la atención se entendían y recordaban peor y eran menos persuasivos (Stewart y Furse, 1986). Por otro lado, los anuncios que vivifican de manera selectiva la información directamente relacionada con el argumento principal del mensaje son muy convincentes, siempre y cuando el argumento sea fuerte (Fennis *et al.*, 2011; Guadagno, Rhoads y Sagarin, 2011).

Scott Armstrong (2010, pp. 276-277) ha revisado múltiples estudios que demuestran que, a pesar de que los anuncios televisivos que contienen muchos cambios de ángulo de cámara y de escena atraen más atención general, tienen un efecto menos persuasor. Emplear este cambio para llamar la atención sobre solo un componente del anuncio tiene el efecto contrario, lo hace más persuasivo. Es importante señalar un estudio más reciente que muestra que si un aspecto individual y atractivo de un producto cambia de lugar dentro del anuncio cada vez que se presenta este, los observadores prestan de manera automática más atención a ese aspecto (atractivo) y en consecuencia es más probable que elijan ese producto sobre el de las marcas rivales llegado el momento, aunque sean por completo inconscientes de que los cambios en la ubicación afectaron su atención hacia los productos y su preferencia por ellos (Shapiro y Nielson, 2013).

7. He hablado con los investigadores de la Universidad Northwestern acerca de su estudio (Hamilton, Hong y Chernev, 2007) y me han contado que nunca han visto a ninguna entidad comercial poner en práctica sus conclusiones, cosa que viene siendo habitual.

La investigación de la Universidad Northwestern no está sola en su demostración de que un aspecto diferenciado de un producto, servicio o idea puede ser más popular en virtud de la atención que atrae hacia sí mismo. (Véase Boland, Brucks y Nielsen, 2012; Chambers, 2011; Kim, Novemsky y Dhar, 2013, y Yang *et al.*, 2014). A veces esta diferenciación puede suponer un éxito comercial enorme; Youngme Moon ha detallado algunos de estos casos en su provocador y reflexivo libro *Different: Escaping the Competitive Herd* (2010). Más en general, pruebas de larga duración del efecto fundamental de lo novedoso sobre la atención, tal como lo revela la respuesta de orientación, pueden encontrarse en Yantis (1993) y Bradley (2009).

8. Los factores culturales pueden afectar también a lo que dirige naturalmente la atención de un observador. Los miembros de las sociedades occidentales tendemos a sentir atraída nuestra atención por aquello que

se encuentra en primer plano y centrado en una escena, mientras que para los miembros de las sociedades orientales, los elementos del fondo tienen un poder de atracción relativamente mayor (Masuda y Nisbett, 2001; Masuda *et al.*, 2008, y Nisbett, 2003). En consecuencia, los comunicadores que busquen convencer a un público occidental deberían poner sus argumentos de mayor peso en primer plano dentro de su presentación; sin embargo, los que se dirijan a sociedades orientales pueden presentar sin riesgo sus argumentos de mayor peso en el contexto mayor que rodea al tema en consideración.

6. Los comandantes de la atención 2: los imanes

1. Dentro de un filón relacionado hay determinada información muy relevante que los comunicadores del mundo sanitario podrían usar para aumentar las posibilidades de que el receptor emprenda unos hábitos de vida saludables: su fecha de nacimiento. Durante unos meses después de la fecha de su cumpleaños, las personas se muestran más dispuestas que en otros momentos del año a iniciar comportamientos saludables como hacer ejercicio. Por tanto, sería el momento adecuado para enviar un mensaje personalizado de feliz cumpleaños que inste a los individuos a marcarse objetivos para ponerse en forma durante el año siguiente. Por cierto, cuando se proponga este objetivo, el comunicador debería recomendar que el receptor se fije un objetivo en forma de franja, con margen (por ejemplo, perder entre tres y cinco kilos) más que una meta específica (por ejemplo, perder cuatro kilos). Esto se debe a que un objetivo con un rango incorpora dos puntos de referencia netamente separados que la gente empleará cuando decida si mantiene o no su intención: uno que es asequible y otro que supone un desafío (Scott y Nowlis, 2013). La investigación acerca de la fecha del cumpleaños fue desarrollada por Dai, Milkman y Riis (2014, 2015), que consideraron los cumpleaños como una de las diversas fechas señaladas especificables (entre ellas, el inicio de la semana, el mes o el año) en las que la gente está dispuesta a empezar de nuevo y, por tanto, se muestra particularmente inclinada a actuar de formas idealizadas.

Las (sólidas) pruebas de los efectos de las pistas de la autorrelevancia en los textos publicitarios proceden de un famoso experimento desarrollado por Burnkrant y Unnava (1989) y del subsiguiente análisis de 92 anuncios (Armstrong, 2010, pp. 193-194). Hay una gran variedad de investigaciones que apoyan la idea de que la gente es, en general, egocéntrica en lo que respecta a la gestión de su atención (Burrus y Mattern, 2010; Humphreys y Sui, 2016; Kruger y Savitsky, 2009; Moore y Small, 2007, y Ross y Sicoly, 1979). Pueden verse revisiones de los efectos positivos de los mensajes personalizados en lo relativo a las acciones relacionadas con la salud en Martin, Haskard-Zolnierek y DiMatteo (2010); Noar, Benac y Harris (2007), y Rimer y Kreuter (2006). Al mismo tiempo, es muy improbable que funcionen esos torpes intentos de personalizar los mensajes en los que se inserta el nombre propio del receptor en un texto que no incorpora ningún otro detalle de importancia personal. Véase por ejemplo: http://targetx.com/when-personalization-backfires.

2. De hecho, lo que me perdí no fue únicamente la actuación de Villella; aunque me sometieran a *waterboarding* ochenta y tres veces —pero, por favor, no hace falta— jamás sería capaz de contar un relato preciso de la charla que fue después de la mía. Aunque sea muchos años después y relegado a una nota, quiero expresar mi agradecimiento a dos importantes organizadores de aquel congreso, Gerry e Ilse Allen, que fueron tan amables de compadecerse de mis apuros y volvieron a invitarme el año siguiente a intervenir en una franja muy alejada del «intermedio artístico».

Los estudios sobre el efecto *next-in-line* no solo han revelado la existencia de profundos huecos de memoria en ambos flancos de nuestras intervenciones públicas (véase Brenner, 1973, para la primera demostración del efecto), sino que también han confirmado que estos déficits ocurren porque la gente tampoco procesa adecuadamente la información que presenta en ambos extremos de sus propias intervenciones (Bond, 1985).

3. He oído algunas otras versiones distintas de cómo y dónde se descubrió por primera vez el efecto Zeigarnik: por ejemplo, que el restaurante era un café de Viena. Pero estoy bastante seguro de la veracidad relativa del relato que he presentado porque me lo contó uno de mis profesores de la universidad, John Thibaut, que fue alumno de Kurt Lewin y aseguraba haberlo escuchado directamente de su boca.

Aunque la primera publicación sobre el efecto Zeigarnik apareció hace noventa años (Zeigarnik, 1927), la confirmación de sus postulados elementales ha continuado desde muy poco después hasta la actualidad en un flujo constante (por ejemplo, Ovsiankina, 1928; Lewin, 1935, 1946; McGraw y Fiala, 1982; Kruglanski y Webster, 1996; Marsh, Hicks y Bink, 1998; Shah, Friedman y Kruglanski, 2002; Forster, Liberman y Higgins, 2005; Fiedler y Bluemke, 2009; Leroy, 2009; Walton, Cohen, Cwir y Spen cer, 2012; Carlson, Meloy y Miller, 2013, y Kupor, Reich y Shiv, 2015). También existen estudios que no han confirmado el efecto (Van Bergen, 1968). Estos fallos pueden explicarse en su mayor parte en términos de un detalle fundamental del fenómeno: está relacionado principalmente con tareas, actividades u objetivos sobre los cuales los individuos sienten el compromiso de concluir. Por ejemplo, Zeigarnik (1927) demostró que sus efectos eran más fuertes cuanto más hubieran avanzado las personas con sus tareas, un hallazgo que ha sido confirmado por otros investigadores (por ejemplo, Jhang y Lynch, 2015); y Johnson, Mehrabian y Weiner (1968) demostraron que el mayor recuerdo de las tareas incompletas resultaba muy fuerte entre individuos que mostraban una necesidad especialmente potente de destacar en aquello que emprendieran.

El estudio de las reacciones de las mujeres a los hombres que juzgaron sus perfiles de Facebook lo llevaron a cabo Whitchurch, Wilson y Gilbert (2011), cuyos descubrimientos concuerdan bien con investigaciones anteriores que demuestran que quienes son destinatarios de alguna amabilidad siguen felices durante más tiempo si se mantienen en la ignorancia de quién es el responsable y por qué (Wilson *et al.*, 2005). Los estudios que documentan el mayor recuerdo de los anuncios interrumpidos apareció en un artículo de Heimbach y Jacoby (1972), que ha caído casi completamente en el olvido. Me pregunto si los autores habrían tenido más suerte a este respecto si hubieran seguido el consejo que derivaba de sus datos y hubieran omitido la última parte de las conclusiones del artículo.

4. A menudo se cita a Dorothy Parker expresando este mismo sentimiento: «Odio escribir. Me encanta haber escrito». Otros autores renombrados han descrito las dificultades de su labor de forma aún más vívida. Por ejemplo, Kurt Vonnegut declaró: «Cuando escribo, me siento como un hombre sin brazos ni piernas con un pincel en la boca». Y es sabido que Ernest Hemingway también se quejaba: «No hay nada en escribir. Todo lo que haces es sentarte ante la máquina de escribir y sangrar».

5. No me excluyo de la gran mayoría de los docentes universitarios cuya apariencia no es más que corriente y moliente. Por ejemplo, cierta vez regresé de un año como profesor visitante en otra universidad y descubrí que mi peluquero cerca del campus había cambiado su estilo para atender a los más vanguardistas. Pedí ver a la encargada (a quien conocía de hacía años) para ver si podía calmar mi inquietud sobre si el establecimiento seguía siendo adecuado para mí. El sentimiento de aprensión creció mientras, durante la espera, empecé a hojear unas revistas llenas de

modelos con un atuendo y unos peinados disparatados. Es más, las clientas se estaban tiñendo el pelo de colores inexistentes en la naturaleza y los clientes elegían cortes despeinados que en mis tiempos universitarios solo se hubieran catalogado como propios de la mañana después de una buena borrachera. Cuando llegó la encargada le planteé mi inquietud, que reforcé mostrándole una de las revistas y diciéndole: «No quiero parecerme a nadie, a nadie, de los que salen aquí». (En ese momento justo, señalaba un anuncio de Prada.) Ella calmó mis temores de una forma que apoya mi argumento acerca de las preferencias de moda típicas de los profesores universitarios: «Tranquilo, le asignaré al peluquero que le corta el pelo a todos los profesores. No se preocupe, es de Indiana».

6. En el mundo actual en el que los canales de televisión se cambian fácilmente con un mando a distancia, los productores y guionistas astutos han adoptado el poder de mantenimiento del anhelo de cierre para asegurarse de que los espectadores no hagan *zapping* cuando empiezan los anuncios. Plantean una pregunta provocadora justo antes de la pausa publicitaria y la contestan inmediatamente después (Child, 2012).

No faltan datos que atestiguan la habilidad de la explicación para aumentar la comprensión. Véase Koehler (1991) para un primer planteamiento y Moore (2012) para pruebas y citas más recientes.

7. Esta secuencia no debería enfocarse al público como si fuera una serie de pronunciamientos proclamados desde un púlpito. Por el contrario, a intervalos adecuados debería invitarse a los miembros del público a que participen en el proceso de descubrimiento. Idealmente deberían tener la oportunidad de ofrecer sus propias especulaciones y explicaciones. Debería pedírseles que consideraran cómo estas explicaciones podrían dar cuenta de todas las pruebas que se han revelado hasta ese punto y de las nuevas evidencias que vayamos revelando. Al final de la secuencia, debería preguntárseles si podrían desarrollar una explicación alternativa en la que encajen todas las pruebas. No se trata de un tratamiento especial, sino simplemente de buenas prácticas pedagógicas, en particular con adultos. Y estas —como incitar a la participación, espolear el pensamiento crítico— también atañen al uso de las historias de misterio.

Pueden verse ejemplos de cómo se han empleado estas historias de misterio en el ámbito del *branding* en www.ted.com/talks/j_j_abrams_mystery_box.html, www.ign.com/articles/2008/01/15/cloverfield-a-viral-guide, y www.innovationexcellence.com/blog/2012/11/12/the-power-of-mystery-in-branding.

Hay amplísimas evidencias empíricas que relacionan el papel de la contraargumentación con el éxito a la hora de aplastar los argumentos persuasivos del oponente (Blankenship, Wegener y Murray, 2012; Eagly *et al.*, 2000; Killeya y Johnson, 1998; Maaravi, Ganzach y Pazy, 2011; Petty y Brinol, 2010; Romero, Agnew e Insko, 1996, y Wood y Quinn, 2001). Este rol es especialmente notable cuando un contraargumento refuta de forma directa una afirmación contraria (McGuire, 1961; Pfau y Burgoon, 1988; Petrova y Cialdini, 2011, y Szybillo y Heslin, 1973) y mina la credibilidad del oponente, pues una vez se reconoce o desvela una treta en una interpelación persuasiva, los individuos se resisten a la influencia que ejercen tanto la interpelación como su emisor (Eagly, Wood y Chaiken, 1978; Sagarin *et al.*, 2002). Por ejemplo, señalar un intento de manipulación indebido en un juicio tiende a hacer ineficaz el mensaje (por lo demás, convincente) del persuasor (Fein, McCloskey y Tomlinson, 1997). De forma similar, en entornos de marketing, los investigadores han descubierto que el impacto persuasivo queda gravemente socavado si se percibe que el agente emisor está usando trucos (Campbell, 1995; Darke, Ashworth y Ritchie, 2008; Darke y Ritchie, 2007; Ellen, Mohr y Webb, 2000, y MacKenzie y Lutz, 1989).

8. Existe documentación acerca de la asombrosa serie de acontecimientos que se iniciaron a mediados de la década de los sesenta, cuando la Comisión Federal de Telecomunicaciones aplicó su «doctrina del juego limpio» a la cuestión de la publicidad del tabaco —decretando que por cada tres anuncios de tabaco que aparecieran en la radio o la televisión, tenía que concederse un tiempo de emisión gratuito a un anuncio que expusiera la perspectiva contraria—, lo que permitió a la Asociación Americana del Cáncer emitir una serie de contra-anuncios que satirizaban y parodiaban los de Big Tobacco. Desde su primera aparición en 1967, los contra-anuncios empezaron a hacer disminuir las ventas de tabaco. Después de un cuarto de siglo en ascenso, el consumo per cápita cayó de forma precipitada en ese primer año y continuó hundiéndose durante los tres años en los que se emitieron estos anuncios antitabaco. Desde entonces, la mayor causa de este declive se ha achacado al impacto de estos contra-anuncios; en concordancia con esto, cuando cesaron de emitirse los anuncios, también se detuvo durante un tiempo la bajada del consumo de cigarrillos (Fritschler, 1975; McAlister, Ramirez, Galavotti y Gallion, 1989; Simonich, 1991, y Warner, 1981).

Aparte de la autorrelevancia y lo inacabado, hay otros detalles de una idea que hacen que se fijen en la atención y la conciencia, tal como que exista una historia consistentemente asociada a una recompensa (Anderson, Laurent y Yantis, 2013). En su libro muy informativo y merecidamente superventas *Ideas que pegan. Por qué unas ideas sobreviven y otras mueren* (2011), Chip y Dan Heath explican algunas más: lo simple, lo imprevisto, lo concreto, lo creíble, lo emocional y lo narrativo. Para conocer un enfoque de este tema basado en la investigación de la memoria véase el instructivo libro de Carmen Simon, *Impossible to Ignore: Creating Memorable Content to Influence Decisions* (2016).

Segunda parte. Los procesos: el papel de la asociación
7. La primacía de las asociaciones: asocio, luego pienso

1. En apoyo de este argumento, los investigadores han determinado que los procesos asociativos (en ocasiones denominados también «conexionistas») están en el núcleo de toda forma de operación mental animal, incluida la humana (Tyron, 2012). Entre las operaciones mentales basadas en la asociación y documentadas en infrahumanos se encuentran el condicionamiento, la categorización, la coordinación, la formación de conceptos y el reconocimiento de objetos (Donahoe y Vegas, 2004; Soto y Wasserman, 2010; Stocco, Lebiere y Anderson, 2010, y Wasserman, DeVolder y Coppage,1992); en el caso de humanos encontramos, a su vez, la capacidad de elección, el aprendizaje, la memoria, la inferencia, la generalización, la creatividad, la comprensión lectora, el primado y el cambio actitudinal (Bhatia, 2013; Helie y Sun, 2010; Hummel y Holyoak, 2003; McClelland *et al.*, 2010; Monroe y Read, 2008; Schroder y Thagard, 2013; Seidenberg, 2005, y Yermolayeva y Rakison, 2014). De hecho, hoy existen pruebas sólidas de que el sentimiento personal y propio de sentido (de propósito y dirección en la vida) deriva de la experiencia de que existen relaciones fiables entre las cosas (Heintzelman y King, 2014).

2. Una conceptualización temprana de la reformulación de Semin del lenguaje como herramienta con un propósito principalmente estratégico (frente al descriptivo) puede encontrarse en Semin y Fiedler (1988). Un resumen más reciente de fundamentos teóricos y empíricos relevantes puede encontrarse en Semin (2012). Para información adicional, véase Cavicchio, Melcher y Poesio (2014). Otras investigaciones indican que los elementos del lenguaje no son lo único que puede producir cambios mediante las asociaciones que activan; el tipo de lenguaje empleado puede hacer lo mismo. Cuando varias personas bilingües árabe-israelíes presen-

taron sus evaluaciones de árabes y judíos, ya fuera en árabe o en hebreo, las diferentes asociaciones inherentes dentro de cada lengua les predispusieron a favorecer a árabes cuando respondían en árabe y a judíos cuando lo hacían en hebreo (Danziger y Ward, 2010).

Las raíces de la política de lenguaje no violento de SSM pueden rastrearse hasta las fundadoras de la organización: la congregación católica de las Hermanas de Santa María (*Sisters of St. Mary*, de donde toma su nombre la organización: SSM), que se trasladó de Alemania a Estados Unidos en 1872 para emprender su misión sanadora. Constituida hoy como las Hermanas Franciscanas de María (*Franciscan Sisters of Mary*), la congregación ha continuado ejerciendo una gran influencia sobre las operaciones de SSM Health, lo que incluye su postura de rechazo frontal a la glorificación de la violencia en todas sus formas.

3. El estudio que probaba que la exposición a palabras violentas incrementaba la intensidad de la descarga fue dirigido por Carver *et al.* (1983). Esa misma relación general se ha hallado también en otros estudios, entre ellos uno en el que las palabras violentas se presentaban de manera subliminal, para que los sujetos no fuesen conscientes de su exposición a este tipo de lenguaje; y, aun así, la agresividad de su conducta aumentó significativamente como resultado (Subra *et al.*, 2010). Junto a los estudios descritos que muestran el impacto en la conducta de estímulos como palabras relacionadas con logros (Bargh *et al.*, 2001) o imágenes gráficas (Shantz y Latham, 2009, 2011), otros experimentos construidos de manera comparable han documentado patrones de conducta similares después de que los sujetos fuesen expuestos a la influencia de estímulos asociados con la solidaridad (Macrae y Johnston, 1998), la grosería (Bargh, Chen y Burrows, 1996), la cooperación (Bargh *et al.*, 2001), la lealtad (Fishbach, Ratner y Zhang, 2011; Hertel y Kerr, 2001), la perspicacia (Slepian *et al.*, 2010); la revelación de información personal (Grecco *et al.*, 2013) o la imparcialidad (Ganegoda, Latham y Folger, en imprenta); los sujetos expuestos se volvían más solidarios, groseros, cooperativos, leales, perspicaces, comunicativos e imparciales, respectivamente. Usar palabras de forma individual como apertura para inducir conductas relacionadas parece funcionar mejor cuando estas activan metas muy apreciadas como el éxito (Weingarten *et al.*, 2016). Una cuestión importante que, sin embargo, sigue sin respuesta es si esos estímulos (por ejemplo, cuando se incorporan en carteles) tienen un impacto duradero o si esos efectos se disipan una vez los observadores se acostumbran tanto a verlos que ya no los «ven» de

manera funcional. Se han obtenido algunas pruebas de la prolongación del efecto en un seguimiento posterior al estudio del centro de teleoperadores, el cual halló que la exposición continua a una fotografía relacionada con la idea de «logro» motivaba un índice más alto de éxito entre los operadores durante cada uno de los cuatro días consecutivos en los que estuvieron expuestos a la imagen (Latham y Piccolo, 2012). Otra investigación igualmente reveladora mostró cómo a la hora de realizar una tarea que precisaba la evaluación concienzuda de varios enfoques para la resolución de problemas, la exposición a una fotografía de la estatua de Rodin *El pensador* produjo un incremento del 48 % en las decisiones correctas (Chen y Latham, 2014).

La cita de Joseph Conrad sobre la superioridad persuasiva de las palabras adecuadas sobre el argumento adecuado puede atribuirse a varios factores. Conrad era escritor, miembro de una profesión cuyos integrantes están siempre a la caza de la palabra adecuada. Es más, aunque sus lenguas maternas fueran el polaco y luego el francés, escribía en una tercera, el inglés, lo que quizá intensificó su sensibilidad hacia las sutilezas (y las recompensas) de dar con la palabra exquisitamente idónea para lograr una comunicación óptima. Al fin y al cabo, Conrad no era ni un filósofo ni un científico dedicado a elaborar razonamientos, sino un novelista, dado a exponer su caso (narrativo) mediante un lenguaje evocador e ilustrativo más que argumentando.

4. Pueden encontrarse más pruebas de cómo el tacto basta para generar una metáfora influyente en los estudios de un equipo científico internacional (Yang *et al.*, 2013) que halló que el dinero puede tener un significado metafórico positivo o negativo. Puede ser «sucio» (ganado deshonestamente y, por lo tanto, asociado con el engaño y la estafa) o «limpio» (conseguido de manera honesta y, por lo tanto, asociado con lo justo y lo decente). En siete estudios diferentes, aquellos participantes a los que se dio un billete manchado fueron más proclives a hacer trampas en subsiguientes interacciones comerciales o sociales. Por ejemplo, después de que varios comerciantes en un mercado rural del sur de China tocaran un billete manchado de soja en una transacción inicial, se incrementó su predisposición a sisar con las verduras que estaban pesando en la transacción siguiente. Esta conducta deshonesta no llegaba a producirse si el billete que se les daba en primer lugar estaba limpio. El estudio hace pensar si no será mejor ir siempre al mercado con billetes impolutos para reducir las posibilidades de que nos engañen con el cambio tras pagar con un billete viejo.

El trabajo sobre el empleo de la metáfora del virus frente a la de la bestia es obra de Thibodeau y Boroditsky (2011). El hallazgo de que la experiencia del peso físico condiciona la percepción del peso intelectual, la importancia de un tema o la inversión de esfuerzo cognitivo procede de los estudios de Ackerman, Nocera y Bargh (2010); Jostman, Lakens y Schubert (2009), Schneider *et al.* (2015), y Zhang y Li (2012). En cuanto a la transferencia de significado de la calidez física a la calidez personal, las pruebas pueden encontrarse en Ijzerman y Semin (2009, 2010); Inagaki y Eisenberger (2013); Kang *et al.* (2001), y Williams y Bargh (2008).

Cuando se toman juntos, los recientes hallazgos y revisiones de los estudios científicos sobre persuasión metafórica permiten sacar un par de conclusiones generales: en primer lugar, las estrategias comunicativas que emplean una metáfora fuerte y bien situada resultan atractivas de manera persuasiva; y, en segundo lugar, este efecto parte de un proceso sorprendentemente básico y en gran parte automático por el que las asociaciones que tipifican un concepto fluyen con sencillez hacia otro (Chernev y Blair, 2015; Gu, Botti y Faro, 2013; Kim, Zauberman y Bettman, 2012; Landau, Meier y Keefer, 2010; Landau, Robinson y Meier, 2014; Lee y Schwartz, 2012; Morris *et al.*, 2007; Ottati y Renstrom, 2010; Sopory y Dillard, 2002; Zhang y Li, 2012, y Zhong y DeVoe, 2010).

5. Existe controversia en torno a la validez de ciertos hallazgos más favorecidos por los medios y procedentes del campo de la investigación sobre el egoísmo implícito; como, por ejemplo, que hay más personas llamadas Dennis que son dentistas (ambas palabras se pronuncian de forma parecida en inglés) y que hay más Louis que se mudan a Luisiana (Pelham y Carvallo, 2011; Simonsohn, 2011). Aun así, los resultados que he enumerado (que el hecho de compartir fecha de nacimiento, el nombre o las iniciales con algo o alguien incrementa la posibilidad de que ese algo o alguien nos guste, así como la cooperación, la observancia, la solidaridad o el patrocinio, ya sea online [Galak, Small y Stephen, 2011, y Martin, Jacob y Guéguen, 2013] o no [Burger *et al.*, 2004; Brendl *et al.*, 2005; Finch y Cialdini, 1989; Jiang *et al.*, 2009; Jones *et al.*, 2002; 2004, y Miller, Downs, y Prentice, 1998]) se aceptan sin discusión. Como cabría esperarse desde el punto de vista de una transferencia de asociaciones, los efectos del egoísmo implícito son menos pronunciados en individuos con la autoestima más baja y que no se valoran mucho a sí mismos (Perkins y Forehand, 2012; Prestwich *et al.*, 2010).

No debería ser motivo de sorpresa que, a medida que las conexiones entre el yo y otras entidades se mueven de lo secundario a lo significativo su fuerza aumente proporcionalmente. Existen importantes vínculos con el yo (basados en indicios de parentesco, nivel educativo y valores compartidos) que condicionan la conducta de manera harto sorprendente. En lo relacionado con la primera de estas dimensiones: varios estudiantes universitarios franceses a los que se pidió que completaran y entregaran un cuestionario online de 40 preguntas lo hicieron en un sorprendente 96 % de las ocasiones cuando el solicitante aparentaba apellidarse igual que ellos (Guéguen, Pichot y Le Dreff, 2005). Sobre la segunda dimensión: el conocimiento de que compartían un nivel de educación similar al entrevistador redujo a la mitad las negativas a participar en una encuesta (Durrant *et al.*, 2010). Sobre la dimensión de los valores: una vendedora de productos de limpieza que aseguraba tener los mismos gustos musicales que sus clientes triplicó sus ventas (Woodside y Davenport, 1974). ¿En virtud de qué? La gente cree que unas preferencias musicales similares reflejan valores personales parecidos (Boer *et al.*, 2011).

6. Los datos que demuestran la oposición entre una concepción individualista del yo en Occidente y una colectiva en Oriente son ingentes (Cialdini *et al.*, 1999; Cohen y Gunz, 2002; Hoshino-Browne *et al.*, 2005; Markus y Kitayama, 1991; Morling y Lamoreaux, 2008, y Sedikides, Gaertner y Vevea, 2005). La investigación sobre publicidad en revistas coreanas y estadounidenses fue publicada por Han y Shavitt en 1994. La primacía de los intereses colectivos sobre los individuales en Oriente no se limita a Corea. En julio de 2013, China aprobó una ley que permitía a los padres denunciar a los hijos adultos que nos les visitan con suficiente frecuencia (Lawson, 2013).

Puede parecer paradójico, pero a la vez consistente con el argumento general que se intenta probar aquí, que Kim Man-bok fuera muy criticado en su país tras la liberación exitosa de los rehenes. La desaprobación vino motivada por su deseo de hablar del episodio de una forma que se interpretaba como dirigida a promocionar su reputación y ambiciones puramente individuales en lugar de los del colectivo social al que pertenecía, la nación de Corea del Sur.

7. Para un análisis de la poética cognitiva (o teoría literaria cognitiva), véase Obermeier *et al.* (2013). El estudio sobre el efecto de veracidad de la rima es obra de McGlone y Tofighbakhsh (2000) y está ilustrada por un instructivo y entretenido vídeo realizado por Daniel Pink (http://vimeo. com/69775579).

La demostración de que los rostros o los nombres fáciles de procesar producen una mayor atracción y que esa mayor fluidez de procesamiento afecta a los músculos de la sonrisa (músculo cigomático mayor) puede encontrarse en Winkielman *et al.* (2006); Laham, Koval y Alter (2012), y Winkielman y Cacioppo (2001), respectivamente. Los estudios que muestran los efectos negativos de la falta de fluidez al procesar proceden de: Laham, Koval y Alter (2012), sobre la promoción interna en bufetes de abogados; Petrova y Cialdini (2005) y Song y Schwarz (2009), sobre las descripciones de alimentos y de suplementos alimenticios; Greifeneder *et al.* (2010) y Reber y Schwarz (1999), sobre las afirmaciones en general; y Alter y Oppenheimer (2006), sobre el rendimiento financiero en bolsa.

Los efectos de la falta de fluidez no siempre son negativos. Siempre y cuando los destinatarios estén dispuestos a tomarse el tiempo necesario para pensar detenidamente en el mensaje, enviarlo en un formato que presente cierta resistencia al procesamiento tiene más posibilidades de incitarles a que lo hagan, lo que a su vez puede incrementar la comprensión y la retención de información complicada (Alter, 2013; Alter *et al.*, 2007, y Diemand-Yaurman, Oppenheimer y Vaughan, 2011). Esta podría ser una de las razones por las que los editores de las revistas de poesía prefieren los poemas sin rima. Asumen que los lectores van a reservar para la lectura momentos en los que dispongan del tiempo y los recursos mentales necesarios para una reflexión plena. Para una visión general de los efectos de la fluidez y la falta de ella sobre el juicio y la influencia social, véase Alter y Oppenheimer (2009), Lick y Johnson (2015), y Petrova, Schwartz y Song (2012).

8. Geografías persuasivas: los lugares y las pistas adecuados

1. Sobre este punto concreto puede resultar pertinente una aclaración. No se sugiere aquí que, cuando trabajan en obras divulgativas, los autores científicos dejen de usar pruebas procedentes del ámbito académico. Solo es en la forma de comunicar esas pruebas donde las sofisticadas normas de la academia se vuelven inapropiadas (como las que rigen la sintaxis y la estructura de los artículos en publicaciones o de las presentaciones en congresos, por ejemplo). Hay un truco que yo aplico conmigo mismo para tratar de asegurarme de que no decepciono a ninguno de los dos tipos de destinatario cuando escribo para un público ajeno a la comunidad académica. Me imagino que tengo a dos personas, una sobre cada hombro,

mientras escribo: una es una respetada autoridad académica en la materia que trato, y la otra, un vecino al que estoy convencido de que le interesaría el tema. No me permito dejar un párrafo completado hasta que creo que he logrado satisfacer a ambas partes. Es una pena desperdiciar un hombro y, al fin y al cabo, solo tengo dos.

2. Por norma general, suelo ser reacio a depositar mucha confianza en conclusiones basadas en una o dos anécdotas. Es el caso de la que sostiene que la presencia de imágenes de personas relacionadas con la tarea que se debe desempeñar puede modificar el pensamiento de quienes buscan servir a esas personas de manera productiva. Afortunadamente, los estudios refuerzan esa conclusión. Por ejemplo, mostrar a un grupo de radiólogos una fotografía del paciente junto a su radiografía incrementaba la longitud de sus informes y el grado de detalle con el que detectaban y registraban de manera concienzuda todos los aspectos clínicamente significativos de la radiografía (Turner y Hadas-Halpern, 2008; Wendling, 2009).

3. La demostración científica del carácter contagioso de la tos procede de una serie de estudios excepcionales llevados a cabo por James Pennebaker (1980), quien también probó que los miembros de un público que están absortos en una presentación son significativamente menos proclives a toser en respuesta al acceso de tos de otra persona, porque toda su atención se concentra en lo que está desarrollándose. Esta conclusión brinda a los actores y artistas otra razón más para odiar que se produzca una epidemia de toses en el público, ya que implicaría que no están haciendo bien su trabajo en la medida en que no gozan de plena atención por parte de los asistentes.

La reveladora cita de Ardrey procede de su memorable libro *Génesis en África*. La igualmente reveladora (si bien desde otro punto de vista) cita de Walton procede de su libro, en gran parte olvidado, *Why Worry?* Las siguientes referencias corresponden a las otras menciones que aparecen en este apartado del capítulo: la cena del periódico («Coughing Fits Overcome 200» [200 personas se contagian de un acceso de tos], 1993); las picaduras de araña en Austria («Eight-Legged Invasion» [Invasión de ocho patas], 2006); el escape de gas en Tennessee (Jones *et al.*, 2000); el miedo a la epidemia de cáncer en Canadá (Guidotti y Jacobs, 1993); la conferencia en Alemania sobre problemas dermatológicos (Niemeier, Kupfer y Gieler, 2000) y la frecuencia del síndrome del estudiante de medicina (Howes, 2004). Sería un error concluir de estos ejemplos que todos o la mayoría de los incidentes de enfermedades masivas tienen una causa psicológica; los datos más recientes indican que solo uno de cada seis de esos episodios son de naturaleza psicogénica (Page *et al.*, 2010). Con todo, resulta interesante preguntarse si los avances tecnológicos han servido para «democratizar» el síndrome del estudiante, que podría aplicarse hoy a cualquier persona con acceso a internet y a las innumerables páginas en las que se describen enfermedades y trastornos específicos y otros problemas de salud relacionados.

4. Los estudios que detallan el impacto causal de la felicidad en múltiples índices de salud y riqueza pueden encontrarse en Diener y Biswas-Diener (2009); Lyubomirsky (2013); Lyubomirsky y Layous (2013); Lyubomirsky, King y Diener (2005) y Ong (2010). Por supuesto, como sucede con la mayoría de las cosas, los efectos positivos de la felicidad no son invariables. Por ejemplo, la felicidad puede producir escasos resultados en circunstancias no apropiadas (un funeral sería un ejemplo obvio) o cuando no se refleja en las acciones de una persona (Gruber, Mauss y Tamir, 2011; Mauss *et al.*, 2011).

5. Conviene reseñar que las personas mayores que son felices no cierran los ojos a las cosas desagradables y las niegan (Shallcross, Ford, Floerke y Mauss, 2013). Aceptan lo malo, pero no se regodean en ello y, en su lugar, eligen concentrarse en lo bueno. Por ejemplo, en sus matrimonios, lo que más distingue su manera de abordar un conflicto de las parejas más jóvenes es la tendencia a desviar la atención de los aspectos en los que chocan para dirigirla a otros más agradables (Holley, Haase y Levenson, 2013). Este mismo enfoque de acepta-lo-negativo-pero-celebra-lo-positivo también permite a personas de todas las edades recuperarse de un suceso traumático y salir psicológicamente ilesos (Kalisch, Müller y Tüscher, 2015; Pennebaker, Mayne y Francis, 1997). Para un comentario sarcástico sobre cómo algunas personas parecen optar por ahogarse en la negatividad, consideremos este del monologuista Marc Maron: «Creo que, en la mayoría de los casos, la diferencia entre la decepción y la depresión es el grado de compromiso que uno ponga en ello».

Aunque el grupo de investigadores que parecen haber resuelto la «paradoja positiva del envejecimiento» está liderado por la catedrática Carstensen (véase Carstensen *et al.*, 2011, y Reed y Carstensen, 2012, para resúmenes de sus descubrimientos; y Livingstone e Isaacowitz, 2015, para una confirmación externa), otros han contribuido también de forma importante (Gross y Thompson, 2007; Isaacowitz, Toner y Neupert, 2009;

Shiota y Levenson, 2009; y Urry y Gross, 2010). El estudio que incluía el control atencional como factor de los elevados índices de felicidad de las personas mayores fue dirigido por Isaacowitz *et al.* (2009), Mather y Knight (2005) y Noh *et al.* (2011). Las personas mayores con un buen control atencional no son las únicas que se benefician de poseer esta cualidad (Cheung *et al.*, 2014, Claessens y Dowsett, 2014; Duckworth y Steinberg, 2015; Geng, 2014, y Joorman y Vanderlind, 2014). Incluso los artistas y creadores, el grupo que en principio más debería beneficiarse de una tendencia a la flexibilidad atencional, parece hacerlo solo en las fases iniciales de una tarea o proyecto. Aquellos dotados de una persistencia atencional férrea en la tarea son finalmente quienes pueden aspirar a los mayores logros artísticos en la vida real (Zabelina y Beeman, 2013). Con esos hallazgos en mente, no debería sorprendernos que, de acuerdo con una amplia revisión académica, el tipo de intervención que ha cosechado mayor éxito a la hora de incrementar los índices de felicidad, tanto a corto como a largo plazo, conlleve un «despliegue atencional» estratégicamente efectivo (Quoidbach, Mikolajczak y Gross, 2015).

La paradoja de la positividad no suele extenderse hasta las últimas fases de la vida. Y eso parece deberse, al menos en parte, a la incapacidad de los ancianos para mantener hasta el final sus geografías internas o externas. Una razón para la perturbación de la gestión interna es que el control de la propia atención es una capacidad mental compleja (Langner y Eickhoff, 2013; Mather y Knight, 2005) que puede verse drásticamente debilitada por el rápido declive cognitivo y el efecto de abotargamiento que produce la medicación, característicos ambos de las fases finales de la vejez. Por lo que respecta al deterioro de la gestión de las geografías externas, debemos considerar cómo suelen operar las personas mayores que todavía son relativamente jóvenes y mantienen el control. Tapizan sus entornos cotidianos a cada paso con estímulos capaces de hacerles felices: fotografías familiares (ningún nieto se queda sin su retrato en este sentido), souvenirs de viajes que les traen buenos recuerdos o música de emisoras de radio especializadas en sonidos relajantes. Basta contrastar esta serie de estímulos ambientales con los que se encuentran disponibles cuando ya no pueden ejercer ese control espacial y se ven confinados a la solitaria penumbra del dormitorio de casa o a las asépticas habitaciones de los hospitales. De nuevo, las personas mayores no son un caso aparte en lo que respecta a este fenómeno. Los estudiantes universitarios a los que se les da bien organizar sus geografías internas mediante el autocontrol suelen hacerlo, en parte, ordenando primero las externas. Es decir, tácticamente pasan más tiempo con gente y en situaciones sociales más susceptibles de favorecer el autocontrol (VanDellen *et al.*, 2015).

6. Como prueba empírica de que los cambios en el foco de atención pueden «romper el asedio del invierno» incluso para los no ancianos, consideremos cómo se puede levantar de manera significativa el ánimo de unos niños entristecidos pidiéndoles que hagan un dibujo sobre un tema no relacionado con la causa de su tristeza. Este sistema de redirección de su atención no solo resultó muy sencillo de aplicar, sino que demostró ser efectivo en todos los grupos de edad de los participantes en el estudio, que iban de los seis a los doce años (Drake y Winner, 2013).

Una perspectiva general de los hallazgos de Lyubomirsky puede encontrarse en dos excelentes libros divulgativos (Lyubomirsky, 2008, 2014). Para un enfoque más académico, puede consultarse un buen resumen en Lyubomirsky y Layous (2013). La investigación sobre el uso de la aplicación Live Happy para teléfonos móviles iPhone y su relación con el incremento del índice de felicidad fue llevada a cabo por Parks *et al.* (2012). La lista completa con las doce actividades inductoras de felicidad propuestas por Lyubomirsky puede descargarse de un vínculo situado al final de la siguiente página web: http://thehowofhappiness.com/about-the-book.

7. Me veo obligado a hablar en pasado de Alan debido a su prematura muerte al comienzo de su carrera, después de luchar durante toda su vida contra una fibrosis quística. Durante los años en los que estudiamos juntos en Chapel Hill, en Carolina del Norte, fui testigo cercano de esa batalla personal. Alan se enfrentó con valentía y sin queja a su destino. Yo, sin embargo, sí he tenido tiempo para lamentarme larga y amargamente por la pérdida de una persona y un amigo excepcional. Mi último sinsabor es que no haya podido estar presente para comprobar la validación científica de uno de los consejos que me dio relacionados con concentrarse en los puntos fuertes y los logros de uno mismo para mejorar el rendimiento en los test de aptitud. En efecto, una serie de estudios ha demostrado que, especialmente en el caso de sujetos que no suelen rendir bien en ese tipo de pruebas (como, por ejemplo, gente de ingresos bajos), hacerles describir antes del test una experiencia personal que les hubiera hecho sentirse orgullosos de sí mismos y exitosos redundaba en una mejor puntuación en los ejercicios de inteligencia (Hall, Zhao y Shafir, 2014).

8. Para un buen análisis de los efectos de los estereotipos sobre la supuesta falta de habilidad de las mujeres en pruebas matemáticas, véase

Rydell, McConnell y Beilock (2009), Schmader, Johns y Forbes (2008), y Shapiro y Neuberg (2007). Para una demostración empírica de mis cuatro recomendaciones específicas, véase: para la primera, Inzlicht y Ben-Zeev (2000), y Sekaquaptewa y Thompson (2003); para la segunda, Marx y Roman (2002), McIntyre, Paulson y Lord (2003), Latu *et al.* (2013), y, relacionado, McCormick y Morris (2015); para la tercera, Cervone (1989) y Miyake *et al.* (2010), y para la cuarta, Danaher y Crandall (2008), Rydell *et al.* (2009), y Shih, Pittinsky y Ambady (1999).

Conviene reseñar también otros dos hallazgos relevantes aparecidos en el estudio de este prejuicio sexual sobre la capacidad de razonamiento matemático. El primero es que los procesos psicológicos básicos implicados aquí no se limitan a la activación de ese estereotipo en particular. Por ejemplo, existe la creencia generalizada de que los deportistas no son muy inteligentes; por lo tanto, cuando a los estudiantes atletas de una universidad de élite, Princeton, se les recordó su condición de deportistas antes de una prueba de matemáticas, sus resultados fueron sensiblemente peores (Yopyk y Prentice, 2005). De modo similar, pero con un efecto sociológico mucho más relevante, recordar a alumnos afroamericanos su condición racial antes del examen también afectó de forma negativa a su rendimiento (Nguyen y Ryan, 2008; Steele, Spencer y Aronson, 2002, y Walton y Spencer, 2009). Por suerte, los mismos procedimientos que en el otro estudio armaban a las estudiantes contra el condicionamiento de estos prejuicios (tales como la autoafirmación o la exposición a la presencia de figuras femeninas de probada valía en ese campo) sirvieron también en el caso de los alumnos afroamericanos (Cohen *et al.*, 2006, y Taylor y Walton, 2011).

El segundo es que la creencia de que, por lo general, las mujeres son peores que los hombres a la hora de resolver problemas matemáticos tiene poco o ningún fundamento objetivo (Ceci *et al.*, 2014). Si no se conduce su atención hacia su sexo, las mujeres suelen rendir al mismo nivel que los hombres en pruebas de aptitud matemática (Lindberg *et al.*, 2010). ¿Por qué, entonces, cuentan con una representación tan baja en carreras científicas, ya sea tecnológicas, de ingeniería o de matemáticas (Ceci, Williams y Barnett, 2009)? En gran parte, parece ser una simple cuestión de preferencias (Ceci y Williams, 2010; Robertson *et al.*, 2010, y Wang, Eccles y Kenny, 2013). Para desempeñar con éxito profesiones en campos que requieren sólidas aptitudes matemáticas como la astronomía, la química, la informática, la ingeniería, las matemáticas y la física, es necesario comprender las relaciones entre elementos pertenecientes a sistemas inorgánicos numéricos, mecánicos y físicos. Puede que las mujeres tengan la misma capacidad de los hombres para hacerlo pero, sencillamente, no les apetece. Están más interesadas en cómo operan los sistemas sociales, más adecuados al carácter «comunitario» de sus metas personales, cuya consecución conlleva interactuar con otras personas en lugar de hacerlo con objetos (Diekman *et al.*, 2010; Lubinski, Benbow y Kell, 2014; Meyers-Levy y Loken, 2015; Schmidt, 2014; Su y Rounds, 2015; Su, Rounds y Armstrong, 2009, y Zell, Krizan y Teeter, 2015). De hecho, esta orientación atencional más pronunciada es manifiesta ya incluso entre las niñas pequeñas, que escudriñan los rostros humanos, incluidos los de otros infantes, durante un margen de tiempo significativamente mayor al que emplean los niños de la misma edad (Gluckman y Johnson, 2013). Quienes no puedan acceder a los estudios citados pueden obtener una prueba igual de convincente de la capacidad de las mujeres jóvenes para analizar, en un nivel de exquisito detalle, las relaciones entre elementos de sistemas complejos. Basta con escuchar una conversación entre dos chicas adolescentes sobre los miembros de sus redes sociales.

9. MECÁNICA DE LA PRE-SUASIÓN: CAUSAS, RESTRICCIONES Y CORRECTIVOS

1. Argumentos que apoyan la idea general de que una apertura predispone a la influencia por parte de conceptos asociados a ella, al mismo tiempo que inhibe la de aquellos no vinculados pueden encontrarse en diversas fuentes (Buanomano, 2011; Bridwell y Srinivasan, 2012; Gayet, Paffin y Van der Stigchel, 2013; Higgins, 1996; Kim y Blake, 2005; Klinger, Burton y Pitts, 2000; Loersch y Payne, 2011; Maio *et al.*, 2008; Tulving y Pearlstone, 1966, y Wentura,1999).

Existen desde hace mucho pruebas contrastadas de que la accesibilidad de un concepto (la facilidad con la que se puede establecer contacto cognitivo con él) desempeña una función central en la subsiguiente respuesta atencional y relevante (por ejemplo, Blankenship, Wegener y Murray, 2012, 2015; Higgins y Bargh, 1987). Para investigaciones que muestran los efectos de los videojuegos violentos en forma de conductas antisociales y pensamientos agresivos, véase Anderson *et al.* (2004), Anderson y Dill (2000), Greitemeyer y Mügge (2014), y Hasan *et al.* (2013). Para estudios que demuestran el efecto espejo de videojuegos de carácter «prosocial» en el desarrollo de conductas y pensamientos solidarios y prosociales, véase

Gentile *et al.* (2009); Greitemeyer y Osswald (2010), y Greitemeyer y Mügge (2014); para pruebas empíricas de cómo el incremento de solidaridad se produce en jugadores de múltiples culturas y puede prolongarse durante años, véase Prot *et al.* (2014). Para estudios que indican que jugar a videojuegos violentos reduce la agresividad siempre y cuando los participantes tengan que cooperar entre sí para derrotar a un enemigo común, véase Jerabeck y Ferguson (2013). La explicación de este efecto en términos de la reducción de la accesibilidad cognitiva a pensamientos agresivos se encuentra en Granic, Lobel y Engels (2014) y Schmierbach (2010).

2. Los autores del estudio sobre solidaridad en niños expresaban su sorpresa genuina ante «la facilidad con la que era posible estimular de modo drástico el comportamiento prosocial en niños» (Over y Carpenter, 2009, p. 1192). Puedo entender ese asombro: los individuos que figuraban juntos en las fotos que se mostraron a los niños aparecían en el fondo de las imágenes, no en primer plano. Y eran muñecos, no personas. El investigador al que ayudaron los niños era un completo extraño para ellos y ni siquiera habían pasado tiempo con él antes de que se presentara la ocasión de ayudarle. Aun así, el efecto de las imágenes con connotaciones de solidaridad o cercanía fue realmente significativo, ya que un 60 % de los niños que las vieron en el experimento se prestó de manera espontánea a ayudar al investigador, frente a tan solo un 20 % del resto de los pequeños participantes en el estudio. El experimento con adultos sobre el efecto que los estímulos solidarios pueden producir en el desempeño de tareas es obra de Carr y Walton (2014).

Mi investigación sobre tirar basura en la calle la realicé junto a Raymond Reno y Carl Kallgren (1991) e incluía otro estudio que mostraba el poderoso efecto que tiene sobre la conducta humana la desaprobación social de cuestiones muy concretas. Los sujetos que tuvieron la oportunidad de tirar al suelo del aparcamiento un folleto publicitario lo hicieron en un 33 % de ocasiones. Sin embargo, ninguno de quienes vieron antes a un hombre recoger el folleto que otra persona había arrojado, afeándole además su conducta, se atrevieron a arrojar al suelo el suyo, ni siquiera después de que el hombre abandonara el lugar. Aquello probaba que un método extraordinariamente eficaz a la hora de impedir que la gente tire basura al suelo era identificar y luego mostrar el cercano y ligado concepto de rechazo social de esa conducta.

3. Los resultados del estudio sobre la cerveza belga pueden consultarse en Sweldens, Van Osselear y Janiszewski (2010), y los resultados del

enjuague bucal en Till y Priluck (2000); los del estudio sobre el valor percibido y el consumo de refrescos proceden de Winkielman, Berridge y Wilbarger (2005). Nuevas pruebas de que estas modificaciones en la percepción de lo atractivo pueden producirse sin control consciente o percepción de la misma pueden encontrarse en Gawronski, Balas y Creighton (2014); Hofmann *et al.* (2010); Hütter *et al.* (2012), y Hütter, Kutzner y Fiedler (2014). Una brillante parodia del uso que los publicistas hacen de los mecanismos implicados puede verse en: www.fastcocreate.com /3028162 /this-generic-brand-ad-is-the-greatest-thing-about-the-absolute-worst-in-advertising ?partner= newsletter.

4. Existen revisiones extensas de la bibliografía sobre los efectos del uso de formulaciones del tipo «si... entonces...» (Gollwitzer y Sheeran, 2006, 2009). Los estudios sobre el cumplimiento del plan de administración de medicación de epilépticos y sobre redacción de currículums entre drogadictos fueron realizados por Brandstätter, Lengfelder y Gollwitzer (2001), y Brown, Sheeran y Reuber (2009), respectivamente. Las ventajas que la formulación de planes del tipo «si/cuando... entonces...» proporciona sobre las declaraciones de intenciones cotidianas se han demostrado en un estudio diseñado para animar a los alumnos a que persistan en la resolución de complicados problemas de razonamiento lógico. Se pidió a algunos de ellos que indicaran su voluntad de hacerlo comprometiéndose con la siguiente fórmula: «¡Resolveré correctamente tantos problemas como pueda! Y me diré a mí mismo: ¡puedo hacerlo!». Se pidió a otro grupo que hiciera lo propio, pero usando una fórmula un poco distinta: «¡Resolveré correctamente tantos problemas como pueda! Y cuando empiece un nuevo problema, entonces me diré a mí mismo: ¡puedo hacerlo!». A pesar de lo parecidas que son ambas declaraciones, los alumnos que emplearon la que contenía la estructura «cuando... entonces...» resolvieron correctamente un 15 % más de las preguntas (Bayer y Gollwitzer, 2007, estudio 2; para otros hallazgos comparables adicionales véanse Oettinger, Hönig y Gollwitzer, 2000; Gollwitzer y Sheeran, 2006; y Hudson y Fraley, 2015). Pruebas del carácter automático del funcionamiento de estas formulaciones pueden encontrarse en Bayer *et al.* (2009). Como puede observarse en esta serie de referencias, el científico conductivista Peter Gollwitzer y sus asociados son responsables de las investigaciones y conclusiones más relevantes sobre la formulación de planes del tipo «si/cuando... entonces...».

5. Junto a los objetivos principales (Dijksterhuis, Chartrand y Arts, 2007; Klinger, 2013), entre los ejemplos de fuentes de información cróni-

camente «precargadas» se incluyen los roles sociales, los marcos culturales, las autoidentidades y las orientaciones personales. En cada caso, las investigaciones confirman que, si bien dichas fuentes están presentes de manera constante en el individuo, no siempre están operativas. Por lo general, suele ser necesario algún recordatorio del concepto en cuestión (a veces incluido como parte de una estrategia comunicativa de persuasión) para que este pase del modo «listo y a la espera» al operativo. Una de las descripciones más tempranas de esta progresión se produjo en un estudio sobre la variable del sexo. Un extenso análisis reveló que los hombres y las mujeres suelen tener comportamientos idénticos, excepto cuando está presente algún recordatorio de sexo (por ejemplo, en un escenario, en un programa de televisión o en un mensaje publicitario), que entonces actúa orientando la respuesta de los sujetos hacia los roles masculino o femenino preponderantes (Deaux y Major, 1987). Hemos visto uno de estos ejemplos en el capítulo anterior: varones y mujeres sacaban puntuaciones similares en un test matemático, excepto cuando se les recordaba el sexo; solo entonces las puntuaciones variaban de forma apreciable (Lindberg *et al.*, 2010). Existen pruebas similares del impacto que tienen sobre el comportamiento la cultura (Oyserman y Lee, 2008; Weber y Morris, 2010), la autoidentidad (Brown y McConnell, 2009; Oyserman, 2009), las metas (Van Yperen y Leander, 2014) y los rasgos personales (Halvorson y Higgins, 2013); cada uno de estos factores guía la conducta sobre todo tras adquirir preeminencia en el foco atencional. El estudio sobre la aplicación de planes o intenciones formulados mediante la estructura «si/cuando... entonces...» en el cumplimiento de dietas puede encontrarse en Stroebe *et al.* (2013).

6. Desde luego, la idea de que una pregunta formulada con habilidad puede resultar poderosamente persuasiva no es novedosa. A Sócrates ya se le conocía como el «gran maestro de las preguntas», en reconocimiento a su famoso método para incitar cambios de opinión (Johnson, 2011). Pero el hecho de que esta noción tenga unas raíces tan antiguas no debería disuadirnos, no obstante, de aplicarlo a las elecciones de hoy en día. Por ejemplo, en el caso de los efectos del buen humor, ¿deberíamos decidir no hacer nunca una gran adquisición cuando nos sentimos felices, de la misma manera en que se nos aconseja no comprar comida cuando estamos enfadados? Eso no es lo que se deduce de los resultados de la investigación. En lugar de ello, lo que deberíamos hacer es preguntarnos por qué nos sentimos eufóricos. Si la razón no guarda conexión con la valía de la com-

pra en cuestión, sino que se debe a que hace un día estupendo o a que el vendedor o vendedora ha hecho un comentario gracioso o halagador, la respuesta debería bastarnos para que podamos corregir ese condicionamiento anímico (DeSteno *et al.*, 2000). Lo mismo sucede si somos seguidores de algún equipo y este ha ganado algún trofeo importante. Esas victorias suelen mejorar la consideración (y la intención de voto) hacia los gobernantes que ocupen el poder en ese momento. Pero si se pregunta primero a los mismos seguidores por el resultado del partido y, por lo tanto, se les recuerda que la razón de su buen humor no está relacionada con la labor de los políticos en el poder, ese repentino incremento de la valoración de su gestión disminuye casi a cero (Healy, Malhotra y Mo, 2010). La conceptualización más amplia y bien argumentada de cómo y cuándo corregimos nuestros juicios es probablemente la que proporciona el modelo de corrección flexible desarrollado en la Universidad Estatal de Ohio por los psicólogos Duane Wegener y Richard Petty (Chien *et al.*, 2014; Wegener y Petty, 1997); en él defienden que las correcciones tienen más posibilidades de llevarse a cabo cuando los sujetos toman conciencia de que son susceptibles de recibir la influencia de algo que no desean, momento en el que gozan de la motivación y la capacidad de obrar necesarias para contrarrestarla. Como regla general, sería correcto decir que los procesos primitivos de asociación nos predisponen a la adopción de ciertas conductas; pero en la medida en que podamos advertirlos y tengamos la voluntad y la capacidad para corregir su influencia, no predeterminan nuestra conducta (Baumeister, Masicampo y Vohs, 2011; Cameron, Brown-Iannuzzi y Payne, 2012; Dasgupta, 2004; Davis y Herr, 2014; Fiske, 2004; Pocheptsova y Novemsky, 2009; Strack, Werth y Deutsch, 2006; Thompson *et al.*, 1994, y Trampe *et al.*, 2010).

Los estudios que documentan el efecto del estado ánimo sobre la valoración de las propias posesiones pueden consultarse en Isen *et al.* (1978); los del efecto del tiempo en la predisposición de las mujeres a dar su número de teléfono, en Guéguen (2013); y los del efecto de los días soleados en las valoraciones de la propia satisfacción vital, en Schwarz y Strack (1991). El impacto del buen humor a la hora de provocar respuestas excesivamente positivas queda muy bien ilustrado en una historia que el humorista Calvin Trillin cuenta acerca de un amigo que salió de una cafetería sintiéndose fenomenal y que, al toparse en la puerta con una mujer mayor de pie con un vaso de papel en la mano, deja caer en él algunas monedas. ¿La respuesta de la mujer? «¿Qué demonios le ha hecho a mi té?»

7. La investigación sobre el *product placement* fue llevada a cabo por Law y Braun (2000). El estudio empírico de la enorme proliferación de posicionamiento de productos en los últimos años es obra de Patricia Homer (2009), quien obtuvo los resultados de sus propias causas contra empresas anunciantes que cruzaban la raya en este terreno. La respuesta del público al posicionamiento conspicuo de marcas en cine y televisión descendía significativamente cuando se añadía una segunda estrategia de visibilidad y los emplazamientos obvios sucedían además repetidas veces (tres) en el clip en cuestión. Sin embargo, ese descenso no se producía en el caso de marcas introducidas de forma sutil, a las que no se percibía como una fuente potencial de condicionamientos incluso cuando se mostraban repetidas veces. De hecho, la predisposición de los espectadores hacia la marca en cuestión mejoraba de alguna manera cuantas más veces estaban expuestos a su presencia, a condición de que fuese de forma sutil. Este descubrimiento nos recuerda los resultados del estudio (descrito en el capítulo 3) sobre la efectividad de los banners publicitarios online que vuelan por debajo de nuestro radar emergiendo tan solo de manera breve y superficial en la periferia del contenido electrónico que estemos leyendo. En estas circunstancias, cuantas más veces se encontraban los lectores un anuncio, más les gustaba después, aunque ni siquiera recordaran haberlo visto (Fang, Singh y Ahluwalia, 2007). En estos enlaces se pueden encontrar buenos ejemplos —y una breve historia— del emplazamiento de productos en cine (www.youtube.com /watch?v=wACBAu9coUU) y en televisión (www.ebaumsworld.com/video/watch/83572701/). Por supuesto, hasta las formas más descaradas de *product placement* pueden llegar a funcionar, siempre y cuando se integren con habilidad en la línea argumental. Pueden encontrarse varios ejemplos de emplazamiento exitoso aquí: http://mentalfloss.com/article/18383/stories-behind-10-famous-product-placements.

8. Además de los meros recordatorios o indicadores dispuestos de manera sigilosa con intenciones persuasivas, otras dos clases de pistas pueden ayudarnos a darnos cuenta de que podemos ser vulnerables a factores que pueden extraviar nuestra atención y, por lo tanto, a intentar neutralizar su influencia. La primera implica lo extremadamente perceptible del estímulo en cuestión (Glazer y Banaji, 1999; Herr, Sherman y Fazio, 1983; Nelson y Norton, 2005, y Shu y Carlson, 2014). Por ejemplo, un abogado puede intentar influir en el jurado con el fin de lograr un sustancioso acuerdo para su cliente mencionando cantidades cada vez más altas, hasta

llegar al punto en que los miembros del jurado registren la última mencionada como extrema, momento en el que afinarán su criterio para contrarrestar la influencia de esos números (Marti y Wissler, 2000). Además de por lo extremo de algunos elementos en potencia condicionantes, nuestra voluntad de corrección también puede verse activada por la presencia de otros elementos asociados a un objetivo personal relevante, opuesto a aquel hacia el que se nos intenta dirigir (Macrae y Johnston, 1998; McCaslin, Petty y Wegener, 2010; Monteith *et al.*, 2002, y Thompson *et al.*, 1994). En un estudio se mostró a unos sujetos de raza blanca fotografías de personas de raza negra, destinadas a estimular en los primeros los prejuicios estereotipados contra las segundas. Los participantes que tenían como una meta personal controlar cualquier prejuicio racial reaccionaron contra estos estereotipos corrigiendo la influencia que pudieran ejercer sobre su actitud (Olsen y Fazio, 2004).

9. Los argumentos sobre la existencia de mecanismos de corrección en el procesamiento humano de información (por ejemplo, Hayes, 2011; Kelin *et al.*, 2002) han recibido apoyo por parte de estudios de neuroimagen que parecen haber localizado algunas zonas del cerebro implicadas en el reconocimiento de información engañosa (Asp *et al.*, 2012) y su ajuste (Cunningham *et al.*, 2004; Klucharev *et al.*, 2011). Muchos académicos han concluido que uno de estos mecanismos de corrección es un sistema de razonamiento diferente en su forma de operar al de otros mecanismos más primitivos en términos como racional frente a emocional, analítico frente a experiencial, deliberativo frente a espontáneo, reflexivo frente a impulsivo y controlado frente a automático. No es necesario que ahonde más en el tema, ya que existen excelentes y exhaustivos compendios sobre el mismo, como el magistral libro de Daniel Kahneman, *Pensar rápido, pensar despacio* (2012) o el volumen editado por Sherman, Gawronski y Trope (2014).

El papel de la fatiga nocturna a la hora de facilitar la labor de los productores de anuncios para teletienda lo analiza Remy Stern en un ameno libro (2009), en el que cita a uno de los padres fundadores de esa industria, Al Eicoff, quien explica: «A esa hora, la gente ofrece menos resistencias. Si están cansados, su subconsciente se dejará convencer sin que su conciencia luche por evitarlo». Existen dos fuentes de investigación sobre los efectos de los períodos de carencia de sueño en la incapacidad de los soldados de artillería a la hora de negarse a obedecer órdenes claramente cuestionables, una divulgativa (Schulte, 1998) y otra académica (Banderet *et al.*, 1981). Drizin y Leo (2004) proporcionan los datos de la duración media de los interrogatorios que generan confesiones falsas. El estudio de los efectos de contar con un tiempo limitado a la hora de evaluar las especificaciones de dos cámaras de fotos fue llevado a cabo por Alba y Marmorstein (1987, experimento 2); para consultar resultados conceptualmente comparables de estudios más recientes, véase Parker y Lehman (2015, experimento 3). Sabemos desde hace tiempo que, comparados con los textos escritos, los materiales emitidos, como los televisivos, hacen que los espectadores tiendan a prestar más atención a las cualidades del comunicador (por ejemplo, su encanto o su atractivo) que a las de lo que se comunica (Chaiken y Eagly, 1983).

Tercera parte. Prácticas ganadoras: la optimización de la pre-suasión
10. Las seis vías del cambio: amplias avenidas y astutos atajos

1. Por supuesto, cuando utilice una apertura pre-suasiva para atraer la atención hacia el concepto de autoridad antes de transmitir un mensaje, el comunicador deberá tener buenas pruebas del nivel de autoridad de lo que presenta. Tal como han demostrado muchas investigaciones, atraer la atención hacia cualquier tipo de prueba —incluida la condición del experto— solo es aconsejable en los casos en que estas resulten convincentes. Una táctica que atraiga la atención hacia pruebas débiles seguramente no solo no tendrá éxito, sino que muy bien podría resultar contraproducente (Armstrong, 2010, pp. 193-194; Burnkrant y Unnava, 1989; Houghton y Kardes, 1998; Hsee y LeClerc, 1998; Laran y Wilcox, 2011; Petty y Cacioppo, 1984; Petty y Brinol, 2012, y Posavac *et al.*, 2002). Un ejemplo de este patrón puede verse en un estudio en el que se analizó la tendencia a responder a otro de los seis principios de influencia: el principio de coherencia, que establece que, como norma general, la gente tiende a seguir siendo coherente con lo que ya ha dicho o hecho previamente. Lo primero que demostró el estudio, y no resultó ninguna sorpresa, fue que los individuos que sentían que manejaban buenas pruebas de que el mantinmiento de ese tipo de coherencia era una tendencia inteligente solían ser más coherentes que los que decían tener pocas evidencias. En segundo lugar —y esto es más interesante—, el estudio también demostró que si se utilizaba una apertura pre-suasiva que les hiciera tener presente esa idea de coherencia, esos sujetos que la preferían con mucho se volvían incluso más coherentes en sus respuestas, mientras que los que no, se volvían aún menos coherentes (Bator y Cialdini, 2006).

2. La investigación sobre la conducta infantil relacionada con la reciprocidad fue llevada a cabo por Dunfield y Kuhlmeier (2010), mientras que el estudio en la tienda de caramelos lo realizó Lammers (1991). Los datos sobre las muestras gratuitas repartidas en Costco se pueden consultar en un artículo publicado en *The Atlantic*, accesible a través de www.theatlan tic.com/business/archive/2014/10/the-psychology-behind-cost cos-free-samples/380969. Parte del gran efecto de las muestras gratuitas sin duda es atribuible al hecho de que los consumidores tienen oportunidad de probar algo y decidir si les gusta. Pero existe un estudio que apunta hacia la importancia de factores interpersonales, al demostrar que los clientes que más tienden a comprar fueron los más sensibles a los aspectos sociales de la situación, no a los informativos ni los relativos al disfrute personal (Heilman, Lakishyk y Radas, 2011); además, el gasto total que hacen los compradores en el supermercado aumenta de manera significativa en la visita en cuestión incluso cuando no tienen la oportunidad de probar el artículo en la tienda, sino que simplemente reciben un vale de descuento sorpresa (Heilman, Nakamoto y Rao, 2002). Para una representación humorística de las obligaciones derivadas de haber recibido algo, véase www.youtube.com/watch?v=H7xw-oDjwXQ. Para ver ejemplos de cómo se usan estas obligaciones en el mundo del marketing, véase www. referralcandy.com/blog/10-examples-reciprocitymarketing.

El trabajo en torno a la relación entre las aportaciones económicas a las campañas y la política fiscal lo llevaron a cabo Brown, Drake y Wellman (2015). Hallazgos como este han llevado a observadores del ámbito judicial a dudar sobre si los jueces electos que reciben contribuciones a sus campañas pueden ser imparciales en aquellas causas que afecten a sus patrocinadores, pese a lo que puedan defender los propios jueces (Susman, 2011, y la American Constitution Society, en www.acslaw.org/ACSpercent20Justice percent20at percent20Risk percent20 percent28FINALpercent29 percent206_ 10_13.pdf). Aunque la gente encargada de tomar decisiones, como los legisladores y los jueces, a menudo asegure tener una visión demasiado clara y demasiada integridad moral para llegar a estar condicionada por un regalo, harían bien en recordar una admonición bíblica que debilita los argumentos de tales afirmaciones: «No aceptes sobornos; porque el soborno ciega a los perspicaces y pervierte las causas justas» (Éxodo 23,8).

3. El estudio sobre la participación en la encuesta, cuyos resultados coinciden con los de muchos otros (véase Mercer *et. al.,* 2015), fue publicado por Scherenzeel y Toepoel (2012). El experimento en el hotel esta-

dounidense apareció en un artículo de Goldstein, Griskevicius y Cialdini (2011) que, junto con otras investigaciones (por ejemplo, las de Belmi y Pfeffer, 2015; Pillutia, Malhotra y Murnighan, 2003), documentaba las razones por las que dar algo primero funciona tan bien: genera en el receptor una noción de que está obligado a corresponder. Aun así, cabe señalar que en la familia de factores relacionados con la reciprocidad, la obligación tiene una hermana pequeña más adorable e igualmente activa —la gratitud—, que opera estimulando la respuesta no tanto porque los beneficiarios de favores se sientan en deuda, sino porque aprecian el gesto previo. Aunque se puede contar con que ambos sentimientos espoleen una acción de reciprocidad positiva, la gratitud parece estar relacionada con la intensificación de las relaciones más que con su mera instigación o mantenimiento.

La investigación de Sara Algoe y sus colaboradores (Algoe, 2012; Algoe, Gable y Maisel, 2010) ofrece pruebas fehacientes a este respecto. Ningún otro trabajo convence tanto al exponer y explicar los beneficios de dar primero —en los negocios y en la vida— como el libro de Adam Grant *Dar y recibir: por qué ayudar a los demás conduce al éxito*, que recomiendo encarecidamente.

4. El estudio acerca de las propinas en el restaurante de New Jersey fue realizado por Strohmetz *et al.* (2002), mientras que la investigación sobre el aumento del gasto en restaurantes de comida rápida la llevaron a cabo Friedman y Rahman (2011). Como nota divertida, uno de los primeros episodios de la comedia *Seinfeld* describe el efecto, sobre el nivel de agradecimiento posterior, de ofrecer (y de no ofrecer) un obsequio significativo, inesperado y personalizado: www.youtube.com/watch?v=aQlhrrqTQmU. El caso del agradecido líder de la tribu afgana proviene de un reportaje del periodista ganador del Premio Pulitzer Joby Warrick (Warrick, 2008). El testimonio sobre cómo «cedió» Abu Jandal ante el uso de galletas sin azúcar lo ofrece Bobby Ghosh (2009) en un artículo en el que explica con detalle cómo, en los interrogatorios, los métodos psicológicos «blandos», tales como el empleo de favores que estimulen cierta noción de reciprocidad, pueden obtener mejores resultados que las medidas coercitivas. Hay investigaciones (Goodman-Delahunty, Martschuk y Dhami, 2014) que ofrecen demostraciones científicas a este respecto; y los siguientes vínculos conducen a más pruebas de este tipo en www.psychologicalscience.org/index.php/news/were-only-human/the-science-of-interrogation-rapport-not-torture.html.

El poder de la reciprocidad puede durar toda la vida, y también salvártela. En 1938, siendo un muchacho, Arthur George Weidenfeld llegó a Inglaterra en un tren del Kindertransport que alejaba a niños judíos de la persecución nazi y los trasladaba a lugares más seguros de Europa. Aquel viaje en tren, así como la custodia de Arthur a su llegada, fueron organizados por una agrupación de sociedades humanitarias cristianas que rescató a miles de niños judíos. Arthur acabaría convirtiéndose en director de una de las principales editoriales de Reino Unido y obtendría el título de lord inglés. En 2015, a la edad de noventa y cuatro años, lord Arthur Weidenfeld encontró una manera de corresponder a aquel gesto en especie. Fundó y organizó Operation Safe Havens, que saca a familias cristianas sirias e iraquíes de territorios en los que sus vidas corren peligro por la actividad de los milicianos del ISIS. Cuando le criticaron por no incluir en el programa a personas de otras creencias religiosas (drusos, alauitas, yazidíes, chiítas) que también están amenazadas, él dio una explicación en unos términos que revelaban la capacidad priorizadora del principio de reciprocidad: «No puedo salvar al mundo, pero... por el lado judío y cristiano... tengo una deuda que pagar». Coughlan (2015) ofrece más detalles de la historia de lord Weidenfeld y Operation Safe Havens.

5. Andrew Meltzoff (2007) se encargó de recabar los datos sobre los bebés que sonríen. Los hallazgos en torno a los efectos de la similitud entre registros lingüísticos proceden de diversas fuentes: los datos sobre los niveles de atracción romántica y la estabilidad de las relaciones provienen de Ireland *et al.* (2011); los de las negociaciones con secuestradores, las propinas de las camareras, los resultados de las negociaciones y las ventas de aparatos electrónicos se encuentran en Taylor y Thomas (2008); Van Baaren *et al.* (2003); Maddux, Mullen y Galinsky (2008), y Jacob *et al.* (2011), respectivamente. Kogut y Ritov (2007) y Levine *et al.* (2005) documentaron cómo las afinidades propiciaban la disposición a la ayuda en casos de emergencia, mientras que DuBois *et al.* (2011) demostraron su utilidad en los programas de orientación juvenil.

6. Aunque Mark Twain reconociera el sustento aportado por los piropos, ciento cincuenta años antes Jonathan Swift advertía que esas calorías podían estar vacías: «Una vieja máxima de la escuela os recordaría / que el alimento del tonto es la zalamería». Por lo que respecta al impacto que tiene sobre la persuasión, sin embargo, da la impresión de que la sex symbol Mae West hizo la observación más afinada: «A base de piropos llegarás a todas partes», les decía a sus pretendientes. John Steiner fue el principal

investigador en el estudio llevado a cabo en la peluquería (Seiter y Dutson, 2007), que reprodujo en un restaurante para demostrar que las camareras que halagan a los clientes su elección de platos se llevan mejores propinas (Seiter, 2007). La demostración de que los piropos pueden tener un gran efecto en el gusto y la simpatía, así como uno distinto pero igualmente determinante en la predisposición a prestar ayuda, se encuentra en Gordon (1996) y Grant, Fabrigar y Lim (2010). Los efectos de los halagos poco espontáneos se pueden consultar en Chan y Sengupta (2010) y Fogg y Nass (1997).

7. No es difícil de entender por qué tendemos a pensar que caemos bien a las personas que nos halagan. Es menos obvio que el hecho de que alguien se nos parezca implique que le caemos bien, pero el resultado de las investigaciones demuestra que sucede exactamente eso. De hecho, la certeza de que le vamos a caer bien a la gente que se nos parece es lo que motiva que ellos nos resulten simpáticos (Condon y Crano, 1988; Singh *et al.*, 2007). Los estudios de Bukowski, Hoza y Bolvin (1994) y Davis y Todd (1985) demuestran que tendemos a pensar que la gente a la que le caemos bien, como por ejemplo nuestros amigos, nos va a aconsejar bien.

8. Aramovic, Lytle y Skitka (2012), Duguid y Thomas-Hunt (2015) y Eriksson, Strimling y Coultas (2015) llevaron a cabo los estudios que muestran los efectos de la información relativa al consenso social sobre los criterios de moralidad. Resulta ilusionante ver cómo las pruebas del papel del consenso social en el establecimiento de la validez están repartidas por el mundo: el experimento del menú de los restaurantes se desarrolló en China (Cai, Chen y Fang, 2009), el estudio del consumo de fruta en los Países Bajos (Stok *et al.*, 2014) y el de la reducción de los índices de contaminación en Indonesia (García, Sterner y Afsah, 2007) y en India (Powers *et al.*, 2011). Como información adicional, el impacto del consenso social en la percepción de la validez brinda a los vendedores en subastas online (como en eBay) una respuesta muy clara a la pregunta de si deberían fijar unos precios de salida altos o bajos. El análisis indica que los precios de salida bajos generan pujas más altas. La razón: los precios de salida bajos atraen las pujas de más compradores potenciales, que advierten el interés e infieren, de manera errónea, que se debe al valor intrínseco del artículo y no a su sugerente precio de salida (Ku, Galinsky y Murningham, 2006). Básicamente, aplican la lógica del consenso social y piensan: «Ostras, si hay tanta gente pujando es que será una buena compra».

9. El estudio sobre el ahorro de energía (Nolan *et al.*, 2008) se llevó

a cabo en barrios de clase media de San Marcos, California, en los que nuestros asistentes en la investigación se enfrentaron al peligro de los perros en los patios traseros y de los sistemas de riego automático para conseguir registrar los consumos reales leyendo los contadores situados en el exterior de cada vivienda. Aunque ese estudio examinaba cómo opera el consenso social en el ámbito de la conducta ciudadana con respecto al medio ambiente, los mismos procesos se pueden aplicar a otros campos en los que la viabilidad también entra en juego como factor (por ejemplo, Lockwood y Kunda, 1997; Mandel, Petrova y Cialdini, 2006, y Schmiege, Klein y Bryan, 2010). Una muestra: uno de los principales factores determinantes en función de los cuales la gente tomará medidas a favor de su salud es si les parecen gestionables (Armitage y Connor, 2001) y las comparaciones sociales ayudan a determinar esto. (Para una revisión de todos estos datos, véase la página 27 de Martin, Haskard-Zolnierek y DiMatteo, 2010.)

10. La afirmación de Marshall McLuhan de que el medio es el mensaje está extraída de un libro suyo publicado en 1967 y de título casi idéntico: *El medio es el masaje*. Según su hijo, el doctor Eric McLuhan, la palabra «masaje» resultó de un error de la imprenta, pero cuando el autor lo vio y se dio cuenta de su encaje en la argumentación —el medio manipula la experiencia del receptor— les dijo: «¡Dejadlo así! ¡Queda genial y da en el clavo!».

El estudio que monitorizaba la actividad cerebral mientras los sujetos recibían consejos en materia financiera fue llevado a cabo por Engelman *et al.* (2009). Tal vez no resulte sorprendente que la etiqueta de la autoridad sea una herramienta útil a la hora de ejercer influencia sobre las personas, pero sí que es asombroso lo poco que se utiliza en casos en los que se podría aplicar a la perfección. Por ejemplo, los programas diseñados para evitar que los niños empiecen a fumar son considerablemente más efectivos cuando es un médico quien se los recomienda a los menores, que es algo que estos no suelen hacer (Moyer, 2013). En otra ocasión, como parte del equipo consultor de una empresa inmobiliaria, mi colega Steve J. Martin recomendó que, cuando recibieran llamadas de posibles clientes, la recepcionista dijera, sin mentir: «Le paso con nuestro agente experto en su área de interés». El número de personas que llamaban y que luego se convertían en clientes aumentó un 16 %. Es significativo que la recepcionista ya solía poner en contacto a quien llamaba con agentes expertos. Lo único que no había hecho era referirse a ellos con este nombre.

11. Véase Smith, De Houwer y Nosek (2013) para hallar información que confirma que tanto la condición de experto como la fiabilidad aumentan la percepción de la credibilidad y resultan en un grado de influencia mucho mayor. Las pruebas de la preferencia generalizada por la fiabilidad en muchos tipos de relaciones están sacadas de Cottrell, Neuberg y Li (2007), Goodwin (2015) y Wood (2015). La efectividad, en el ámbito judicial, de la estrategia de ser el primero en reconocer una debilidad ha sido demostrada en repetidas ocasiones (por ejemplo, en Dolnik, Case y Williams, 2003; Stanchi, 2008, y Williams, Bourgeois y Croyle, 1993); está comprobado que la misma táctica es efectiva en los casos de empresas que revelan información negativa sobre su actividad (Fennis y Stroebe, 2014). Combs y Keller (2010) nos brindan la información sobre cómo los políticos pueden ver incrementada su fiabilidad y también su intención de voto. La agencia de publicidad Doyle Dane Bernbach (actualmente DDB) fue la primera en producir anuncios de gran éxito en los que se reconocía alguna debilidad a la que después se contraponía una fortaleza, como los de «Lo feo solo llega al nivel de la piel» o «Es feo pero te lleva a tu destino», del viejo Volkswagen Escarabajo, o la revolucionaria campaña de «Somos los segundos. Nos esforzamos más» de la empresa de alquiler de vehículos Avis. Desde entonces, han sido efectivas numerosas campañas con este tipo de enunciados, como las del jarabe para la tos de Buckley's en Canadá («Sabe muy mal. Y funciona») y la de la Domino's Pizza en Estados Unidos. De hecho, tras una campaña «brutalmente honesta» de Domino's en 2009, en la que reconocían haber servido un producto de poca calidad en el pasado, las ventas y las acciones de la compañía se dispararon. Las conclusiones de Mann y Ferguson (2015) y de Petrova y Cialdini (2011) apoyan con fuerza la idea de que, cuando a una información negativa la sucede una positiva, la segunda será más efectiva si además contribuye a reducir el componente negativo de la primera (en lugar de funcionar simplemente como una compensación con algo bueno pero no relacionado).

12. El siguiente clip muestra qué ocurre cuando una persona intenta beneficiarse del deseo de otra de evitar pérdidas futuras: www.usatoday.com/story/tech/gaming/2014/02/10/flappy-bird-auction/5358289. Más allá del temor a sufrir pérdidas (Boyce *et al.*, 2013; Kahneman y Tversky, 1979), existen otras razones por las que la escasez de un artículo nos lleva a desearlo más. Por ejemplo, la gente tiende a pensar automáticamente que cuando hay pocas unidades de un producto significa que su valor económico es mayor (Dai, Wertenbroch y Brendel, 2008); además, a la gente no

le gusta que la escasez limite su libertad para hacerse con un producto y, por tanto, lo comprará para restablecer esa libertad (Burgoon *et al.*, 2002). Los datos sobre la práctica de los fabricantes de coches de limitar la producción de ciertos modelos los analizaron Balachander, Liu y Stock (2009), mientras que los de las promociones en supermercados los procesaron Inman, Peter y Raghubir (1997). El siguiente es un clip con la noticia de un incidente vagamente parecido al que relataba: www.live5news.com/story/23483193/iphone-5release-draws-crowd-on-king-street.

13. La investigación que demostraba que la plegaria reduce el número de infidelidades la hicieron Fincham, Lambert y Beach (2010), quienes también probaron que la forma más efectiva era la que consistía en implorar por el bienestar de la pareja; la plegaria no específica simplemente no tenía el mismo efecto, ni tampoco pensar tan solo de manera positiva y a diario en la pareja. Así que no era el compromiso con un acto espiritual en líneas generales o tener buenos pensamientos en la pareja lo que era la causa. En vez de esto, era un compromiso específico y activo con la felicidad de la pareja lo que volvía difícil mirar su bienestar. Los datos sobre los efectos consistentes de las suposiciones de honestidad, los votos en anteriores elecciones, las recomendaciones de productos y la ratificación de las intenciones los recogieron, respectivamente, Shu *et al.* (2012); Gerber, Green y Shachar (2003); Kuester y Benkenstein (2014), y Lipsitz *et al.* (1989).

14. En su libro *Forcing the Spring: Inside the Fight for Marriage Equality* (2014), la periodista ganadora del Pulitzer Jo Becker ofrece un meticuloso análisis de las figuras, las actividades y los acontecimientos que, en 2013, rodearon las dos decisiones del Tribunal Supremo estadounidense a favor del matrimonio homosexual. Gran parte de los datos que he proporcionado en mi relato proceden de esta fuente, que recomiendo encarecidamente a quien esté interesado en esta historia sobre lo que aconteció detrás de las cámaras. Aun así, los resultados de esa historia en lo tocante a las decisiones del juez Kennedy —por muy buen trabajo periodístico que haya detrás—, no funcionan como una demostración científica. Por fortuna, existe documentación de naturaleza científica que confirma la idea de que recordarle a la gente sus compromisos adquiridos suele bastar para animarles a seguir siendo coherentes con ellos en el futuro. Por ejemplo, se ha demostrado que, al preguntarles a los participantes en una encuesta online sobre las veces que han realizado donaciones en el pasado, aumentan las posibilidades tres veces y media de que hagan contribuciones a favor de nuevas víctimas de desastres naturales (Grant y Dutton, 2012).

Cabe señalar que, a veces, al considerar o al llevar a cabo una acción moral, como puede ser una donación, la gente siente que se ha ganado el derecho a ser más egoísta en la siguiente tesitura; es como si, después de haber contribuido al bien común, sintieran que tienen más derecho a pensar en sí mismos, a modo de compensación. Este fenómeno, que ha sido denominado «licencia moral» (Monin y Miller, 2001) se desarrolla en sentido contrario al habitual efecto de la relación entre el compromiso y la coherencia. Hasta la fecha, los mejores estudios disponibles indican que quien promulga la moralidad luego tiende a mantenerla cuando contribuye a sustentar la identidad que uno maneja de sí mismo como una persona moralmente concienciada; esto es, cuando muestra una trayectoria de acciones morales que lo confirman como tal (Conway y Peetz, 2012), cuando implica una actividad que se considera importante para la definición moral que uno hace de sí mismo (Miller y Effron, 2010) o cuando llevarla a cabo exige un sacrificio considerable (Gneezy *et al.*, 2012). Y, por el contrario, hay más posibilidades de que opere la licencia moral cuando un episodio de «buen comportamiento» no implica un compromiso mantenido con respecto a una cuestión moral, ni es determinante en la identidad moral del interesado, o no supone un gran sacrificio.

11. La unidad i: estar juntos

1. Las pruebas sobre los diversos efectos positivos de que haya favoritismos en el seno de un determinado grupo están extraídas de: Guadagno y Cialdini (2007) y Stallen, Smidts y Sanfey (2013), en lo relativo al acuerdo; Foddy, Platow y Yamagashi (2009) y Yuki *et al.* (2005), en lo relativo a la confianza; Cialdini *et al.* (1997); De Dreu, Dussel y Ten Velden (2015) y Greenwald y Pettigrew (2014), en lo relativo a la ayuda y la simpatía; Balliet, Wu y De Dreu (2014), y Buchan *et al.* (2011), en lo relativo a la cooperación; Westmaas y Silver (2006), en lo relativo al apoyo emocional; Karremans y Arts (2007) y Noor *et al.* (2008), en lo relativo al perdón; Adarves-Yorno, Haslam y Postmes (2008), en lo relativo a juicios sobre la creatividad; Gino y Galinsky (2012) y Leach, Ellemers y Barreto (2007), en lo relativo a juicios sobre la moralidad, y Brant y Reyna (2011) y Haslam (2006), en lo relativo a juicios sobre lo que es y no es humano. El favoritismo parece tener un largo alcance en su impacto sobre las acciones de las personas y además parece ser algo muy primario, en tanto

que se da también en otros primates y aparece de manera espontánea en seres humanos tan jóvenes como los bebés (Buttleman y Bohm, 2014; Manhajan *et al.*, 2011). Los datos sobre cómo funciona el principio de reciprocidad en el intercambio de tarjetas de Navidad se encuentran en Kunz (2000) y Kunz y Wolcott (1976).

2. La confusión cognitiva que surge entre las identidades de miembros del mismo grupo puede observarse en la tendencia a (1) proyectar los propios rasgos en otros miembros del grupo (Cadinu y Rothbart, 1996; DiDonato, Ulrich y Krueger, 2011); (2) no recordar con exactitud si se habían valorado rasgos que le pertenecían a uno o a compañeros miembros del mismo grupo (Mashek, Aron y Boncimino, 2003), y (3) tardar más en identificar los rasgos diferenciadores entre uno mismo y otros miembros del grupo (Aron *et al.*, 1991; Otten y Epstude, 2006, y Smith, Coats y Walling, 1999). Los estudios neurocientíficos sobre la confusión entre representaciones de uno mismo y de otras personas localizan las áreas cerebrales comunes en el córtex prefrontal (Ames *et al.*, 2008; Kang, Hirsch y Chasteen, 2010; Mitchell, Banaji y Macrae, 2005; Pfaff, 2007, 2015, y Volz, Kessler y Von Cramon, 2009). Otras clases de confusión cognitiva parecen deberse al uso por parte del cerebro de las mismas estructuras y mecanismos para cometidos distintos (Anderson, 2014). Por ejemplo, la tendencia a creer que se ha hecho algo después de haberlo imaginado en repetidas ocasiones puede explicarse, en parte, gracias a estudios que demuestran que llevar a cabo una determinada acción e imaginar que se realiza implica poner en funcionamiento las mismas partes del cerebro (Jabbi, Bastiaansen y Keysers, 2008; Oosterhor, Tipper y Downing, 2012). Según otro ejemplo, la pesadumbre que se siente al ser rechazado socialmente se experimenta en las mismas áreas del cerebro que el dolor físico, por eso el paracetamol sirve para reducir el malestar provocado por ambas experiencias (DeWall *et al.* 2010).

3. El concepto de aptitud inclusiva fue introducido por W. D. Hamilton en 1964 y desde entonces ha sido un pilar del pensamiento evolutivo. Las pruebas del poder especialmente intenso de la consanguinidad en situaciones de vida o muerte figuran en Borgida, Conneer y Mamteufal (1992); Burnstein, Crandall y Kitayama (1994), y Chagnon y Burgos (1979). Otros estudios han demostrado que árabes e israelíes pueden llegar a ser menos hostiles y violentos los unos con los otros si se les informa de la cantidad de similitudes genéticas que comparten (Kimel *et al.*, 2016). Debemos a Telzer *et al.* (2010) el hallazgo de que los adolescentes experimentan sensaciones cerebrales de recompensa al ayudar a familiares. Hay re-

visiones de los impresionantes estudios sobre «familias ficticias» en Swann y Buhrmester (2015) y Fredman *et al.* (2015); otras investigacioens complementarias ofrecen una explicación sobre estos efectos que profundizan en la idea del grupo: dar prominencia a la identidad grupal en la conciencia provoca que las personas centren su atención de manera intencionada en la información que encaja con dicha identidad (Coleman y Williams, 2015), lo cual les lleva a considerar que dicha información es más importante y causal (tal como se documenta en nuestros capítulos 3 y 4). Un estudio de Elliot y Thrash (2004) demuestra que el apoyo parental casi absoluto a mis estudiantes no fue de chiripa. Estos investigadores ofrecieron un punto más en la nota en una clase de psicología a los alumnos cuyos padres respondieran a un cuestionario de 47 preguntas; el 97 % de ellos fueron remitidos totalmente cumplimentados. Preston (2013) ofrece un análisis detallado del impulso hacia el cuidado de los hijos como base para muy distintas formas de prestar ayuda.

Aunque, gracias a sus respectivos estudios, lo sepan los biólogos, los economistas, los antropólogos, los sociólogos y los psicólogos, no hace falta ser científico para reconocer la enorme atracción que los hijos ejercen sobre sus padres. Por ejemplo, muchos novelistas han descrito con frecuencia esta potente fuerza emocional. Hay una historia que se cuenta sobre uno de los grandes novelistas de nuestro tiempo, Ernest Hemingway, conocido por la carga emotiva que lograba imprimir a su prosa pese a su parquedad estilística. Mientras tomaba una copa en un bar con uno de sus editores, Hemingway anunció que con solo siete palabras podía escribir una historia dramática completa, que cualquiera podría entender y con la que cualquiera experimentaría una reacción profunda. Si, después de leer la historia, el editor estaba de acuerdo, accedía a pagar una ronda a toda la clientela; si no, se haría cargo Hemingway. Establecidos los términos de la apuesta, Hemingway escribió las siete palabras en el dorso de una servilleta y se las enseñó al editor, que acto seguido se levantó sin decir nada, se acercó a la barra y pidió una ronda para todos los presentes. Las palabras eran: «Se venden zapatos de bebé. Sin usar».

4. La carta del cincuenta aniversario firmada por Warren Buffett está disponible online en www.berkshirehathaway.com/letters/2014ltr.pdf, como parte del informe anual de 2014, aparecido en febrero de 2015. Tanto dentro como fuera de los límites de la familia, las personas se basan en las similitudes para valorar el nivel de solapamiento genético y favorecer a quienes puntúan alto en ese campo (De-Bruine, 2002, 2004; Heijkoop,

Dubas y VanAken, 2009; Kaminski *et al.*, 2010, y Leek y Smith, 1989, 1991). La prueba de que los parecidos manipulados afectan a la intención de voto está en Bailenson *et al.* (2008). Además de en el parecido físico y personal, la gente también se basa en similitudes actitudinales para valorar el nivel de interrelación genética y, por tanto, para formar grupos y decidirse a quién ayudar (Gray *et al.*, 2014; Park y Schaller, 2005). Sin embargo, no todas las actitudes son equivalentes a este respecto: actitudes religiosas o políticas fundamentales en torno a temas como la conducta sexual o la ideología liberal o conservadora parecen tener mayor empuje a la hora de determinar identidades grupales. Esto tal vez sea así por una razón de la que se pueden aprender muchas cosas: hay tipos de actitudes más susceptibles de ser transmitidas de padres a hijos y, por lo tanto, reflejan más ese «nosotros» genético (Bouchard *et al.*, 2003; Chambers, Schlenker y Collisson, 2014; Hatemi y McDermott, 2012; Kandler, Bleidorn y Riemann, 2012, y Lewis y Bates, 2010). Tales tipos de actitudes tan heredables también son muy resistentes al cambio (Bourgeois, 2002; Tesser, 1993), quizá porque las personas están menos dispuestas a modificar las posiciones que sienten que les definen.

5. Park, Schaller y Van Vugt (2008) han hecho una buena revisión de las pautas en las que se basan los seres humanos (y no humanos) para identificar los grados de parentesco. Lieberman, Tooby y Cosmides (2007) ofrecen muchos datos que demuestran el efecto de la cohabitación y de ver a los padres brindar cuidados sobre el nivel de altruismo de los hijos. En cuanto a Chiune Sugihara (al que algunas veces también se le ha llamado Sempo), cabe señalar que, por supuesto, siempre es arriesgado generalizar y extraer conclusiones más amplias a partir de un hecho aislado. En este caso, sin embargo, sabemos que no solo fue un célebre benefactor de aquella época y que en su infancia tuvo contacto con seres humanos de origen muy diverso. Oliner y Oliner (1988) hallaron antecedentes similares en muchos casos de europeos no judíos que ocultaron a hebreos durante la persecución nazi. Y, como era de esperar, los rescatadores del estudio de Oliner y Oliner experimentaron en sus años de formación vínculos con grupos más variados de personas que la gente que participó en el estudio y que no había rescatado a nadie durante la guerra. Este sentido ampliado de un nosotros no solo estaba relacionado con su posterior decisión, durante el Holocausto, de ayudar a personas que no se les parecían. Al ser entrevistados medio siglo más tarde, aquellos rescatadores seguían ayudando a una gran variedad de personas y causas (Midlarsky y Nemeroff, 1995; Oliner y Oliner, 1988).

Más recientemente, los investigadores han desarrollado una escala de personalidad que evalúa el grado en el cual una persona se identifica de manera espontánea con toda la humanidad. Esta relevante escala, que incluye mediciones de la frecuencia de uso del pronombre «nosotros», la concepción de los otros como «familia» y hasta qué punto el concepto de yo y el otro se solapa con la gente en general, predice la predisposición de ayudar a los necesitados de otros países a través de contribuciones a campañas de ayuda humanitaria internacional (McFarland, Webb y Brown, 2012; McFarland, en prensa). Además, una reacción compasiva hacia la situación de los inmigrantes provenientes de otros países parece causada por la percepción del solapamiento del yo y el otro con ellos (Sinclair *et al.*, 2016). La información sobre la situación y los factores personales en los años anteriores a la Segunda Guerra Mundial que llevaron a que Sugihara emprendiera su acción de ayuda proviene de historias sobre las circunstancias en Japón y en Europa en aquella época (Kranzler, 1976; Levine, 1997, y Tokayer y Swartz, 1979) y de entrevistas con Sugihara (Craig, 1985; Watanabe, 1994).

La descripción que hace Cohen (1972) del incidente en el campo de concentración proviene de una conversación con un exguardia nazi que estaba allí presente y que, por una causalidad era el compañero de habitación de Cohen cuando le relató la historia. Se calcula que los habitantes de Le Chambon-sur-Lignon, encabezados por André Trocmé y su esposa, Magda, salvaron las vidas de 3.500 personas. En cuanto a la cuestión de por qué se decidió a ayudar a la primera de aquellas personas (una mujer judía a la que encontró congelándose en la puerta de su casa en diciembre de 1940) es difícil responderla con certeza. Pero cuando estaba retenido cerca del final de la guerra y los funcionarios de Vichy le exigieron los nombres de los judíos a los que él y sus conciudadanos habían ayudado, su respuesta podría haber salido fácilmente de la boca (pero, más en concreto, del corazón y de la visión del mundo) de Chiune Sugihara: «No sabemos qué es un judío. Solo sabemos lo que son los seres humanos» (Trocmé, 2007, 1971). Por lo que se refiere a la cuestión de si era más probable que fueran los parientes o los vecinos quienes accedieran a las peticiones de ayuda de Trocmé, pruebas procedentes de otras fuentes indican que es más probable que se tratase de los primeros: individuos para quienes la certeza de estar ligados a esa persona sería más fuerte. Por ejemplo, durante el genocidio ruandés de mediados de los noventa, los ataques contra los tutsis por parte de los hutus también incluían a los vecinos; aquellos que animaban los ataques lo hacían bajo la base de la pertenencia a una tribu; «poder hutu» era tanto un grito de afirmación como una justificación de la matanza.

6. El hallazgo de que las personas son especialmente susceptibles a las voces locales ha recibido el nombre de «efecto de dominio local» (Zell y Alike, 2010) y, traducido al mundo de la política y las elecciones, implica que los ciudadanos son más propensos a hacer caso a las campañas a favor de la participación electoral cuando estas las llevan a cabo miembros de su misma comunidad (Middleton y Green, 2008; Rogers, Fox y Gerber, 2012, y Sinclair McConnell y Michelson, 2013). Resulta significativo que las campañas puerta a puerta llevadas a cabo por voluntarios locales tienen efectos considerables en la participación, mucho más que las que se desarrollan a través de medios de comunicación masivos (Enos y Fowler, en prensa). En consonancia con esta realidad, un grupo de miembros del comité organizador de la campaña con la que Obama ganó sus dos elecciones presidenciales desarrolló guiones persuasivos en los que se subrayaba el hecho de que los voluntarios eran locales del territorio en cuestión (Enos y Hersh, 2015). Para una revisión sobre cómo los asesores de la estrategia de Obama sacaron partido a otros hallazgos de la ciencia conductista a lo largo de la campaña, véase Issenberg (2012).

7. Los datos sobre la predisposición a participar en un estudio, la oposición a la guerra en Afganistán y la tendencia a desertar del propio regimiento provienen de Edwards, Dillman y Smyth (2014), Kriner y Shen (2012) y Costa y Kahn (2008), respectivamente. Según Levine (1997), los visados de Sugihara les salvaron la vida a nada menos que 10.000 judíos, la mayor parte de los cuales obtuvo asilo en territorio japonés. Los hechos relacionados con la decisión de Japón de acogerlos han sido descritos por varios historiadores (por ejemplo, Kranzler, 1976, y Ross, 1994); pero el relato más detallado es el que brinda Marvin Tokayer, antiguo gran rabino de Tokio (Tokayer y Swarz, 1979). Mi propio relato es una modificación de una versión más académica que apareció en un libro de texto publicado junto a otros autores (Kenrick, Neuberg y Cialdini, 2015).

El lector avezado se habrá dado cuenta de que, al describir las políticas asesinas del Holocausto, me he referido a ellas como nazis, no como alemanas. Esto se debe a mi opinión de que no es del todo preciso ni justo equiparar al régimen nazi alemán con la cultura ni el pueblo de aquel país, como a veces ocurre. Al fin y al cabo, no identificamos las culturas o pueblos de Camboya, Rusia, China, la península Ibérica o Estados Unidos con las brutales acciones de los jemeres rojos bajo el régimen de Pol Pot, de Stalin tras la Segunda Guerra Mundial, de la Banda de los Cuatro durante la Revolución Cultural, de los conquistadores que siguieron a Cristóbal Colón o de los ejecutores de la política del «destino manifiesto» contra los indios en la adolescencia de Estados Unidos (la lista podría ser mucho más larga). Los regímenes políticos, que a menudo surgen en potentes circunstancias transitorias y extraordinarias, no caracterizan fielmente a las personas. Por lo tanto, prefiero que estas no confluyan cuando hablo de los años de dominio nazi en Alemania.

12. La unidad 2: actuar juntos

1. Para una revisión de los hallazgos de la ciencia conductista en torno al papel de la respuesta sincronizada en el aumento de la noción de unidad, véase Wheatley *et al.* (2012); más pruebas proceden del hallazgo de que los observadores que han sido testigos de movimientos sincronizados por parte de terceros se basan en la información registrada para valorar hasta qué punto estos últimos forman, en efecto, una unidad social (Lakens, 2010). Kesebir (2012) y Paez *et al.* (2015) exponen de manera muy convincente los mecanismos sociales diseñados para generar la solidaridad colectiva. Able y Stasser (2008) realizaron investigaciones en torno a los efectos en la noción de compatibilidad a partir de haber elegido las mismas opciones, mientras que Paladino *et al.* (2010) llevaron a cabo el experimento sobre experiencias sensoriales sincronizadas y su impacto en la percepción que se tiene de las semejanzas y en el nivel de confusión entre el yo y el otro. En consonancia con la idea de que quienes pretendan resultar más influyentes podrán beneficiarse de manera considerable del efecto unificador de la sincronía, consideremos el aplastante veredicto del renombrado historiador William H. McNeill (1995, p. 152): «Moverse rítmicamente al tiempo que se da voz al unísono es la forma más fiable, efectiva y rápida de crear y mantener comunidades [significativas] que haya visto jamás nuestra especie».

2. Los estudios sobre los efectos homogeneizadores de los movimientos coordinados en forma de tamborileo de dedos, sonrisas o cambios de postura fueron conducidos por Howe y Risen (2009), Cappella (2007) y Bernieri (1988), respectivamente. El experimento de los sorbos de agua fue planteado por Inzlict, Gutsell y Legault (2012), quienes también incluyeron

una tercera fase en el estudio, en la que se pidió a los sujetos que imitaran los movimientos de los miembros del propio grupo al tomar sorbos de agua. El procedimiento dio como resultado el típico prejuicio de favorecer a los blancos frente a los negros hasta un punto algo más exagerado.

Hay otra modalidad de actividad sincronizada que resulta interesante y tiene un beneficio adicional: cuando dirigimos nuestra atención a una información en concreto, lo hacemos con una intensidad especialmente acentuada (esto es, le dedicamos mayor cantidad de recursos cognitivos) si vemos que le estamos prestando atención al mismo tiempo que otra persona. Sin embargo, este caso solo se da si existe un «nosotros» que nos relacione con esta última. Da la impresión de que el hecho de estar prestándole atención a algo junto a una persona cercana es señal de que ese algo merece una concentración especial (Shteynberg, 2015).

3. Mi afirmación de que el patrón oro de la influencia social se halla en la «actitud colaborativa» no pretende desmerecer la importancia de lo que supone conseguir cambiar los sentimientos del otro (o sus creencias, o sus impresiones, o sus actitudes) en el proceso en que se ejerce la influencia. Al mismo tiempo, sí considero que, en relación con estos factores, los esfuerzos llevados a cabo para generar cambios en estos factores casi siempre se desarrollan en el ámbito de las acciones colaborativas. El estudio en que se daban golpes sobre la mesa fue realizado por Valdesolo y DeSteno (2011), mientras que la prueba que implicaba poner a los participantes a andar juntos la hicieron Wiltermuth y Heath (2009). Desfilar al mismo paso es una práctica interesante que se sigue utilizando en el adiestramiento militar, aunque dejara de ser útil como táctica de combate hace ya mucho tiempo. Un par de estudios a cargo de Wiltermuth nos ofrecen una razón muy convincente. Después de haber marchado juntos, los participantes en el desfile se mostraron más dispuestos a atender a las peticiones de algún compañero del mismo grupo, cuando este pedía que se le hiciera daño a alguien ajeno a dicho grupo. Esto se dio no solo cuando quien lo solicitaba era una figura de autoridad (Wiltermuth, 2012a), sino también cuando se trataba de un igual (Wiltermuth, 2012b).

4. A medida que se acumulan las pruebas de esta idea, cada vez hay una mayor aceptación de la concepción de la música como mecanismo social unificador que genera solidaridad grupal y funciona a la hora de fusionar las nociones de yo y del otro (Ball, 2010; Bannan, 2012; Dunbar, 2012; Huron, 2001; Loersch y Arbuckle, 2013; Molnar-Szakacs y Overy, 2006, y Tarr, Launay y Dunbar, 2014). Los académicos no están solos en

el reconocimiento de la función unificadora de la música, que a veces se extiende a lo cómico: www.youtube.com/watch?v=etEQz7NYSLg. El estudio de la colaboración entre niños de cuatro años fue desarrollado por Kirschner y Tomasello (2010); un experimento con niños mucho más jóvenes —bebés de catorce meses— brindó resultados conceptualmente parecidos y fue desarrollado por Cirelli *et al.* (2013).

5. El libro de Kahnemman *Pensar rápido, pensar despacio* (2012) contiene la más completa explicación de los Sistemas 1 y 2 de pensamiento. El volumen incluye hallazgos que prueban la validez de dicha distinción, aunque también los hay, presentados de forma más parcial, en los trabajos de Epstein y sus colaboradores (1992, 1999). Clarkson, Tormala y Rucker (2011), Drolet y Aaker (2002), Mayer y Tormala (2010) y Sinaceur, Heath y Cole (2005) ofrecen información relativa a las ventajas de acertar en el diagnóstico de las facetas emocionales frente a las racionales, y viceversa, a la hora de ofrecer una argumentación persuasiva.

6. Bonneville-Roussy *et al.* (2013) revisan y aportan datos que demuestran que las mujeres jóvenes consideran que la música es más importante en sus vidas que la ropa, el cine, los libros, las revistas, los videojuegos, la televisión y los deportes, pero no más que el amor. Existen sólidas pruebas científicas de que la música y el ritmo operan al margen de procesos racionales (por ejemplo, De la Rosa *et al.*, 2012; Gold *et al.*; 2013). Sin embargo, tal vez sea más ilustrativo observar lo que los propios músicos tienen que decir al respecto. Tomemos, por ejemplo, la cita de Elvis Costello acerca de lo difícil que resulta describir acertadamente la música estando limitados por la estructura del lenguaje escrito: «Escribir sobre música es como bailar sobre arquitectura». O, como muestra del desajuste entre cognición y emoción en el amor, consideremos la estrofa de la canción «Ain't no Sunshine», compuesta por Bill Withers en 1971, que trata de un hombre que se atormenta por una mujer más joven que ha vuelto a irse de casa: «Y lo sé, lo sé, lo sé [se repite hasta veintitrés veces más] / debería dejar en paz a la muchacha / pero si no está no sale sol». Withers transmite ese sentimiento en la forma poética más pura que creo haber escuchado en la letra de una canción pop: cuando se tiene mal de amores, lo que uno reconoce de forma cognitiva (¡veintiséis veces!) no arregla lo que siente emocionalmente. La cita de Costello está extraída de un interesante artículo de Elizabeth Hellmuth Margulis (2010), que añadió su propia demostración a esta cuestión al dejar claro que, cuando se le ofrece al público información sobre la estructura de una pieza musical antes de la actuación

(unos fragmentos de los cuartetos de cuerda de Beethoven), se reduce el nivel del disfrute que obtienen al escucharla.

El estudio sobre el contenido de las canciones pop a lo largo de los últimos cuarenta años, que calculaba que un 80 % de ellas abordaba el tema del amor o del sexo, fue conducido por Madanika y Bartholomew (2014). El experimento llevado a cabo en Francia con un estuche de guitarra (Guéguen, Merineri y Fischer-Lokou, 2014) registró los siguientes porcentajes de éxito en la solicitud de los números de teléfono: estuche de guitarra, 31 %; bolsa de deportes, 9 %, nada, 14 %. La descripción que ofrece Armstrong de los efectos de la música sobre las posibilidades de éxito de los anuncios televisivos aparece en las páginas 271-272 de su libro de 2010.

7. El artículo de Mandy Len Catron está disponible en www.nytimes.com/2015/01/11/fashion/modern-love-to-fall-in-love-with-anyone-do-this.html, donde también hay un vínculo que conduce al listado de 36 preguntas. La entrevista con Elaine Aron está disponible en www.huffingtonpost.com/elaine-aron-phd/36-questions-for-intimacy_b-6472282.html. El artículo científico que sirvió de base al texto de Catron es Aron *et al.* (1997). Sprecher *et al.* (2013) ofrecen pruebas de la importancia que tienen tanto el hecho de turnarse como el carácter recíproco del procedimiento de las 36 preguntas. Dicho método se ha utilizado, con algunas modificaciones, para reducir el efecto de los prejuicios entre grupos étnicos distintos, incluso entre individuos que partían de una actitud particularmente prejuiciosa (Page-Gould, Mendoza-Denton y Tropp, 2008).

8. *Sand County Almanac,* el manifiesto de Aldo Leopold publicado por primera vez en 1949, se convirtió desde entonces en un manual de lectura obligatoria para toda clase de ambientalistas y es la fuente del relato del pino y el abedul (véanse las páginas 68-70 de la edición de bolsillo). Su firme convicción de que la gestión medioambiental óptima debía basarse en un enfoque donde primase la ecología, y no el beneficio humano, se ilustra con una serie de argumentaciones en contra de las políticas gubernamentales de control de los depredadores en entornos naturales. Los datos con que apoya su postura en el caso de los lobos son impresionantes. Puede consultarse una representación gráfica de tales resultados en www.distractify.com/wolves-change-rivers-119762659.html; recomiendo fervientemente su consulta.

9. El efecto Ikea fue observado en un experimento de Norton, Mochon y Ariely (2012). El estudio de las evaluaciones de los empleados en

los procesos de cocreación de productos fue llevado a cabo en colaboración con Jeffrey Pfeffer (Pfeffer y Cialdini, 1998), una de las mentes académicas más impresionantes que he conocido, sobre todo por su formidable habilidad para pensar a la vez en distintos niveles de análisis en la resolución de problemas. Aunque supongo que es posible, confío en que mi estupenda opinión del profesor Pfeffer no sea una demostración real de lo que concluimos tras realizar el experimento (que la gente mejora su opinión de los cocreadores con los que desarrolla un proyecto), pues su historial de logros académicos, anteriores y posteriores a nuestra colaboración, ya justifica mi valoración de su pensamiento a partir de ejemplos completamente independientes.

Warneken *et al.* (2011) mostraron los efectos de la colaboración en la predisposición a compartir, en el caso de niños de tres años. Los resultados positivos de las técnicas de aprendizaje cooperativo aparecen resumidos en Paluck y Green (2009) y en Roseth, Johnson y Johnson (2008); los pedagogos que busquen información sobre cómo aplicar dicho enfoque (la «clase puzle», tal como la desarrollaron Elliot Aronson y sus colaboradores) la pueden obtener en: www.jigsaw.org. El estudio sobre la encuesta sobre los distintos tipos de respuesta por parte de los consumidores y su efecto en el nivel de fidelidad a la marca fue publicado por Liu y Gal (2011), quienes llegaron a la interesante conclusión de que pagar a los consumidores una cantidad inesperadamente alta de dinero a cambio de sus consejos neutraliza el aumento de simpatía que pudieran haber experimentado hacia la marca. Aunque los investigadores no indagaron sobre por qué ocurría esto, especularon con la posibilidad de que el pago inesperado alejara a los participantes del aspecto comunitario de dar consejos y alimentara el rasgo más individualista que tiene, en este caso, el beneficio económico derivado del intercambio monetario. En los siguientes vínculos hay algunos ejemplos de cómo las marcas ponen en práctica actividades de cocreación para fidelizar a sus consumidores: www.visioncritical.com/5-examples-how-brands-are-using-co-creation; www.visioncritical.com/cocreation-101 y www.greenbookblog.org/2013/10/01/co-creation-3-0.

10. Pese al carácter humorístico de esta última frase, no conviene tomarse a broma la importancia de evitar el uso de soluciones demasiado simples con respecto a problemas serios y de peso. Sobre este tema hay una observación interesante que el aclamado biólogo Steve Jones hizo sobre los científicos más veteranos. Advirtió que, a partir de cierta edad, a menudo empiezan a «animarse con los Grandes Temas» y actúan como

si los conocimientos acumulados en un área concreta de especialización les bastasen para manifestar sus opiniones con seguridad con respecto a asuntos más generales y bastante alejados de sus respectivas disciplinas. Esta advertencia de Steve Jones me pareció que podía aplicarse a mi propia situación al final de este capítulo porque, para empezar, ya he ingresado en esa franja de edad que él caracteriza y, además, para tratar temas más amplios, es verdad que tendría que sacar conclusiones relativas a cuestiones de diplomacia internacional y conflictos étnicos, raciales y religiosos, cuando no soy ningún experto en ninguna de esas áreas. Sencillamente, estaría disparando en una habitación a oscuras.

13. La utilización ética: consideraciones pre-pre-suasivas

1. Los datos que demuestran lo importantes que pueden ser las pérdidas que se generan por un problema de mala reputación proceden de Bomey (2015); Karpoff, Lee y Martin (2008); Karpoff, Lott y Wehrly (2005); Lewis (2003), y Trudel y Cotte (2009). Los trabajos de Rothbart y Park (1986), Herbig *et al.* (1994) y Nguyen y Leblanc (2001) explican lo complicado que resulta recuperar la fiabilidad después de que se hagan públicas las malas prácticas. Gran parte de las conclusiones de estos estudios se resumen en una advertencia proferida por Edson Spencer, expresidente de Honeywell Inc., dedicada al conjunto de la comunidad empresarial: «El empresario que dibuja una delgada línea entre lo que está bien y lo que le conviene deberá tener en mente que en el mundo de los negocios uno tarda años en labrarse una buena reputación, pero un paso en falso puede acabar con ella de la noche a la mañana». La firma consultora Ernst & Young (2013, 2014) llevó a cabo sondeos a nivel mundial que confirman que muchos altos directivos conocen las graves consecuencias de los comportamientos poco éticos que puedan destaparse, pero están dispuestos a incurrir en ellos o a permitirlos mientras estos contribuyan a aumentar los beneficios de la empresa. Hay datos que demuestran que la inquietante cantidad de infracciones sigue siendo alta en el Ethics & Compliance Initiative (ECI) National Business Ethics Survey (2012), en las encuestas sobre fraudes de Ernst & Young (2013, 2014) y en los estudios del sector de servicios financieros de Labaton Sucharow (2013, 2015); un vistazo rápido a la sección de negocios de cualquier

periódico local ofrece de forma constante nuevos ejemplos de esta realidad.

La explicación de que hay determinados aspectos de nuestro sistema económico que llevan a muchos agentes a incurrir en prácticas fraudulentas se desarrolla mucho más por extenso en un libro extraordinariamente bien planteado y que merece mucho la pena, *La economía de la manipulación*, obra de los premios Nobel George Akerlof y Robert Schiller (2016). Becker (1968), Higgins *et al.* (2005), Kagan (1989), Lab (2013), Nagin y Pogarsky (2001) y Paternoster (2010) son autores de trabajos académicos que demuestran que la probabilidad de ser descubierto es un elemento disuasorio fundamental en la decisión de deponer actitudes punibles por la ley.

2. El análisis de los costes médicos derivados del estrés laboral fue llevado a cabo por Goh, Pfeffer y Zenios (2016), quienes también determinaron que los efectos dañinos de este sobre la salud son comparables con los experimentados por los fumadores pasivos. Por lo tanto, estos autores defienden que, de la misma forma en que muchas organizaciones han dado pasos para reducir el nivel de exposición de los trabajadores al humo del tabaco que fuman sus compañeros, también deberían tomar medidas para reducir su exposición a prácticas gerenciales que generen un excesivo estrés laboral. Para un resumen de lo que exponen, véase http://fortune.com/2015/04/13/is-your-employer-killing-you. Bischoff *et al.* (1999) son los autores del estudio del impacto del estrés moral sobre el cansancio y el desgaste de los empleados del centro de teleoperadores de servicios financieros. Cabe señalar que el tipo de actividad que generaba más estrés moral era el que exigía a los empleados que fueran deshonestos con los clientes para llevar a cabo sus deberes laborales. Nuestra investigación sobre la estructura tumoral triple de las prácticas empresariales engañosas se incluye en Cialdini, Li y Samper (en preparación).

3. Borysenko (2015), Boushey y Glynn (2012) y Harter *et al.* (2010) ofrecen estimaciones sobre los tipos y la dimensión de los costes derivados de la rotación de personal. Los estudios de Ambrose *et al.* (2008), Burks y Krupka (2012), De Tienne *et al.* (2012), Herman *et al.* (2007) y Ulrich *et al.* (2007) demuestran que la falta de encaje entre los valores éticos de una empresa y los de sus trabajadores aumenta la insatisfacción de los empleados con su trabajo y su propensión a abandonar la compañía.

4. La Association of Certified Fraud Examiners (ACFE) ofrece información sobre los altos costes de las malas prácticas desarrolladas por los

empleados en su *Report to the Nations on Occupational Fraud and Abuse* (2014). También lo hacen Deyle (2015) y el *Global Economic Crime Survey* (2014) de PricewaterhouseCoopers (PWC). Gino, Norton y Ariely (2010) y Peterson (2002) han mostrado la relación significativa entre un liderazgo con un enfoque poco ético y la probabilidad de que en ese espacio tengan lugar ese tipo de conductas fraudulentas. Los numerosos indicios de que el ambiente de buenas o malas prácticas en una empresa lo suelen generar, desde arriba, las figuras de autoridad representadas por los cargos directivos proceden de un estudio de 160 organizaciones tecnológicas, de seguros, de ventas, financieras, alimentarias, de fabricación de productos, médicas y gubernamentales (Mayer *et al.*, 2009), que concluyó que el comportamiento ético de los jefes fluye en cascada desde los niveles jerárquicos superiores a los inferiores.

A las figuras de autoridad en el tipo de organizaciones que uno se encuentra más temprano en la vida, como el colegio o la familia —donde, en efecto, se puede contribuir al desarrollo de una conducta honrada en los jóvenes que se tengan al cargo (Pulfrey y Butera, 2013)— les podría interesar asesorarse con una serie de investigaciones que indican que los valores éticos se relacionan con un mayor índice de satisfacción vital (James, 2011) y que el mantenimiento de una conducta ética mejora la probabilidad de que se tenga mayor salud física y mental a lo largo de la vida (Kelly y Wang, 2012). Esta última pareja de investigadores, Anita Kelly y Lijuan Wang, cerraron la presentación de sus hallazgos con una esperanzada recomendación para el establecimiento de una fuerte cultura de honradez en las familias:

> Nuestro experimento de diez semanas mostró no solo que los participantes podían reducir voluntariamente las mentiras, en una proporción muy considerable, sino también que esta disminución se relacionaba con una mejoría significativa de su salud. Tal vez algún día los padres les digan a sus hijos que, para estar sanos, tienen que:
>
> * comer frutas y verduras
> * hacer ejercicio
> * mentir lo menos posible.

14. Post-suasión: los efectos

1. El estudio de las ausencias a las citas médicas fue llevado a cabo por Martin, Bassi y Dunbar-Rees (2012). Carter, Ferguson y Hassin (2011) observaron los efectos de la bandera estadounidense durante las elecciones presidenciales de 2008, que en gran medida se reprodujeron durante la campaña de 2012, según recogen Kalmoe y Gross (en prensa). Sin embargo, tanto los autores del primer estudio como los del segundo advierten que no debería extraerse que el contacto con la bandera nacional lleva de forma automática a los ciudadanos a adoptar posturas políticas conservadoras; en países en los que la bandera no se asocia con los posicionamientos de los partidos conservadores, el contacto con la bandera no provoca giros a la derecha (Hassin *et al.*, 2007). De hecho, incluso en Estados Unidos, cualquier cambio en el grado en que la bandera pueda relacionarse con los republicanos puede asimismo afectar a las probabilidades de que esta acerque al público a dicho partido.

Pocheptsova y Novemsky (2010) fueron los responsables del estudio que demuestra que el estado anímico positivo tiene un efecto determinante sobre las evaluaciones de las obras de arte cuando el observador «sella» estas de forma activa, al dejarlas registradas por escrito.

2. El efecto de los compromisos activos, voluntarios y que supongan un esfuerzo o un coste sobre el concepto que tenemos de nosotros mismos —y, por ende, sobre la posibilidad de un cambio duradero— lo describo en una revisión de informes que llevé a cabo hace unos años (Cialdini, 2014, capítulo 3), así como en una investigación más reciente que demuestra que tales compromisos resultan más efectivos cuando se ve afectada la visión que tenemos de nuestra propia identidad (Chugani *et al.*, en prensa; Gneezy *et al.*, 2012; Kettle y Haubel, 2011; Sharot, 2010, y Schrift y Parker, 2014). Es más, estos compromisos pueden llegar a condicionar nuestras respuestas durante años (Sharot *et al.*, 2012). En aquella revisión previa incluí un cuarto factor a la serie de características que generan efectos más duraderos: el carácter público. Hay buenas pruebas que demuestran que el compromiso inicial hecho en público (más que en privado) hacia una determinada causa aumenta las posibilidades de que la conducta se mantenga y se prolongue en el futuro (Dallande y Nyer, 2007). Sin embargo, hay hallazgos más recientes que indican que esto sucede sobre todo cuando los sujetos ya sienten una fuerte conexión personal con la causa; si no se ha dado ese vínculo, entonces el compromiso en privado se convierte

en la fuerza vehicular predominante a la hora de favorecer el cambio duradero (Kristofferson *et al.*, 2014).

3. Soy consciente de que lo que he recomendado en este apartado no está exento de ironía. He argumentado que, en nuestro esfuerzo por lograr un cambio perdurable, tenemos que incorporar nuestros mecanismos inconscientes de una manera que *sí implique pensar activamente*. Aunque no se me escapa la ironía, tampoco me disuade de hacer dicha recomendación, que está muy respaldada por una cantidad considerable de investigaciones (Marteau, Hollands y Fletcher, 2012, y Wood y Neal, 2007) y es uno de los grandes temas de este libro: el de que, para tener éxito, el trabajo previo a la pre-suasión debe abordarse de manera planificada. El tiempo y el esfuerzo invertidos en los planes resultantes habrán merecido la pena, siempre y cuando se hayan hecho teniendo en cuenta cómo funciona el sistema de respuestas automáticas. Si casi sueno como si estuviera diciendo «podemos hacerlo, podemos hacerlo, podemos hacerlo (siempre y cuando utilicemos el sistema»), estoy dispuesto a declararme culpable. Pero, en mi defensa, también podré jurar que no hay oculta ninguna estrategia de venta piramidal.

4. Los resultados del estudio desarrollado por Grant y Hofmann (2011), que muestra cómo los médicos aumentaron la frecuencia con la que se lavaban las manos al colocar un cartel que les recordaba que sus pacientes eran vulnerables a posibles infecciones, podrían interpretarse de manera distinta a como lo he hecho yo. Se podría defender que tal aumento no obedece a la preocupación de los médicos por sus pacientes, sino al temor a demandas judiciales por el posible contagio de infecciones debido a una higiene de manos deficiente. Aunque sea factible, esta explicación parece poco probable. Para empezar, casi no hay jurisprudencia en la que se haya demandado a médicos por ese motivo. Además, Grant y Hofmann (2011) también nos informan de un estudio subsiguiente, en el que demuestran que entre las enfermeras también se observó el mismo aumento que entre los doctores, al colocarse el cartel que advertía de las consecuencias de la falta de higiene, y a ellas rara vez se las denuncia por ninguna clase de errores médicos, y jamás por negligencia en la higiene de manos. (Tengo que agradecerle a Gary Fadell estos datos jurídicos.) Así pues, parece que tanto los médicos como las enfermeras, que en su momento se comprometieron a salvaguardar la salud de sus pacientes cuando se incorporaron al sector sanitario, vieron modificadas sus respectivas conductas de manera favorable, al establecerse una simple vinculación con ese com-

promiso años más tarde, en el momento de entrar a la consulta y ver esos carteles.

5. Sah y Loewenstein (2010) hablan sobre el estudio de la Universidad Carnegie Melon sobre la aceptación de regalos por parte de los médicos. Lo hacen en un artículo que también cita muchas otras investigaciones en las que se documenta la prevalencia de dicha actividad en el sector sanitario, así como sus efectos negativos sobre las decisiones facultativas subsiguientes; puede consultarse un informe más reciente en http://n.pr/1MnIZGk. Véase, también, un artículo anterior de Dana y Loewenstein (2003) que ofrece más datos relacionados y sitúa estos efectos en un marco documental más amplio, en torno a los comportamientos sesgados generados por diversos tipos de conflictos de intereses. Hay datos más recientes que indican que una prebenda tan básica como puede ser una comida se puede llegar a relacionar con la frecuencia con la que un médico prescribe un determinado medicamento, cuando lo comercializa la empresa que pagó por esa comida. Curiosamente, la frecuencia con que se prescribe llega a aumentar cuando el precio de la comida es superior a 20 dólares (DeJong *et al.*, 2016).

Mis conclusiones finales no deberían interpretarse como una insinuación de que las tendencias, las preferencias y los rasgos de carácter estables no llegan a ejercer una influencia mantenida sobre el comportamiento humano, en distintos escenarios y momentos concretos en el tiempo, ya que no es lo que defiendo en absoluto. Sin embargo, tal como demuestran muchas pruebas desde hace tiempo (por ejemplo, las expuestas por Bargh, Lombardi y Higgins, 1988, o Sedikides y Skowronski, 1990), sí que creo que esa clase de influencias constantes y basadas en la personalidad se producen en función del mismo proceso en que operan las influencias momentáneas y coyunturales: esto es, a través de pautas que son relevantes para la toma de decisiones y que ocupan un lugar privilegiado, accesible, en la conciencia de quien toma la decisión. La diferencia está en que, en el caso de las influencias basadas en la personalidad, esas pistas o señales se han ido colocando en nuestra conciencia a través de elementos más fijos, como pueden ser factores genéticos o experiencias vitales, en virtud de los cuales esas señales resultan accesibles de una manera más bien crónica. En el caso de las influencias basadas en la coyuntura, los elementos que colocan en nuestra conciencia las pistas relevantes y las hacen más accesibles son las imágenes recién vistas, las interacciones y los hechos más recientes.

Índice alfabético